普通高等学校"十四五"规划新闻传播类专业数字化精品教材

编辑委员会

主　编　张　昆　（华中科技大学）

编　委　（以姓氏拼音为序）

蔡　琪	（湖南师范大学）	舒咏平	（华中科技大学）
曹　丹	（黄淮学院）	唐海江	（华中科技大学）
陈先红	（华中科技大学）	陶喜红	（中南民族大学）
陈信凌	（南昌大学）	魏　奇	（南昌理工学院）
董广安	（郑州大学）	吴廷俊	（华中科技大学）
段　博	（河南师范大学）	吴卫华	（三峡大学）
方雪琴	（河南财经政法大学）	吴玉兰	（中南财经政法大学）
何志武	（华中科技大学）	肖华锋	（南昌航空大学）
季水河	（湘潭大学）	萧燕雄	（湖南师范大学）
姜小凌	（湖北文理学院）	徐　红	（中南民族大学）
靳义增	（南阳师范学院）	喻发胜	（华中师范大学）
廖声武	（湖北大学）	喻继军	（中国地质大学）
刘　洁	（华中科技大学）	张德胜	（武汉体育学院）
彭祝斌	（湖南大学）	张举玺	（河南大学）
强月新	（武汉大学）	郑　坚	（湖南工业大学）
邱新有	（江西师范大学）	钟　瑛	（华中科技大学）
尚恒志	（河南工业大学）	邹火明	（长江大学）
石长顺	（华中科技大学）		

新闻传播学论文写作
理论、方法与案例

普通高等学校"十四五"规划
新闻传播类专业数字化精品教材

丛书主编◎张昆

主　编◎王卫明
副主编◎万　莉　杜佳琦　李广宇　胡师瑾

华中科技大学出版社
http://press.hust.edu.cn
中国·武汉

内 容 简 介

本书重点分析新闻传播学论文的选题策略、写作技巧、格式规范，介绍写作常用的100多种理论、10种研究方法及300多篇优秀论文，收录200多家学术刊物的投稿方式，为本科生、研究生、教师和新闻从业者等提供了可供参考的新闻传播学科论文写作指南，帮助读者解决论文写作难题，促进新闻传播学的学科发展。

图书在版编目(CIP)数据

新闻传播学论文写作：理论、方法与案例/王卫明主编.—武汉：华中科技大学出版社，2020.8(2024.1重印)
ISBN 978-7-5680-6467-5

Ⅰ.①新… Ⅱ.①王… Ⅲ.①新闻学—传播学—论文—写作 Ⅳ.①G210

中国版本图书馆CIP数据核字(2020)第146880号

新闻传播学论文写作：理论、方法与案例　　　　　　　　　　　　　　王卫明　主编
Xinwen Chuanboxue Lunwen Xiezuo：Lilun Fangfa yu Anli

策划编辑：陈培斌　周晓方
责任编辑：唐梦琦
封面设计：原色设计
责任校对：曾　婷
责任监印：周治超
出版发行：华中科技大学出版社(中国·武汉)　　电话：(027)81321913
　　　　　武汉市东湖新技术开发区华工科技园　　邮编：430223
录　　排：武汉正风天下文化发展有限公司
印　　刷：武汉邮科印务有限公司
开　　本：787mm×1092mm　1/16
印　　张：20.25　　插页：2
字　　数：465千字
版　　次：2024年1月第1版第2次印刷
定　　价：58.00元

本书若有印装质量问题，请向出版社营销中心调换
全国免费服务热线：400-6679-118　　竭诚为您服务
版权所有　侵权必究

总序

当前,世界新闻传播学的发展正处在一个关键的历史节点,新闻传播学科国际化、实践化趋势日益凸显。尤其是现代传播技术的发展,新兴媒体层出不穷、迅猛崛起,媒介生态格局突变,使得新媒体与传统媒体共生的格局面临着各种新的问题。传播手段、形式的变化带来的传播模式的变化,媒体融合背景下专业人才需求的演变,媒体融合时代传统媒体的生存与发展战略,网络化时代的传播自由与社会责任,新的媒介格局决定的社会变迁,全球化语境下国家软实力建构与传播体系发展,等等,这些问题都不是传统意义上的新闻传播学所能完全解释的。

传统意义上的新闻传播学本身需要突破,需要新视野、新方法、新理论,需要拓展新的思维空间。新闻传播学科"复合型、专业化"人才培养模式改革势在必行,尤其是媒介融合时代专业人才需求的演变,使得已出版的教材与新形势下的教学要求不相适应的矛盾日益突出,加强中国新闻传播教育对交叉应用型人才培养急需的相关教材建设迫在眉睫。毋庸置疑,这对新闻传播学而言,是一种巨大的推力,在它的推动下,新闻传播学才有可能在现有基础上实现新的超越。"融媒时代普通高等院校新闻传播学类核心课程'十三五'规划精品教材"正是在这种巨大推力下应运而生。

为编写这套教材,我们专门成立了编委会,编委会成员有国务院学位委员会学科评议组新闻传播学科组成员、新闻与传播专业学位教育指导委员会委员,教育部高等学校新闻学科教学指导委员会委员,以及中国新闻传播教育理事会、中国新闻史学会、中国传播学会、中国网络传播研究会、中国广播电视学专业委员会、中国广告教育学会的专家学者,各高校新闻传播学院(系)院长(主任)和主管教学的副院长(主任)与学术带头人。

在考虑本套教材整体结构时,编委会以教育部2012年最新颁布推出的普通高等学校本科专业目录新闻传播大类五大专业核心课程设置为指导蓝本,结合新闻传播学科人才培养特色和专业课程设置,同时以最新优势特设专业作为特色和补充,新老结合,优势互补,确定了以新闻传播学科平台课及新闻学、广播电视学、广告学、传播学(网络与新媒体)等四大专业核心课程教材共计37种为主体的系列教材体系。其中,新闻传播学科平台课程教材9种,即《新闻学概论》《传播学原理》《传播学研究方法》《媒介经营管理》《媒介伦理》《传播法》《新闻传播史》《新媒体导论》《新闻传播学论文写作:理论、方法与案例》;新闻学专业核心课程教材6种,即《马克思主义新闻学经典导读》《新闻采访与写作》《新闻编辑》《新闻评论》《新闻摄影》《新闻作品赏析》;广播电视学专业核心课程教材9种,即《广播电视导论》《电视摄像》《广播电视编辑》《广播电视新闻采访与报道》

《广播电视写作》《电视专题与专栏》《广播电视新闻评论》《电视纪录片》《广播电视节目策划》;广告学专业核心课程教材8种,即《品牌营销传播》《广告学概论》《广告调查与统计》《新媒体广告》《广告创意与策划》《广告文案》《广告摄影与设计》《广告投放》;传播学(网络与新媒体)专业核心课程教材5种,即《人际传播》《公共关系学》《活动传播》《网络新闻业务》《新媒体技术》等。

  为提高教材质量,编委会在组织编写时强调以"立足前沿,重在实用;兼容并蓄,突显个性"为特色,内容上注重案例教学,加强案例分析;形式上倡导图文并茂,强调多通过数据、图表形式加强理论实证分析,增强"悦读性"。本套教材的作者都具有比较丰富的教学经验,他们将自己在教学中的心得和成果毫无保留地奉献给读者,这种奉献精神正是推动新闻传播学科教育发展的动力。

  我们期待"融媒时代普通高等院校新闻传播学类核心课程'十三五'规划精品教材"的出版能够给中国新闻传播学科各专业的教材建设、人才培养乃至学术研究注入新的活力,期待这套教材能够激活中部地区的新闻传播学科资源,推动中青年学术英才在科学思维和教学探索方面攀上新的台阶、进入新的境界,从而实现中国新闻传播教育与新闻传播学术的中部崛起。

国务院学位委员会学科评议组新闻传播学科组成员
2006—2010 教育部高等学校新闻传播学类教学指导委员会副主任委员
华中科技大学新闻与信息传播学院教授、博导

张昆

2014 年 8 月 1 日于喻家山

论文,根据使用去向,可以分为学位论文(毕业论文)、会议论文、期刊论文等类型。论文,不等于作文、评论。有问题意识,有一定程度的创新,是论文的核心特征。

论文都是高大上、晦涩难懂的吗?不完全是。论文可以高大上,也可以小而新;论文可以顶天,也可以接地气[①];论文可以严肃晦涩,也可以通俗易懂;论文可以经时济世,也可以好玩有趣。

为什么要写论文?好的论文,足以正向改变世界,改善个人命运、国家命运或人类命运。

论文一定是长篇大论吗?不一定。论文可以洋洋洒洒上百万字,也可以三五千字,甚至可以不到一千字,关键是要有思想创新。《道德经》虽然只有五千字,但依然成为不朽之作,影响了无数人。

论文写作是一种高难度、高水平的写作,不但要求逻辑严密、文句通顺,而且要求有新颖的观点,在事实方面有新的发现。对大学生而言,论文写作是一种重要的科学训练、思维训练、综合训练、学术训练,可以训练独立思考的批判性思维、学以致用的能力,提升论文写作者的信息搜索能力、对话沟通能力、理论创新能力、观点提炼能力、文字表达能力,可以加深论文作者对知识产权、学术规范的理解。在写作过程中,作者可以学会尊重他人的知识产权,进而利用前人的研究成果。所以,大学生有必要写写论文。此前,有人主张取消本科生的毕业论文,可能是因为把学术论文的标准定得太高了,把"创新"的标准狭义地理解为"重大创新"。

写论文是一件会者不难且熟能生巧的事情。对学术高手而言,论文写作可能并非难事。但对学术新人而言,论文写作是一项令人头疼的工作。论文的写作能力,可通过如下方式提高:打印优秀论文,朗读优秀论文,参照优秀论文的框架结构和格式规范进行仿写。研究是前提、基础,写作是关键。写作论文时,不要妄想一下笔就完美,要知道反复修改是正常状态,要先搞出论文"毛坯",再修饰加工、精雕细刻。

什么样的论文才是好论文?文以载道,贵在创新,对社会有用,而不在于发表于什么级别的刊物,不在于是否获奖,不在于是否对保研有用,不在于是否可以获得创新学分。要把论文写在大地上,写在人民心里,写在民族富强、人类解放的理想上。有些期刊编辑眼中的好论文,有如下要求:容易被引用;有对外文文献的利用;引用来源要高大上。

---

① 汪奎:《网络会话中"呵呵"的功能研究》,上海:华东师范大学,2012年。

怎么写出一篇像模像样的论文？要有理论方面的积累，要采用适当的研究方法，要参考优秀的论文实例，要借鉴其他人的研究经验，要了解不同刊物的投稿要求，也要让论文符合投稿刊物的格式规范。理论是论文的灵魂，是论文写作者的武器、镜头、工具。引用新的、不常见的理论，是令论文读者眼前一亮的好方法。论文写作中的理论论述，既可以大胆自创理论，又可以适当引用他人理论。引用理论时，一定要讲究适配，不能硬凑、强扭。

论文的研究方法得当，则事半功倍。研究方法决定论文的优劣与成败。研究方法有科学性，不同方法的可信度、有效性是不一样的。对研究方法的选用，既要符合研究的需要，又要讲究可行性。当然，研究方法不只本书所列十种。

写作论文，分为哪些步骤？大致可分为十步：根据需要和可行性，选择合适的论文选题；阅读相关文章，完成前人文献综述；构思主题，根据理论构思大纲；搜集参考书，编制书目；搜集资料，做成笔记；整理笔记，修正大纲；实施研究计划，撰写初稿；修正初稿，撰写前言及结论；补充正文中的注释，梳理参考文献；广泛听取修改建议，清缮完稿。[①]不管怎样，不要害怕写论文，也不要奢想不劳而获，现在就开始研究，开始写吧！

---

① 宋楚瑜：《如何写学术论文》，北京：北京大学出版社，2014年。

目录

第一章 新闻传播学研究的若干理论/1
一、马克思主义新闻理论/1
二、人际传播与群体传播理论/5
三、大众传播理论/12
四、新闻生产理论/35
五、媒介经营管理理论/40

第二章 新闻传播学研究的若干方法/50
一、内容分析法/50
二、文本分析法/54
三、民族志研究法/56
四、个案研究法/58
五、文献研究法/61
六、问卷调查法/63
七、控制实验法/65
八、实地调查法/67
九、比较研究法/68
十、知识图谱分析法/70

第三章 部分学者谈论文写作与投稿/72
一、陈力丹谈文科硕士学位论文写作/72
二、苏颖谈新闻传播学学术论文写作/86
三、王卫明谈新闻传播学学术论文写作/91
四、李宝华谈新闻传播学学术论文写作/92
五、梁益畅谈新闻论文的选题与投稿/95

第四章 新闻传播学研究的论文实例/98
一、获奖论文/98
二、SSCI英语论文/157

第五章　部分学术刊物的投稿方式 /278

一、新闻传播学 CSSCI 来源期刊和辑刊投稿方式 /278
二、新闻传播学 SSCI 来源期刊投稿方式 /280
三、新闻传播学全国中文核心期刊投稿方式 /286
四、新闻传播学非核心类学术期刊投稿方式 /287
五、其他学术期刊和辑刊投稿方式 /288

第六章　部分学术刊物的投稿要求与格式 /292

一、《中国社会科学》投稿须知 /292
二、《新闻与传播研究》投稿须知 /300
三、《现代传播》投稿须知 /305
四、《国际新闻界》投稿须知与格式规范 /305
五、《新闻大学》投稿须知 /311
六、《中国学术期刊(光盘版)检索与评价数据规范(修订版)》(节选) /312

附录　推荐阅读书目 /313

后记 /314

第一章 新闻传播学研究的若干理论

理论是学术研究的重要基础。从某种意义上来说,掌握的理论越多,对理论的选用越恰当,越能写出高水平的论文。

马克思列宁主义、毛泽东思想、邓小平理论、"三个代表"重要思想、科学发展观、习近平新时代中国特色社会主义思想,是我们写作论文的指导思想。我们要善于运用这些指导思想去认识世界、分析问题。

此外,我们还应该学习、运用其他的相关理论。下面是我们搜集整理的部分理论。

一、马克思主义新闻理论

(一)马克思和恩格斯的新闻思想

马克思、恩格斯在《德意志意识形态》等著作中提出了精神交往理论。他们认为,人类的总体活动可以分为两类:一类是生产,另一类是交往。交往是一个体现人的总体活动之关系性的概括性范畴,它既包括以物为媒介的人与人之间的物质交往关系,也包括以语言为媒介的人与人之间的精神交往关系。交往与生产密不可分。人类的生产活动可以分为两类:一类是物质生产,即必需的物质生活资料的生产,与此相应的是人与人之间的物质交往;另一类是精神生产,即表现在某一民族的政治、法律、道德、宗教、形而上学等的语言中的生产,与此相应的则是人与人之间的精神交往。物质生产和精神生产构成了人类生产活动的总体,而物质交往和精神交往则构成了人类交往活动的总体。物质交往与精神交往既相互区别,又相互联系,两者的辩证运动推动着人类交往活动的总体发展。①

马克思认为,新闻传播的特点为,报纸真实地报道新闻,表现为各位记者从不同的角度、依事件发生的顺序进行报道的总和,每篇报道可能会是片面的,甚至是有误差的,

---

① 郭庆光:《传播学教程》,北京:中国人民大学出版社,2011年第2版,第11页。

但是后面的报道会自然纠正前面的误差。他使用了"有机的报纸运动"(lebending pressbewegung)这个概念说明报纸报道新闻的特点,指出:"只要报刊在有机地运动着,全部事实就会完整地被揭示出来。"[1]

马克思写道:"民众的承认是报刊赖以生存的条件,没有这种条件,报刊就会无可挽救地陷入绝境。"[2]

马克思和恩格斯都很看重报刊的监督职责,并视其为首要职责。马克思说:"报刊的首要职责,即揭发招摇撞骗的职责"[3];恩格斯也说,报刊的"首要职责——保护公民不受官员逞凶肆虐之害"[4]。

在为《莱茵报》撰稿期间,马克思写了大量的政论文章。马克思指出:"报刊按其使命来说,是社会的捍卫者,是针对当权者的孜孜不倦的揭露者,是无处不在的耳目,是热情维护自己自由的人民精神的千呼万应的喉舌。"[5]

恩格斯在《共产主义者和卡尔·海因岑》一文中提到报纸的任务,他说:"党刊的任务是什么呢?首先是组织讨论,论证、阐发和捍卫党的要求,驳斥和推翻敌对党的妄想和论断。"[6]

马克思和恩格斯认为,党报编辑要积极参加实际斗争,在实际斗争中培养自己的工作能力,使自己成熟起来。他们认为:"党的机关报必须由站在党的中心和斗争的中心的人来编辑。"[7]

(二)列宁的新闻思想

列宁认为,思想性、坚定性、政治路线的明确性以及对敌斗争的不妥协性,是机关报极为重要的品格。他在《〈火星报〉编辑部声明》中指出不打算把机关报变成一个形形色色的观点简单堆砌的场所。

关于党报的功能和作用,列宁在《从何着手?》一文中指出,报纸的作用并不只限于传播思想、进行政治教育和争取政治上的同盟者。报纸不仅是集体的宣传员和鼓动员,而且是集体的组织者。

列宁认为,通过报纸集中地、系统地向群众进行革命的宣传鼓动,传播马克思主义思想,批判机会主义观点,讨论党的策略纲领,就能改变党内思想混乱、组织涣散的状况,为建党打下良好的群众基础和思想基础。

1895年底,列宁在监狱中起草了《社会民主党纲领草案及其说明》。在纲领草案里,列宁第一次把争取"出版自由"作为党的奋斗目标之一。[8] 列宁指出俄国工人阶级

---

[1] 《马克思恩格斯全集》第一卷,北京:人民出版社,1956年,第211页。
[2] 《马克思恩格斯全集》第一卷,北京:人民出版社,1995年第2版,第381页。
[3] 《马克思恩格斯全集》第十四卷,北京:人民出版社,1995年第2版,第755页。
[4] 《马克思恩格斯全集》第六卷,北京:人民出版社,1995年第2版,第280页。
[5] 《马克思恩格斯全集》第六卷,北京:人民出版社,1995年第2版,第275页。
[6] 《马克思恩格斯全集》第四卷,北京:人民出版社,1995年第2版,第300页。
[7] 《马克思恩格斯全集》第三十四卷,北京:人民出版社,1995年第2版,第396页。
[8] 《列宁全集》第二卷,中共中央马克思恩格斯列宁斯大林著作编译局译,北京:人民出版社,2017年,第71页。

争取自身解放的斗争是政治斗争,其首要任务是争得政治自由,而取得政治自由的首先要求是争取出版自由。此后,列宁为争取出版自由进行了不懈的斗争。①

《火星报》初创时期,列宁就明确提出了报纸的群众性的问题。他在《〈火星报〉和〈曙光〉杂志编辑部声明草案》中指出,一定要把机关报办成一切革命民主主义者的机关报。他号召俄国的社会主义者和有觉悟的工人、备受政治制度压迫和有志于使俄国人民摆脱政治奴隶地位的人们都来支持刊物,都来揭露俄国专制制度的罪恶,都来报道有关运动的消息,发表自己的意见,介绍自己的经验。总之,大家都来畅谈对运动的贡献和在运动中的收获。这样,就能办好全俄社会民主党人的机关报。②

(三)中国共产党领导人的新闻思想

毛泽东倡导办报也要贯彻群众路线。1940年,他在《中国工人》发刊词中指出,办好报纸"不但是办的人的责任,也是看的人的责任"。在1942年给周恩来的电报中,他明确提到党报应吸收党外人员发表言论。

1948年4月2日,毛泽东在与《晋绥日报》编辑人员的谈话中说:"我们的报纸也要靠大家来办,靠全体人民群众来办,靠全党来办,而不能只靠少数人关起门来办。"他多次指示,只有全党关心、人民群众关心,发动全党的力量,集中群众的智慧,我们的报纸才能办好。③

新中国成立后,毛泽东曾就新闻舆论监督做过精辟的论述:"报纸上的批评,要实行'开、好、管'的三字方针。"具体来说,开,就是要开展批评。不开展批评,害怕批评,压制批评,是不对的。好,就是开展得好。批评要正确,要对人民有利,不能乱批一阵。什么事应指名批评,什么事不应指名,要经过研究。管,就是要把这件事管起来。这是根本的关键。党委不管,批评就开展不起来,开也开不好。④

毛泽东在1959年6月间同吴冷西的一次谈话中强调,搞新闻工作不能搞书生气那一套,必须实行政治家办报的方针。毛泽东提出政治家办报,是对几十年的党报工作、特别是对1958年以来新闻宣传中的深刻教训的分析总结以后得出的正确结论。

1955年,毛泽东提出:"要想使'舆论一律'是不可能的,也是不应该的。""我们的舆论,是一律,又是不一律。在人民内部,允许先进的人们和落后的人们自由利用我们的报纸、刊物、讲坛等等去竞赛,以期由先进的人们以民主和说服的方法去教育落后的人们,克服落后的思想和制度。"⑤

20世纪80年代初期,邓小平明确指出:"中央决定了的东西,党的组织决定了的东西,在没有改变之前,必须服从,必须按照党的决定发表意见,不允许对党的路线、方针、

---

① 《列宁全集》第二卷,中共中央马克思恩格斯列宁斯大林著作编译局译,北京:人民出版社,2017年,第89页。
② 《列宁全集》第四卷,中共中央马克思恩格斯列宁斯大林著作编译局译,北京:人民出版社,2017年,第291页。
③ 《毛泽东新闻工作文选》,北京:新华出版社,1983年,第149页。
④ 《毛泽东新闻工作文选》,北京:新华出版社,1983年,第177页。
⑤ 《毛泽东选集》第五卷,北京:人民出版社,1977年,第157—159页。

政策任意散布不信任、不满和反对的意见。党报党刊一定要无条件地宣传党的主张。"①

为了确保党的工作重心的顺利转移,排除"左"和右的干扰,特别是反对资产阶级自由化思潮,邓小平提出:"要使我们党的报刊成为全国安定团结的思想上的中心。"②

1985年9月,在中国共产党全国代表会议上,邓小平郑重提出:"思想文化教育卫生部门,都要以社会效益为一切活动的唯一准则,它们所属的企业也要以社会效益为最高准则。思想文化界要多出好的精神产品,要坚决制止坏产品的生产、进口和流传。"③

20世纪80年代中期,邓小平为新华社《经济参考报》题词:"开发信息资源,服务四化建设。"这是我党最高领导人第一次向外界表明了承认和接受"信息"这个新概念。

邓小平亲自主持制定的党的十三大报告写道:要运用"现代化的新闻和宣传工具,增加对政务和党务活动的报道,发挥舆论监督的作用,支持群众批评工作中的缺点错误,反对官僚主义,同各种不正之风作斗争"。自此,舆论监督这一概念走进人们的政治生活和精神活动之中。

早在中华人民共和国成立初期,邓小平就指出:"拿笔杆子是实行领导的主要方法。领导同志要学会拿笔杆。""实现领导最广泛的方法是用笔杆子。"而在"拿笔杆子中,作用最广泛的是写文章登在报纸上和出小册子,再就是写好稿子到广播电台去广播。出报纸、办广播、出刊物和小册子,而又能做到密切联系实际,紧密结合中心任务,这在贯彻实现领导意图上,就比其他方法更有效、更广泛,作用大得多"。只有"领导同志亲自写",才能"逐步解决领导机关、领导同志运用报纸、领导报纸的问题"。④

1996年,江泽民同志在视察人民日报社时指出:"历史经验反复证明,舆论导向正确与否,对于我们党的成长和壮大,对于人民政权的建立和巩固,对于人民的团结和国家的繁荣富强,具有重要作用。舆论导向正确,是党和人民之福;舆论导向错误,是党和人民之祸。"⑤

2002年,胡锦涛要求"尊重舆论宣传的规律,讲究舆论宣传的艺术,不断提高舆论引导的水平和效果"。2008年,胡锦涛进一步明确为"按照新闻传播规律办事",并提出了三个步骤:"认真研究新闻传播的现状和趋势","深入研究各类受众群体的心理特点和接受习惯","加强舆情分析,主动设置议题,善于因势利导"。

2016年2月19日,习近平总书记在党的新闻舆论工作座谈会上,用"一项重要工作""一件大事"和"五个事关"准确表述新闻舆论工作的重要地位和作用。他指出,党的新闻舆论工作是党的一项重要工作,是治国理政、定国安邦的大事。做好党的新闻舆论工作,事关旗帜和道路,事关贯彻落实党的理论和路线方针政策,事关顺利推进党和国家各项事业,事关全党全国各族人民凝聚力和向心力,事关党和国家前途命运。

习近平总书记在党的新闻舆论工作座谈会上指出,在新的时代条件下,党的新闻舆

---

① 《邓小平文选》第二卷,北京:人民出版社,1989年,第272页。
② 《邓小平文选》第二卷,北京:人民出版社,1989年,第255页。
③ 《邓小平文选》第三卷,北京:人民出版社,1989年,第145页。
④ 《邓小平文选》第一卷,北京:人民出版社,1989年,第146—147页。
⑤ 《江泽民文选》第一卷,北京:人民出版社,2006年,第563—564页。

论工作的职责和使命是:高举旗帜、引领导向,围绕中心、服务大局,团结人民、鼓舞士气,成风化人、凝心聚力,澄清谬误、明辨是非,联接中外、沟通世界。

习近平总书记强调,新闻舆论工作要牢牢坚持党性原则,最根本的是坚持党对新闻舆论工作的领导;牢牢坚持马克思主义新闻观,将其作为党的新闻舆论工作的"定盘星";牢牢坚持正确舆论导向,做到所有工作都有利于坚持中国共产党领导和社会主义制度,有利于推动改革发展,有利于增进全国各族人民团结,有利于维护社会和谐稳定;牢牢坚持正面宣传为主,始终把团结稳定鼓劲、正面宣传为主作为党的新闻舆论工作必须遵循的基本方针。①

习近平总书记对新闻舆论工作创新发展高度重视,强调"新闻宣传是否善于创新,是否能够做到常做常新,是其发展壮大、保持强大生命力的关键"②。他在全国宣传思想工作会议上明确指出,做好宣传思想工作,比以往任何时候都更加需要创新。他在视察解放军报社时要求,新闻舆论工作必须坚持"创新为要"。他在党的十九大报告中指出,要"高度重视传播手段建设和创新,提高新闻舆论传播力、引导力、影响力、公信力"③,等等。

习近平总书记指出,互联网已经成为舆论斗争的主战场。在互联网这个战场上,我们能否顶得住、打得赢,直接关系中国意识形态安全和政权安全。他强调,做好网上舆论工作是一项长期任务,要根据形势发展需要,把网上舆论工作作为宣传思想工作的重中之重来抓。

二、人际传播与群体传播理论

1. 格式塔心理学

格式塔心理学主张研究直接经验(即意识)和行为,强调经验和行为的整体性,认为整体不等于并且大于部分之和,主张以整体的动力结构观来研究心理现象。该学派的创始人是马克斯·韦特海默。

格式塔心理学还认为物理现象、生理现象、心理现象都具有格式塔性质,三者是同型同构性质。比如相邻近的物体表现出更强的内聚力,通常被人们认为是"一伙的"就是图地关系中的"图",而其他游散部分便被认为是"地"。

---

① 《习近平在党的新闻舆论工作座谈会上强调 坚持正确方向创新方法手段 提高新闻舆论传播力引导力》,载中国共产党员新闻网,http://cpc.people.com.cn/n1/2016/0220/c64094-28136289.html。

② 习近平:《干在实处 走在前列——推进浙江新发展的思考与实践》,北京:中共中央党校出版社,2006年,第310页。

③ 《习近平:决胜全面建成小康社会 夺取新时代中国特色社会主义伟大胜利——在中国共产党第十九次全国代表大会上的报告》,载中华人民共和国中央人民政府网,http://www.gov.cn/zhuanti/2017-10/27/content_5234876.htm。

2. 社会互动理论

德国社会学家齐美尔在1908年所著《社会学》一书中首次使用"社会互动"一词。20世纪初至30年代在美国形成的芝加哥学派将其发展为系统的理论。他们认为人的自我意识来源于社会互动，在社会互动中学习和使用语言符号，通过角色扮演和他人对自己扮演角色的反馈形成自我意识，群体活动和社会过程是以互为条件和结果的社会行动为基础的。社会互动理论强调了"传播的传递观"，提出现代传播对社会的影响与约束，使现代社会得以有效运作。

"自我呈现"来源于20世纪30年代的符号互动论，库利在《人类本性与社会秩序》一书中赋予互动中产生的"自我"一个形象的称谓——"镜中我"，包括自己想象他人对自己的认识、自己想象的他人对自己的评价以及由上述两种想象引发出的情感三个部分。米德则把自我区分为"主观我"和"客观我"。主观我是互动过程中的客观我在个体意识中的反映，客观我则是主观我在互动过程中寻求的对象。①

3. 交往行为理论

在交往理论视阈下，传播主体之间是一种"我"与"你"的平等关系，交往双方在尊重个性、承认差异、求同存异的基础上开展平等对话，最终相互理解并达成共识。在《交往行为理论》中，哈贝马斯将行为概念具体区分为四种：目的行为、规范调节行为、戏剧行为和交往行为，并在书中详细地区分和界定了这四种行为概念。

目的行为是指主体改变客体使其满足自身需要的单向行为，它取决于两个条件：一是某种行为原则，二是某种合适的语境。目的行为的实现有赖于运用合理和有效的语言表达方式与恰当的交往手段。根据行为者关注的目标是主体还是客体，把目的行为分为工具性行为和战略性行为。

规范调节行为，即一个群体的受共同价值约束的行动。规范控制行动严格遵守那些由个体组织起来的群体所具有的价值期望。

戏剧行为，指行动者在一个观众或社会面前有意识地表现自己主观性的行动。这种行动重在自我表现，通过自我表达达到吸引观众、听众的目的。

交往行为，是行动者个人之间的以语言为媒介的互动。行动者使用语言或非语言符号作为理解其相互状态和各自行动计划的工具，以期在行动上达成一致。相互理解是交往行动的核心，而语言具有特别重要的地位。②

4. 拟剧理论

戈夫曼把人们的活动比作剧院里的演出，从戏剧的角度分析社会互动，在其著作《日常生活中的自我呈现》中提出了拟剧理论(dramaturgy)。这一理论将社会中的人看作是舞台上表演的演员，利用各种道具——符号，预先设计或者展示自己的形象来进行

---

① 薛可、何佳、王宇澄：《自我呈现与公共参与：基于社会互动理论的探索性研究》，载《当代传播》，2017年第6期，第21—25页。
② 哈贝马斯：《交往行动理论》，重庆：重庆出版社，1994年，第128页。

表演,并努力获取好的效果。这种通过虚拟戏剧的方式来研究社会互动的理论就是拟剧理论,又称戏剧理论。①

戈夫曼的拟剧理论将人们的社会生活同戏剧进行类比,他认为人人都在不同的社会舞台上扮演大量不同的角色,在每位或每群观众成员面前显示自己略有不同的"变体形式"。人们在特定环境中的行为举止可分为两大类:在前台的行为和在后台的行为。

5. 符号互动论

符号互动论(symbolic interactionism)又称象征互动论,是一种主张从人们互动着的个体的日常自然环境去研究人类群体生活的社会学和社会心理学理论,由美国社会学家米德创立,并由他的学生布鲁默于1937年正式提出。"符号"是指在一定程度上具有象征意义的事物。符号互动论认为事物对个体社会行为的影响,往往不在于事物本身所包含的世俗化的内容与功用,而在于事物本身相对于个体的象征意义,事物的象征意义源于个体与他人的互动(这种互动包括言语、文化、制度等),当个体在应付他所遇到的事物时,总是会通过自己的解释去运用和修改事物对他的意义。

6. 自我决定理论

自我决定理论(self-determination theory)将人们动机的状态看作一个从去动机、外部调节、内摄调节、认同调节、整合调节到内部动机的连续体,不同位置的动机状态具有不同的能量。去动机就是完全缺少动机的状态,在这种状态下人们不会产生行为。行为原因完全来自外部称之为外部调节。如果这个外部原因引起内在的心理变化,而这些内在心理变化恰好是行为追求的目标,那么该动机过程则被称为内摄调节。如金钱能够引发个体的幸福感,个体为了这种幸福感去工作时,金钱的激励就是内摄调节。而当个体认同活动具有某种价值的时候,这种价值感的激励就成为认同调节。认同控制完全内化,会演变成整合调节,此时个体完全认同自己所从事的工作是有意义的,因此有非常强烈的动机去做。②

7. 伽达默尔的理解观

伽达默尔继承了海德格尔存在论的思想,认为人的理解活动是一种存在方式,是整个人类世界经验的组成部分。理解过程本身就是理解者和理解对象双方寻找和创造共同语言的过程,这个过程就是视界融合的过程。理解是前理解的投射。前理解是我们的历史存在。伽达默尔谈到的"任何理解都是自我的理解",指的是基于理解者自己的解释学处境的理解。③

① 解玉斌、李邵强:《媒体舆论引导力建设的新思维——基于戈夫曼"情境定义"的视角》,载《青年记者》,2018年第36期,第37—38页。
② 苏倩倩:《基于自我决定理论的阅读激励策略分析》,载《编辑之友》,2019年第1期,第31—35页。
③ 汉斯-格奥尔格·伽达默尔:《真理与方法——哲学诠释学的基本特征》上卷,洪汉鼎译,上海:上海译文出版社,1999年,第302—303页。

8. 潜意识、感觉和知觉

意识是人脑对刺激的反应,是思维主体对信息进行处理后的产物,具有对个体行为的自觉地定向和调节作用,比如意识到有差错后进行改正。潜意识是意识中的一种,是指已经发生但并未达到意识状态的心理活动过程,是把思维活动压抑或者隐藏起来后的那部分意识,因而潜意识算不上真正意义上的意识。

感觉只是刺激物直接作用于人的感觉器官而产生的直接反应形式,因为没有主观思维在里面,对外界刺激的反应只是一种本能行为,因而感觉到的事物具有很大的片面性。

知觉是感觉的深入,是一种对事物进行解释、概括,以及主动地对感觉到的信息进行加工、推论和理解的过程,可以说是思维的产物。可见只有通过知觉,我们才能对事物有一个完整、真实的认识。①

9. 社会学习理论

所谓社会学习理论,班杜拉认为是探讨个人的认知、行为与环境因素三者及其交互作用对人类行为的影响。按照班杜拉的观点,以往的学习理论家一般都忽视了社会变量对人类行为的制约作用。他们通常是用物理的方法对动物进行实验,并以此来建构他们的理论体系,这对于研究生活于社会之中的人的行为来说,似乎不具有科学的说服力。由于人总是生活在一定的社会条件下的,所以班杜拉主张要在自然的社会情境中而不是在实验室里研究人的行为。社会学习理论包括观察学习、交互作用、自我调节、自我效能等理论。

观察学习。即人们能够仅仅由观察他人的行为而学习。观察学习包括四个部分:①注意过程,需要对榜样保持注意才会有学习行为,榜样需具备使模仿者注意的因素;②保持过程,模仿并不是及时的,因此需将榜样的动作以表征符号形式存储在脑中;③动作再现过程,将记忆中的行为表现出来才表示学习过程的完成,同时表现出来需要具备一定的能力;④强化和动机过程,班杜拉认为学习和表现是不同的,人们是否会将学习到的事物表现出来取决于该事物表现出来后的后果,观察学习主要是一种认知活动。

交互作用。个体、环境和行为是相互影响、彼此联系的。三者影响力的大小取决于当时的环境和行为的性质。班杜拉认为行为(B)、环境(E)与个体的认知(P)之间的影响是相互的,认为行为本身是个体认知与环境相互作用的一种副产品,即 $B:f(P*E)$。因此他把这种观点称为交互决定论。

自我调节。人的行为不仅受外界行为结果的影响,而且更重要的是受自我引发的行为结果的影响,即自我调节的影响。自我调节主要通过设立目标、自我评价,从而引发动机功能来调节行为。班杜拉认为自我调节是个人的内在强化过程,是个体通过将自己对行为的计划和预期与行为的现实成果加以对比和评价,来调节自己行为的过程。

---

① 米戎:《从心理学角度看编校者对差错的敏感性》,载《出版科学》,2017年第1期,第63—65页。

自我效能。指个体对自己能否在一定水平上完成某一活动所具有的能力判断、信念或主体自我把握与感受。

10. 媒介化类人际传播

媒介化类人际传播指人际互动以媒介的形式展开，是媒介化社会中人际传播的主要方式，"类"凸显了媒介对面对面传播的一种仿效和模拟。具体来说，是以电脑、智能手机为物质媒介载体，通过微信、微博、QQ、E-mail、豆瓣等多元媒介形式展开的互动。①

11. 约哈里之窗

1955年，美国心理学家J.Luft和H.Ingham提出了分析人际关系和传播的"约哈里之窗"(the Johari window)模型。他们用类似窗户的四个方格说明人际传播中信息流动的地带和状况(如图1-1所示)。"约哈里之窗"是一个认识自我和人际间相互了解反馈的模型，它包含众多的个人交流信息，包括情感、经验、观点、态度、技能、目的、动机等。该理论将人的内心世界分为四个区域：开放区、盲目区、隐藏区、未知区。每个区域各自代表一个不同的"自我"。

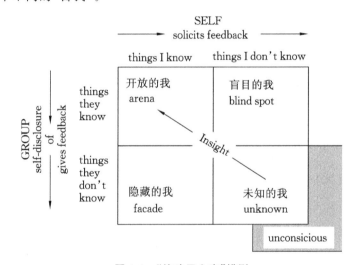

图1-1 "约哈里之窗"模型

第一个方格是"开放的我"(arena)。传播各方的"我"认为可以公开的信息都集中在这个区域内。"你"和"我"都可以公开谈论"我"，并对"我是谁"形成一定的共识。这一区域是自己知道、别人也知道的关于自己的信息。开放区不仅包含长相、年龄、性别、身高、声音等自然属性，也包含一个人的姓名、形象气质、兴趣爱好、学识才华等人格特征。这是一个有利于构建人际关系的区域。

第二个方格是"盲目的我"(blind spot)。人际传播各方的"我"不知道的他人对"我"的评价信息在这个区域内。这一区域是那些他人知道而自己不知道的信息，比如

---

① 李岩、林丽：《人际传播的媒介化研究——基于一个新类型框架的探索》，载《编辑之友》，2019年第4期，第57—61页。

"我"嘴边粘了米饭粒,"我"自己没有察觉,但别人一眼就看到了它的存在。自己的优缺点、思维习惯、行事风格等,别人可能看得比自己更清楚。该区域会给人际关系构建带来障碍。

第三个方格被称为"隐藏的我"(facade)。这是"我"知道而他人不知道的信息区域。"我"不愿意与他人分享的只有自己知道、但别人不知道的信息,例如疾病、缺陷、排泄行为等隐私,因为这些信息的暴露,可能会遭到他人的取笑,让"我"受到伤害。在这个区域里,信息内容是由交流者自己掌握的,每个传播者都可以自主决定信息透明开放的"度"。该区域会影响人际关系构建。

第四个方格被称为"未知的我"(unknown)。传播各方都不了解的信息置于该区域中。每个人身上尚未开发出来的潜质或潜能,遇到新情况或新问题时,这类信息有可能生成和表现出来,不为传播各方的"我"和他人察觉。未知的"我"也许会永远未知,也许迟早会被发现。未知区对其他区域有潜在的影响。

12. 刻板印象

李普曼在 1922 年从社会心理学的角度令人信服地论证了报道者(记者)和普通大众一样都受到刻板印象(stereotype)的影响而无法获得真相,因而不可能接触和记录到真实。而作为报道机构的新闻媒体在政治和商业的操控下,更使得"准确的新闻记录和报道"变得不可能。

李普曼认为,缺乏精确的检验,是新闻业所具有的特性。那么,如何让新闻更加靠近真相?他一方面期待更好的记录手段,"在新闻的确切性和记录系统之间可以发现非常直接的联系;只要有了良好的记录手段,现代新闻报道就可以极为准确"。另一方面他还认为,能提供更可靠数据(真相)的是由技术专家组成的专业情报机构。①

13. 性别刻板印象

性别刻板印象,也叫性别角色刻板印象,是人们对男性和女性角色特征的固有印象。人们总是试图找出不同角色的共同特征,以方便认识和判断,体现人们对性别角色的期望和看法。刻板印象在性别角色形成中,发挥着模板和框架的作用:男性富有抽象思维、敢于冒险、果断自信、领导才能强;女性感性思维强、保守、优柔寡断、机械记忆能力强,等等。在职业的选择上,也存在对男性和女性不同的期望。社会用这个框架去要求人们,人们也以此为准则来约束自我,最终使性别刻板印象在人们心中沉淀加固,进而影响其在职业上的发展。②

14. 人际信任

信任范畴的人际信任(interpersonal trust)是一个内涵丰富的概念,常指对某种人际关系的信心程度。为了更进一步理解人际信任的丰富内涵,有研究者根据信任对象

---

① 邓建国:《新闻=真相? 区块链技术与新闻业的未来》,载《新闻记者》,2018 年第 5 期,第 83—90 页。
② 张文鸯:《性别刻板印象中的学术期刊女性编辑形象及其重塑》,载《出版科学》,2017 年第 5 期,第 42—45 页。

类型的不同,将人际信任进一步划分为个人化信任(personalized trust)和社会化信任(social trust)。个人化信任是对熟人的信任,主要来自反复多次的社会交往;社会化信任则是对一般社会成员即陌生人的信任,主要来自对象群体的构成、动机、教养等一般性知识。

个体对他人的信任与特定社会文化传统和社会构成密切相关,从而表现出因时因地的多变性和复杂性,研究者对人际信任的影响因素进行了广泛的探讨。通过文献梳理,发现已有的人际信任影响因素解释路径大体可以分为以下四种理论视角取向:①社会结构决定论,认为人际信任受到社会结构的影响,并与其相互制约;②文化规范决定论,认为人际信任受到个体所处社会的文化规范的影响;③关系性质决定论,认为信任是人际关系的产物,由人际关系中的理性计算和情感关联等因素决定;④人格特质决定论,认为人际信任是个体人格特质的表现。

其中,人格特质决定论对人际信任的形成机制又分为两种完全不同的观点:心理倾向观和社会习得观。心理倾向观认为,信任是一种心理秉性,是天生的或形成于生命早期的易于相信他人的倾向,对他人是不是值得信任的评估正是依赖个体具体的信任倾向。社会习得观则认为,在现实的社会交往环境中,个体会根据这些过去的经验,判断他人可能会如何对待自己,对他人的信任判断会通过总结过去与其交往的经历而得到。

15. 关系传播

关系传播是人际关系中的语言与非语言传播。其研究渊源可追溯到英国人类学家贝特森。他在20世纪30年代对新几内亚原始部落的考察中,不再将个体作为分析单位,转而聚焦行为者之间的关系。这种视角后来被应用到对婚内互动、群体决策、医患沟通等领域的研究。20世纪90年代,网络约会开始进入关系传播学者的视野,他们对其中的自我呈现、自我表露、减少不确定性、模式转换、期待相悖等现象进行了开拓性研究。

16. 社群的茧房化

社群的茧房化使得群际之间存在着刻板印象和不通约的现象,虚拟社会关系矛盾化趋势明显。"茧房化"本来是指以"今日头条"为代表的机器算法的新闻推送方式使得人们的信息领域会习惯性地被自己的兴趣所引导,从而将自己的生活桎梏于像蚕茧一般的"茧房"中的现象,很容易造成民众获取信息具有结构性的缺陷,造成用户视野狭隘、个人判断力与认知能力的丧失。①

17. 群体极化

对于群体极化(group polarization)的研究始于20世纪60年代,1976年确立了正式定义。研究表明,在同一方向上的观点经过群体讨论后所形成的态度,往往比讨论之前的群体成员个人态度的平均值更加趋向极端化。

---

① 李彪:《社会舆情生态的新特点及网络社会治理对策研究》,载《新闻记者》,2017年第6期,第66—71页。

有关研究认为,每个人往往倾向于接受自身所认同的看法。随着传播科技的发展,用户过滤所接受信息的力量会随着可以选择范围的扩大而越来越强大,而互联网传播还会"协同过滤"(collaborative filtering),即主动推送用户所关心的信息,这样就很容易形成"人以群分"的"团体";形形色色的团体志趣相投,意见往往走向极端。其基础是各种社会心理效应:在群体中个体会丧失自我;对已经形成的意见的从众心理;对"权威"的盲从心理;在团体中表示相同的观点以获取更多的认同;对意见做"再跨一步"的发展以博得好感和赞誉;使个体自我约束松弛的匿名效应;害怕孤立而随时调整自己看法的"沉默螺旋"效应;忽略既有信息而一味追随多数意见"随大流"最终朝偏激方向发展的"流爆"(social cascades)效应等。在桑斯坦看来,网络是极端主义的温床。①

18. 集体行为

斯梅尔瑟认为,集体行为是人类群体在"夸张的"观念指导下进行的"非体制化"行为,较之指导日常行为的观念,夸张的观念是冲动的、不切实际的,并且与威胁、阴谋相联系,基于这种观念的行为时常阻碍问题解决的正式渠道,因此,集体行为往往缺乏耐性,具有侵犯性。

19. 群体智慧

群体智慧(collective intelligence)是国际学界从另一个侧面对于网络空间人与人之间互动关系产生效果的解读:网络传播尤其是社交媒体,会促使群体智慧形成,成为社会进步的重要动力。

群体智慧的依据其实是一个显然的经验事实,就好比中国民谚:"三个臭皮匠,抵过一个诸葛亮。"麻省理工学院教授詹金斯在他的《融合文化》中写道:"没有人可以无所不知,但是每个人又都各有所长……群体智慧是指虚拟社区在充分利用其成员知识技能方面所具备的能力。以前单凭我们自己弄不明白或做不了的事,现在大家可以聚集在一起共同完成。"

三、大众传播理论

1. 把关人

把关人理论,最早是由美国著名社会心理学家、传播学四大奠基人之一的库尔特·卢因于1947年在《群体生活的渠道》一文中提出的。卢因认为,在研究群体传播时,信息的流动是在一些含有"门区"的渠道里进行的,在这些渠道中,存在着一些把关人,只有符合群体规范或把关人价值标准的信息才能进入传播渠道。1950年,传播学者怀特

---

① 魏永征:《群体智慧还是群体极化——于欢案中的舆论变化及引导》,载《新闻记者》,2017年第11期,第51—60页。

将这个概念引进新闻研究领域,并明确提出新闻筛选中的"把关"(gate-keeping)模式。

当今自媒体如火如荼地发展,人们获得前所未有的言论自由空间,"把关"的发展早已呈现出新的特征与方式:把关角色泛化,编辑的把关职能呈现出从点到面的结构性转移。

对此,阮立等人发展出了一种分为三个步骤的数字把关人模式,提出现代把关人理论。首先,专业记者、个人、商业宣传人士和算法在获取信息能力、选择标准、信息框架和发布选择方面被确定为不同的把关人类型。其次,发布空间与把关人是分开的。空间被理解为把关人操作的平台,这些平台要么应用由中心管理机构控制的管理机制(集中管理),要么依靠许多微观层面的互动合作来发布新闻(分散管理)。最后,派生出一个数字把关人框架,以模拟四个把关人类型及其与采用协同把关机制平台相关的选择过程。①

2. 潜网理论

布里德在《新闻编辑部的社会控制》一文中明确指出:任何处于特定社会环境中的传播媒介都担负着社会控制的职能,而这类控制往往是一种潜移默化、不易察觉的过程。它一方面确保媒介组织的传播意图得以顺利贯彻,另一方面防治新手对现行的规矩进行冒犯。

布里德认为"潜网"存在的原因是:社会的主要问题就是维护秩序和加强凝聚力,尤其是保持价值体系的一致。暗存在媒介组织中的这种控制网络,实际上是特定社会环境中更大范围的社会控制体系的折射。引申到普遍意义上的群体和组织层面,群体规范和群体压力是群体传播的主要控制机制。而这种潜在的传播控制进一步强化了控制新闻选择的意识形态,再通过新闻工作者有意识或者无意识的新闻筛选,渗透到整个社会的心智之中,造成社会顺从。

3. 用户生成内容

用户生成内容(UGC)可以从生产者、内容、互动性三个角度来进行定义。

生产者方面,用户生成内容是由业余用户所创作的内容。这里的业余用户,应当理解为与呈现用户生成内容的平台的工作人员相区别的其他人。他们虽然以草根为主,但也不排除专业的内容生产者。例如科学家和作家在知乎、微博上发表的内容,同样应该算作用户生成内容。

内容方面,用户生成内容应当包括但不限于文字、图片、音频、视频、动画等一切信息形式,这些内容有些是完全原创的,有些则以编辑和点评、标注等方式来体现用户的参与和贡献。

互动性方面,用户生成内容不仅应当支持生产者本身的创作、编辑和删除,同时也应当支持用户之间的点对点或点对面的评论、转载、修改等行为。②

---

① 阮立、朱利安·华勒斯、沈国芳:《现代把关人理论的模式化——个体、算法和平台在数字新闻传播领域的崛起》,载《当代传播》,2018年第2期,第86—91页。
② 金兼斌、林成龙:《用户生成内容持续性产出的动力机制》,载《出版发行研究》,2017年第9期,第5—11页。

4. 多模态话语

多模态话语指调用了听觉、视觉、触觉等多种感知模态,或者通过语言、图像、声音、动作等多种手段和符号资源进行表达的话语形式。就性质而言,多模态话语是人类感知通道在交际过程中综合使用的结果。意义的实现是以多模态形式进行的,语言只是这些形式中的一种。但传统的话语分析基本上局限于语言本身,即只注意语言系统和语义结构本身及其与社会文化和心理认知直接的关系,忽视了诸如图像、声音、颜色、动漫等其他意义表现形式,这就使得话语分析带有较大的局限性。而多模态话语分析的意义在于它可以将语言和其他相关的意义资源整合起来。

5. 副文本

所谓"副文本"(paratext),或用符号学家赵毅衡偏好的名称——"伴随文本",是指一种"周边"或服务性文本。以书籍这一形态的文本为例,副文本包括出版信息、序言,或推荐语、书评、作者访谈和反思等。它们形态各异,但都以不同方式勾勒出文本生成和流通的历史情境。副文本伴随着主文本,为之烘托语境,引导对它的解读,放大它可能或应有的效应。更进一步说,副文本参与主文本的意义建构,可能是主文本意义生成过程中时空跨越之桥梁,也可能是勾连意义与文本、文本与它的接收或解读实践等的云梯。①

6. 互文理论

互文性(intertextuality),又称为"文本间性"或"互文本性",这一概念是在20世纪60年代西方结构主义和批评理论的背景下,由法国符号学家、女权主义批评家朱丽娅·克里斯蒂娃在其《符号学》一书中提出:"任何作品的文本都像许多行文的镶嵌品那样构成的,任何文本都是其他文本的吸收和转化。"其基本内涵是,每一个文本都是其他文本的镜子,它们相互参照、彼此牵连,形成一个潜力无限的开放网络,以此构成文本过去、现在、将来的巨大开放体系和文学符号学的演变过程。②

7. 叙事理论

叙事学(narratology)是研究叙事作品的科学,即关于叙事作品、叙述、叙述结构以及叙述性的理论。该概念由法国结构主义符号学家托多洛夫于1969年在《十日谈》中首度提出,随后即被应用于对文学作品、绘画、电影、电视节目等多种叙事承载物和媒介的研究分析当中。它研究所有形式叙事中的共同叙事特征和个体差异特征,旨在描述控制叙事(及叙事过程)中与叙事相关的规则系统。

---

① 潘忠党:《在"后真相"喧嚣下新闻业的坚持——一个以"副文本"为修辞的视角》,载《新闻记者》,2018年第5期,第4—16页。
② 郭梦音:《从互文理论探析微博新闻》,载《语文学刊》,2013年第9期,第15—16、60页。

8. 框架理论

框架理论由人类学家贝特森于1955年发表的论文《一项关于玩耍和幻想的理论》中提出。框架指的是就如何理解彼此符号，传受双方相互约定的诠释规则。对新闻框架研究产生了直接影响的是社会学家戈夫曼于1974年出版的《框架分析》。在这部著作中，戈夫曼明确为框架做出了这样一个定义："框架指的是人们用来认识和阐释外在客观世界的认知结构，人们对于现实生活经验的归纳、结构与阐释都依赖一定的框架，框架使得人们能够定位、感知、理解、归纳众多具体信息。"

9. 可视化呈现

可视化（visualization）是利用计算机图形学和图像处理技术，将数据转换成图形或图像在屏幕上显示出来，并进行交互处理的理论、方法和技术。它涉及计算机图形学、图像处理、计算机视觉、计算机辅助设计等多个领域，成为研究数据表示、数据处理、决策分析等一系列问题的综合技术。目前正在飞速发展的虚拟现实技术也是以图形图像的可视化技术为依托的。

10. 主媒间性

主媒间性指编辑主体和媒介客体之间存在的交互作用现象。

在传统编辑时代，如图书编辑和报纸编辑，其媒介载体主要是物质化的纸张，它们对编辑的反作用很小，编辑处于绝对主宰的一方。段乐川从符号学中意义生产的交互性特点进行演绎，认为编辑活动中，编辑主体之间存在"主体间性"，媒介之间存在"媒介间性"。他经过深入考察发现，其实编辑主体与其所活动的媒介客体之间也存在着交互作用的现象。在数字化时代，媒介虽然是编辑的工具和工作对象，并且一般情况下编辑能完全驾驭掌控媒介，但是在某个阶段，媒介的反作用要大于编辑主体的能动作用。也就是说，编辑也会受制于媒介自身的技术特性，因此必须适应新技术，在技术约束性范围中发挥能动性。段乐川将这种现象称之为"主媒间性"，并通过概念阐释和学理推演进行分析，他认为媒介对编辑的反作用主要表现在影响编辑主体的观念思维、反作用于编辑主体的素养构成、影响编辑主体的组织形态。

在数字化时代，越来越多的在线数字媒体发展出自足的、复杂的、高度智能化的技术系统，它们会改变编辑的工作方式。为了节省人力成本，大多数在线数字媒体都按照网络技术公司的商业逻辑进行运作，这将导致"技术崇拜"和"去编辑化"的趋势。这种趋势侵蚀了编辑的专业精神，冲击了编辑的传统文化心理，抑制了编辑的独立思考能力和创造性活动，同时降低了在线数字媒体的文化含量。①

11. 麦克卢汉的媒介理论

关于媒介技术或手段在社会发展史上的地位和作用，许多学者从不同角度进行过

---

① 张世海：《论在线数字媒体编辑的"主媒间性"与编辑主体地位的再确立》，载《出版科学》，2019年第1期，第32—38页。

考察。在这个领域，较有影响的是加拿大学者麦克卢汉的学说。麦克卢汉生前先后出版了《机器新娘》(1951)、《古登堡群英》(1962)、《理解媒介：论人的延伸》(1964)以及《媒介即讯息》(1969)等著作，在他逝世后，他与人合著的《地球村》一书也于1980年出版。在这些著作中，他提出了三个著名的观点："媒介即讯息"；"媒介即人的延伸"；"'热媒介'与'冷媒介'"。这三个观点构成了麦克卢汉媒介学说的主要内容。

媒介即讯息。这是麦克卢汉对传播媒介在人类社会发展中的地位和作用的高度概括。其含义是：媒介本身才是真正有意义的讯息，即人类有了某种媒介才能从事与之相适应的传播活动和其他社会活动，因此，真正有意义、有价值的讯息不是各个时代的传播内容，而是这个时代所使用的传播工具的性质，是它所开创的可能性及其带来的社会变革。

媒介即人的延伸。媒介是人的感觉和感官的扩展或延伸。文字和印刷媒介是人的视觉能力的延伸，广播是人的听觉能力的延伸，电视则是视觉、听觉和触觉能力的综合延伸。每种媒介的使用都会改变人的感觉平衡状态，产生不同的心理作用及其对外部世界的认知和反应方式。

"热媒介"与"冷媒介"。这是麦克卢汉就媒介分类提出的两个著名概念。对于这两种媒介的分类标准，麦克卢汉本人未进行明确的界定，人们只能根据他的叙述进行推测。一种解释是："热媒介"传递的信息比较清晰明确，接受者不需要动员更多的感官和联想活动就能够理解，它本身是"热"的，人们在进行信息处理之际不必进行"热身运动"；"冷媒介"则相反，它传达的信息含量少而模糊，在理解时需要动员多种感官的配合和丰富的想象力。①

12. 媒介化理论

汤普森在《传媒与现代性》中提出了泛媒介化的概念，媒介的影响逐渐溢出媒体机构和新闻传播领域之外，渗透到社会的方方面面。作为一种理论视角，泛媒介化的提出是基于信息化社会背景中一个日趋显著的现象，即媒介不再只是传播使用的工具或互动发生的渠道，而成为以其自身形塑互动的方式。库尔德利指出，面对这一由互联网诱发的显著且持续的变革，只有将媒介运作视为更广阔的社会和文化变革的一部分，并将媒介逻辑视为诱发变革的重要动因，才能恰当理解当前媒介与社会的关系。

媒介逻辑是媒介化理论的核心概念，这一术语被用来描述媒介所具有的独特方式及其特质，从而影响其他制度与文化社会。在此过程中，卡斯特认为，社会与媒介技术之间存在一系列的辩证互动过程，基于这种媒介化趋势，不同社会领域的参与者开始调整他们的行为以适应媒介的评估、形式以及惯例，并与媒介展开互动。

13. 社会参与论

社会参与论由美国学者巴伦于1967年在《对报纸的参与权利》中提出，它是源于美国宪法中关于公民权利的一种理论。为了维护受众的表现自由，保障受众参与和使用

---

① 郭庆光：《传播学教程》，北京：中国人民大学出版社，2011年第2版，第118—120页。

信息传播媒介的权利，宪法第一修正案必须承认公民对传播媒介的参与权。受众不是被动的信息接收者，而是积极的大众传播参与者。因此，传播者应尽可能尊重受众，照顾受众积极参与的愿望、要求和权利。

14. 个人差异论

个人差异论以"刺激-反应"理论为基础，由卡尔·霍夫兰于1946年首先提出，经梅尔文·德弗勒修正后形成。它从行为主义的角度来阐述接受对象，认为受众成员的心理或认识结构上的个人差异，是影响他们对媒介的注意力以及对媒介所讨论的问题和事物所采取的行为的关键因素。世界上不存在划一不变的传播对象。受众的兴趣、爱好、性格、价值观等个人差异并非先天赋予，而是后天习得。就是说，每个人所处的社会环境、所遭遇的社会经历和所受的社会教育不同，他们各自的个人素质、心态体系也就不同。当这些心态各异的受传者面对大众传播媒介的信息时，所做出的反应也势必因人而异。

个人差异论认为，大众传播媒介在设计劝服性传播前，需要先弄清受众的兴趣、爱好、需要、价值观、态度等，再挑选与之相应的讯息进行传播。否则，与受众特点和需求不符合的讯息，就会遭到回避和拒绝。

15. 社会分类论

社会分类论是在个人差异论的基础上，从社会学角度出发而提出的，它强调人的社会群体性上的差异，是美国传播学者赖利夫妇在《大众传播与社会系统》中首先提出来的。

个人是生活在群体中的，主要受基本群体和参照群体的影响，而基本群体和参照群体也是社会的组成部分，故个人受到群体的影响，就是受到整个社会的影响，只不过社会对个人的影响是通过群体这个中心来实现的。

16. 社会关系论

社会关系论强调群体关系在传播活动中的作用，最早来源于拉扎斯菲尔德的《人民的选择》。与个人差异论和社会分类论不同，社会关系论比较注意受众参加的组织或团体的压力、合力对其本人接收讯息的影响。这种理论认为受传者都有自己特定的生活圈。这种生活圈可能是有纲领、有领导、有组织的团体，也可能是无纲领、无组织、临时性的非正式的团体，还可能只是邻里、家庭等群体关系。然而，不管你属于哪一种生活圈，你都将在信息接收中受到他们直接或间接的约束和影响。大众媒介传播的任何信息，在这种生活圈面前都要遭到审查、过滤或抵制，很难通行无阻、全部过关，并且有许多人首先得到的信息往往不是来自大众媒介而是来自"意见领袖"，而这二次传播的信息并非不偏不倚。因此，大众媒介的效果既非一致的、强大的，也非直接的，个人间复杂的社会关系极大地限制和约束着传播效果。

17. 使用与满足论

"使用与满足"研究始于20世纪40年代，后一度沉寂，60年代再次活跃起来并产生了较广泛的影响,赫卓格、贝雷尔森、麦奎尔分别对广播、书籍和电视进行了研究。

该研究站在受众的立场上,通过分析受众对媒介的使用动机和获得需求满足,来考察大众传播给人类带来的心理和行为上的效用。使用与满足研究把受众成员看作是有着特定"需求"的个人,把他们的媒介接触活动看作是基于特定的需求行动来"使用"媒介,从而使这些需求得到"满足"的过程。该理论认为受众通过对媒介的积极使用,从而制约着媒介传播的过程,并指出使用媒介完全基于个人的需求和愿望。

在考虑到社会条件因素之重要性的基础上,卡茨、布卢姆勒、古列维奇等人在1974年发表的《个人对大众传播的使用》中,将媒介接触行为概括为一个"社会因素+心理因素→媒介期待→媒介接触→需求满足"的因果连锁过程,提出了使用与满足过程的基本模式。

经后人的补充和发展,综合提出使用与满足的过程如下。

第一,人们接触传媒的目的是为了满足他们特定的需求,这些需求具有一定的社会和个人心理起源。

第二,实际接触行为的发生需要两个条件:其一是媒介接触的可能性,即身边必须要有电视机或报纸一类的物质条件;其二是媒介印象,即媒介能否满足自己的现实需求的评价,它是在以往媒介接触的经验的基础上形成的。

第三,根据媒介印象,人们选择特定的媒介或内容开始具体的接触行为。

第四,接触行为的结果可能有两种,即需求得到满足或没有得到满足。

第五,无论满足与否,这一结果都将影响到以后的媒介选择和使用行为,人们根据满足结果来修正既有的媒介印象,在不同程度上改变着对媒介的期待。

18. 马斯洛需求层次理论

马斯洛需求层次理论是行为科学的理论之一,由美国心理学家亚伯拉罕·马斯洛于1943年在《人类激励理论》中提出。马斯洛需求层次理论把需求分成生理需求(physiological needs)、安全需求(safety needs)、爱和归属感(love and belonging)、尊重需求(esteem needs)和自我实现需求(self-actualization needs)五类,依次由较低层次到较高层次排列。在自我实现需求之后,还有自我超越需求(self-transcendence needs),但通常不作为马斯洛需求层次理论中必要的层次,大多数会将自我超越需求合并至自我实现需求当中。

假如一个人同时缺乏食物、安全、爱和尊重,通常对食物的需求是最强烈的,其他的需求则显得不那么重要。此时人的意识几乎全被饥饿所占据,所有能量都被用来获取食物。在这种极端情况下,人生的全部意义就是吃,其他什么都不重要。只有当人从生理需求的控制下解放出来时,才可能出现更高级的、社会化程度更高的需求,如安全需求。[①]

19. 新媒体权衡需求理论

该理论是祝建华等人在研究国人采纳和使用互联网的案例中提出来的,其核心思

[①] 董甜甜、熊鑫:《新零售业态下实体书店的服务创新》,载《中国出版》,2018年第17期,第5—9页。

想是认为当且仅当受众发觉其生活中某一重要需求已经无法被传统媒体满足、并且估计某一新媒体能够满足该需求时,人们才会开始采纳并持续使用这一新媒体"。祝建华等人将用户采纳和使用互联网的需求提炼为六种:了解国内外新闻事件、获取用于个人需求的信息、获取用于工作/学习需求的信息、消遣娱乐或个人爱好、表达个人意见以及提升人际关系。

20. 接受美学理论

作为一种文学理论,接受美学又称"读者接受学",产生于20世纪60年代,是对读者阅读活动中的能动性的研究。以姚斯和伊瑟尔为代表的康斯坦茨学派,借鉴解释学、现象学等理论,提出了"读者中心论",建立了以文本未定性、期待视野、美学距离等为主的一整套概念体系,促使文学研究发生范式转移。接受美学从社会心理学角度考察文学的创作和接受,深入系统地研究读者在文学活动中的地位和作用,认为在文本创作过程中,作者应该充分考虑读者的感受,重视读者与作品的相互关系,关注作者、作品和读者之间的动态交往过程。只有经过读者的阅读,文学作品才能成为真正意义上的成品。接受美学包含以下观点。

文本未定性。接受美学认为,任何文学文本都具有未定性。其代表人物伊瑟尔认为,文本本身具有诸多不确定因素,作品运用描绘性语言无法毫无遗漏地表现外界对象的全部丰富性特征,于是,创作者会运用一些详略得当的写作方法去进行文本的构造活动。文本的语言、语句、段落、结构等之间都存在着意义的空白和不确定性,这些空白和不确定性,需要读者去填补,读者填补空白和未定之处的介入行为称为"具体化"。从接受美学的观点来看,作品意义的产生是从阅读"具体化"活动中生成的,而不是文本所固有的。可见,文学作品并非是给定的客观认识对象,它只能在读者阅读中才能获得现实的生命,作品意义的生成是文本和读者相互作用、相互协商的结果。

期待视野。期待视野是阅读一部作品时读者的文学阅读经验构成的思维定向或先在结构。姚斯认为,读者的理解要受"前见"或"前结构"的影响和制约。就文本而言,它可能会通过某种符号唤起读者的"先见"或"先在结构",让读者进入一种特定的情感设定之中,并对结局产生期待。如果文本未能唤醒读者的"先见"或"先在结构",文本便很难被读者接受,因为任何一部作品的产生必须得到"客观化",即与一个客观的标准相符,才能获得接受,而这种超主体的客观标准,恰恰就是期待视野。

美学距离。接受美学认为,读者对文本有一定的期待,但如果仅停留在满足受众期待的层面,文本就会缺少吸引力。在具体的文本接受过程中,文本与读者的期待视野具有多种关系:当文本有悖于或者过度超出读者的期待视野时,读者会对文本产生抵触心理,或会因太晦涩难懂而弃文本而去;当文本低于读者的期待视野时,读者会因此产生失望情绪;当文本与读者的期待视野完全一致时,读者会感到一般性满足,同时会因为未出乎意料的结局而感到作品索然无味,以致失去阅读兴趣;只有阅读的作品适度超越或校正了期待视野,读者的阅读兴趣才可能被调动起来。这个"适度"的距离,即为接受理论所提出的"美学距离"。

21. 社会学习理论

社会学习理论是由班杜拉提出，包括模仿和认同，解释人们怎样在某个环境中通过观察他人而进行学习的理论，可用于分析媒介效果特别是电视暴力效果。霍夫兰的说服研究也采用了社会学习理论。班杜拉认为人们有认识和思考的能力，可以通过观察别人的行为获得知识，也可以通过大众媒介进行学习，例如人们观看电视上的人在特定场合的行为，然后在实际生活中进行练习。从大众媒介中建模是一种有效的、可以学习大量行为和问题解决办法的方式。大众传播的许多效果可以通过社会学习而产生。影响社会学习是否发生的一个重要变量是自我效能，即人们对自己某些能力的判断和发挥。

22. 证实性偏差

证实性偏差的概念最早由英国心理学家彼得·沃森提出。在社会心理学领域里著名的(2,4,6)实验中，他发现人们更倾向于证实而不是证伪。在求证不确定的观念时，人们更倾向于默认其真实性，并寻找证据来佐证这一观念。这一结论也得到了其他社会心理学研究的证实。换言之，人们普遍存在着"认知吝啬"(cognitive misers)的特征——人们总是希望能够保存自己认知的能量，减少认知的负担。因此，人们倾向于相信那些能够让自己感到舒适的信息，或者说是与其既往认知相符合的信息。①

23. 解释水平理论

解释水平理论(construal level theory)认为，人对心理距离远的事物会倾向于用高解释水平表征，即用主要、核心、本质、去背景化的特征来表征事物，而对心理距离近的事物则倾向于用低解释水平表征，即用次要、辅助、非本质、边缘化、细节化、背景化的特征来表征事物。

24. 认知双加工

认知心理学是以信息加工观点为特征的心理学，其核心在于揭示人类认知过程中的内部心理机制。它提出了人类认知的双加工系统，即人类拥有两套信息处理机制，其一是"经验-直觉"式信息加工系统（通常称为系统一），其二是"理性-分析"式信息加工系统（通常称为系统二）。系统一和系统二之间存在着交互影响：系统一通常发挥着直觉、快速的功效，为系统二提供感觉性的建议，且该种建议通常具有结论性，即正在寻求的答案；系统二则耗费一定的认知资源对之进行检测和监控，其结果可能是采纳系统一的建议，也可能是对之进行调整或推翻。

25. 内隐理论

内隐理论(implicit theories)来源于社会心理学研究。有研究者认为，所有人对外

---

① 史安斌、王沛楠：《作为社会抗争的假新闻——美国大选假新闻现象的阐释路径与生成机制》，载《新闻记者》，2017年第6期，第4—12页。

部世界或人类世界(如对道德、智力、人格等个人属性)都会有自己的解释,除了不同领域的科学研究者对外部世界或人类世界作出科学解释,普通人或者外行人在日常生活中也会有关于外部世界或人类世界的自己的朴素解释,只不过可能个体未曾意识到。这种普通人或者外行人对外部世界或人类世界的朴素解释就称为内隐理论。

26. 计划行为理论

计划行为理论是由 Icek Ajzen 在 1988 年提出的,是理性行为理论的继承者,因为 Ajzen 经研究发现,人的行为并不是百分百地出于自愿,而是处在控制之下,因此,他将理性行为理论予以扩充,增加了一项对自我"行为控制认知"的新概念,从而发展成为新的行为理论研究模式——计划行为理论。

计划行为理论的五要素:行为态度、主观规范、知觉行为控制、行为意向、行为。

计划行为理论有以下几个主要观点:

非个人意志完全控制的行为不仅受行为意向的影响,还受执行行为的个人能力、机会以及资源等实际控制条件的制约,在实际控制条件充分的情况下,行为意向直接决定行为;

准确的知觉行为控制反映了实际控制条件的状况,因此它可作为实际控制条件的替代测量指标,直接预测行为发生的可能性,预测的准确性依赖于知觉行为控制的真实程度;

行为态度、主观规范和知觉行为控制是决定行为意向的 3 个主要变量,态度越积极,重要他人支持越大,知觉行为控制越强,行为意向就越大,反之则越小;

个体拥有大量有关行为的信念,但在特定的时间和环境下只有相当少量的行为信念能被获取,这些可被获取的信念也叫突显信念,它们是行为态度、主观规范和知觉行为控制的认知与情绪基础;

个人以及社会文化等因素(如人格、智力、经验、年龄、性别、文化背景等)通过影响行为信念间接影响行为态度、主观规范和知觉行为控制,并最终影响行为意向和行为;

行为态度、主观规范和知觉行为控制从概念上可完全区分开来,但有时它们可能拥有共同的信念基础,因此它们既彼此独立,又两两相关。

27. 隐私计算理论

隐私计算理论是计划行为理论的延伸,即某项行为的实施,必然是由于行为对应的预期收益高于预期风险,而用户在网络上发布个人信息时,也预期这一行为所带来的好处会大于个人信息被利用所带来的风险。这一理论常被用于检验网络用户隐私忧虑、隐私披露和隐私保护的影响因素。

当隐私忧虑阻碍隐私披露时,娱乐消遣、相互信任、维护友谊等其他预期收益会激励网络用户披露个人隐私。在这种情况下,隐私忧虑是指预期风险,而娱乐消遣、相互信任及维护友谊等是指预期收益。网络用户披露个人隐私,就意味着接受隐私的丧失,也意味着风险与收益相互交织。①

---

① 王敏、江作苏:《基于隐私计算理论的中美大学生网络隐私忧虑对比研究——以中国 H 省和美国 I 州的 462 名大学生为例》,载《当代传播》,2017 年第 6 期,第 77—79、84 页。

28. 创新扩散理论

创新扩散理论是传播效果研究的经典理论之一，是由美国学者埃弗雷特·罗杰斯于20世纪60年代提出的一个关于通过媒介劝服人们接受新观念、新事物、新产品的理论，侧重于大众传播对社会和文化的影响。

这一理论的主要观点如下。

大众媒介与人际传播的结合是新观念传播和说服人们利用这些创新的最有效途径，大众传播可以较为有效地提供新信息，而人际传播则对改变人的态度和行为更有力。

"创新扩散"的过程至少包括四个环节：①知晓，接触创新并略知其如何动作；②劝服，有关创新的态度形成；③决定，确定采用或拒绝一项创新活动；④确认，强化或撤回关于创新的决定。

传播过程呈S形曲线，即在采用开始时速度很慢，当其扩大至接近一半时速度加快，而当其接近最大饱和点时又慢了下来。

29. 议程设置理论

麦库姆斯和肖认为，大众媒介往往不能决定人们对某件事物的具体意见或看法，但可以通过提供信息和安排相关的议题来有效地左右人们关注某些事实和意见，以及人们谈论的先后顺序等行为，为公众提供议程。议程设置理论将着眼点放在受众的认知层面，考察的是大众传媒在一段较长时间跨度的一系列报道活动中所产生的中长期的、宏观的、综合的社会效果，它暗示了这样一种媒介观：传播媒介是从事"环境再构成作业"的机构。

30. 第三级议程设置理论

麦库姆斯等学者认为，第三级议程设置或称为关联网络议程设置理论，其主旨是探讨媒体将一系列具有显著性议程属性之间的关系传递给公众的程度。它抛弃了传统理论中属性线性传递的观点，更加关注由两两相关的属性线性传递的观点和由两两相关的属性所交叉构筑的网络，如果媒体在报道中提到某两个属性是有关系的，那么公众也倾向于认为两个属性之间存在相关性。①

31. 文化规范论

传播内容可以促使对象发生改变。如果大众传播媒介经常报道或者强调某事物，就会在受众中造成某事物是社会文化规范的印象，从而促使受众模仿，结果就产生了一些间接的影响。

受众可以从大众传媒中获取新的见解，也可以加强其原有的价值观念，或改变原来

---

① 郄艺鹏、罗海娇：《媒介议程与公众外显议程的网络关联性研究——基于第三级议程设置理论》，载《新闻界》，2018年第12期，第74—82、96页。

的看法态度，甚至发生观念上的变化。传播媒介为社会树立了文化规范，人们看待事物时会受到各种新文化规范的影响。

该理论肯定了大众传播对受众所造成的影响，并认为如果这种影响增强会造成社会一体化，并为未来社会制造新文化。

32. 培养理论

培养理论又称培养分析或教化分析、涵化分析。该理论缘起于20世纪60年代后期格伯纳等人所从事的电视与暴力研究。培养理论的核心观点是：大众传播媒介在潜移默化地培养受众的世界观。该理论认为，在现代社会，大众传媒提示的"象征性现实"对人们认识和理解世界产生着巨大的影响。大众传媒的某些倾向性造成了人们心中的主观现实与客观现实存在着很大偏离，这种影响是长期的、潜移默化的、培养的过程，它在不知不觉地制约着人们的现实观。

社会要作为一个统一整体存在和发展下去，就需要社会成员对社会有一个"共识"。也就是对客观存在的事物、重要的事物，以及社会的各种事物、各个部分及其相互关系要有大体一致或接近的认识，只有在这个基础上，人们的认识、判断和行为才有共通的基准，社会生活才能实现协调。

大众传媒提供了这种"共识"。通过对象征性事物的选择、加工、记录和传达，大众传媒取代了多样化的社会因素，使人们共享相当同质的社会真实。

涵化是一个双向吸引的过程。主流化作用并不是对所有人都有影响，而且其效果也是因传播的内容而异。

33. 知识鸿沟理论

美国明尼苏达州立大学的研究小组菲利普·蒂奇纳、多诺霍和奥里恩在1970年发表的《大众传播流动和知识差别的增长》中提出了知识鸿沟假设，从1979年，他们开始在一系列实证研究的基础上，建立起一个经验社会的理论——知识鸿沟理论。该理论认为社会经济地位高者通常能比社会经济地位低者更快获得信息，因此，大众媒介传播的信息越多，两者之间的知识鸿沟越有扩大的趋势。

34. 社会临场理论

社会临场理论（social presence theory）作为社会心理学和媒介研究中的重要概念，最早由英国学者约翰·肖特、布鲁斯·克里斯蒂等人于1976年提出。各种社会临场感是社会临场理论的测量指标，也是社会化媒体的一种属性，不同媒介由于听觉、视觉、物理接触等差异，具有不同的社会临场感程度。①

35. 脱域理论

安东尼·吉登斯提出，脱域指的是社会关系从彼此互动的地域性关联中，从通过对

---

① 王涵、方卿：《社会临场理论下社会化阅读内容"三俗化"问题研究》，载《现代出版》，2017年第3期，第16—19页。

不确定的时间的无限穿越而被重构的关联中脱离出来。在现代化的条件下,随着时空延伸和脱域程度的提高,人们对抽象系统的依赖程度日益增强。网络社区使人们与居住地以外的世界得以联系起来。网络社区,尤其是专业化的网络论坛和门户网站,成为凝聚具有共同兴趣爱好群体的抽象系统,这样的系统以现代通信技术为技术支持,以兴趣爱好为纽带,使人们与居住地以外的世界得以联系起来。

36. 逆火效应

逆火效应源于人们接触纠正信息时所产生的负面情绪、动机性推理与可得性偏见。具体而言,纠正信息往往会揭示人们原有的理念(如认知或观点)存在偏误,这就可能会威胁到人们的自我身份认同(如自主权、面子或知识体系),并由此产生气愤、困惑或焦虑等负面情绪,即心理抗拒与认知失调。

为了消除这些负面情绪,人们常常会在记忆中优先或更多地提取抗辩证据来反驳纠正信息,即动机性推理。在抗辩过程中,支持原有理念的证据会被人们从记忆深处提取出来,这使得原有理念的证据在记忆中变得更加凸显。

因此,接触过纠正信息的人有时会比那些没有接触过的人更容易、更快速地想起原有理念的证据,而正是这种证据"易得感"促使人们更加相信原有理念是"正确的",因为人们会本能地偏信那些更容易在记忆中找到证据的理念。这种行为即可得性偏见。

但是,也有研究认为,纠正信息会威胁到人们自我身份认同而导致的负面情绪可以直接导致逆火效应,而无需动机性推理与可得性偏见的中介作用,因为负面情绪能够直接驱使人们通过变本加厉的行为去昭示自己冲破了纠正信息的束缚、夺回了自由或挽回了面子(即心理抗拒理论)。

逆火效应的抑制策略可以归纳演绎出七种,即唤起死亡恐惧、肯定受众品质、迎合既有观点、引导自我抽离、提示社会规范与社会身份、否定改述谣言、善用简易图表。

37. 第三人效应理论

第三人效应理论由美国哥伦比亚大学的戴维森于1983年提出。他认为,人们在判断大众传媒的影响力之际存在着一种普遍的感知定势,即倾向于认为大众媒介的信息对"我"或"你"未必产生多大影响,然而对"他"人却会产生不可估量的影响。这种感知定势的作用,使得大众传播的影响和效果通常不是在传媒指向的表面受众中直接发生的,而是通过与他们相关的"第三人"的反应行为实现的。

38. 奥普拉效应

奥普拉读书俱乐部创建于1996年,是"奥普拉·温弗里秀"的特色之一。奥普拉大约一周在她的节目中推荐一本书,然后一本毫无名气的书可能突然之间就变得十分引人注目。2003年选了斯坦贝克的《伊甸之东》,2004年选了托尔斯泰的《安娜·卡列尼娜》,被奥普拉推荐的书都会销量大增。斯坦贝克的小说在被奥普拉推荐之前已经出版了51年,在被推荐后立刻就登上了《纽约时报》的畅销书榜,并停留了3周。2007年,当奥普拉读书俱乐部宣布马克·麦卡锡的《末日危途》是下一本推荐的书时,这本书的平装本就直接登上了畅销书榜,并停留了19周之久。查看图书之前的销量纪录,就会清楚地看到奥普拉带来的效应。①

39. 摄影武器论

摄影武器论是由中国革命摄影事业的开拓者和奠基人、领导人沙飞、石少华等人提出、完善与发展的。在全面抗战爆发之际,沙飞即撰文:"摄影是今日宣传国难的一种最有力的武器。"1939年12月,沙飞在为吴印咸《摄影常识》所作的序中进一步指出,摄影是"一种负有报道新闻职责的重大政治任务的宣传工具,一种锐利的斗争武器"②。

40. 第三媒介时代

美国学者马克·波斯特从历时性视野把媒介时代加以区隔。他把以互联网为特征的新媒体出现之前的大众媒体统一划分为"第一媒介时代",把互联网为代表的新兴媒介时代划分为"第二媒介时代"。而第三媒介时代是信息传播无时不在、无处不在、无所不能的一种超越时空的泛在体验。

首先,万物相融,万物都成为媒介是第三媒介时代最显著的特征。第三媒介时代是非线性社会关系广泛建构的时代,大数据技术的运用,促进了不同行业、不同领域、不同终端的数据交换和相互融合。这种跨行业、领域和终端的融合强调了社会关系的重新建构。

其次,第三媒介时代是场景到场域延伸的时代,在移动环境下,移动化正在尝试将原本固有的场景加以切割、细化,重新建构拟态空间,形成一个全新的、脱离了物理形态和支配性的场景空间。在这一具有超强链接与截断的场景时空内,人们在获取信息上进一步摆脱了时空的限制,如穿戴设备等智能终端让人们抬起手腕就可以获取信息,并加以分享和互动。③

41. 文化堕距

文化堕距(culture lag)是指在社会变迁过程中,文化集丛中的一部分落后于其他部分而呈现呆滞的现象,亦称文化滞后或文化落后。文化的两个或多个部分,由于变化的时间和程度不一致,导致彼此间的协调性降低。奥格本认为,在社会变迁的过程中,物质文化与科学技术的变迁速度往往是很快的,而制度与观念等部分的变迁则较慢,这就产生了一种迟延现象。他认为,有的迟延现象可延续较长的时间,有时甚至达数年之久。这种迟延产生的差距即文化堕距。

42. 小世界效应验证

小世界效应是判断网络通畅度的关键指标。1969年,崔弗斯和米尔葛伦通过小群

---

① 约翰·B.汤普森、张志强:《奥普拉效应》,载《现代出版》,2017年第2期,第22页。
② 董卫民:《作为武器的摄影——〈晋察冀画报〉与"摄影武器论"源流浅析》,载《青年记者》,2018年第34期,第87—88页。
③ 李沁:《"第三媒介时代"新闻价值的定位与建构》,载《当代传播》,2015年第4期,第41—44、48页。

体实验,得到一个著名论断——"世界上任何人之间通过大约6步就可以建立联系",因此,整个世界是小世界。一个社会网络是否具有小世界效应主要通过途径长度和聚类系数均值来验证。根据小世界效应理论,聚类系数大于0.5,途径长度均值不超过10,就可以判定该社会网络具有小世界效应。

43. 六度分隔理论

1967年,哈佛大学的心理学教授Stanley Milgram想要描绘一个联结人与社区的人际联系网。他便做了一次连锁信实验,结果发现了六度分隔现象。简单地说,你和任何一个陌生人之间所间隔的人不会超过六个,也就是说,最多通过六个人你就能够认识任何一个陌生人。六度分隔理论说明了社会中普遍存在的"弱纽带"现象,但是却发挥着非常强大的作用。通过"弱纽带",人与人之间的距离变得非常"相近"。

44. 公共领域

公共领域是指政治权力之外的公民自由讨论公共事务、参与政治的活动空间。它是介于国家和社会之间的公共空间,公民可以在其中自由发表言论,不受国家干涉。哈贝马斯强调,公共领域内的交往应以"说者"和"听者"通过言语和交往而构成的主体间性为出发点,用"交往理性"代替"工具理性"。新技术勃兴,公众无须倚靠政治、经济力量便可发声,这在一定程度上为公共领域的形成提供了条件。但哈贝马斯指出,互联网非但不能保证政治动员与参与,反而可能促成公民社会的碎片化,表现时而聚焦、时而模糊,开辟的是意见分歧而不是一致的公共领域(热点迅速迭代,导致受众注意力分散,社会行动力被削弱)。除此之外,互联网空间内话语更多地表现为情绪化的特征,并非每个人都拥有理性的思考能力。因此,在某种意义上,公共领域在互联网时代仍是美好的愿景。

45. 参与式文化理论

参与式文化是由美国传播学家亨利·詹金斯于1992年在其著作《文本盗猎者:电视粉丝与参与式文化》中提出的,是指以Web2.0网络为平台,以全体网民为主体,通过某种身份认同,以积极主动创作媒介文本、传播媒介内容、加强网络交往为主要形式所创造出来的一种自由、平等、公开、包容、共享的新型媒介文化样式。参与式文化理论包含有四大要素:对Web2.0网络技术的依赖、注重关系建立与身份认同、推崇个性化的媒介文本、强调集体智慧。①

46. 瓦釜效应

瓦釜效应是被用来阐释一种逆向的社会文化机制的原理,批评价值观颠倒的新闻流通。瓦釜效应的基本现象是:"在我们今天的大众传媒上,更有意义的新闻角色大多默默无闻,更无意义或更有负面意义的新闻角色则易于煊赫一时。黄钟奈何毁弃,瓦釜

---

① 孙振虎、赵甜:《参与式文化视角下的弹幕视频分析》,载《当代传播》,2018年第6期,第90—93页。

居然雷鸣。其间,有'黄钟'的原因,有'瓦釜'的原因,更多的则基于传媒的时代之病。"①

作为一个理论假设,瓦釜效应旨在解释媒介文化的"崇低"和"向下",以及媒介场域中诸主体的合谋是如何实现的。其要义可表述如下:传媒与其新闻社群之间,在一定的媒介生态环境下,能够形成鼓励低文化价值的新闻市场机制,并通过彼此循环影响,逐渐产生"劣币驱逐良币"式的文化后果,导致高价值新闻只能得到低配置的传媒资源与注意力资源,而低价值新闻却可以得到高配置的传媒资源与注意力资源。

47. 流动的藏私理论

早在20世纪70年代,面对社会流动性日益加剧,汽车与铁路等交通媒介的扩张及广播电视的兴盛,文化研究学者雷蒙德·威廉斯提出"流动的藏私"这一经典概念,探讨人的流动性与私密性持续扩张的现象,研究人和社会的需求、电视技术装置形成的关系。流动的藏私强调的是外部世界与家庭、流动与隐私之间的关系。如今,随着数字通信技术和移动互联网的迅猛发展,"流动空间的历史性出现取代了地方空间的意义","权力的流动产生了流动的权力","人们生活在地点上,而权力通过流动来统治"②。这种"地方空间"向"流动空间"的演变,意味着传统社会关系在网络中的转移和再造。在这一演变过程中,藏私的空间也从传统的物理空间向虚拟的流动空间转变和融会。在一个以数字化和流动化为特征的信息空间中,信息和隐私的威胁持续地引发人们的关注。

齐格蒙特·鲍曼宣告"流动的现代性"到来的事实,曼纽尔·卡斯特尔则强调了流动性在网络社会具有支配性的作用。社会的流动、地理的流动、信息的流动及日常生活中的流动,不仅被新的媒介所呈现与建构,还改变了现存的传播生态、媒介内容及媒介使用。"流动"不仅包含空间的位移,还意味着社会结构网络中的个人借助时空抽离机制,与"不在场"的人们进行互动,将"此在空间"嵌入远距离"彼在空间"的场景与社会关系之中。

48. 赛博人

赛博人概念来源于后人类思想的赛博格(cyborg),又称电子人。这个术语最早缘于20世纪五六十年代的科学家所进行的太空飞行试验。

后人类时代出现的这些为技术所穿透、数据所浸润的身体被称为"赛博人",是为了突出表达这样的观点:技术与人的融合创造出的新型主体正在成为一个终极的媒介。将其命名为赛博人,一方面,是意欲体现和赛博格思想的承接性,另一方面,是将其视为当前技术与人的融合所塑造出的新型传播主体,昭示一个颠覆性的事实,即传播的主体已经从掌握工具的自然人转变为技术嵌入身体的赛博人。因此,媒介融合不可能仅仅

---

① 杜骏飞:《大众传媒的瓦釜时代》,载《南方周末》,2007年5月10日。
② 曼纽尔·卡斯特尔、王志弘:《流动空间中社会意义的重建》,载《国外城市规划》,2006年第5期,第101—103页。

从媒介本身理解,而是进入了重造主体的阶段。①

49. 景观理论

所谓媒介景观是一种被媒体制造出来的可观的景象、景色。全球资讯的进步令受众能迅速了解到全世界范围内的事情,但由于时空的不对称性及渠道的有限性,事实本身有可能被一种被塑造、被安排的媒介景观所取代。我们看到的常常是某种"景观"而不是事实的真相。真相与景观的区别在于,真相是事物的真实形态,而媒体呈现的媒介景观则是经过剪辑、渲染、二次加工的。在法国著名境遇主义运动创始人居伊·德波看来,"意指一种主体性的、有意识的表演和作秀……景观不是影像的聚积,而是一种以影像为中介的人们之间的社会关系"。② 景观的制造者有一定的个人目的、倾向、想法,同时媒体从业者也会出于各种考虑而选择角度来呈现景观。因此景观不仅与现实本身有出入,甚至与现实存在极大的差距,景观在某种意义上就是被包装过的现实。甚至在某种意义上可以说,获得注意力就是获得了宝贵的财富。

50. 回声室效应

所谓"回声室效应",是指在一个网络空间里,如果你听到的都是与你意见相类的回响,你会认为自己的看法代表主流,从而扭曲你对一般共识的认识。此一效应的存在常常同信息选择密切相关:个人总是倾向于接受协调性的信息而避免那些会带来不协调认知的信息。如此,回声室的存在会在一种特定的网络媒介当中对批判性对话造成重大障碍。在线讨论的参加者会发现,讨论的结果并非开放性地吸收对话其他方的可取的观点,而常常只导致己方信念体系的进一步增强。回声室效应也可能影响对网络上的大的语言和文化变化的认知,因为个人仅创造、体验和漫游那些符合其世界观的虚拟空间。③

51. 信息茧房

信息茧房(information cocoons)的概念由美国芝加哥大学的桑斯坦教授于2006年在其著作《信息乌托邦——众人如何生产知识》中提出,通俗的解释就是,在信息传播中,因为公众自身的信息需求并非全方位的,公众只会注意自己选择的东西和使自己愉悦的通信领域,久而久之,会将自己桎梏于蚕茧一般的茧房之中。

用户每次的点击行为实质是强化个人在个性化推荐系统中的个性标签,也就是在对茧房的外壁添加"水泥",使其变得牢固而不易松散。用户的选择性心理是搭建茧房的内在动因。

应该将个性化推荐与人性化推荐相融合。人性化推荐指从人这个普遍意义视角出发,来探索作为人的价值的可能性,而非个体的、孤立的、盲目的追求流量的信息传播。

---

① 孙玮:《赛博人:后人类时代的媒介融合》,载《新闻记者》,2018年第6期,第4—11页。
② 居伊·德波:《景观社会》,王昭风译,南京:南京大学出版社,2007年,第10页。
③ 胡泳:《新词探源:回声室效应》,载《新闻与传播研究》,2015年第6期,第109—115页。

52. 泛娱乐化

泛娱乐化指一股以消费主义、享乐主义为核心,以现代媒介为主要载体(电视、戏剧、网络、电影等),以内容浅薄空洞甚至不惜以粗鄙搞怪、噱头包装、戏谑的方式,通过"戏剧化"的滥情表演,试图放松人们的紧张神经,从而达到快感的思潮。[①]

53. 媒介记忆

媒介记忆,即媒介通过对日常信息的采集、理解、编辑、存储、提取和传播,形成一种以媒介为主导的人类一切记忆的平台和核心,并以此影响人类的个体记忆、集体记忆和社会记忆。不少当下的社会热点事件被选择性遗忘或进入烂尾阶段后,在特定外部环境的刺激下会重新唤醒并获得新条件下的再生,这一过程称为"记忆唤醒"。

54. 传播基础结构理论

桑德拉·鲍尔-洛基奇在洛杉矶大型实证研究的基础上,从生态学构架的视角提出传播基础结构是置于传播行动的背景下的趣闻轶事讲述网络。它包括居民、当地媒体、社区组织创造和传播的日常谈话和趣闻轶事(即邻里趣闻轶事讲述系统),以及居住地所拥有的促进邻里传播的资源(即传播行动的环境,如公园、街道、图书馆、学校等),见图1-2。换言之,传播基础结构由两部分组成,邻里趣闻轶事讲述系统和传播行动的环境。

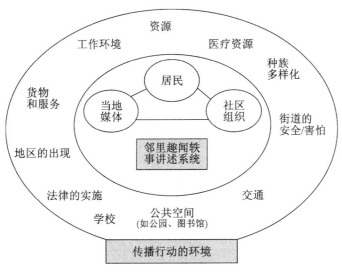

图1-2 传播基础结构

(1)邻里趣闻轶事讲述系统。

桑德拉·鲍尔-洛基奇将邻里趣闻轶事讲述者区分为三种,分别称它们为宏观、中

---

① 吕绍刚:《"泛娱乐化"为何屡禁不止?》,载人民网,http://culture.people.com.cn/GB/46104/46105/5617825.html,2007年4月16日。

观和微观的讲述者。这三种邻里趣闻轶事讲述者在各自所代表的主体及其讲述的对象上有所差别。

宏观的邻里趣闻轶事讲述者是指主流媒体,这些主流媒体主要讲述的是整个城市、国家甚至是世界的故事。它的讲述对象可以宽泛地理解为是这个城市、县或是地区的所有人口。

中观的邻里趣闻轶事讲述者主要是指当地媒体和社区组织。当地媒体指的是以某个具体的地区或者某一部分人口(如新移民)为目标群的媒体。而社区组织则是将个人由某个小区的物理空间的纯粹占有者转变为社区事务的积极参与者的有效渠道,其手段是向居民提供共同"想象"或"谈论"他们所居住小区的事务的机会。

而微观的邻里趣闻轶事讲述者就是指居住在某些地区的居民本身。桑德拉·鲍尔-洛基奇通过研究发现,个人能够和邻居讨论所居住小区里的事是三种邻里趣闻轶事讲述者中最重要的因素。

在宏观、中观和微观这三种邻里趣闻轶事讲述者中,传播基础结构理论更侧重中观和微观的讲述者,并将这两种讲述者称之为传播基础结构理论的邻里趣闻轶事讲述系统。主要原因是主流的报纸、电台和电视频道没能扮演好邻里趣闻轶事讲述者的角色。

传播基础结构理论的一个独特的地方是它不仅强调每个邻里趣闻轶事讲述者的强度,而且强调整个邻里趣闻轶事讲述系统的强度和质量。测量邻里趣闻轶事讲述质量的一个重要标准是三个邻里趣闻轶事讲述者的融合程度。在一个理想的社区,中观和微观的邻里趣闻轶事讲述者形成一个整合的系统,在这个系统中,一个邻里趣闻轶事讲述者激发其他邻里趣闻轶事讲述者来谈论社区。在一个拥有整合的邻里趣闻轶事讲述系统的传播环境里,一方面,人们能够了解他们居住的地区正在发生的事,和邻居谈论邻里问题和事件。另一方面,当地媒体和很多种族或新的移民媒体谈论的只是居住地以外正在发生的事,当地媒体和作为邻里趣闻轶事讲述者的居民之间的关系就割裂开了。

(2)传播行动的环境。

传播基础结构理论另一个重要的部分是邻里趣闻轶事讲述系统运作所在的传播环境,在传播基础结构理论中,被称之为传播行动的环境,它是存在于传播行为周围所特有的情况和条件的总和。它包括阻碍或鼓励传播的各种因素,如都市里的物理结构、促进或阻碍传播的社会文化特征等。在本质上,传播行动的环境是随着开放和封闭的程度而变化的。一个开放的环境能鼓励人们与他人沟通,而一个闭塞的环境会阻碍人们互相交往。①

55. 三喻文化理论

1970年,著名的美国人类学家玛格丽特·米德在《文化与承诺》一书中提出了三喻文化理论。"三喻"是指前喻文化、同喻文化和后喻文化三种不同类型的文化,前喻文化

---

① 王晨燕:《鲍尔-洛基奇的传播基础结构理论分析》,中国传媒大学第二届全国新闻学与传播学博士生学术研讨会。

是指晚辈主要向长辈学习,同喻文化是指晚辈和长辈的学习都发生在同辈人之间,而后喻文化则是指长辈反过来向晚辈学习。与前喻文化正好相反,后喻文化可以说是一种"反向社会化",是我们固有认知中的文化反向传递的一种文化传递方式。后喻文化是信息社会、互联网社会必定跨入的文化传递中的一个历史阶段。当然,在此阶段中,前喻文化、同喻文化与后喻文化是并存的。

56. 后喻文化

"文化反哺"是后喻文化时代的最基本特征,文化传承模式因此改变。后喻文化有以下几个基本特征。第一,技术媒介是新媒体。新媒介技术使得后辈创造性得到极大发挥,具有自身话语的控制权和把握权。第二,行动主体是后辈。后辈在技术运用和信息获得方面具有自主权,"我想成为什么人就说什么话",后辈通过话语来"以言行事""话语互动"建构自己的主体身份,改变原有的文化传承模式。第三,后辈通过诸如多模态、互文性、仿拟、改写等一系列话语符号,对原有话语系统的深度模式、完整化、确定化予以消解。

57. 媒介霸权理论

媒介霸权理论是葛兰西在其著名的《狱中札记》中提出的一个理论。葛兰西认为,一个社会制度的真正力量并不是统治阶级的暴力或其国家机器的强制性权力,而是被统治者对于统治者世界观的接受。霸权的产生、再生产以及转换是市民社会意识形态国家机器作用的结果,这与国家暴力机器的强制性不同。对于葛兰西来说,国家实施压制,而市民社会则行使霸权。霸权在文化和意识形态方面运作时必须通过市民社会的各种机构,如教育、家庭、教会以及大众文化和大众传媒等社会机制来实施。葛兰西的媒介霸权理论被广泛地用于媒介分析和媒介批判领域。按照葛兰西的论述,要理解大众文化和意识形态的传播,必须从社会秩序或国家形成及维系的过程来了解。

媒介霸权的权力构成包括依附性权力、生产性权力和资源性权力。媒介通过依附于既有制度、政治、法律、经济、文化的权力而产生的权力延伸,因此也被视为媒介霸权的权力来源。媒介作为构建真实、传送信息的特殊制度组织和技术载体,其自身所具有的创造、生成的力量和能力也纳入媒介权力考察的视线。媒介权力的另一重要构成是在媒介稀缺价值的投资、交换和积累中所产生的资源性权力。

58. 单向度的人

单向度的人,亦称为"单面人",指发达工业社会中只有物质生活,没有精神生活,丧失了否定性、创造性和批判性精神的人。该思想借鉴了马克思的"异化"理论、弗洛伊德的精神分析法以及卢卡奇的"物化"理论等早期西方马克思主义理论,并在此基础上进一步综合阐发了技术理性对人类生存的异化现象。

马尔库塞认为,发达资本主义以前的社会是双向度的社会,在这个社会里,私人生活和公共生活是有差别的,因此个人可以合理地、批判地考虑自己的需求。人类在正常社会中,理应拥有两个方面的向度:肯定现实、维持现状的向度;否定、批判和超越现实的向度。而随着科学技术的发展,当代资本主义社会以其高生产、高消费压制了社会中的对立性因素。人作为一个自由的富有创造性的社会实践的主体,其个性、自主性、否定性的特点逐渐消失,社会生活的各个领域也只剩下了单一的维度。丧失了价值与尊严的人表现出一味地顺从、肯定和维护现状,逐渐沦为了制度统治的工具。技术的操纵,最终使人由"双向度"衍变为"单向度"。

59. 开放出版理论

在开放的网络环境下,开放出版(open access publishing)的产生主要基于两个动因和一个条件:学术界对开放自由共享的诉求和呼吁、商业出版价格的垄断和数字网络环境的发展。在传统出版模式中,文章通过同行评议(有些是无偿的)后进行出版,研究人员或普通读者如有需要则必须从出版商那里花高价购买。但是,学术界普遍认为,基于学术开放的原则,大多由公共财政经费支持的学术机构做出的成果理应被公众免费享用,而部分出版商在出版学术期刊时过分地追求了利润。为打破出版商的垄断,这些机构支持学术成果向民众开放,于是才出现了开放出版。①

60. 认知传播学

认知传播学的学术取向是在体认传播观的指引下,着重研究人类社会传播过程中信息与意义的产生、加工和认知改造,心智与传播现象的关系,以及传播活动与人类认知行为密不可分的关系。它是一种研究范式,也可视作一个学派或一种思潮。它交叉采用和融合了思辨研究方法、实证研究方法、文化研究方法和跨学科研究方法。它不是传播学的二级学科,而是代表目前传播学界近年来兴起的一个学派或一种思潮,可以视作传播学研究的认知转向。研究对象为:①有关信息的加工与传播;②有关意义的认知、改造与传播;③对传播过程中与人类认知行为密切相关的诸要素的分析研究。②

61. 跨文化传播学

跨文化传播学是由美国人类学家、跨文化研究学者爱德华·霍尔在20世纪50年代建立的一门学科,其英文表达为"intercultural communication",也被翻译为"跨文化交际学"或者"跨文化交流学"。跨文化传播学作为传播学的一个分支学科,旨在研究来自不同文化背景的人们是如何进行交流,以及研究如何提高跨文化交流技巧,突破跨文化交流障碍的方法和途径。跨文化传播学是一门跨领域的学科,融合了人类学、文化学、心理学以及传播学等领域的研究成果。

62. 文化融合理论

文化的差异应该得到承认而不是摒弃,差异是认知和传播文化的必要条件。因此,在进入一个新文化环境后,要实现跨文化适应,必须进行动态的沟通以达到语义视域的

---

① 么媛媛、郑建程:《开放出版的APC模式研究》,载《中国科技期刊研究》,2014年第8期,第1016—1020页。
② 周鸿铎:《认知传播学的核心支点理论研究》,载《编辑之友》,2016年第9期,第9—13页。

融合。文化融合并不是对原有文化的忘却,而是在正视差异的前提下进行动态沟通的过程,在不断地沟通后形成双方彼此认同的语义视域。这个共有的语义视域便是跨文化传播顺利进行的基础。但必须认识到,共有的语义视域不是突然就能形成的,而是要经过一个长时期交流与适应的过程。在形成共有的语义视域后,双方就能彼此适应对方的文化,文化隔阂也会随之而消解。①

63. 元传播

元传播(metacommunication)的"元"(meta),源于希腊语"μετα'"。作为前缀,"meta"一般表示时间序列的"后"(post,after),但其置于抽象概念之前,则表示该概念的进一步抽象,即"关于"(about)。根据这一构词法,美国社会科学家格里高利·贝特森于1951年创造了"元传播"一词,用以指称人际互动中"关于传播的传播"现象,也即所有被交换的涉及编码(codification)及传播者之间相互关系的线索和命题。② 保罗·瓦兹拉维克等人于1967年发展出元传播的五条公理,使该概念的意指更为丰满。基于讯息的多层级结构,元传播为理解、解释人际传播提供了一个富于启发性的思考路径,也拓展了大众传播、网络传播研究的想象力。

64. 传播仪式观

美国学者詹姆斯·凯瑞在《传播的文化研究取向》中提出"传播的仪式观"的概念。他认为,传播更多的是一种仪式,而不是传递或运输。不同于传递观将传播过程视为相互间的信息发送或获取,仪式观视角下的传播不是表面上的信息传递,而是传播的主体以平等的姿态就同一话题共同参与、体验、创造和共享的过程,并在这一过程中达成对特定概念、意义的共识,并建构共同的文化价值及信仰。凯瑞认为,传播的仪式观是一种以团体或共同的身份把人们吸引到一起的神圣典礼,即传播不是分享信息的行为,而是共享信息的表征,即强调文化共享。

65. 狂欢理论

巴赫金认为,狂欢理论的前提是对两种世界、两种生活的划分。第一世界(第一生活)是官方的、严肃的、等级森严的秩序世界,统治阶级拥有无限的权力,而平民大众则过着常规的、谨小慎微的日常生活,对权威、权力、真理、教条、死亡,充满着屈从、崇敬与恐惧。而第二世界(第二生活)则是狂欢广场式生活,是在官方世界的彼岸建立起的完全"颠倒的世界",即平民大众的世界。

66. 框架理论

框架理论是欧文·戈夫曼将人类学家格里高利·贝特森的作品《游戏与幻觉理论》中的"框架"概念引入人际交往领域,在其《框架分析》中创立的理论。作为符号互动论

---

① 刘健、严定友:《跨文化传播视野下中国出版走出去策略》,载《中国出版》,2017年第17期,第52—55页。
② 王金礼:《元传播:概念、意指与功能》,载《新闻与传播研究》,2017年第2期,第118—125页。

的代表学者之一,基于交往互动的考量,戈夫曼认为,框架是一种作用于情境定义的复合的经验指导,能够使它的使用者定位、感知、确定和命名那些看似无穷多的具体事实。在引入框架概念后,戈夫曼对人际互动的研究有了崭新视角:人们的互动发生在具体情境中,人们依据各种框架对情境做出定义,然后决定自己的行为。在此思考和判断的过程中,情境就似舞台,行为就像演出。从这个角度看,框架就是一种心理学意义上的解释图示和认知结构。①

67. 周边传播理论

周边传播理论的核心观点认为,无论是在自然界还是在人类社会,信息的传播都须遵循或者应当遵循由原点向周边、由中心向边缘、由近及远的圈层式扩散的基本规律。该理论还认为,周边是一个刚性和弹性兼具的概念,会受到各种因素的影响,具有很大的延展性和不确定性。在周边传播过程或活动中,不仅仅是媒介,政治、经济、文化、外交和军事活动乃至个人无不携带着丰富的信息,应当像媒介传播一样受到重视。②

68. 弱势认同心理

互联网的标签化表达使得弱势认同心理蔓延到了更广的群体,导致了社会中产群体的焦虑感、不安全感的集中释放。如家事件中的"旁观人群冷漠""警方不作为""单身女性"等标签,广东"杀医"案的"陈主任"与"患者家属",魏则西事件中的"电子科大高才生""无限前途",雷洋事件中的"人大硕士""环境专家""中产阶级""初为人父"等,都被过度的标签化和归类化,成为网络舆论中的兴奋点,瞬间引发群体刻板印象,使得弱势认同心理蔓延,刺激网络热度。

弱势认同心理使得以往被认为是社会中产阶层的人群容易产生"推己及人"的同理心,身份代入感强,很容易形成群体内部的"受害者心理"。这已经引发了中产群体的焦虑感和不安全感,恰好这部分群体是掌握社会话语权力的主力,拥有舆论话语表达的主导权。

69. 职业承诺

职业承诺的概念来自组织承诺的研究。组织承诺是由美国社会学家贝克于1960年首先提出。随着组织承诺研究的深入,研究者如梅耶等将其研究成果直接扩展到职业承诺领域,认为职业承诺是从业者对其所从事的职业的心理归属感,是工作努力的义务感。

70. 涂尔干的公众舆论思想

自卢梭于1750年在《第一论文》中提出"公共舆论"(opinion publique)概念以来,公共舆论的研究主要经历了三个发展阶段。第一阶段是从卢梭提出公共舆论概念到法国

---

① 李劭强:《建构主义范式下框架分析的创新——基于传播权分化的研究背景》,载《出版发行研究》,2018年第9期,第23—28页。
② 陆地:《周边传播理论在"一带一路"中的应用》,载《当代传播》,2017年第5期,第4—9、34页。

大革命前期的社会意义阶段,即作为"集体判断"(collective judgements)的公共舆论。第二阶段是从法国大革命前期开始的政治转向阶段,即作为"政治论争"(the politics of contestation)的公共舆论。第三阶段则是从20世纪初期开始的心理学转向,但其本质上仍是以服务政治为主。

涂尔干的公共舆论思想是以集体意识和集体监控为核心概念,集体监控着个体的行为,并将个体行为放在集体意识的探照灯下进行检视。社会容量、社会密度、社会联系和社会流动不仅间接地削弱或固化了集体意识,而且影响了集体监控的可能性,从而深刻地影响到公共舆论的效力。因此,涂尔干的公共舆论思想不是一个集体意识概念便能够概括的,而这仅仅是他公共舆论思想的构成要素之一,唯有将其与集体监控、社会容量、社会密度、社会联系和社会流动并置考量,我们才能肯定地说这是涂尔干意义的公共舆论思想。

四、新闻生产理论

1. 资源依赖理论

资源依赖理论,是指一个组织最重要的存活目标,就是要想办法降低对外部关键资源供应组织的依赖程度,并且寻求一个可以影响这些外部关键资源供应组织能够稳定掌握的方法。它强调组织体的生存需要从周围环境中吸取资源,需要与周围环境相互依存、相互作用才能达到目的。它包括三层含义:组织与周围环境处于相互依存之中;除了服从环境之外,组织可以通过其他选择调整对环境的依赖程度;环境不应被视为客观现实,且对环境的认识通常是一个行为过程。

2. 场域理论

场域理论,是社会学的主要理论之一,是关于人类行为的一种概念模式,它起源于19世纪中叶的物理学概念,提出者是布尔迪厄、库尔特·考夫卡等。总体而言是指人的每一个行动均被行动所发生的场域所影响,而场域并非单指物理环境而言,也包括他人的行为以及与此相连的许多因素。

在布尔迪厄的社会实践理论中,场域被界定为"在各种位置之间存在的客观关系的一个网络,或一个构型。正是这些位置的存在和它们强加于占据特殊位置的行动者或机构之上的决定性因素之中,这些位置得到了客观的界定,其根据是这些位置在不同类型的权力(或资本)——占有这些权力就意味着把持了在这场域中利害攸关的专门利润的受益权——的分配结构中实际的和潜在的处境,以及它们与其他位置之间的客观关系(支配关系、屈从关系、结构上的对应关系,等等)"①。他用一个公式表明了场域、习

---

① 皮埃尔·布尔迪厄、华康德:《实践与反思——反思社会学引导》,李猛、李康译,北京:中央编译出版社,1998年,第133—134页。

性、资本之间的关系——"[(习性)×(资本)]＋场域＝实践"。他认为行动者的习性和所拥有的资本在场域中不断地实现着能量的转化,习性在场域中进行着形构与内化的过程;而资本作为习性的结果,在场域的关系博弈中又促进习性的改变以达成新的形构。三者紧密而复杂的关系一直处于不断地变化之中,也促进了实践的变化。

布尔迪厄指出,资本包含了对某人自己的未来和对他人的未来施加控制的能力,因而资本是一种权力的形式。他将资本分为经济资本、文化资本、社会资本和符号资本。在布尔迪厄看来,场域变化的动力来自结构形式的不对称关系,而这种不对称关系的形成正是由于特定资本的数量和结构。特定资本赋予了场域某种权力特征,而正是这种权力特征可以支配着场域的生产与再生产,进而成为支配场域结构的力量。

布尔迪厄在《实践的逻辑》中将"习性"阐释为"持久的、可变的一些性情系统,是一些被建构的结构"。它带有强烈的时间概念,产生于过去的实践,代表了过去场域的趋向,而又以实践的方式藏匿于当下之中,在实践调整中形成未来新的习性。因此,习性是场域对行动者的个体改造,使之成为适应并改造场域的能动性主体。①

3. 后真相

后真相原本用来形容一种畸形的舆论生态——相对于情感及个人信念所产生的"强大影响"而言,客观事实对民意的形成只能产生"有限影响"。这个概念最早见于1992年美国《国家》杂志(The Nation)的一篇文章中,被赋予"情感对舆论的影响力超过事实"的含义。牛津字典把"后真相"定义为"诉诸情感及个人信念,较客观事实更能影响民意"。

4. 新闻搭车

新闻搭车即当公众把注意力集中到例如枪击案的主体新闻事件时,与此地域相关的、以往较少受到关注的问题便会集中爆发出现在公众视野中,举报人会趁社会注意力和各方面力量聚集的时刻,寻求解决自身问题。新闻之所以能"搭车",更本质的原因在于"舆情搭车":公众存在诸多舆情诉求,这些诉求缺少一个释放的渠道,一旦他们发现某个舆情热点可以成为释放的通道,便将所有诉求都转移到这个通道,通过这个已成为热点的载体传递出去。②

5. 受害者原罪论

受害者原罪论是由社会心理学家梅尔文·勒纳于20世纪60年代首次提出的。勒纳认为,那些喜欢站出来责备受害者的人,是一群相信一切都由自己掌控的自大狂,他们对世界绝对公平有一种病态的迷信,当他们发现自己对改变事实越无力,对受害者的责备则会越无理,因为不能去惩罚强者,便会去惩罚弱者来发泄自己的焦虑和恐惧,终归是一种假装强势的懦弱群体,他们就是现在活跃在社交网络上抨击受害者的"键盘

---

① 孟改正:《社交媒体时代主流媒体微传播范式研究》,载《编辑之友》,2018年第9期,第43—47页。
② 李劭强:《"新闻搭车"的舆情分析与引导策略》,载《编辑之友》,2017年第4期,第54—57页。

侠",通过增加对别人的谴责来满足自己内心脆弱的"公平世界信念",而这种信念在理想和现实差距越大的社会中存在越多。①

6. 扩音效应

扩音效应的产生是突发事件信息传播和情绪传播"共振"的结果,公众探究真相的信息需求和维护社会公义的遍在情绪构成了事件传播与扩散的驱动机制。事件信息质量与隐含的情绪张力决定着事件传播的关键节点的出现、时长、态势等,是决定"扩音"或"消音"的重要变量。突发事件中的信息与情绪传播,遇阻"扩音",顺之则消,其发展走向与问题处置的态度、方式、效果等密切相关。信息沟通和情绪安抚的能效,对事件传播"引爆点"是否出现、能否敦促舆情出现"拐点"和舆情最终走向"终点"还是"断点"有决定性影响。

7. 新闻专业主义

国内学界对西方新闻专业主义解读共经历了四个节点,当前以黄旦为代表的解读为主流说法,他将新闻专业主义的内涵概括为以下五点:报刊的主要功能是传播新闻,同时还要干预和推动社会;在性质上,报刊是一个独立专业,因此,它必须是自主的,尤其在政治上不依赖任何派别,更不做政府的喉舌(所谓的新闻自由,实际上就是政府不能干涉报纸);报纸的目的是为公众服务,并反映民意;报纸的运转是靠自己的有效经营,尤其是广告收入;报纸的约束机制是法律和职业道德自律,尤其是后者。②

8. 媒介审判

"媒介审判"一词发端于美国,由"报纸审判"演变而来。媒介审判的形式主要表现在以下两个方面:第一,给案件定性,如是否构成侵权、是否构成越权之法、是否应当承担法律责任、赔偿多少,等等;第二,给被告人定罪,有时,给被告人定罪的行为并不表现为直接确定罪名,而是使用含义明确的形容词。

2011年5月20日,陕西省高级人民法院经审理认为,一审认定药家鑫故意杀人犯罪的事实清楚,药家鑫属罪行极其严重,虽系初犯、偶犯,并有自首情节,亦不足以对其从轻处罚。媒体对此案大肆报道,知名专家学者公开说"他一看就知道是罪该万死的人""假如不判处药家鑫死刑,这将开启一扇罪恶之门"等,强调药家鑫一定要立即判处死刑;北京大学教授孔庆东在第一视频网站上称药家鑫"罪该万死",这些行为实际上是在进行"媒介审判"。二审法院裁定驳回上诉,维持死刑判决,2011年6月7日,药家鑫被执行死刑。

---

① 陈琦:《"受害者原罪论":性侵案网评中的符号暴力与舆论失范》,载《当代传播》,2018年第6期,第77—81页。
② 黄旦:《新闻专业主义的建构与消解——对西方大众传播者研究历史的解读》,载《新闻与传播研究》,2002年第2期,第2—9、94页。

9. 链条法编辑

采用链条法对稿件进行编辑加工,即首先对稿件各部分要件依次进行线型梳理,捋顺稿件的结构、脉络和层次,并在线型梳理的基础上再根据各部分要件的内容编辑特点分别加工,对各要件之间的联系给予关注,最终形成完整的链条结构。

10. 建设性新闻

坚持新闻的核心功能,在新闻流程和产品中,运用积极心理策略,生产卓有成效、引人入胜和全面深刻的报道。建设性新闻必须要运用积极心理策略,新闻实践过程中出现的使用了积极心理技巧的其他新闻形式,我们将其视为建设性新闻的种类。建设性新闻有四个分支:和平新闻、恢复性叙事、预期新闻、方案新闻(以及他的分支——解决问题的新闻)(如图1-3所示)。和平新闻涉及国家和国际冲突,与预期新闻或方案新闻有交叉,旨在思考以非暴力的方式应对冲突;恢复性新闻以建设性报道社区冲突;预期新闻简单概括为专注于未来;方案新闻是关于人们如何应对问题的严肃报道。①

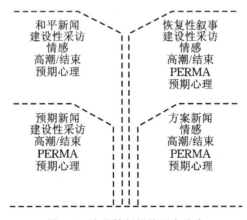

图1-3 建设性新闻的四个分支

11. 算法新闻

算法新闻是运用智能算法工具自动生产新闻并实现商业化运营的过程、方法或系统。它包括信息采集、储存、写作、编辑、展示、数据分析及营销等业务的自动化实现。

算法新闻的优势如下。

第一,新闻生产自动化。基于算法的新闻分发是市场细分、商业个性化趋势在新闻生产领域的展开,以效率为核心所建构起来的现代化生产流水线完美地出现于新闻生产领域,把受众最感兴趣和最需要的新闻元素聚集于一个平台加以结构化,极大地满足了公众日益多样化的信息需求。

第二,对用户需求的强大穿透力。算法基于用户兴趣、习惯和体验的深度反馈而形

---

① 晏青、凯伦·麦金泰尔:《建设性新闻:一种正在崛起的新闻形式——对凯伦·麦金泰尔的学术访谈》,载《编辑之友》,2017年第8期,第5—8页。

成精准、高效的目标投放。

第三,依赖大数据资源提高新闻报道的预测性。基于大数据的算法拥有模拟数据时代无可比拟的预测功能,它通过全样本的相关性分析,在不知晓因果性的情况下就可以做出精准的预测和有力的推论。①

12. 浸入式体验

让受众有如身临新闻事件发生现场而获得浸入式观感并激发更深层次的探索。于大部分受众来说,浸入式技术或浸入的称谓颇为晦涩,但从人类文明发展来看,"浸入"事实上是与人类进化过程似孟不离焦。如优秀的演讲者,能通过栩栩如生的描述,让听众产生身临其境的感觉,这即是一种浸入式体验,也是新闻写作者最渴求的在受众与新闻事件之间构建的关联。

早在第二次世界大战期间,玛法·吉宏即提出"场景再现体验",强调了场景再现的关键作用。沃尔特·孔奇也强调了在新闻报道中向读者呈现足够的信息来再现场景,实现"你正在事件发生地"的浸入式体验的重要性。浸入式体验能让受众尽可能地靠近事实。浸入式新闻的概念随着浸入式体验元素在新闻报道中的愈发普及而逐渐出现,浸入式新闻为受众提供了第一人称的视角,其宗旨是再现新闻事件的场景,使受众浸入其中,获得视觉、听觉乃至于心灵上的感受,从而获得对事件更深层次的了解。②

13. 新闻游戏理论

新闻游戏理论引用威廉·斯蒂芬森的著作《大众传播的游戏理论》中对"play"的定义,强调游戏中的主观能动性和愉悦性,并不强调规则及限制。

新闻游戏就是指将新闻报道与电子游戏相融合,在新闻学的原则下,保证事件的真实性的基础上,运用游戏的手段进行传播,目的是给受众群体提供一个真实新闻事件的虚拟手段。③

14. 液态新闻学

所谓"液态新闻学",采"液态"的变动不居之意,旨在反映当今社会化媒体时代,新闻——乃至所有其他内容——已不是固定的产品形态和消费对象,而是处在全时化传播之中,一种消费者导向的全天候、全历史、全过程的内容生产和传播活动。

液态新闻学是一种速度驱动的新闻产制理念(speed-driven journalism),速度优先成为当代媒体的内容生产主流逻辑。

该理论可以用齐格蒙特·鲍曼在《流动的现代性》一书中提到的"流动的"和"液态的"概念来理解,借用鲍曼的概念来概括当前新闻业的新发展。

---

① 陆新蕾:《算法新闻:技术变革下的问题与挑战》,载《当代传播》,2018年第6期,第87—89、112页。
② 孙珉、谢勇、韦李珍:《浸入式体验:用非虚构叙事讲好中国故事》,载《当代传播》,2018年第6期,第100—103页。
③ 王菲、樊向宇:《内容生产新样态下边界的消散与融合——以新闻游戏为例》,载《中国出版》,2019年第2期,第21—27页。

首先是记者身份的"液化"。在新兴的数字媒介文化中,新闻的用户或曰消费者同时也是公共信息的生产者,运用鲍曼的"液化"视角,记者的身份和角色不再是相对稳定的,而是在新闻生产过程中表现在职业记者、公民记者、社会大众之间的不断转换的特征。

其次是新闻职业共同体的"液化"。这种状况一方面体现为新闻信息与信息控制的边界正在液化、弥散,另一方面体现为职业与非职业社区在从新闻生产到协作性新闻策展的变化过程中,新的新闻信息的生产及流动形式正在被共同创造中,可能重置传统新闻业的制度化权力结构。[①]

五、媒介经营管理理论

1. 权益拆分

权益拆分,就是将一件实物的所有权及在此基础上产生的各种收益进行拆分。投资人可以通过认购拆分的份数,来获得投资标的物的部分所有权及相关权益,从而获得基于这些权益所带来的当期或远期的收益。

目前通过该模式将文化产品打包形成"资产包",通过权益拆分从而形成交易份额的金融创新机构,主要有深圳文化产权交易所和上海文化产权交易所两家文化产权交易所。权益拆分模式对于吸引机构和个人资金进入文化产权交易市场起到了一定的作用,将通过打包形成的数百万、数千万的标的,拆分为数千元的交易份额,也较好地起到了促进贸易、活跃市场的作用,这对于促进版权交易市场的发展和版权市场价格发现功能的发挥,寻求版权市场的公允价格形成,是一个有益的尝试。

2. 原生广告

中国人民大学新闻学院喻国明教授认为,原生广告是指内容风格与页面一致、设计形式镶嵌在页面之中,同时符合用户使用原页面的行为习惯的广告"[②]。

原生广告"依托互联网平台"的这一核心要素彻底颠覆了既往广告的生产模式,传统广告的主要生产基地是广告公司,而原生广告的生产基地转向了过去专门负责广告发布的特定媒体。从凤凰网的实践经验来看,原生广告已经不再由专业的广告公司来设计制作,而由自己的编辑团队操刀。广告公司的功能逐渐被媒体架空,越来越边缘化,而媒体的功能则越来越突出,不论是广告的发布媒介还是广告的制作中心,大有取代广告公司在目前广告业态结构中核心地位的趋势。

---

① 金兼斌、李扬:《作为公民编辑的自媒体人:编辑专业主义的理想与实践》,载《出版发行研究》,2019年第3期,第9—15页。
② 喻国明:《镶嵌、创意内容:移动互联广告的三个关键词——以原生广告的操作路线为例》,载《新闻与写作》,2014年第3期,第48—52页。

3. 互动仪式链理论

美国社会学家兰德尔·柯林斯提出的互动仪式链理论指不同的互动仪式在不断接触中得到发展,并以复杂形式结合起来。

柯林斯认为人们基于共同的心理和关注产生共同的情感冲动,当人们以同样的符号来表示他们共同的关注和情绪时产生了互动仪式,不同水平的际遇形成了不同的互动仪式,经由时间延伸,并以复杂形式结合起来,便形成了互动仪式链。其延续依赖于彼此间情感能量和报酬的加强。该理论认为整个社会可以看作是一个长的互动仪式链,宏观的社会结构就是通过这种互动仪式链建立起来的。

互动仪式链理论渊源主要来自戈夫曼的拟剧理论和涂尔干的社会秩序理论。柯林斯的互动仪式链理论认为,互动仪式是贯穿于人类社会发展始终的一种现象,互动者通过资本和感情交换而进行的日常程序化的、固有的社会活动,就是一种互动仪式,当人们从一种境遇流动到另一种境遇就会形成不同的互动仪式。

柯林斯认为,互动仪式有四个主要要素或初始条件:①两个或两个以上的人聚集在同一场所,无论他们是否会特别有意识地关注对方,都会因为其身体在场而相互影响;②对局外人设定了限制,因此参与者知道谁在场,而谁被排斥在外;③人们将其注意力放在共同的对象或活动上,并通过相互传达其关注焦点,而彼此知道对方关注的焦点;④人们分享共同的情绪或体验。[①]

4. 消费社会

法国学者鲍德里亚认为,现代社会的消费实际上已经超出实际需求的满足,变成了符号化的物品和服务中所蕴含的"意义"的消费,即由物质的消费变成了精神的消费。鲍德里亚认为,由于消费的符号化和象征化,现代社会的消费传播正越来越体现出差异化的特点,即追求个性和与众不同,所谓"风格传播"的特点越来越突出。在这种消费结构下,商品和服务的流行性越来越强,而流行周期则越来越短。

5. 文化工业理论

文化工业理论是德国法兰克福学派的学者马克斯·霍克海姆及西奥多·阿多尔诺等人提出的概念,用以批判资本主义社会下大众文化的商品化及标准化。这个概念是阿多诺的哲学理论的中心,它首次出现于阿多诺的《启蒙辩证法:哲学片断》。在这部著作中,阿多诺称文化工业是从上向下"有意识地结合其消费者"。这部著作标志着批判理论早期的结束。

文化工业理论的主要观点如下。

由于艺术生产的工厂化、工艺化或制作化,从而可量身定做、机械复制、批量生产,艺术不再是马克思所说的"自由的精神生产"。

艺术作品的商品化、消费化,使艺术从精神领域蜕化成只具使用价值的器物,从而

---

① 张蔚:《网络锦鲤祈愿的互动仪式链》,载《青年记者》,2019年第5期,第27—28页。

剥夺艺术本应具有的任何反抗和批判功能。

文化工业的大众传播形式使其传输给大众的信息具有两重性，表层信息往往是自由、平等、幸福、反抗不公和极权主义等，深层隐藏的信息却传播给大众适应与接受现实秩序的必然性。

文化工业的升华是伪升华，它不断地供应文化快感和幸福承诺，用伪审美假升华遮蔽人性压抑的真实，无限期地延长支付它开出的快乐支票。"文化工业不是纯化愿望，而是压抑愿望。"①

文化工业还具有伪个性主义特征。"个性化"是它倾销文化商品的典型伎俩，大众常常被款待得像主人一样，似乎它的产品只为用户一个人生产。而且它总是给文化商品打上天才的创造性和独特个性的迷人光辉，以掩饰其情感与形式的标准化、格式化以及风格的千篇一律性。

文化工业使工具理性完全凌驾于价值理性，使使用价值彻底臣服于交换价值。在后期资本主义社会中，文化商品要保持纯粹使用价值的幻想，就必须被纯粹的交换价值所取代。文化工业不仅把对于效用的精确计算放在首位，而且充分利用"拜物教"使文化商品笼罩上一层厚厚的偶像光晕。凭借偶像化这一最原始也最有效的手段，在文化商品的交换过程中达到最大限度的价值增值。

6. 票友经济

"票友"是戏剧界的行话，指那些会唱戏但不以唱戏为生的爱好者。除在主观上具有相同的情感认同外，票友一般都具有一定戏剧知识背景，对自己爱好的领域充分了解，对其喜爱的事物表现出极高的参与感和创作欲。票友不仅是戏剧内容的欣赏者，一定程度上也是戏剧内容的创作者和戏剧事业发展的推动者。这一点，与作为粉丝的一般戏曲爱好者有着本质区别。因此，票友参与戏剧生产消费的过程，其实就是专业生产内容（PGC）的生动体现。将这种以专业票友为核心的生产模式运用到出版领域，建构结构合理、功能强大的用户生产内容系统，形成"票友经济"化出版业态，是切实可行的出版业态创新路径。②

7. 长尾理论

长尾理论是由美国《连线》杂志主编克里斯·安德森于 2004 年提出的。安德森通过对诸如亚马逊和 Netflix 等大型网络零售商销售数据与营销模式的分析得出结论：如果商品储存、展示的场地和渠道足够宽广，商品的生产、储存和销售的成本足够低廉，且用户可以轻易地搜索到满足自身要求的产品信息，那么那些原本需求不旺或以前看似没有需求的商品都将有机会被销售出去。这些需求和销量不高的产品所占据的共同市场份额，可以和主流产品的市场份额相当，甚至更大。而这里所说的占据市场份额较大的即热卖商品，便是头部市场，而占据市场份额较小的即冷门产品，便是尾部市场。

---

① 马克斯·霍克海姆、西奥多·阿多尔诺：《启蒙辩证法：哲学片断》，洪佩郁、蔺月峰译，1990 年，第 131 页。
② 王勇安、赵芝：《从"粉丝经济"到"票友经济"——关于融合发展趋势下的出版业态创新的思考》，载《编辑之友》，2017 年第 10 期，第 28—33 页。

8. 编营分离理论

2012年7月30日,原国家新闻出版总署出台的《关于报刊编辑部体制改革的实施办法》中提道:"要建立由科研部门分别编辑、出版企业统一出版发行的运行模式。"随后国家新闻出版广电总局号召"逐步探索建立分散编辑审稿,集中出版经营运行模式"的改革意见。针对中国科技期刊"全、散、小、弱"的局面和现状,业界不断关注集群化的出版模式。编营分离出版模式,能在保证原有编辑部编辑权的前提下,实现科技期刊的集群化。可以说,编营分离是期刊集群化发展的基础和前提。①

9. So Lo Mo 模式

2011年,美国风险投资家约翰·杜尔首次提出"So Lo Mo"这一概念。"So Lo Mo"是由现今炙手可热的3个关键词 social(社会化)、local(本地化)、mobile(移动化)整合而成的衍生词。"So Lo Mo"通过社会化媒体、本地化服务、移动互联网三者相互配合,实现信息的聚合、人气的聚集,从而进行全方位、多角度的精准营销,代表了市场营销最新的发展路径。②

10. 内容营销的 5W

内容营销的 5W 分别为:"Who"用户思维,一切以用户需求为中心;"What"内容思维,创造有价值的内容;"Why"价值思维,引导顾客需求;"Where"(移动)平台思维,创新营销渠道;"When"时效思维,紧抓速度效度。③

11. 个人品牌

出版业编辑的个人品牌诞生于美国出版业集团化浪潮掀起的20世纪60年代,并在70年代迎来了一波发展高潮,是美国出版业重构的一个重要现象。在中国,随着出版社转企改制、"制版分离"被提出,编辑建立的个人工作室也相继出现。尽管编辑个人品牌这一制度极大地依赖于编辑的个人能力,成功与否具有很大的偶然性,但是在集团化趋势难以逆转,互联网环境下不少自媒体、个人品牌都取得成功的情况下,编辑个人品牌这一兼具集团优势和个人自由的制度值得被进一步审视与研究。④

12. 冗余成本

经济学理论中的"冗余"是"公司等组织拥有的资源与维持目前状态所需资源之间的差异"或"未被使用的资源"。从精细化管控的角度来说,许多看似非常华丽的企业行为,却在制造过剩的浪费、超人员浪费、设备负荷率低的浪费和生产运转效率低的浪费

---

① 李航、张宏:《编营分离出版模式的评价与分析》,载《中国科技期刊研究》,2016年第9期,第933—937页。
② 钱筠:《SoLoMo模式下学术期刊的营销策略》,载《中国科技期刊研究》,2016年第3期,第259—263页。
③ 张美、刘芳明:《数媒时代的内容营销研究》,载《出版科学》,2017年第2期,第8—13、28页。
④ 刘志:《基于品牌战略的图书质量管理探析——以中国人民大学出版社为例》,载《现代出版》,2012年第5期,第40—43页。

等,这些浪费就是冗余成本。①

13. 变轨成本

变轨成本是指从一条路径转变到另一条路径的成本,它包括设计成本、学习成本以及原有制度路径上既得利益集团的损失。变轨是要付出成本的,在市场营销学里,与之相关的一个理论是"用户锁定",客户习惯于使用老产品,即被锁定(locked-in),如果让他们放弃现有选择而选用新的产品,那么用户因放弃已有的产品而失去的好处(付出的转变代价)必须由新产品带来的好处进行抵消,如果不能抵消,那么新产品必然要在市场竞争中失败。对于上市媒介公司而言,上市的过程往往也是其变轨过程。①

14. 劳动财产学说

洛克在它的劳动财产学说中提出,一个人的身体和双手所从事的劳动,是正当地属于他的。劳动是一个人对处于自然状态的物品产生权力的基本要求。在马克思主义劳动学说中也提及,生产资料和产品理所应当地归参加劳动创造的人所有。所谓所有权,只是劳动价值的另一称谓。劳动者才是获得财产的真正主体,通过劳动和创造取得的东西自然是属于这个人的。②

15. 柔性框架

关于柔性的研究最早出现在柔性制造系统(FMS)中,是相对于1968—1973年期间英国、日本出现的机械工业刚性自动化而言的。柔性简言之就是系统适应内部、外部环境变化的能力。对于柔性可从以下几个方面来理解:从环境学视角看,国外学者认为柔性就是适应环境的差异性,而差异性通常与变异性、多样性、复杂性或不确定性紧密相连;柔性是通过组织和过程的结构变动,使系统适应外部环境变化。从控制系统论角度看,柔性是系统动态效率与自动控制程度的体现。③

16. 借势营销理论

借势营销是将销售的目的隐藏于营销活动之中,将产品的推广融入一个消费者喜闻乐见的环境里,使消费者在这个环境中了解产品并接受产品的营销手段。具体表现为通过媒体争夺消费者眼球、借助消费者自身的传播力、依靠轻松娱乐的方式等潜移默化地引导市场消费。换言之,便是通过顺势、造势、借势等方式,以求提高企业或产品的知名度、美誉度,树立良好的品牌形象,并最终促成产品或服务销售的营销策略。④

---

① 廖冬妮:《控制"冗余成本"对出版上市公司的现实意义》,载《中国出版》,2017年第16期,第54—59页。
② 冯刚:《人工智能生成内容的法律保护路径初探》,载《中国出版》,2019年第1期,第5—10页。
③ 江作苏、陈兰枝:《媒介融合视域下数字出版内容生产的柔性框架特性探微》,载《出版科学》,2016年第1期,第5—9页。
④ 武晓丽:《新媒体时代广告行业的人才需求》,载《青年记者》,2019年第9期,第50—51页。

17. 事件营销理论

事件营销理论是指企业或组织通过策划和组织具有名人效应、新闻价值的人物或事件，引起媒体、社会团体和消费者的兴趣与关注，以求提高企业和产品的知名度、美誉度，树立良好的品牌形象，并最终促成产品或服务销售目的的手段和方式。简单地说，事件营销就是通过把握新闻的规律，制造具有新闻价值的事件，并通过具体的操作，让这一新闻事件得以传播，从而达到广告的效果。①

18. 马太效应

《圣经》"马太福音"第 25 章有两句话："凡有的，还要加给他，叫他多余；没有的，连他所有的，也要夺过来。"这种好的愈好、坏的愈坏、多的愈多、少的愈少的社会现象被称为马太效应。社会上或市场上某个主体，一旦在某一个方面捷足先登，就会产生一种积累优势，获得更多的机会，取得更大的成功，形成贫者愈贫、富者愈富、赢家通吃的不公平现象。马太效应如今广泛应用于社会心理学、经济学等领域，反映强者愈强、弱者愈弱现象。中国古代老子也曾提出过类似思想："天之道，损有余而补不足。人之道则不然，损不足以奉有余。"②

19. 制度同构

保罗·迪马乔和沃尔特·鲍威尔认为，所谓同构是一种"制约性过程"（constraining process），在面临同样的环境条件时，有一种力量促使某一单元与其他单元变得相似。迪马乔和鲍威尔试图解释的中心问题是：在现代社会中，为什么组织的结构和实践越来越相似？是什么力量推动着组织走向同质化，从而使得组织的形式、结构和具体实践愈来愈相似和趋同？根据迪马乔和鲍威尔的观察，他们认为同构有两种形式，即竞争同构和制度同构。制度同构绝不仅仅是竞争同构的简单补充。在政治生活中，制度同构可用于解释组织结构、制度、政策、规范趋同的原因，并为全面理解"趋同现象"提供了一个新的有益视角。

20. 涓滴效应

涓滴效应，又译作渗漏效应、滴漏效应、滴入论、垂滴说，指在经济发展过程中并不给予贫困阶层、弱势群体或贫困地区特别的优待，而是由优先发展起来的群体或地区通过消费、就业等方面惠及贫困阶层或地区，带动其发展和富裕，或认为政府财政津贴可经过大企业再陆续流入小企业和消费者之手，从而更好地促进经济增长的理论。③

---

① 党洁：《事件营销视域下城市形象的建构——以西安市为例》，载《青年记者》，2018 年第 30 期，第 94—95 页。
② 侯恩哲：《突破马太效应的期刊生存法则——〈建筑节能〉的探索与实践》，载《中国科技期刊研究》，2014 年第 1 期，第 117—120 页。
③ 余秀才：《微信传播的马太效应、木桶效应与涓滴效应》，载《编辑之友》，2015 年第 12 期，第 51—54 页。

21. 利益相关者理论

利益相关者理论是管理学和经济学领域的基础理论，1963年由斯坦福研究中心最先提出，弗里曼对其进行了经典定义，即利益相关者是能够影响组织目标实现或受到目标实现过程影响的人。米切尔和伍德研究认为利益相关者须具备权力性、合法性、紧迫性特征，这三种特征的不同程度组合形成了利益相关者的不同分类。利益相关者理论旨在研究组织多元发展中如何达到利益相关者的利益平衡，以实现组织的可持续发展。该理论被广泛应用于经济社会发展的多个领域，被称为"新经济时代的管理哲学"。

22. 博弈论

博弈论是二人在平等的对局中各自利用对方的策略变换自己的对抗策略，达到取胜的目的。1928年，冯·诺依曼证明了博弈论的基本原理，从而宣告了博弈论的正式诞生。1944年，冯·诺依曼和摩根斯坦共著的划时代巨著《博弈论与经济行为》将二人博弈结构推广到n人博弈结构，并将博弈论系统地应用于经济领域，从而奠定了这一学科的基础和理论体系。

23. 自组织理论

自组织是自然界和社会经济系统长期演化选择和形成的进化方式。所谓自组织系统是指无须外界特定指令而能自行组织、自行创生、自行演化，并自主地从无序走向有序、形成有序结构的系统。自组织理论认为任何一个组织都必须具备一定的自组织演化能力，否则就失去了存在的基础和发展的动力。①

24. 联结经济

联结经济是指复数主体相互联结，通过共有要素的多重使用所创造的经济性。联结经济是知识经济、网络社会下出现的新名词，是一种超越工业经济时代的规模经济和范围经济的新的经济效应。

25. 双边市场

双边市场（two-sided markets）起源于早期的配对市场，特指交易双方依托平台从事交易，而且交易一方所获得的收益与另一交易方的数量须臾相关的特殊市场类型。随着知识经济的发展，双边市场在社会经济中的作用越来越显著，对双边市场的研究也吸引了更多的关注。

双边市场的需求具有"鸡蛋相生"的特征，即市场买家需要平台吸引卖家在平台聚集，而市场卖家同样需要平台吸引买家在平台聚集，这是平台存在的价值，也是平台模式运行的基础。平台自身则是通过吸引两边用户到平台交易而获取利润。

---

① 代杨、肖超：《基于自组织理论的我国国家数字出版基地发展策略》，载《出版发行研究》，2016年第3期，第10—13页。

双边市场中平台两边的用户,除了需要通过平台才能满足相应需求,交易双方各自的收益与对应一方的数量呈正相关关系,用户规模愈大,获得的收益也愈高。这种对生产者和消费者双赢的规模经济效应正是双边市场产生的基础。

双边市场还具有价格结构的非中性,其指"平台企业向某一边用户收费的变化会影响另一边用户的接入规模,从而影响到平台对另一边用户的收费,并最终影响平台的利润水平"①。

26. 用户行为消费 SICAS 模型

SICAS 模型是中国互联网监测研究权威机构和数据平台 DCCI 互联网数据中心(简称"DCCI")针对网络-数字时代用户接触、获取信息的"媒介-渠道-场景-方式",用户与品牌-商家产生交互、购买行为的"媒介-渠道-场景-方式",以及用户之间形成意见、产生交流、体验分享的"媒介-渠道-场景-方式"等都发生了全面深刻的变化而提出的一种全景式行为消费模型。

在 DCCI 提出的 SICAS 模型中首先是品牌-用户互相感知。对于品牌商家来讲,实时全网的感知能力变成第一要义,建立遍布全网的触点,及时感知用户需求,理解用户取向、发现去向及其动态响应,并以恰当的方式能够被用户通过各种通路所感知。

DCCI 认为形成互动不仅仅在于触点的多寡,更在于互动的方式、话题、内容和关系。理解、跟随相应用户的兴趣和需求成为关键。此阶段的用户,正在产生或者已经形成一定程度的心理耦合、兴趣共振。

DCCI 的 SICAS 模型中"连接-沟通"是指基于广告、内容、关系的数据库和业务网络,基于 Open API、network、分享、链接,将移动互联网和 PC 互联网结合,将企业运营商务平台和 Web、App 打通,在 COWMALS 的互联网服务框架下,建立与用户之间由弱到强的连接,而非链接。不同广告系统打通,广告系统与内容、服务系统也打通。

SICAS 模型作为一种商业行为消费模型,"行动-购买"一定不可或缺。这是品牌商家积极进行营销传播最根本的驱动力。

27. 镜像理论

镜像理论认为,任何阅读行为都是一种自我完善,"消费者在主动摄取与被动接受知识的过程中,不仅进行着自我完善,更在整体性与主体性构建的虚幻形象中进行着一场自我认知的异化"②。我们把通过阅读行为造成的自我认知上的"虚幻形象"称作阅读镜像。在新媒体平台上进行的付费阅读行为有别于传统阅读行为,在这种新媒体版本阅读镜像的形成过程中,我们可以捕捉到新媒体付费阅读行为的形成条件、构建方式与阅读体验。

---

① 周云倩、钟孟倩:《移动有声阅读双边市场特征与平台竞争研究》,载《中国出版》,2019年第14期,第45—47页。
② 张荣恺、田溪:《阅读镜像的构建与体验——基于镜像理论的新媒体付费阅读行为分析》,载《现代出版》,2018年第5期,第22—25页。

28. 补偿性消费

经济地位处于较低层次的群体,当他们的自尊受损或现状与内心需求不一致时,为了保持整体的自我或寻求现状与内心的一致,会通过消费这种行为来满足或弥补这种缺失或不平衡。任何人都会有补偿性消费行为,我们为了修复受伤的情绪,会有意识地进行消费来补偿自己。这种补偿性消费是一种心理消费,是替代性的手段,消费的目的不是对产品本身功能性的需要,而是为了弥补内心需要的缺失或为了应对自我威胁。

29. 理性选择理论

理性选择理论是指解释个人有目的的行动与其所可能达到的结果之间的联系的工具性理性。一般认为,理性选择范式的基本理论假设包括:①个人是自身最大利益的追求者;②在特定情境中有不同的行为策略可供选择;③人在理智上相信不同的选择会导致不同的结果;④人在主观上对不同的选择结果有不同的偏好排列。可简单概括为理性人目标最优化或效用最大化,即理性行动者趋向于采取最优策略,以最小代价获得最大收益。

30. 自我效能感

自我效能感指个体对自己是否有能力完成某一行为所进行的推测与判断。班杜拉对自我效能感的定义是指人们对自己能否利用所拥有的技能去完成某项工作行为的自信程度。班杜拉认为,除了效能期望外,还有一种结果期望。结果期望指的是个体对自己的某种行为会导致某一结果的推测。如果个体预测到某一特定行为将会导致特定的结果,那么这一行为就可能被激活和被选择。

31. 多米诺效应

多米诺效应,常用来指一个微小的初始力量能够产生巨大的连锁反应,产生一倒都倒的效应。舆论场中的多米诺效应同样存在,我们经常会在微信朋友圈里看到一起作为领头羊的事件发生之后,继而出现一系列有着相同主题的事件。如出现在微信朋友圈中的一系列被曝光的众筹诈骗事件、朋友圈被打卡英语学习霸屏事件而引起全民学英语的现象都是多米诺效应的体现。[①]

32. 路径依赖

路径依赖的特定含义是指人类社会中的技术演进或制度变迁均有类似于物理学中的惯性现象,即一旦进入某一路径(无论是"好"还是"坏"),就可能对这条路径产生依赖。一旦人们做了某种选择,就好比走上了一条不归之路,惯性的力量会使这一选择不断自我强化,并让你轻易走不出去。

---

① 朱豆豆:《心理学视角下的微信传播》,载《青年记者》,2019年第3期,第32—33页。

33. 社会嵌入理论

"嵌入"一词,是指一个系统有机结合进另一个系统之中或者一事物内生于其他事物之中的现象。

匈牙利学者卡尔·波兰尼较早将"嵌入"一词导入学术领域。在《大转型:我们时代的政治与经济起源》中,波兰尼首次提出"嵌入性"这一概念,用于分析人类经济行为与非经济的社会关系和社会结构之间的互动关系。继承和发展波兰尼嵌入性概念并将其进行系统化、理论化的是美国社会学家马克·格兰诺维特。他在《经济行为与社会结构:嵌入性问题》中首次对嵌入性这一概念进行了反思,并提出"社会嵌入"这一理论设想。

由于个人和企业的经济行为受到以人际互动产生的信任、文化等作用机制和因素为基础的持续性社会关系和社会结构的影响,格兰诺维特等人将社会嵌入划分为关系嵌入和结构嵌入两种类型。其中,关系嵌入指单个主体的行为嵌入他们直接互动的关系网络中,并带来有用的讯息交换;结构嵌入则考察行为主体多维度嵌入关系构成的各种网络的整体性结构。

21世纪初期,社会嵌入理论被引入中国,主要运用于国家与地方关系、制度变迁、社会化治理等领域。随着社会嵌入理论的不断发展,关系成为诠释社会嵌入程度及互动效应最重要的结构性因素。①

34. 社会达尔文主义

社会达尔文主义是指由达尔文生物进化理论派生出来的西方社会学流派。主张用达尔文的生存竞争与自然选择的观点来解释社会的发展规律和人类之间的关系。认为优胜劣汰、适者生存的现象存在于人类社会。因此,只有强者才能生存,弱者只能接受灭亡的命运。其代表人物斯宾塞,他认为社会与周围环境之间的协调也是由能量均衡原则来调节的。它表现为社会与环境之间的相互适应与斗争。人类社会只有在这种适应与斗争中才能进步。因此,生存竞争构成了社会进化的基本动因。

---

① 张辉刚、朱亚希:《社会嵌入理论视角下媒体融合的行动框架构建》,载《当代传播》,2018年第1期,第41—44页。

第二章 新闻传播学研究的若干方法

一、内容分析法

内容分析法是一种对传播内容进行客观、系统和定量的分析与描述的一种研究方法。传播学家伯纳德·贝雷尔森于1952年发表的《内容分析：传播研究的一种工具》中，对内容分析法定义为："一种对具有明确特征的传播内容进行的客观、系统和定量的描述的研究技术。"其实质是对传播内容所含信息量及其变化的分析，即由表征的有意义的词句推断出准确意义的过程。内容分析法是媒介以及传播研究中一种非常重要的方法，具有客观、方便、经济等优点。

内容分析的种类可归纳为：实用语义分析、语义分析和符号载体分析。内容分析的研究模式有推理模式和比较模式两类。

内容分析法，20世纪20年代由传播学奠基人拉斯韦尔首用，是传播学研究的基本方法之一。内容分析法作为一种正式研究方法诞生于二战期间，至今已经历了以下几个发展阶段。

实践探索期。内容分析法最早产生于传播学领域。二战期间美国学者拉斯韦尔等人组织了一项名为"战时通讯研究"的工作，以德国公开出版的报纸为分析对象，获取了许多军政机密情报，这项工作不仅使内容分析法显示出明显的实际效果，而且在方法上建立了一套模式。

理论研究期。二战后，美国政府组织传播学、政治学、图书馆学、社会学等领域的专家学者与军事情报机构一道对内容分析法进行多学科的研究。到1955年，有关这一方法的内容与步骤，如分析单元、定性与定量的比较、频度的测定与用法、相关性和强度的衡量及信息量的测度等问题都得到了不同程度的研究，并提出了初步的模式和理论。

基本成形期。20世纪60年代初，内容分析方法开始在美国情报部门推广，特别是用于对社会主义国家的情报分析。此后，内容分析法进入美国大学的传播学、政治学和社会学的课堂。20世60年代末，西方图书馆学情报学将内容分析法引入自己的方法论体系。20世纪70年代,这一方法在北美、西欧的社会科学各学科中开始应用。1971年,哈佛大学的卡尔·多伊奇等人将内容分析法列为从1900年至1965年62项"社会科学的重大进展"之一。

发展完善期。20世纪80年代以来,内容分析法不断吸收当代科学发展的养料,用系统论、信息论、符号学、语义学、统计学等新兴学科的成果充实自己,在社会发展和国际政治等领域中业绩显赫。

(一)内容分析法的种类

内容分析的目的旨在经由询问说什么、怎么说与对谁说的过程,描述沟通互动的特性;在经由辨认出为什么某种讯息生成的原因,以及其可能产生何种冲击的过程,来推论沟通互动的结果是怎样的。

内容分析法有定性分析法和定量分析法两种。定性分析法对文本讯息相关意义的研究较为注重。定量分析法通常会系统地使用数字来代表讯息的意义,并引用统计来分析经过测量过程所收集到的文本讯息数据。

(二)内容分析法的特征

内容分析法有如下三个特征。

1. 系统性

系统性是指内容或类目的取舍应依据一致的标准,以避免只有支持研究者假设前提的资料才会被纳入研究对象的情况。因此,首先,被分析的内容必须按照准确无误、前后一致的原则来选择。选择样本必须按照一定的程序,每个项目接受分析的机会必须相等。其次,评价过程也必须是系统的,所有的研究内容应以完全相同的方法进行处理。编码和分析过程必须一致。各个编码员接触研究材料的时间应相同。总之,系统性评价意味着研究自始至终只使用同一套评价规则,在研究中交替使用不同的评价规则会导致结论混淆不清。

2. 客观性

客观性是指分析必须基于明确制定的规则执行,以确保不同的人可以从相同的文献中得出同样的结果。这包括两层含义:①研究者的个人性格和偏见不能影响结论,如果换一个研究者,得出的结论也应该是相同的;②对变量分类的操作性定义和规则应该十分明确而且全面,重复这个过程的研究者也应能得出同样的结论。这就需要建立一套明确的标准和程序,充分解释抽样和分类方法,否则,研究者就不能达到客观的要求,结论也会被人质疑。

3. 定量性

定量性是指研究中运用统计学方法对类目和分析单元出现的频数进行计量,用数字或图表的方式表述内容分析的结果。首先,进行内容分析的目的是对信息实体做精确的量化描述。其次,统计数据能使研究者用最简明扼要的方式描述研究结果。再次,统计数字有助于结论的解释和分析。定量性是内容分析法中最为显著的特征,是达到精确和客观的一种必要手段。它通过频数、百分比、卡方分析、相关分析以及 T-TEST 等统计技术揭示传播内容的特征。"定量"并不排斥解释。当研究者得出一组说明传播内容特征的数据后,需要对这组数据进行解释,即说明数据的意义。

内容分析法的优点在于:①内容分析所研究的对象是已经记录在案的信息,可以真实地表现信源的特征;②内容分析所研究的内容来源于报刊、书籍、录音、录像,研究所需的费用较低。

内容分析法的不足之处在于:最突出的就是无法单纯以内容分析为根据而得出某一内容对受众影响程度的结论。它一般只能得出内容信息较为表层的、直接的效果方面的结论。至于深层的、间接的效果研究结论,内容分析法只有在与其他传播学研究方法相配合的情况下,才能发挥其独特的作用。

(三) 内容分析法的实施

一般而言,内容分析法可分为几个独立的阶段进行,以下一一介绍。

1. 确定研究问题或假设

具体问题要具体分析,构建一个研究大纲对于指导方法的实施是十分重要的。在研究大纲中需要确定研究目的、划定研究范围并提出假设。主要须注意以下两点:①将研究目标加以清楚明白的陈述;②研究工作要以研究主题为指导。

2. 确定研究范围

要详细说明所分析内容的界限,对研究对象下明确的操作性定义。操作性定义必须包括两个方面:①指定主题领域;②确定时间段。指定主题领域应与研究的问题保持逻辑上的一致,并与研究的目的相连贯。确定时间段的时间应该足够长,以保证研究现象有充分的发生机会。

3. 抽样

在无法研究整个文献信息的总体时,就需要采用抽样方法。样本选择的标准是要符合研究目的、信息含量大、具有连续性、内容体例基本一致。简言之,应能从样本的性质中推断出与总体性质有关的结论。这个过程主要包括以下三个阶段。第一阶段,一般是对内容的原始资料进行抽样。如果分析样本的任务太重,也可以进行随机抽样,或分层抽样。第二阶段,选择分析样本的迄止时间。第三阶段,选择内容。当确定了原始资料和日期以后,便进入抽样的下一个阶段。研究者限定在已抽取的样本中选择分析的内容。

4. 选择分析单元

分析单元是指实际计算的对象，为内容分析中最重要、同时也是最小的元素。在文字内容中，分析单元可以是独立的字、词、符号、整篇文章或新闻报道。分析单元的选定主要取决于为了实现研究目标需要哪些信息。

5. 建立分析的类目

内容分析的核心问题在于建立媒体内容的类目体系。这种体系的构成随着研究主题的不同而变化。在构建类目体系时，要注意三个问题：①设立的类目必须与研究目标紧密相关；②设立的类目应具有相应的功能，即内容分析研究应能说明信息传播过程中的一些问题；③类目体系应方便管理，主要是指类目数量应有一定的限制。

6. 建立量化系统

内容分析法中的量化方法一般用于类目、等距和等比三种尺度。在类目尺度中，研究者只需简单地分析单元在每个类目中出现的频率。例如，报纸社论的标题、电视节目播出的情况等问题，都可以通过类目测量的方法来完成。等距尺度可以构造量表供研究者探讨人物和现象的特性。这种量表能增进内容分析的深度和结构优化，比类目测量获得的表面资料更有意义。等比尺度适应于一些空间和时间的问题。如在广播电视研究中，等比尺度通常测量与时间有关的问题，如广告时间、播出的节目类型及一天中各类节目的总量等。

7. 进行内容编码

将分析单元置于内容类目中称作编码。进行内容编码时应做好如下几点：①训练编码员，改进编码计划；②进行实验性研究，检查编码员间的信度；③使用标准化表格，简化编码工作。

8. 分析数据资料

内容分析法中常使用描述性统计方法，如百分比、平均值、众数和中位数；也使用推理的统计方法，如方差分析、卡方检验、相关和回归分析。这一阶段的工作包括三个部分：①描述统计结果，一般采用图表描述，以平均值和百分比进行表达；②推断统计分析，即根据样本所得数据推断出总体的状况，对总体做出准确的评估；③相关分析和因果分析，即根据所得数据探讨两个现象之间是否有某种必然的联系。

9. 解释结论

如果研究者要检验变量之间关系的假设，其解释将会很明确。但是，如果研究是描述性的，就需要对研究结果的含义及重要性进行解释。

10. 信度和效度检验

信度是对文献编码一致性、分类准确性和方法稳定性的检验。效度是指结论与事实的相符程度,以及理论研究结果的适用性。

(四) 内容分析法的应用示例

◎ 题目:《对〈人民日报〉负面报道刊载现状的分析》
作者:龚稚婧、王卫明
期刊:《科技广场(管理科学版)》
发表时间:2008 年 4 月,2008 年第 4 期

◎ 题目:《基于内容分析法的中国国家形象建构探析——以《人民日报》国际新闻评论栏目"钟声"为例》
作者:李明芯
期刊:《视听》
发表时间:2019 年 3 月,2019 年第 3 期

◎ 题目:《娱乐心态:基于内容分析法的弹幕解读——以 Bilibili 网站视频为例》
作者:陈莉
期刊:《青年记者》
发表时间:2019 年 10 月,2019 年第 29 期

◎ 题目:《内容分析法在网络传播研究中抽样问题——以五本国际期刊为例(1998—2008)》
作者:周翔
期刊:《国际新闻界》
发表时间:2010 年 8 月,2010 年第 8 期

◎ 题目:《探析电视节目微信公众号的运营现状——以 45 个节目为分析样本》
作者:王卫明、王楠
期刊:《现代传播》
发表时间:2015 年 10 月,2015 年第 10 期

二、文本分析法

(一) 文本分析法的定义

文本分析法通过对文本本身的文字、符号、语境等进行解析、鉴别并做归类整理,于此基础之上挖掘文本的间接的、潜在的动机和效果。

(二) 文本分析法的步骤

文本分析法是一种根据文本的实际情况进行解析的过程,步骤并不固定,一般为文本查阅、鉴别评价、归类整理。

文本分析法隶属定性分析法,通过对文本中字词句以及符号的诠释,对事实资料做出评述性说明。

(三)文本分析法的特征

文本分析法有如下三个特征。

1. 客观性

用事实以及数据说话,是客观性的主要表现。对文本分析法来讲,所分析的对象是十分显著的文本外部特征。不凭空推测分析对象背后可能的含义,而依赖于固有的分析程序来得出结论。一旦研究目的与范围确定,就要尽量排除人为因素的影响,做到客观、无偏向。

2. 系统性

一般而言,文本分析法的对象是大量的、系统化的、具有一定历时性的文献,要面对如何确定调查范围和取样的问题。系统性的调查取样是分析的基本前提,必须有足够的数据来克服可能出现的随机偏差。除语言符号分析等特殊情形之外,单个的、少量的文献通常不能作为分析的依据。

3. 非接触性

文本分析法是通过对二手资料进行的间接的、非接触式的研究方法,这一点与社会调查、访谈、实验等研究方法有着根本的差异。

(四)文本分析法的应用示例

◎ 题目:《从符号学看世界杯口号的不同内涵》
作者:林煜圻、刘媛媛
期刊:《传媒观察》
发表时间:2018年7月,2018年第7期
◎ 题目:《台湾报纸的四个特殊之处》
作者:王卫明、封雅婷
期刊:《老区建设》
发表时间:2015年9月,2015年第18期
◎ 题目:《从国家社科基金"课题指南"看2016新闻传播研究重点》
作者:王卫明、楼慧琴
期刊:《中国记者》
发表时间:2016年2月,2016年第2期
◎ 题目:《从〈红星〉报看中央苏区红色文化传播》

作者：王卫明、郑艳琦
期刊：《中国出版》
发表时间：2017年7月，2017年第14期
◎ 题目：《从〈小欢喜〉看家庭传播中的亲子关系构建》
作者：罗俊敏、王卫明
期刊：《媒体融合新观察》
发表时间：2019年10月，2019年第5期

三、民族志研究法

（一）民族志研究法的定义

民族志研究法是源于文化人类学中对不同民族文化考察时所创造出的一种方法类型。该研究方法来源于人类学，而且倾向于人类学中人文科学的一面。

民族志研究法要"遍查"——考察研究对象的方方面面的事情，研究者尽可能直接观察研究对象的行为。

（二）民族志研究法的概述

民族志研究法具有相当广阔的学术视野，融合了政治学、社会学、人类学、民族学、宗教学、历史学等学科民族志的研究，主要探讨事物现象的原创性、表达性与独特性，在方法上则重视对具体对象本身的内在意义与价值的诠释。

民族志研究法把"完全生活在研究对象中不受外界干扰"作为重要的研究条件之一。该研究法的优点在于调查者是通过自己的眼睛去观察，并发现问题进而解决问题。缺点是不适用于追求普适性和规律性，只适合个案。

新闻民族志是新闻研究工作与民族志研究法的结合，即研究者运用参与式观察和深度访谈的方法了解新闻制作的过程，对新闻生产进行具有理论意义的描述和分析。新闻是研究的对象，民族志则是采用的方法。

新闻民族志是民族志研究法在新闻研究工作中的运用，它还要满足规范的民族志研究法所具备的基本特征：第一，须进行长期的田野工作，要求研究者"浸入"所要研究的对象中；第二，从被研究对象的角度对其日常实践进行描述；第三，运用多种方法进行数据的搜集，其中参与式观察和深度访谈是研究者主要运用的方法。

（三）民族志研究法的实施

总体而言，民族志研究法主要包括五个步骤：①选择研究分析对象；②提出民族志问题；③通过参与式观察、深度访谈等途径搜集民族志资料；④进行民族志分析；⑤书写民族志。

上述第三步的实施,可以采取以下十种方式。

1. 观察与参与式观察

对于日常行为的直接、第一手的观察,包括参与式观察。民族志研究者在各种场合观察个人行为与集体行为。他们往往在田野地点停留超过一年,借以观察一整年的循环。

2. 相处共话、访谈

研究者运用许多正式程度不同的访问方式进行访谈,包括有助于维持互信关系的闲话家常、提供当下活动的知识、长时间访谈。访谈可能是有结构的或无结构的。

3. 系谱法

早期研究者运用系谱记号与象征来研究亲属、继嗣与婚姻。系谱是非工业化社会的组织基础,当地人每天都与近亲共同生活及工作。人类学家需要搜集系谱资料,以了解社会关系并重建历史。

4. 重要文化报道人

每一个社群都有一些人,由于他们的机运、经验、天分或训练,而能提供某些生活方面的讯息,也因此成为重要文化报道人。

5. 生命史

某些村民比起其他人,对研究者更感兴趣,而且对研究者的研究更有助益。当某个人特别引起人类学家的兴趣时,人类学家可能会搜集他(她)的生命史。

6. 主位观点与客位观点

民族志研究者往往结合两种研究策略:主位观点(当地人取向的观点)和客位观点(科学家取向的观点)。这些语汇源自语言学,主位观点探究当地人如何思考感知与分类这个世界。客位观点则是观察者所注意到的且重要的事情。

7. 问题取向的民族志研究

民族志的趋势,已从全貌观的叙述转向更具问题取向与实验性质。想要研究全部事情是不可能的,大多数的人类学家在进入田野前,往往带着一个准备处理的问题,搜集关于这个问题的资料。

8. 长期研究

长期研究是针对某个社区、区域、社会、文化或其他单位的长时间研究,这往往建立在多次重访的基础上。现在的民族志多半包括二次以上田野研究的资料。

9. 团队研究

新进的研究者以先前学者的接触与发现为基础,以增进关于当地人如何因应与经营新环境的知识。学术应是一项集体事业,先行者将过去的资料放在这整个事业中,让新一代学者继续运用。

10. 调查研究法

越来越多的人类学家在大规模社会中从事研究,他们发展了结合民族志研究法与调查研究法的创新方式。由于调查研究法处理大型复杂群体,其研究结果必须运用统计分析,而民族志研究可补充并微调调查研究。

(四) 民族志研究法的应用示例

◎ 书名:《独乡电视:现代传媒与少数民族乡村日常生活》
作者:郭建斌
出版单位:山东人民出版社
出版时间:2015年5月

◎ 题目:《玩四驱:网络趣缘群体如何以"物"追忆——对一个迷你四驱车QQ群的民族志考察》
作者:孙信茹、王东林
期刊:《新闻与传播研究》
出版时间:2019年1月,2019年第1期

◎ 题目:《象征性互动:对一个傣族村寨的民族志传播研究》
作者:车淼洁
属性:云南大学硕士学位论文
发表时间:2012年4月

◎ 题目:《强礼仪与弱依附——缅甸乡村社会结构的民族志研究》
作者:钟小鑫
属性:云南大学博士学位论文
发表时间:2018年4月

◎ 题目:《云南民间组织空间实践的民族志研究——以佛光之家为例》
作者:章立明、裴艳慧
期刊:《青海民族大学学报(社会科学版)》
出版时间:2014年10月,2014年第4期

四、个案研究法

(一) 个案研究法的定义

个案研究法是指对某一个体、某一群体或某一组织在较长时间里连续进行调查,从而

研究其行为发展变化的全过程,这种研究方法也称为案例研究法。它包括对一个或几个个案材料的收集、记录,并写出个案报告。在现场收集数据的叫作实地调查。它通常采用观察、面谈、收集文件证据、描述统计、测验、问卷、图片、影片或录像资料等方法。

(二)个案研究法的分类

个案研究法可以依据研究对象、研究内容与目的进行分类。

如果我们以研究对象分类,可分为以下3类。

① 以个体为单位的个案研究,即单人的个案。

② 以社会机构为单位的个案研究,即一个班级、一所学校、一个机关等的个案。

③ 以社会团体为单位的个案研究,即学术团体、群众组织等的个案。

如果我们以研究内容与目的分类,可分为以下3类。

① 诊断性个案研究。这类研究主要用于考察特殊儿童、研究异常行为和患有生理疾病者等,目的在于对研究对象的问题现状做出判断。

② 指导性个案研究。这类研究广泛用于教育领域,如进行新的教学方法或新的教育方案尝试,然后将研究成果推广到普遍的教育实践中去。

③ 探索性个案研究。这类研究常用于大型研究的准备阶段。

(三)个案研究法的研究过程

1. 制定个案研究方案

个案研究方案是指实施研究的计划,是进行个案研究法进行研究必须具备的前提条件。为了有效开展研究,在进行个案研究之前,需要制定个案研究方案。一般,个案研究方案包括:研究的对象与问题、研究的目的与重点、研究的步骤、研究的内容与方法、研究预期成果几部分。

2. 确定个案研究对象,进行个案现状评定

个案研究对象的确定,一般可以选择其一系列不同于他人的行为表现,而且对这些行为表现形成的原因、特点、发展趋势的重要性认识不甚清楚,且又有搞清楚它的必要和兴趣。个案研究对象确定后,随之而来的工作就是要对个案现状进行了解与评定。一般个案现状评定的基本内容除包括个案表面现状突出的方面,有专门的测量与评定之外,还应对个案现状有一个全面的了解与评定。

3. 收集个案资料,诊断与因果分析

收集个案资料是进行个案研究的前提。研究个案的发展,主要是从个案历史资料的相互比较中找出个案在某些方面强化的脉络。诊断与因果分析是进行个案研究的基础。收集资料并加以整理的目的是要研究产生特殊异常行为的原因,理清问题发展的脉络,发现各种因素中有哪几个主要因素对个案有影响。

4. 问题的矫正与指导

问题的矫正与指导是个案研究的关键,即在诊断与分析的基础上,针对研究对象存在的问题,设计一套相应的方案加以实施。

5. 追踪研究

由于个案研究对象的问题的矫正与指导是一个极为复杂的工作,因此,仅靠一次诊断是不容易得出准确结论的。对于所研究的个案对象,特别对那些实施过矫正与指导的对象,有必要用较长一段时间进行追踪观察与研究,以检查矫正补偿是否有效。

6. 撰写个案研究报告

通过上述各步骤的研究,研究者经过一定的理论与逻辑的再认识,形成了自己的观点,通过把感性认识加以探索性的实践,上升到初步理性认识阶段。这时,可以着手撰写个案研究报告。一般个案研究报告主要包括:研究对象的基本情况、研究目的与内容、研究过程、研究结果与分析等几部分。撰写时应注意研究的目的、内容、对象、过程与研究方案中的相应内容相同,研究结果应阐述定性资料的分析,概括提炼的规律和解决的问题,并用科学方法进行论证。

(四)个案研究法的应用示例

◎ 题目:《论民族文化与社交媒体的互动发展——以西藏地区微信使用的个案研究为例》

作者:侯琳、黄秋秋、张聪

期刊:《广西社会主义学院学报》

发表时间:2019年1月,2019年第1期

◎ 题目:《省级党报微信公众号运营策略探究——以〈江西日报〉微信公众号为例》

作者:韩鹏飞、吴志刚、王卫明

期刊:《传媒》

发表时间:2017年9月,2017年第18期

◎ 题目:《BBS议题的形成与衰变——对人民网强国论坛的个案研究》

作者:陈彤旭、邓理峰

期刊:《新闻与传播研究》

发表时间:2002年3月,2002年第1期

◎ 题目:《流动的家园:新媒介技术与农民工社会关系个案研究》

作者:丁未、田阡

期刊:《新闻与传播研究》

发表时间:2009年2月,2009年第1期

◎ 题目:《对外传播中的负面新闻报道——基于中国日报网站和新华网英文版的个案研究》

作者:高美、胡泳
期刊:《新闻记者》
发表时间:2012年2月,2012年第2期

五、文献研究法

(一)文献研究法的定义

文献研究法主要指搜集、鉴别、整理文献,并通过对文献的研究,形成对事实科学认识的方法。文献为已发表过的,或虽未发表但已被整理、报道过的那些记录有知识的一切载体。文献不仅包括图书、期刊、学位论文、科学报告、档案等常见的纸质印刷品,也包括有实物形态在内的各种材料。

(二)文献研究法的分类

文献大致可分为零次文献、一次文献、二次文献和三次文献。

1. 零次文献

零次文献也称第一手文献,即曾经历过特别事件或行为的人撰写的目击描述或使用其他方式的实况记录,是未经发表和有意识处理的最原始的资料,包括未发表付印的书信、手稿、草稿和各种原始记录。

2. 一次文献

一次文献也称原始文献,一般指直接记录事件经过、研究成果、新知识、新技术的专著、论文、调查报告等文献。

3. 二次文献

二次文献又称检索性文献,是指对一次文献进行加工整理,包括著录其文献特征、摘录其内容要点,并按照一定方法编排成系统的便于查找的文献。

4. 三次文献

三次文献也称参考性文献,是在利用二次文献检索的基础上,对一次文献进行系统的整理并概括论述的文献。此类文献不同于一次文献的原始性,也不同于二次文献的客观报道性,但具有主观综合性。

(三)文献研究法的研究过程

文献研究法的一般过程包括五个基本环节,分别如下。

(1) 提出课题或假设。
(2) 研究设计。
(3) 搜集研究文献。

搜集研究文献的渠道多种多样,主要有图书馆、档案馆、博物馆,以及社会、科学、教育事业单位或机构,还有学术会议、个人交往和计算机互联网等。

搜集研究文献的方式主要有两种:检索工具查找方式和参考文献查找方式。检索工具查找方式指利用现成(或已有)的检索工具查找文献资料。现成的工具可以分为手工检索工具(目录卡片、目录索引和文摘)和计算机检索工具两种。参考文献查找方式又称追溯查找方式,即根据作者文章和书后所列的参考文献目录去追踪查找有关文献。

积累文献是另外一种搜集文献的工作形式。每一个研究课题都需要汇集、积累一定的文献资料,而每一个课题的研究过程同时也是一个新文献资料的积累过程。可以通过做卡片、写读书摘要、做笔记等方式积累文献。

(4) 整理文献。

文献的整理是文献研究法的重要环节和内容,它包括对文献的阅读、记录、鉴别、分类处理。

(5) 进行文献综述。

文献综述一般可分五个部分:绪言、历史发展、现状分析、趋向预测和建议、参考文献目录。对文献综述的质量要求主要有六点。

① 搜集文献应当客观、全面。
② 材料与评论要协调、一致。
③ 针对性强。
④ 提纲挈领,突出重点。
⑤ 适当使用统计图表。
⑥ 不能混淆文献中的观点和作者个人的思想。

一般情况下,撰写文献综述由五个步骤组成。

第一步,确定文献综述的选题。
第二步,收集相关的文献资料。
第三步,整理文献。
第四步,撰写文献综述初稿。
第五步,修改文献综述初稿,并完成文献综述。

(四) 文献研究法的应用示例

◎ 题目:《詹姆斯·凯瑞仪式观思想的研究现状——基于2006年至2016年文献研究综述》

作者:胡琳

期刊:《青年记者》

发表时间:2017年6月,2017年第17期

◎ 题目:《近10年来有关我国"大学出版社"的研究脉络与热点分析——基于

CSSCI(2006—2016年)的文献研究》

作者:余兴发、杨晓平

期刊:《现代出版》

发表时间:2017年9月,2017年第5期

◎ 题目:《关于机器新闻写作的文献综述》

作者:李钰琪

期刊:《传播与版权》

发表时间:2018年7月,2018年第7期

◎ 题目:《邻居未必了解我们——基于巴基斯坦〈黎明报〉的文献研究》

作者:吴晓梦

期刊:《对外传播》

发表时间:2017年6月,2017年第6期

◎ 题目:《国际传播10年:理论研究述要与思考——基于2001—2010年〈新闻与传播〉的文献研究》

作者:邰书锴

期刊:《东南传播》

发表时间:2011年10月,2011年第10期

六、问卷调查法

(一)问卷调查法的定义

问卷调查法是目前国内外社会调查中使用较为广泛的一种方法。问卷是指为统计和调查所用的、以设问的方式表述问题的表格。问卷调查法就是研究者用这种控制式的测量对所研究的问题进行度量,从而搜集到可靠的资料的一种方法。问卷调查法大多用邮寄、个别分送或集体分发等多种方式发送问卷。由调查者按照表格所问来填写答案。一般来讲,问卷较之访谈表要更详细、完整和易于控制。问卷调查法的主要优点在于标准化和成本低。因为问卷调查法是以设计好的问卷工具进行调查,问卷的设计要求规范化并可计量。

(二)问卷调查法的分类

问卷调查,按照问卷填答者的不同,可分为自填式问卷调查和代填式问卷调查。

1. 自填式问卷调查

自填式问卷调查,按照问卷传递方式的不同,可分为报刊问卷调查、邮寄问卷调查和送发问卷调查。

（1）报刊问卷调查，就是随报刊传递分发问卷，请报刊读者对问卷做出书面回答，然后按规定的时间将问卷通过邮局寄回报刊编辑部。

（2）邮寄问卷调查，就是调查者通过邮寄向被选定的调查对象寄发问卷，请被调查者按照规定的要求和时间内填答问卷，然后再通过邮寄将问卷寄还给调查者。

（3）送发问卷调查，就是调查者派人将问卷送给被选定的调查对象，等被调查者填答完后再派人回收调查问卷。

2. 代填式问卷调查

代填式问卷调查，按照与被调查者交谈方式的不同，可分为访问问卷调查和电话问卷调查。

（1）访问问卷调查，就是调查者按照统一设计的问卷向被调查者当面提出问题，然后再由调查者根据被调查者的口头回答来填写问卷。

（2）电话问卷调查，就是调查者通过电话的形式向被调查者提出问题，然后再由调查者根据被调查者的回答来填写问卷。

（三）问卷调查法的研究过程

问卷调查法的研究过程由五个步骤组成，过程如下。

第一步：决定题材，分析理论和拟定研究假说。

第二步：问卷设计，问卷是依据有关理论和假说而设计的，任何组成假说的自变数或应变数，均必须用一题或多题的问卷来表示。

第三步：选取样本，就是从成员总体中抽取一部分能够代表总体的样本，样本数最好是总体数的5%以上，但通常最少不得低于500个样本。

第四步：访问，分入户访问、电话访问或邮寄访问等。

第五步：统计分析，得出结论，撰写报告。

（四）问卷调查法的应用示例

◎ 题目：《自媒体对高职院校学生教育的影响——关于自媒体对高职学生学习生活影响的调查报告》

作者：沈雁君

期刊：《科教文汇（下旬刊）》

发表时间：2019年3月，2019年第3期

◎ 题目：《镜像与观照："90后"大学生网民群体的政治认同构建——基于北京市9所高校的大学生问卷调查》

作者：侯月娟、郎劲松

期刊：《现代传播》

发表时间：2017年6月，2017年第6期

◎ 题目：《当前大学生互联网使用与满足的新动向——基于广州大学城的问卷调

查》

作者:何国平

期刊:《现代传播》

发表时间:2009年10月,2009年第5期

◎ 题目:《建军90周年沙场阅兵传播效果调查——基于对南京市大学生的问卷调查》

作者:柳竹

期刊:《青年记者》

发表时间:2018年2月,2018年第5期

◎ 题目:《"对报媒未来发展的建议"调查报告》

作者:王卫明、杨帆

期刊:《青年记者》

发表时间:2014年4月,2014年第12期

七、控制实验法

(一)控制实验法的定义

控制实验主要是用于测试特定的信息刺激或环境条件与人的特定心理或行为反应类型之间的因果关系。它由卢因(又译为勒温)和霍夫兰这两位传播学先驱从实验心理学中引入传播研究领域。

这一方法需要在经过特殊设计的专门的实验室中进行。实验室内应配有阅读机、录音机、放映机,以及各种记录、测量反应的仪器,对实验室的形状、灯光、色彩等也会有特殊的要求。试验进行时必须人为地控制某些变量以观察特殊变量与传播效果之间的因果关系。

(二)控制实验法的特点

第一,研究对象较少。各类调查法一般都是对数量庞大的调查对象进行大量的观察和访问,其研究对象往往被称为"大样本"。而控制实验法则主要是探求少数变量与传播效果之间的因果关系,其研究对象通常只有数十人,因而是"小样本"。

第二,控制实验法的研究环境是在实验室人为的环境中。而调查法则是在广泛的社会环境中进行的。

控制实验法逻辑程序严密,研究者可以对实验因素加以控制,从而突出某些变量的作用。但是,其实验环境终究是人为设置的,与实际生活中复杂多变的状况有一定的距离,所以实验的结果往往会有误差。

作为弥补这一缺陷的一种手段,近年来,传播实验已经开始转向自然实验法或社会

实验法,即将整个社会环境作为"实验室",采用多元分析的方法来进行控制实验。

(三) 控制实验法实验步骤

控制实验法有以下程序。

第一,确定假设命题。

第二,简化因素、确定变量。在有关大众传播诸多因素中依实验目的并参照有关理论或定论,选择一对与研究目的相符的因果关系因素来作为实验变量。

第三,控制与实验。将选择出的研究对象分为两个组——实验组和控制组,尽量保持两组成员的人数、年龄、性别、教育程度等变量的相同,以排除这些变量在实验中可能产生的影响。实验过程中,这两个组的唯一区别是接触的包含自变量的材料不同,以此来计算因变量是否会产生相应的变化。

第四,统计分析。对实验所得的大量数据进行整理、分析,从中推出某些发现、结论,同时对实验的假设进行验证。

传播学中的控制实验主要关注以下条件。

① 信源的条件——测试信源可信性与传播效果之间的关系。

② 信息内容的条件——测试不同的信息内容是否会导致不同的认知和行为反应。

③ 传播方法和技巧的条件——测试不同的内容提示法、说理法和诉求法各自具有什么样的说服效果。

④ 受传者的社会条件——测试受传者的各种社会属性、群体归属关系、群体规范等对他们接收信息的影响。

⑤ 受传者的个性条件——测试个人的信息处理方式和习惯、自信心的强弱等个性特征对他们的信息处理过程及其结果的影响等。

(四) 控制实验法的应用示例

◎ 题目:《受众的感知、识记和态度改变:数据新闻的传播效果研究——基于一项针对大学生的控制实验分析》

作者:蒋忠波

期刊:《新闻与传播研究》

发表时间:2018年9月,2018年第9期

◎ 题目:《媒体类型与转发量对微博新闻可信度的影响——关于微博新闻可信度的控制实验研究》

作者:杨涵雯

期刊:《新闻世界》

发表时间:2013年6月,2013年第6期

◎ 题目:《QQ群聊会让人更相信谣言吗?——关于四则奥运谣言的控制实验》

作者:周裕琼

期刊:《新闻与传播研究》

发表时间:2010年4月,2010年第2期

◎ 题目:《关于报喜报忧与传媒可信度的控制实验研究》

作者:任志强

期刊:《新闻大学》

发表时间:1996年11月,1996年第4期

◎ 题目:《搜索引擎对大学生的认知影响——基于问卷调查与控制实验数据的初步探索》

作者:周裕琼

期刊:《现代传播》

发表时间:2011年2月,2011年第2期

八、实地调查法

(一)实地调查法的定义

实地调查法,又称抽样调查法、问卷调查法等,主要包括抽样调查设计、问卷设计和统计分析三大部分。它的特点是最直接地研究实际问题。因此大众传播中的各种实际问题开展调查就构成传播学基本任务,实地调查法就是完成这种任务的主要手段。所谓实地,是指社会实际环境,而不同于实验室、资料室,具体方法包括记录现场的观察和谈话、利用调查问卷进行资料收集等。

(二)实地调查法的操作流程

① 提出研究假设。
② 设计调查总体和样本。
③ 确定抽样方案。
④ 设计调查问卷。
⑤ 统计分析结果。

(三)实地调查法的优缺点

优点:这一方法最重要的意义是,它以广大受传者为研究对象,强调实地考察,基本不受人为控制因素的影响,比较客观、准确和全面。

缺点:这一方法对实际调查对象中的复杂性和相关性,特别是起主要作用的因果相关性的概括效果不佳。

(四)实地调查法的应用示例

◎ 题目:《媒介接触对农村留守妇女自我健康认知的影响——以甘肃省宁县中村

村的留守妇女为研究样本》

作者：李淑娟、陈丽丹

期刊：《今传媒》

发表时间：2018年8月，2018年第8期

◎ 题目：《手机媒介在农村的"双刃剑"效应——韩家庄村手机使用实地调查》

作者：温家林

期刊：《文化与传播》

发表时间：2017年8月，2017年第4期

◎ 题目：《电视传播与村民国家形象的建构及乡村社会治理——基于贵州、湖南、河南三省部分乡村的实地调查》

作者：孙秋云、王利芬、郑进

期刊：《广东社会科学》

发表时间：2015年1月，2015年第1期

◎ 题目：《新媒体语境下"他人建构"与"自我言说"中的皖北新农村形象——基于安徽省黄咀村的实地调查》

作者：张雨

期刊：《视听》

发表时间：2018年5月，2018年第5期

◎ 题目：《农业科技传播的方式、效果及其创新——基于皖中D村的实地调查》

作者：操瑞青、方晓红

期刊：《编辑之友》

发表时间：2018年4月，2018年第4期

九、比较研究法

（一）比较研究法的定义

比较研究法就是对物与物之间和人与人之间的相似性或相异程度的研究与判断的方法。比较研究法可以理解为是根据一定的标准，对两个或两个以上有联系的事物进行考察，寻找其异同，探求普遍规律与特殊规律的方法。

（二）比较研究法的种类

根据不同的标准，我们可以把比较研究法分成如下几类：按属性的数量，可分为单向比较和综合比较；按时空的区别，可分为横向比较与纵向比较；按目标的指向，可分成求同比较和求异比较；按比较的性质，可分成定性比较与定量比较；按比较的范围，可分为宏观比较和微观比较。

（三）比较研究法的实施

第一，确定比较的问题。

进行比较研究首先要明确比较什么，这是比较的前提。这一环节包括选定比较的主题，确定比较的内容和比较的范围。要明白比较什么问题，将比较的问题放在一定的范围之内，不能乱比。

第二，制定比较的标准。

没有标准就无法进行比较，就是把比较对象的材料按可能比较的形式排列起来。比较的标准可据实际情况制定，比较的概念要明确化，比较的数据要精确化。研究者根据比较的标准，不但要使抽象的概念具体化，而且要能利用各方比较的材料。

第三，搜集资料并加以分类、解释。

首先，要通过各种途径尽可能多地收集相关的各种资料，并对资料进行鉴别，保证资料的权威性和客观性。其次，对各种资料按比较的指标进行归类、并列。最后，对这些归类好的资料做出解释，即赋予资料以现实意义，为下一步的比较分析奠定基础。

第四，比较分析。

这是比较研究法的实施过程中最重要的一步，在这个阶段要对收集到的材料按一定的标准逐项进行比较，并分析其之所以产生差异的原因，而且要尽可能地进行评价。比较时应以客观事实为基础，对所有的材料进行全面、客观的分析。

第五，得出结论。

通过对材料的分析比较得出结论，并对所得的结论进行理论和实践的论证。

（四）比较研究法的应用示例

◎ 题目：《中美科普影视在传播层面的比较分析》

作者：黄雯

期刊：《现代传播》

发表时间：2014年3月，2014年第3期

◎ 题目：《电视媒体官方微博的框架比较分析——以新浪微博影响力榜排名前三的卫视微博为例》

作者：高一然

期刊：《现代传播》

发表时间：2012年5月，2012年第5期

◎ 题目：《网络介入冲突性事件传播的演进过程及影响——基于多案例的历时比较分析》

作者：乔同舟

期刊：《编辑之友》

发表时间：2017年7月，2017年第7期

◎ 题目：《环境新闻与社会建构：基于人民网世界环境日报道的研究》

作者:王洋、陶贤都
期刊:《科技传播》
发表时间:2019年1月,2019年第3期

◎ 题目:《以拉斯韦尔模式比较主流社交网络——对Facebook和人人网的比较分析》

作者:张冠兰
期刊:《青年记者》
发表时间:2013年7月,2013年第21期

十、知识图谱分析法

(一)知识图谱的定义

知识图谱(mapping knowledge domains)又称为科学知识图谱,利用数据挖掘、图形映射、科学测量和信息分析等方法进行构建,揭示知识领域的动态发展规律。[1] 知识图谱具有知识导航的功能,属于科学计量学的范畴。[2]

(二)知识图谱的特点

知识图谱最初由谷歌提出用以优化搜索功能,它可以根据用户的搜索次数和内容从而获取更多的知识,目的在于使用户获得更好的搜索体验,能够在杂乱无章的网页中迅速找到需要的信息,并且提供一些有价值的新知识。[3] 知识图谱以应用数学、信息科学、图形学、信息可视化技术等多种学科理论及方法为基础,与文献计量学中的引文分析方法、共现分析方法等相结合,运用知识图谱分析方法,可深入挖掘并可视化展示该学科的发展历程、知识结构、前沿领域及热点演进。

(三)知识图谱分析法的应用示例

◎ 题目:《情绪识别研究的学术场域——基于CiteSpace的科学知识图谱分析》
作者:丁汉青、刘念
期刊:《新闻大学》
发表时间:2017年4月,2017年第2期

◎ 题目:《国内组织传播研究:特点、问题与趋势——基于2000-2017年核心期刊

---

[1] Shiffrin R.M.,Börner K.Mapping knowledge domains.Proc Natl Acad Sci USA,2004,101 Suppl 1(Supplement 1),p.5183—5185.
[2] 陈悦、刘则渊、陈劲等:《科学知识图谱的发展历程》,载《科学学研究》,2008年第3期,第449—460页。
[3] 赵鑫:《刍议搜索引擎中知识图谱技术》,《辽宁行政学院学报》,2014年第10期,第150—151页。

文献的知识图谱分析》

作者:周建青、刘航

期刊:《新闻大学》

发表时间:2018年8月,2018年第4期

◎ 题目:《1998年以来我国传媒法研究的知识图谱分析》

作者:詹海宝、王卓

期刊:《青年记者》

发表时间:2019年7月,2019年第21期

◎ 题目:《议题、变迁与网络:中国国际传播研究三十年知识图谱分析》

作者:相德宝、张弛

期刊:《现代传播》

发表时间:2018年8月,2018年第8期

◎ 题目:《新闻传播学视域下中国舆论研究的知识图谱(1986—2015)——基于文献计量学的研究》

作者:潘佳宝、喻国明

期刊:《现代传播》

发表时间:2017年9月,2017年第9期

第三章 部分学者谈论文写作与投稿

一、陈力丹谈文科硕士学位论文写作

受访人：陈力丹　　　　**所在单位**：中国人民大学新闻学院

学术小传：陈力丹，1951年生，中国人民大学荣誉一级教授，1993年起享受国务院政府特殊津贴，曾任中国社会科学院新闻与传播研究所学术委员会副主任、中国人民大学新闻学院博士后流动站站长、《国际新闻界》月刊主编、国务院学位委员会新闻传播学学科评议组成员、中国人民大学新闻学院学术委员会主任等职务。2019年1月9日发布的《高校人文社科学者期刊论文排行榜（2006—2018）》显示，陈力丹名列新闻传播学综合排名第一位。根据2019年3月中国知网"中文引文数据库"对在世的文化理论界学者论文、著作被引用的统计，陈力丹名列全国第五位，在新闻传播学科位列第一位（18970次）。

多数读文科硕士研究生的人，都有过写作数千字文章的经验。而从写作数千字的文章到写作两三万字的硕士论文，中间隔着一道较为艰难的"坎"。一旦顺利地跃过这道坎，就会有一种登上一个较高的山峰、一览众山小的感觉。为什么呢？因为此前写作的文章，第一是字数有限，在结构和逻辑的把握上较为容易；第二是文章并非真正意义上的学术论文。本科毕业时写作的论文可能是最长的，一般谈一个较小的话题，可以重复已有的研究成果，只要把基本知识以自己的语言叙述清楚，就算合格了。日常工作中写的文章，无非是工作总结、学习体会和文秘类的东西。即使尝试过文学作品的创作，但无限自由的文学遐想与科学严谨的论文写作，距离是很大的。对于多数硕士论文作者来说，都是第一次写这么长的文章，不仅长度，而且文章的性质也与自己以往经验中的写作完全不同，它要求学术性和一定的创新性。所以，如果在硕士论文写作方面下一定的功夫，掌握了写作的基本步骤和规范，论文成功了，这便是一个人在学业上的一次飞跃，一定要把握住研究生三年学习中写论文这一最为关键的环节。

下面首先谈一下硕士论文写作的总体步骤,然后再详尽谈一下几个重点环节,最后说说引证的规范问题。

(一)论文写作的步骤

严格地说,论文写作并不是从提笔写(或在电脑上打字)开始的。此前的许多步骤都属于论文写作的必要环节,一定程度上比实际动手写要重要得多。许多过来的人都有体会,完成一篇较大的论文,准备时间少则数月,多则数年,一旦真正准备好了,动手写作的时间不过数天到数周。

第一步,确定论文的选题。从广义上说,选任何本专业范围内的题目都能够写出东西来,只要你有新观点、新发现、新角度、新研究方法、新材料等。但是这"五新"大大限制了硕士论文的选题。这是由于作者多数是第一次写这么长的学术论文,缺乏经验,也缺乏深厚的知识积累,难以把握;同时,两三万字这个条件也对选题有很大的制约,如果题目过大,则无法在这个相对狭小的范围内展开。所以,选题是否得当,对于论文的成功影响很大,甚至有人说,一个好的选题等于成功了一半。

根据许多硕士论文的选题经验,这一级论文的选题可从以下几方面考虑:本专业的研究空白、发生争议的话题(自己的观点感到较为充分)、对比性的话题、从其他专业角度研究本专业的话题(这是一种选题的边际效应)、有新的插入角度的老话题、刚刚冒出来的本专业的新问题。

第二步,围绕已经确定的论文选题,回顾相关的理论和研究,或者叫"文献检索"。这一步的工作是较为艰苦的,需要有思想准备。在中国,多数中文学术资料目前没有上网,需要手工查找,因而在这个步骤中,查找中文资料花费的时间和精力可能很大。而拉丁文资料,特别是英文资料,由于网络传播的方便条件,则相对好查询。但是不少资料即使找到了目录,若想真正能够阅读到,仍需要作者不懈的努力。

这一步是必要的,如果没有这一步,你的论文内容很可能重复了别人已经做过的工作,等于白做。查找的过程,也是启发思路、产生观点火花的过程,不走这一步,等于掐掉了自己新观点、新视角、新材料的来源。而这一步也是为下一步做观点、角度、材料上的准备。

第三步,提出你自己关于选题的理论假设,或要研究的具体问题。选题是指准备写的论文的大体方向和范围,真要动手写作,就会遇到两类具体的问题。第一类属于观点方面的:我的具体观点是什么?你可以设想出一个或几个观点,但它们仅仅是一种假设,需要许多证据、材料,通过严密的论证和适当的论证框架结构,证明你的假设是成立的,这才能形成论文的主体。第二类属于实用方面的:我要具体论证什么问题?你可以提出各种原因、各种环境条件的影响,它们是不是与所论证的问题相关,相关到什么程度,这需要通过科学的调查和分析。

不论哪一种情况,涉及论文的中心思想或论证主题一定要明确,并且贯穿论文的始终。由于硕士论文字数相对较长,常见的问题之一在于作者把握不住全文,写着写着,无形中就偏离了自己原来确定的假设或具体问题,说了许多无关中心思想或论证主题的内容。

第四步,决定采用哪些研究方法。人文社会科学的研究方法,大体可以归为两大范畴,即思辨研究和实证研究,后者又可分为定性分析、定量分析两种具体的研究方法。人们为探究社会事实或社会现象,而采用不同的研究取向。不同的研究取向又有不同的研究方法、不同的研究假设、不同的收集资料的方法和对结果的判断标准。但是各种研究方法在现在的论文写作中,已经越来越多地呈现相容和内在的连接。一般来说,根据自己的选题和讨论的具体问题,可以以一种研究方法为主,辅以其他的方法。例如研究"人"作为大众媒体信息的接收者接收信息时的状况,这种研究取向就决定了研究本身要以定量分析为主,但同时也需要一些历史的、文化的、政治经济学的思辨研究。

在文科硕士论文中,作者直接为论文进行的定量分析,规模一般较小,适应的范围也是有限的,较多地采用别人而不是自己直接的调查结果。这是由于论文的规模较小、给予作者的研究经费有限、作者个人进行社会调查的能力有限等原因造成的。以逻辑分析为主的论文,适当采用一些定量分析的数据,会给文章增添一些分量。但是,一定要根据实际需要,而不要为了显示研究方法的多样化而有意去这么做。例如一个很宏观的话题本来适于思辨研究,硬要加入一项微观的量化调查结果去证明什么,反而会弄巧成拙。这是现在写好论文要把握的一个具体问题。

第五步,设计论文的框架结构。一般文章的写作也需要有这一步,但对于硕士论文来说更为必要,其要求也更细一些。一般情况下,一篇硕士论文要有绪章、入题的第一章、主体章节,以及结束语。章节的设置在写前要有个大体的布局逻辑,使之结构合理;章和章之间有一种逻辑联系,防止盲目地写下去,淹没主题,不知所云。这一步很少有一次性完成的,往往会根据收集材料的情况、调查访问中遇到的新情况,经常变动。但是就像建筑师在盖房子前必须有图纸一样,到了写硕士论文这个层次上,大体的文章框架不能仅仅存于脑子中,一般要形成文字,相对细致一些,具体到"节"更好(但"节"的层次开始时不要固定化),便于作者写作时心中有数。

到了设计论文框架这一步,因为有了文字化的章节设计,除了请导师指导外,这是在正式动笔写前较广泛地征求其他专家意见的一个好机会。框架还不是厚厚的论文,看时花费的时间不多,又可以大体看出文章的价值或存在的问题。这时修改论文结构比写完后再修改要轻松、容易得多,时间也较为宽余,不要错过这个机会。

第六步,对已经取得的文献资料、调查材料和各种论据进行分析、归类,分别充实到各章节中,再进行解释、论证。这实际就是论文写作本身,之所以这样描述,意在让作者理解论文写作的过程。各种材料和论据,不是天生就可以证明论点或说明具体问题的,需要通过作者对材料的组织和论证,才能使其变得富有生命力,极其自然、有力地为自己所论证的题目服务。

在这一步,需要温习一下学过的逻辑学或社会调查统计的知识,用正确的逻辑思维和严谨的数据组织方式,紧紧围绕已经确定的理论假设或具体问题,调动自己所学的各种知识,通过正论(这是主要的)、反论、设论、驳论、喻论等手法,论证观点或问题,得出结论,完成论文。

论证中肯定会出现种种材料使用或缺乏的问题、逻辑推理的问题、论据与论题不相配的问题等,需要停下来再找材料和访问专家,充实或削减原来论文框架中的内容,必要时对框架结构进行局部调整。这种情形是正常的、经常发生的。在时间的安排上，对此要做出计划。如果时间安排不当，有时论文功亏一篑的原因就在于写作时间安排过紧，来不及调整论文结构，这很不值得。

第七步，必要时重新估量选题，修正论证对象的范围。这是与第六步同时出现的另一种情形，即通过较为广泛的征求意见和本人的思考，感到原来的选题对自己不适合或难以完成，那么就要及时调整整个论文写作的计划，改变选题。这种情形也是正常的，关键在于不要长时期犹豫不决，必须较快地做出决定，以便有时间重起炉灶。由于前面已经对本专业的学术研究有过较多的思考和文献检索，即使改变选题，重新做起，花费的时间也不会很多，对此过多的担心是不必要的。

选题不当、难以完成的另一种原因不在于选题本身，而在于选题论证的范围过大。解决这个问题并不难，把论证对象的范围缩小就是了。这里最大的障碍在于作者舍不得"割爱"，花费了许多功夫准备论文，一旦许多材料用不上，也难以割舍。这种情况当然会涉及重新设计论文框架结构的问题。不过，将较大的论证对象的范围缩小，总比相反的情形要容易得多。在硕士论文写作中，论证对象范围过小的情况很少见，因为两三万字的论文，本来大多就适宜开口较小的选题。

第八步，对论文从技术上进行规范化的检查和调整。章节设计的技术问题（含目录）、文中的引证标示、注释及编号、文后的参考文献编排，以及不属于论文本身的内容提要（包括英文提要）、关键词等，都要按照规范化的要求进行检查和调整。这些虽然属于技术性问题，但也反映出作者的治学态度。特别是引证，凡是使用了别人观点的地方，都必须注明材料来源，不能含糊不清，更不能将别人的研究成果变成自己的。标明的材料来源也要十分清楚，论著名称、作者或编者、出版社或发表的刊物名称、出版或发表时间等，须一应俱全。有时，一篇较有水平的论文，答辩时提出批评的主要问题可能就是引证的不规范，由于这个原因使论文的评价低一档，这很不值得。

（二）硕士论文的选题

一个适当的选题等于论文成功了一半。年年招生，年年写新的论文，而各学科的研究领域是相对稳定的，空白越来越少，新问题的研究又有一定难度，于是现在文科研究生的论文选题，形成一种独特的竞争局面，如何选择好论证的题目，凸现为一个新问题。有鉴于此，需要重点谈谈硕士论文的选题问题。

关于选题，可以从两个角度来考虑。

1. 选题的大小

选题大而不当，这是硕士论文选题中普遍存在的问题。因此，在动手搜集资料之前，首先要考虑自己的选题是否过大。例如"谈谈××学理论的若干基本问题"，在这样的选题下，当然什么都可以谈到，但这只适合某个具体学科的领导人做总结报告时采用。若具体一些，例如"论传媒受众的心理"，看起来似乎好点，但在这样的选题下必须谈几十个大小问题才可能做到论证全面、深入，适宜写成一本学术论著而不是一篇论文，普通的论文容纳不下这么多的不同层次的问题。

对于硕士论文来说，选题之下，以只能分出第二个层次为宜。若选题之下能够再分出第三个、第四个，甚至更多的层次，就不大好把握，难以将论证深入下去。

如果把刚才的"论传媒受众的心理"题目，缩小为"试论读者阅读消息时的选择性理解"，显然后者比前者的论证范围小多了。第一，它从广泛的传媒受众缩小到报纸这单一传媒的读者；第二，又从泛泛的一般心理具体到接受心理；第三，再缩小，只涉及接受新闻体裁中的一种——消息时的接受心理状态；第四，又将选题进一步缩小到只研究读者接受时的一种心理表现——选择性理解。选题小了，才可能对问题探讨得更深入。当然，如果作者既有较多的材料，又有较强的论证能力，可以将选题定在刚才说的第三个层次，甚至第二个层次上。

掌握多少材料和估量自己的驾驭能力，确实是选题时必须考虑的问题。常有这样的情形，自己对某个选题特别感兴趣，下定决心要写，但是材料很少，并且估计短时间内难以搜集到更多的材料，在这种情况下，还是换一个选题为好。材料是论文的基础，基础打不瓷实，仅凭兴趣，是写不出成功的论文的。例如一位作者做出"中国的新闻传播带有道德色彩而西方的新闻传播带有机械性"的理论假设，但是他除了对当前的中国大众媒介有所了解外，对新中国成立前一百多年，以及成立后到改革开放前这二十多年的大众媒介，几乎没有接触过，对于国外传媒的接触非常有限，这个假设虽然有新意，但是可供论证的论据寥寥，这样的假设就难以成立。

还有一种相反的情况，这就是材料太多，作者的研究经验有限，难以驾驭，而且论文的篇幅也有限，在这种情况下，最好坚决将选题范围缩小。我本人在1978年读研时，一上学就确定了写"马克思恩格斯的新闻思想"，这当然要建立在通读他们全部著作的基础之上，但后来发现三年时间完成这件事情是不可能的，他们的著作太多了（共3000多万字）。于是我缩小到写他们活动的六年，即"从《莱茵报》到《新莱茵报》"（1842—1848年）。但即使这六年的材料，也使我花费了两年时间才全部看完和做出笔记。若用于写论文，一篇硕士论文是难以容纳下的。在动笔前我再三考虑，征求了导师温济泽的同意，决定只写一年，即《莱茵报》这一年（1842—1843年）马克思的新闻思想，恩格斯也暂时不写了。结果论文写了五万多字，外加注释两万多字。由于集中力量写一年，较为深入，论文是成功的。

2. 选题的价值

学术研究要追求某种价值，这包括学术价值和社会价值两个方面。因此，如果说选题大小尚属于个人把握的技术问题，那么论文的学术价值，是更重要的取得成功的前提之一。为了保证选题具有一定的学术价值，首先在确定选题之前，对准备选择的题目现有的研究状况进行价值评估：如果自己继续这个题目的研究，是否有价值？这可以从学术价值或社会价值两方面衡量。

如果某方面的选题，其学术方面总体上可能会有一定的价值，那么还要掂量一下自己掌握的材料和提出的假设是否足以产生新的学术价值。如果属于引进、介绍国外研究的新成果，在国内是有一定学术价值的，但要估量一下自己的理解、概括的能力，以及翻译水平、普及能力和可能产生的社会效果。

社会价值,即有些选题在学术上看起来没有多大的价值,但是通过其科学的论证,可以使社会较直接地受益,产生良好的社会影响。这样的论文,与具有学术价值、但不一定直接对社会产生影响的论文,两者价值评估应当给予同等看待。当然,这类论文同样要求学术规范,只是衡量的价值标准有所差异。例如,一篇论文通过对许多出土汉简的研究,论证西汉时期中国就有了官方新闻传播体系。如果得到学界的认可,那么中国古代新闻传播的历史将提前800多年,这就是一篇具有明显学术价值的论文。而另一篇关于当前少年儿童与电视的论文,以科学的抽样调查报告为依据,对电视与儿童行为相关或不相关的问题进行了探讨,它在学术上很难说为传播学的某些理论增添了多少新观点,但是这样的研究对于社会,特别是青少年组织、保护儿童的组织和妇联,提供了其展开活动的科学依据。这两类论文的价值应当予以同等看待。

选题的价值评估,在选题的时候就应该充分考虑,多听取本学科专家的意见,以及一些相关的社会人士的意见。有时到了论文答辩的时候,作者还说不出自己论文到底有什么价值,这是很糟糕的事情,会严重影响对论文的评价。

(三) 文献检索的展开

文献检索是论文写作必须经历的准备阶段。

许多人文社科研究者都有这样的经验:为了完成某一个研究选题,搜集资料、阅读堆成小山般的论著、做笔记、找人访谈、搞抽样调查和统计分析等工作所耗费的时间,少则数月,多则数年。这些工作做得越充分,写作的时间就越短,并且会感到十分顺手。像硕士论文这样规模的论文,几天就能脱稿。

最令人感到为难的情况,就是材料不多,思路不明,却由于某种原因一定要写出来,花费了许多痛苦的写作时间,搞出来的东西往往水平有限。在这里,特别对硕士论文的作者说,最主要的一项工作一定是做好文献检索。因为这样规模的论文,专门为它搞抽样调查、大量访谈的可能性较小,主要是在前人研究的基础上提出一些较小的假设来论证,因此准备工作大多集中在文献检索方面。

文献检索可以考虑走以下几个步骤。

第一,首先以选题为中心,对广义领域的研究状况进行材料搜寻,然后缩小到选题本身较小的研究领域。例如研究性社会学中关于"中国女性的情感与性"这个选题,那么了解的范围一开始就不应局限于中国女性,而应先了解世界女性总体、一般情感、所有关于性的问题等面上的情况,然后再缩小到中国妇女、一般情感和独特的中国女性情感的范围。广泛搜索之后,再逐步缩小搜索范围,这对于把握自己准备论证的话题在较大范围内的地位和意义,是必要的一个步骤。

第二,在适当缩小搜寻范围之后,一个侧重了解的情况便是已有研究成果的研究方法。它们采用了哪些研究方法,有什么成功的经验和存在哪些问题;它们没有采用哪些方法,这些方法对于选题是否能够产生新的结论等。

第三,了解不同学派的基本情况。多数选题在学科的历史发展中都存在不同的观点,甚至形成了不同的学派,检索时要进行较为全面的了解和客观的分析,在比较中确定自己的基本观点或倾向。这个步骤对于形成作者自己的观点,具有相当重要的启示意义。

第四,对选题涉及的领域中学有所成的专家进行有计划的访问。以上的文献检索步骤,接触的主要是死材料。而不论是找寻途径,还是理解材料的内容,硕士论文的作者都是新手,因此,这种访问对于深化选题,亦是关键的一步。有的硕士生写论文时只是埋头找寻材料,由于自己的社会阅历有限,以这种阅历对获得的材料进行归纳,即使存在重大遗漏,自己往往也感觉不到。另外,对具体问题、材料的理解,也容易出现较多的误差。许多材料其实并不存在于有形的文字和声像之中,而是存在于专家的头脑中,及时挖掘这类活的材料,对于提高论文的价值,意义重大。

找有关专家访问,具体的目的有两点。其一点是取得进一步找寻材料的途径。遇到问题到哪里能够找到材料,这本身就是一种知识的积累。专家们以自身丰富的研究经验,往往可以为作者在材料的找寻方面指点迷津。作者通过专家提供的有效的捷径,一般都能找到比自己知道的多得多的材料。其二点是访问本身也是听取专家对选题意见的机会。专家既然在所选题目领域内学有所长,那么只要你说出自己关于选题的想法,往往会得到许多忠告,包括对选题的价值评估、选题的大致可能的论证视角,甚至未来论文的框架结构等,这种帮助是十分可贵的。

在这个问题上,除了作者须在认识上重视外,还需要一点韧性。专家们一般工作都很忙,难以顾及硕士生们的拜访。这就需要论文作者有锲而不舍的精神,在工作上能够给专家们以帮助(例如帮助打字、抄写、复印、购书、查找材料等),以诚心感动专家;专家最宝贵的是时间,为了节省专家们的时间,访问要有周密的计划,问题得当,不要那些虚套的东西。君子之交淡如水,多数文科的专家对于请客吃饭很厌烦,这种既浪费当事人的时间和金钱,同时也耗费专家时间的做法,是不可取的。学术拜访与商业公关的请客吃饭性质不同,这一点希望硕士生们注意。

经过对专家们的访问,再进一步进行对材料的查寻。这项工作结束后,所谓文献检索的第一阶段基本完成,可进入第二阶段,即以对材料的分析为主的阶段。但这仍然属于文献检索的一部分,尚不是研究本身。

第五,面对已有的材料和专家们的意见,分析研究空白和不够深入的地方。这时须考虑两个问题:在选题范围内,有哪些领域尚没有被涉及(空白);哪些领域虽有所涉及,但并不深入。这两种情况都可以作为进一步分析手头材料的突破口,成为论文的主攻方面。这第五步,意义在于"沉一沉",思考一下。

第六,在第五步的基础上,再考虑需要研究的新问题、新情况。前人没有涉及,而现在又急需做出解释,或得到解决思路的地方,可能出现新观念或新视角。如果考虑得周全,较容易得出研究成果。但是这时要对自己的把握能力再估量一下,因为对新问题、新情况的阐释需要一定的学科知识功底。

第七,经过第五步和第六步,进一步有目的性地查找本学科的材料。这时选题的主攻方向有了,就会产生深入查找材料的动机,文献检索的目的性也更强了。这时找寻的材料,大多可能与将来要写作的论文直接相关,因此,这时查找材料与做笔记应并重。

做笔记没有一定之规,可以根据自己研究的内容和个人习惯采用一种或多种形式。例如按内容归类做笔记、按不同的作者归类做笔记、用活页纸做混合笔记(看到哪里就记到哪里,然后再按一定的分析要求归类)等。如果材料可以借走,当然使用电脑做笔记会更好。整理笔记,按将来写作论文时的逻辑编排,这一步做得好,写作时就会感到很顺手。这项工作宁可慢些,但写论文时就会达到事半功倍的效果。

这里特别强调一个技术性问题,即每条笔记都要将作者(编者、译者)、论著(或资料)名称、出版情况和出版时间记下来;外国作者,除了译名外,必须记下外文原名。不要忽略这件事情,许多论文作者临到答辩时才重视引证的规范,回过头来查找出处是很困难的。

第八,第二次扩大搜寻范围,查找相关学科的理论和方法方面的材料。这回不是泛泛地去浏览,由于基本确定了论文的主攻方向,那么除了本学科的知识外,人文社科各学科的知识(有时还需要找寻一些自然科学的普及性知识),可能会有不少能够为论证所选择的问题提供理论和方法。一般来说,采用一些其他学科的理论和方法,会给论文增添较多的学术性(不同学科的交叉研究常常带出研究的新视角)。这一点有些硕士生忽略了,只在本学科的较狭隘的范围内论证,局限较大。

查找其他学科的理论和方法,重点不在历史上的,需要多注意最新的研究成果。现代人文社会科学各学科的渗透已经成为一种常态,特别是最新出版的研究专著,这种情形更多一些。建议在论文的准备过程中,多跑几趟学术书店,买几本最新的人文社会科学方面的专著(即使不是本专业的),往往在这个时候,新书所展现的新鲜的研究视角,会为作者正准备写的论文提供某种思想灵感。

另外,坚持浏览《读书》杂志月刊,对于开阔自己的写作思路,也是很有帮助的。因为《读书》是人文社会科学各学科知识的荟萃,不仅材料、观点是最新的,而且各学科荟聚本身是一种难得的触类旁通的学术思考的"潮"。

以上文献检索的八个步骤,只是在大体上规定一下如何进行材料的准备工作,实际上对每个人来说,检索的步骤顺序不会都是一个模式。但是,凡是写得较规范、真正能够写出新东西的论文,大多经历了以上的准备过程。而论文不大成功的,检讨起来,多数都是在文献检索时犯了懒。这方面的懒惰,贻害无穷。

(四)动笔之前的构思

在充分的文献检索的基础上,论文的写作要开始了。这时的第一步,不是马上就写,而要为写作做准备工作。这种工作的性质,就如马克思所说:"最蹩脚的建筑师从一开始就比最灵巧的蜜蜂高明的地方,是他在用蜂蜡建筑蜂房以前,已经在自己头脑中把它建成了。"[1] 是否在头脑中先把论文做成,往往影响论文写作的进度和文章质量。宁可多用几天做好充分准备,也不要将时间陷在写作过程中。

写作消耗的时间一般不应该很长,多数因长时间处于写作阶段而不得结束的情形,往往是由于文献检索阶段的工作不完善,写前没有做好准备。由于思路没有形成,或思路本身是否成立尚存在问题,写不下去,但又不愿意从头开始,这是最尴尬的情形。抓住时机,当机立断,重新开始,是最好的解决办法,千万不要在论证阶段拖时间。

1. 写前三方面的掂量

准备动手写作了，首要的问题是将已经确定的理论假设，或者自己提出的要解决的问题，或者准备普及的国外最新的研究成果等，再做三方面的掂量。原因在于，常写理论文章的人都有这样的体会：一旦确定了自己论证的写作框架，真正地写起来，即使感到哪里说不顺，也会不由自主地受到自己刚刚确定的框架的限制，因为"扭"角度或改框架是困难的，所以思路被框住了，较难摆脱。往往动一个环节，就需要全局调整，是一件麻烦的事情。而这三方面的掂量如下。

第一，"……是否……"。这是指在将要动笔的前几天，再慎重考虑一下，自己选择的主攻方向是否得当、材料是否丰富、论点是否站得住脚等。这几天，在"是"和"否"之间，与周围的老师、同学谈谈，再看看材料，对这个主攻方向重新审视一番。

第二，"……提供……"。这是指对自己选定的主攻方向的价值（学术价值或社会价值）再掂量一下，到底能提供什么，能提供多少有价值的东西。这是衡量论文水平的最重要的标准。文章在行文、表述方面的问题，一般被看得较轻，而学术价值或社会价值（即绪章中谈到的"五新"），在答辩时被看得最重。对此，真正地要动笔了，自己一定要心中有数，不能等着最后答辩时评委们的结论，首先自己要对自己的论证有个客观估价。

第三，"联系……"。这是指对自己的选题，在广义上做一些链锁思考。一个问题与其他领域的联系考虑得越多，论证就能越深入，给人以较多的新意。这对于设计论文的框架，是一种必要的前提思考。

2. 研究要素的确定

动手写作前的第二项准备，是要确定研究的要素，即论文中的核心概念、基本框架、论证中自变量和因变量的分布等。

一篇硕士论文，只论证一个，最多两三个抽象或具体的话题，两三万字的规模一般够用了。这样规模的论文，已经需要有核心概念，以及相辅的少量其他概念，可以形成一个小系统，它们是论证得以进行的基础。结构主义符号学家巴尔特就曾表示："如果我们在入手时就遵循一个提供给我们的首批术语和原理的模式，就会使这一理论的建立工作得到许多方便。"[2]但是这些概念是否科学、是否有明确的含义，对于论证的完成影响很大。有些论文在答辩中遭遇诘问，一个主要原因在于概念的内涵不清、不同的概念内涵重叠、各个概念间的相互关系衔接不当等，于是造成论文多处出现逻辑矛盾。

关于概念体系，对一本学术著作，一般要求使用自己特有的较新的概念，"一个新的理论体系必须用一系列符合自己体系的概念和范畴予以表述，'旧瓶装新药'也是表述体系的一种方法，但毕竟不是最好的办法"[3]。对于硕士论文来说，这个原则需要变通。

鉴于硕士的论文作者大多是论文写作的生手，最好使用本学科已有的概念，不要随意生造概念。一篇算不上很长的论文，如果采用许多生造的概念，光解释概念就需要相当的篇幅，哪里谈得上论证问题呢？

把握一下论文中准备操作的变量有多少，需要处理的因素复杂与否，这些是另一类研究要素。硕士研究生初涉这样较大规模的学术研究，一般不宜使论文中的变量太多，要处理的因素不能过于复杂。多了、复杂了，难以把握，但是太少了，又会影响论文的学术水平。写到什么分寸，既不要给自己提出过高的要求，也不要使论文因此显得很单薄，这也是写论文前作者需要好好考虑的一个问题。

现在的主要问题，不是变量少，处理的因素简单，而是相反。不少论文常常越写越长，就是由于事先没有在变量、复杂程度上想好，结果到时候收不住了。然而，由于多数作者初次写这么长的论文，虽然超过了规定字数，但水平并未因为长而提高，得到好评的论文多数不是那些超长论文。长短，并不是显示论文水平的必要标志。

设计论文的大体框架结构，这是写任何略有规模的文章所必需的。对于硕士论文来说，框架可以设计到"节"，但不宜过细。写作中间需要在论证逻辑方面、次序编排方面经常调整，一些具体论证的因果关系、相当于网络"超链接"性质的对于论证中新出现的词汇概念的解释等，翻来覆去地改动更是常有的事。事先设计得细，会限制自己的思路。而较为宏观的"章"，要多设计几种方案，以保证突出主要观点的论证，让其他部分紧紧围绕主要观点展开。"章"是论文的基本骨架，整体上各章的内容要衔接有序，字数大体相当。

（五）研究方法的确定

任何学术论文都需要通过一定的研究方法来进行论证，以达到证明自己的论点或解释清楚某个问题，或为所提供的解决问题的方法做出合理性的说明。硕士论文属于中等偏下规模的研究，虽然可以采用单一的研究方法，但是现在更多的论文以一种方法为主，另一种方法为辅，在研究方法上呈现多样化。

人文社会科学的研究，遵循科学的法则；而非科学的"研究"常常表现为个体经验的描述、随意观察、个人感想、利用未被证实的常识进行概括等。这样的"研究"不大遵循严密的逻辑，没有考虑足够多的变量以及变量间的关系，推导出来的结论常带有片面性，很容易被无法涵盖的其他事实轻易推翻。

科学研究方法有两大类，一类是思辨研究（可以是文化的、政治经济学的、历史的等），目的是获得事物之间相互关系的结论；另一类是实证研究，目的是获得事物属性的认识。实证研究又分为定性研究、定量研究两种方式。定性研究以观察、访谈为主，通过归纳分析、从资料中发现、体验式访谈和观察得出关于事物属性的结论。定量研究通过人工控制的环境、以假设演绎的题目、代表性的统计和实验，得出关于事物属性的结论。如果选题属于实证性质，一般最好采用定性研究与定量研究相结合的方式，以某一种方法为主，另一种方法为辅。

注意，现在流行的关于"定性研究"的理解，经常误指思辨研究。思辨研究是指从文化的、历史的、政治经济学角度对选题进行综合的、逻辑的分析；而"定性研究"是实证研究的一种方法，例如访谈、观察和资料分析，解决的是相对具体的问题，目的、方式与思辨研究有较大的差异。

不论任何研究方法，没有高低之分，要根据自己的选题决定采用哪一种。哲学、史学理论、文论方面的论文，采用思辨研究较为适合；经济学、社会学、传播学、民族学、国际关系方面的论文,多数是实证研究。其中又以定量研究的方法为主,这是由于硕士论文的经费有限,作者一般只能专为论文做一些小型研究,较为宏观的数据可以采用专业机构的调查材料。

量力而行,是硕士论文确定定量研究方法时要注意的一个问题,如果不具备条件,千万不要贪大,自己动手去搞较为宏观的社会调查,不然会弄得骑虎难下。

定性与定量研究各有优点和缺陷。因此需要了解一些现在的争论,以便在选择研究方法时权衡。一些研究者认为,通过量表和统计分析、电脑模拟和资料简化的技巧进行等量化技术,可以使论证经得起测试和证明;另一些研究者认为,目前人文社会科学发展的水平,要找出社会现象的真正因果关系是太妄想了。以定量研究来解释社会现象,有时显得不自然和缺少人性,过度简化了社会现象。[4]

(六)硕士论文的论证

在论文选题和论证的主攻方向已经确定的情况下,所谓写作,其实就是将许多论据,经过论证,证明作者的假设是成立的,或者对某种现象的解释、提出的解决问题的方法是成立的。论据与论证的统一,正是我们进行论文写作要达到的目的。

论据,即为证明自己的观点而准备的各种材料,包括实证调查的数据、众多的事实、权威人士的意见、历史证据等。这里需要说明的是,除了少数现实政治的选题外,权威人士主要是指本专业、本领域内的专门家,而不是当权的政治领导人。学术研究与政治理论宣传要求的请权威人士说话,是有差别的。

论据如果不经过论证,是没有任何价值的。论据准备好了,接着就要紧紧围绕每一个立论(硕士论文中应有一至三个总体的立论;各章节可以还有一些较小的立论,但均应服务于总体的立论),动用自己头脑中各方面的知识进行论证。论证包括基本的逻辑论证,即常见的三段论(大前提、小前提和结论),还有归纳论证(要遵循严格的定性研究方法)等,再就是定量论证(数据分析)。就论证的形式而言,还可以把论证分为正论、反论、设论、驳论、喻论等。

限于篇幅,这里不可能将一篇硕士论文拿来作为说明如何论证的实例,所以暂且拿一篇典范时事评论,说明一下几种不同的论证形式。

一个人真能承包100个厂吗?

石家庄造纸厂厂长马胜利,最近签订合同承包了鞍山造纸厂,这是他承包的第39个厂,他一共要承包全国各地的100个造纸厂。对此我有一喜一忧。喜的是,中国确实涌现出了有雄心大志的企业家;忧的是,一个人真有能力承包100个厂吗?

我的忧虑并非全无根据。中国目前的交通、通信条件,对这种跨市的承包很不利。马胜利在石家庄,他承包的厂家有一个在贵阳市。一旦有个指令,即使挂长途电话也未必能十分顺利;如果有事要亲自前往,光火车就要换两次,还未必能顺利买到火车票;如果乘飞机,也并非天天有班机。这还只是一个厂,其他的厂更无须去论了。目前正处在新旧两种体制的交换阶段,各个工厂需要厂长亲自去处理的矛盾是相当多的。

再就个人的能力而言,我读过关于马胜利承包石家庄造纸厂的报道,那里介绍说他经常早起晚睡,吃住在工厂。可见管理一个厂对他也不是很轻松的。现在要承包100个厂,既无闭路电视、卫星传真,又不像哈默那样拥有私人飞机,奔波于100个厂之间,何其辛苦!且不说熟悉100个工厂的基本情况,就连记住100个厂负责人的姓名,也够忙上一阵子的,还能谈得上知人善任吗?再说,我们承认马胜利在石家庄造纸厂的成绩,也承认他的经验别人可以借鉴,但决不能承认真有"放之四海而皆准"的治厂之道,各个工厂都有自己的具体复杂的情况。

把每一个人的成绩都归功于党的领导、群众的支持,这样的话已经被讽刺为"老套子",现在不大有人说了。但是,把一个人一时一地的胜利完全归功于个人智慧,也不见得正确。改革大潮中显露身手的风流人物受到人民的尊敬和赞扬,这是应当的,如果真的在捧场声中以为自己的局部经验也能成百倍地放大,那可就有点闹玄了。步鑫生就是因为不太清楚而吃了很多亏。当然,我希望马胜利能够万事如意。但是,如果我们的企业家因为个人不谨慎而自我膨胀,如果我们的新闻工作者只知捧场而不知提醒,接二连三的失败只会给改革事业抹黑,动摇人们的改革信心。(冯越,《大连日报》1988年3月1日)

这篇评论的立论,已经在标题和第一段中点出,因而它的主要任务,是论证已经确定的立论成立。第二段开始论证,通过一系列的交通和通信条件方面的论据,说明其立论,论证方式属于"正论"。第三段又有一些论据,退一步后进而反问,这叫"反论"。第四段实际上是"驳论",即对一些错误的认识提出批评。第四段最后几句话,是"结论",对立论做了进一步的分析(结论的立脚点之一"抹黑",现在看显然在认识上过时了)。经过正论、反论和驳论,立论得到了相当牢固的立足基础,使人不能不信服。评论写到这个份上,可以说是相当成功的。

通过这则评论,我们可以看到,"正论"即通过使用论据,正面阐述自己的观点。"反论",是将有关对立观点的正面材料拿来作为论据,反过来证明自己的论点成立(以其之矛,攻其之盾)。这篇时评中,作者将过去正面报道马胜利管理一家工厂时如何辛苦的描写,拿来证明:他如果管理100家工厂,在个人的体力、精力方面都是不可能做到的。这就是"反论",这种论证方法往往有较强的说服力。"驳论"好理解,即通过反驳对方的论点而阐述自己的观点。

他的论证方式中,"设论",即用设问的方式进行论证,"假如怎样……,那么就会怎样……"。"喻论"是用比喻的方式论证问题,例如为了解释党的机关报的工作性质,用"喉舌""耳目""桥梁"等的比喻来说明。

学术论文的论证与时评有些不同,单纯的反论、设论、喻论是不能视为充分论证的,要以基本的逻辑论证、实证为主要论证方式,论证形式以正论为主;少数情况下的驳论也可以作为阐述自己观点的论证方式。而反论、设论、喻论等,只能作为辅助性的论证方式。如果一篇学术论文,充满了喻论、设论,很难说它是学术研究。另外,学术论证中的论据,不能像时评那样信手拈来,要交代明确的来源。

在硕士论文中,常出现的论证问题之一,是论据太单薄,无法全面说明立论。例如,要论证中国文化具有道德色彩,论据只有孔子的一句什么话,然后一下子跳到20世纪80年代初搞的"五讲四美三热爱"运动。显然,这种情形下的立论太无力了,随便举出一件相反的事例就可以推翻立论。论据与立论无直接联系,是另一种常见的论证中的问题。例如,用中国先秦时期的一则民谣,证明从先秦到清末延续数千年的新闻传播的内容均不够精确,这就有点让人感到莫名其妙了。

(七) 硕士论文的引证

论文的引证,必须注重规范化和前后对应。

现在对于硕士论文的引证如何规范,各院校不大统一,但是在要求规范这一点上并没有分歧。各大学学报对论文引证的要求,现在开始一致了,但是硕士论文与发表在学报上的论文还有许多不同,至少现在不能完全套用学报论文的引证规范。这里我介绍的是中国社会科学院研究生院新闻系对论文引证的要求,它的根据是港台中文硕士论文的引证和注释规范。具体的规范现在暂时可以不同,但是原则应是一致的,即尊重被引证者的著作权,引证明确,便于查找核对。就此,谈以下几个具体要求。

第一,鉴于硕士论文带有较强的学术性质,可能要标明的引文出处、非正文注释较多,如果采用页下注的办法,有些论文的某些页,注释部分可能会比正文还多;如果某一论著多次被引证,就必须反复注明同样的作者、论著名称、出版社和出版时间等,烦不胜烦。为了解决这个问题,将引文出处和非正文的注释分别处理。

非正文注释(这是指需要做一些解释,但又不宜放在正文中的那部分文字),在文中统一编号,所有这类注释集中到论文之后,紧接着论文便是"注释"。

文中对引证标明出处,不采用编号页下注,而是在引文(或引者复述)之后加一括号,依次写上作者(或编者)、发表年代。如果引证的是书,在年代之后加冒号,标明页码。论文的最后组成部分,应是参考文献,将文中引证到的所有论著和其他资料一一列出。无论一部论著(或调查报告)被引证多少次,关于这部论著的作者、出版时间、名称、出版社(或期刊)等基本情况,只在参考文献中出现一次。正文引证后的括号内,要求列出发表年代,这是便于读者感受被引证材料的新旧;不同的页码,正文括号中已经给出。

第二,非正文注释中的引文或引者复述之后,同样采用括号,只注明作者(或编者)、发表年代和书的页码。

第三,为了便于查找核对,参考文献按作者(或编者)的姓名排序。中文著作(书)为一类,按作者的姓氏笔画顺序排列;中文论文为一类,也按作者笔画排列。英文和其他外文论著编在一起,著作(书)与论文同样分别编排,分别按照作者(或编者)姓的字母顺序排列。

第四,文中没有明确引证或复述,但确实为论文的写作提供了思路的论著,也可以在参考文献中列出,便于审阅者考察作者文献检索的视野。

第五,参考文献中的论著,可以有少量未发表的,但要说明原来或目前的状态(例如:已通过或尚未通过的博士论文、作者提供的未发表稿、征求意见稿、打印稿、手稿等),一般也要注明写作时间。

第六,参考文献中每一论著情况的排列顺序是:作者(或编者)姓名(外国人要先写上姓,姓之后加逗号,然后是名)、用括号标明的发表时间、论著(或调查报告、其他资料)的名称、出版社或期刊名称及期号(不用标年代,因为第二项已经标明年代了)。①

第七,引证同一作者(或编者)的不同论著,按该论著的发表时间顺序编排。不论在正文还是在参考文献中,均在标明的发表年代之后以加上 a、b、c……来区分。

第八,引证中文翻译论著,正文括号中标原作者(或编者)的中译文"姓"。译者在参考文献的论著名称之后加括号标出。

这样,论文的要件排列如下:标题、目录、绪章、正文章节、结束语(可以不设)、有编号的注释(有的论文不需要在正文另加注解,当然也可以不设)、参考文献、后记(可以不设)。论文提要、关键词等,是为了便于了解和查阅而设置的,很有必要,但不属于论文的组成部分。

第九,正文或注释中第一次出现的外国人名、机构名和一些专用术语,除了常用的外(例如马克思、诺贝尔、小布什、联合国教科文组织、激光等),中译文之后应加括号,标出原名。不过,现在一般仅限于拉丁文体系的文字,一些非拉丁文体系的文字由于存在打印困难,暂没有要求。

硕士论文毕竟有数万字,需要在完成论文之后,认真整理材料,使正文与编号注释、参考文献对应。现在硕士论文的一个主要的技术性问题,就是不重视材料的整理和不遵从对论文的技术性规范要求。有时,答辩中这种看起来似乎不重要的技术性问题,使得对论文的评价大打折扣,因为这表明作者的治学态度不够严谨。这种因小失大是很不值得的。

引证规范方面常出现的问题,是正文中引证或复述了,却没有标明出处;或虽然标明了出处,但在参考文献中找不到相应的材料,数页纸满是论著名称,就是前后对不上号,很让审读者恼火。原因不外是忘记列上,或是没有按照一定顺序排列。标识中年代、页码错误,以及引证中丢失字词或句子、抄错了或抄窜了行,造成意思扭曲,是另一类常见的问题,这主要是引证后没有再去核对原文造成的。

参考文献

[1] 马克思恩格斯全集:第二十三卷[M].北京:人民出版社,1972.

[2] 张寅德.叙事与研究[M].北京:中国社会科学出版社,1989.

[3] 张首映.西方二十世纪文论史[M].北京:中国社会科学出版社,1988.

[4] 李茂政.论定量研究与定量研究方法论的相容性及内在联系性[C]//林念生:两岸传播媒体迈向二十一世纪学术研讨会论文集.上海:上海交通大学,1999.

---

① 注:各校对参考文献要求不统一。

二、苏颖谈新闻传播学学术论文写作

受访人：苏颖　　**所在单位**：中国传媒大学政治传播研究所

学术小传：苏颖，1986年生，中国传媒大学博士，现为中国传媒大学政治传播研究所讲师，研究领域为中国政治传播、比较政治传播。在《中国社会科学》《新闻与传播》《现代传播》《国际新闻界》《天津社会科学》《甘肃行政学院学报》等期刊发表论文14篇，其中CSSCI论文8篇，3篇被人大复印资料全文转载。出版专著1部：《作为国家与社会沟通方式的政治传播》（中国社会科学出版社，2016年版）。

（一）自己的论文写作经历

（1）您主要写过哪些方向的新闻传播学论文，为什么对这个方向感兴趣？

主要写的是政治传播方向的论文。我的本科与硕士专业都是政治学，因为同时对新闻传播学感兴趣，所以博士方向选择了两者的交叉领域政治传播。

（2）您的论文选题通常来自哪里？

论文选题的大致方向来自生活经验。比如我的博士论文选题方向是国家与社会的沟通，主要的原因是在读博之前我在一家社会组织培育机构实习，这是政府机构社会建设办公室所支持的外包项目，用以培育、孵化国家与政府所需要的社会组织或项目。当时我认为这是中国政治的一个很有趣的尝试，对政治发展有一定的助益，同时又很有中国特色，似乎是观察中国特色国家与社会关系的一个很有趣的切入口。

进入真正的研究状态之后，更细化的论文选题主要来自阅读。通过大量的学术阅读，才能真正知道你感兴趣的这个领域有多少人已经研究过了，研究到什么程度，这样才知道怎样在这个领域做出进一步的学术推进。我认为所谓学术研究，大体可以视为你与这个学术圈内同仁的一种对话；如果在本学科有足够深的思想史底蕴，它也是你与古往今来无数思想家的一种跨越时空的对话。没有研究基础与学术推进的研究不能称之为学术。

（3）您通常采用什么研究方法？能否举例讲述一下具体研究过程？

我比较常用的研究方法是规范研究方法与比较研究方法，近期写的两篇论文用到了文本分析方法。

以我近期发表的一篇名为《守土与调适：中国政治传播制度结构及其变迁》的论文为例，我主要在中国官方文献资料的基础上，梳理中国政治传播所涉及的机构及其机构之间的关系。研究过程如下。

① 收集官方文献资料。我的资料主要来自三个方面：一是党和政府公开出版的文献资料，比如中共中央组织部出版的《中国共产党组织工作辞典》、中央宣传部办公厅出版的《党的宣传工作文件选编》等；二是党政机构文件，尤其以公开发布的文件为主；三

是部分党政机构官方网站上的资料。收集资料大概花了三个多月的时间。

② 对文本进行深度分析。关于中国政治的官方资料汗牛充栋，但是很多深刻的内容并不在文字表面。比如很多人都知道"中央宣传思想工作领导小组"的存在，但是实际上你极少能在公开出版物中看到它的踪迹，以及这个机构在政治传播整个结构体系中的角色，它和中央政治局常委会、书记处、中宣部是什么关系，公开出版物中更是极少公开描述。这些内容需要你有对中国政治过程本身有一定了解，同时在以上文献、相关会议报道等资料中寻找相关证据去佐证你的论断。这并不是一件容易的事，并不是现在流行的所谓定量词频分析等能挖掘的。

③ 总结、梳理当下的政治传播的制度结构设置，并做出理论上的回应。学术论文不是研究报告，并不是简单的现状呈现，理论上的梳理与回应才能彰显论文的学术价值。我在这篇论文中主要讨论的是：很多人把中国的政治传播等同于意识形态宣传，但是从制度结构设计及其调适来看，显然并不是如此。整体来看，中国的政治传播已经成为一种混合了现代价值的国家治理手段。中国政治传播制度结构的变迁实际上是中国政治与社会变迁的一个缩影，从深层次来看，它涉及的是中国特色社会主义制度与现代价值体系能否相互融合，在秩序、法治与民主之间能否找到动态平衡点的问题。

④ 最后是漫长的修改过程。这篇论文撰写初稿大约只花了半个月时间，但是从成稿到投稿的时间很长，大概有三年时间。投稿之后，因为收到一些评审意见，又大改了几次。所以从成稿到发表，一共有四年时间。虽然论文发表一波三折，但在写作与修改的过程中收获颇多。

（4）您最满意的学术论文是哪一篇？为什么？您是怎么完成这篇作品的？

迄今为止，最满意的应该是与我的导师荆学民教授一起合作发表在《中国社会科学》上的《中国政治传播研究的学术路径与现实维度》。因为这篇论文对于中国政治传播研究来说应该是有标志性意义的。这篇论文的完成过程与刚刚提到了那篇论文类似，收集资料、撰写、完善、不断修改。从初稿成文到发表，也花了近四年时间。

（5）写论文过程中，您的收获有哪些？

① 要学会把"名人名言"转化成自己的语言。比如论文中回应了罗尔斯的观点，直接回应、论证即可，不用大量生搬罗尔斯的原句。因为学术新人认为高深的问题，可能对于这个学科领域的专家来说只是常识而已。论文论证需要证据，名人名言不属于证据。

② 博士生导师荆学民教授曾对我说过一个词"静水流深"，亦即越深的水，表面是越平静、沉稳的。对应到论文上，意思是文章要有思想，但是语言上要收敛锋芒。这个告诫对我触动特别大，虽然迄今为止我都做不到。

③ 对于不熟悉的理论，一定要慎用，以免成为自己论文中的硬伤。一个或者两个硬伤，可能就是退稿的理由。

（二）总体的写作心得/技巧总结

（1）您认为写新闻传播学论文与其他学科论文最大的区别是什么？

因为我是政治学出身，所以可以把政治学与新闻传播学论文做比较。在我看来，中国的政治学论文以理论研究为主流,而新闻传播学论文以实证研究为主流——虽然这种分类并不符合研究方法的常规分类。之所以这样说,是因为中国政治实际上的理性化程度很高,意识形态的论证要求非常严密,因此,我们说中国政治是由理论指导的,也是不为过的。中国的政治学基于这样的实际需要,很多时候需要为中国政治的设计与实践运作提供理论论证或理论启示,因此多以新闻传播学界所说的思辨研究为主。而新闻传播学从学科属性来说没有这样的"自觉",多关怀传播方法、传播效果等,研究议题较小,研究方法也以实证研究为主。

(2) 一篇高质量的新闻传播学论文通常要经过哪些环节?每个环节分别有什么要求?

我以自己写的第一篇论文《政治传播系统的结构、功能与困境分析——基于政治结构-功能分析方法的视角》为例,这是我的本科毕业论文,研究生期间发表在《东南传播》上,后来被人大报刊复印资料《新闻与传播》转载。现在看来,这篇论文并不是一篇完美的论文,但是对于同学们来说,可操作性应该强一些。

① 选题。这篇论文的最初灵感来自我的本科生必修课"政治学基础",当时王敏老师(我们政治学系的系主任)在讲台上讲授戴维·伊斯顿的政治系统模型。因为我对新闻传播学感兴趣,平常也看过一些传播学里的信息模型图,所以对这个政治学里的模型图有了兴趣。模型是高度抽象的,在当时我看来觉得非常酷。所以我想是不是可以结合两个学科,做一个政治传播模型的研究。当时是2014年,整个CNKI搜索政治传播,搜索的结果是不到10篇论文,应该说是一个很新的概念。

② 做文献综述。我查找了当时政治学中在这个领域的相关研究,与这个模型相关的研究主要有三块:一是戴维伊斯顿的政治系统模型;二是阿尔蒙德的结构功能主义模型,后者对前者有所发展;三是卡尔·多伊奇的政治沟通模型。以上三位学者的研究都对政治传播有直接描述(尽管用词不同)。所以我对这个理论脉络(我将其称之为"理论路径")进行了整理,将其与政治传播予以勾连。

③ 确定论文框架。其实论文的写作类似于"拼图游戏",可以先初步确定一个框架,在写作的过程中,框架还可以根据实际情况有所调整。而且本科毕业论文和一篇学术论文的框架也是不同的。就学术论文来说,我定下的框架是:第一部分,政治传播与政治传播系统(主要内容是概念界定与研究综述);第二部分,政治传播系统的结构与功能(论文主体);第三部分,政治传播系统的困境(做出进一步的理论讨论)。

④ 写作。对于这篇论文来说,最难的一点是如何将政治系统与政治传播系统进行勾连。突破口来自卡尔·多伊奇的思路,他用传播的视角审视政治学,将政治的过程视为一个传播过程。所以我也借鉴了这种思路,将戴维·伊斯顿的政治系统模型改造为所谓的"政治传播系统模型",同时借鉴阿尔蒙德的研究,讨论政治传播系统的结构与功能。

⑤ 修改。论文完成以后,受到了当时论文的指导老师王敏老师的肯定,他建议我把模型图画得再简单一些。本科毕业之后我选择读研,又把这篇论文进行改写,请博士师兄帮我看看,也得到肯定。

⑥ 终稿与发表。因为得到了老师与师兄的肯定,我对这篇论文有了一定自信,所

以按照期刊格式的要求,将其修改之后投给《东南传播》这个期刊,并顺利发表。后来得知这篇论文居然被人大复印资料转载,感到很意外也很高兴。

总体来说,这篇论文的写作让我有一些心得。

在选题方面,首先,选题要选自己感兴趣的议题,这样你才会有真正的动力去挖掘、整理。"求知"实际上是一件很快乐的事情。其次,可以考虑交叉研究、新兴研究,这虽有挑战,但是相对来说更容易出成果。有时候做研究需要大胆假设。

关于论文写作方面,首先,要事先了解这个领域的研究基础,进而找到学术前沿所在,所以要阅读、阅读、阅读,没有什么捷径可走。其次,好的学术论文在严格的学术论证的基础之上,论证要严密,逻辑不要有瑕疵。最后,学术语言要规范。

关于论文修改方面,一定要找人多看看自己的论文,虚心接受其他人的意见和建议。

(3) 在使用学科理论时,应该注意什么?

我认为要从理论驱动的强弱和理论多样性两个方面理解理论在研究中的定位。我在自己所上的研究生课程"比较政治传播研究"上,将其关系总结如下图所示(见图1)。

		理论驱动			
		强		弱	
		情境化	非情境化	情境化	非情境化
理论多样性	是	1. 后设理论的 情境化的 (理论性研究)	2. 后设理论的 非情境化的 (理论性研究)	3. 前设理论的 情境化的 (探索性研究)	4. 前设理论的 非情境化的 (探索性研究)
	否	5. 单一理论 情境化的 (概括性研究)	6. 单一理论 非情境化的 (概括性研究)	7. 与理论无涉的 情境化的 (描述性研究)	8. 与理论无涉的 非情境化的 (描述性研究)

图1 理论驱动与理论多样性的关系

我会在接下来写的论文中解释以上问题。简单举例来说,如果你做的研究属于探索性研究,理论驱动就相对比较弱,不需要被理论所框范,你需要做的是探索新的理论。理论驱动弱不意味着摒弃理论,相反,对于探索性研究来说,反而需要尽可能多地了解相关理论,理论多样性程度要高,因为这样才能得到更多的理论启发,从而更好地探索新的领域。

(4) 论文语言方面,有哪些注意事项?

第一,论文语言应朴实、精炼、理性。尽量不要有文学化的语言,更不要有诗歌、文言文。不要太啰唆,不要反复论证。不要抒情,逻辑论证自成力量。

第二,静水流深。

(5) 论文格式方面,有哪些注意事项?

格式按照规范来即可。可以使用相关软件来编辑格式,我习惯用的软件是 Endnote。

(6) 关于论文投稿,您会做些什么?

在投稿前我会事先了解该期刊的偏好。我一般从期刊刊发的论文判断这一点,比如有些期刊喜欢观点新锐的文章,有些则相对保守,有些遵循国际学术规范,需要严格的研究综述和研究方法的陈述,有些政治立场偏左有些则偏右,有些偏定量文章有些则方法多样等。同时,我也会在与学术同仁的交流中,了解一些期刊的偏好、审稿流程、时间等信息。

(三) 对学生撰写论文的建议

(1) 学生写论文,常见哪些硬伤或瑕疵?

学生写论文,最大的问题是喜欢做"屠龙者",动辄"重要推动"或者"填补空白"。但是太阳底下没有新鲜事,作为一个小小的研究生或者本科生,你的脑袋里思考的问题,可能几千年前的古希腊亚里士多德、柏拉图他们已经讨论过了。比如,前段时间我和一个北京的出租车司机聊天,我们聊的话题是"信仰与神",他说:神是什么?神就是我们对未知的自然规律的敬畏。我很欣赏这位司机的学术化的语言,不过这算不上学术。因为这种想法与古希腊的自然法思想非常类似,而自然法思想在霍布斯与洛克等启蒙思想家那儿又有现代化的改造。作为一名学术人,需要知道关于此议题前人是否已经讨论过,以及其他前辈又是如何进一步延展的,哪些人对此议题做过重要的推进,以及你自己能在这些前辈的基础上做出什么样的推进,哪怕只是一小步的推进。诚如我在前面所说的,学术研究大体可以视为你与这个学术圈内同仁的一种对话。炫耀自己脑袋里的思想实验,而不论及前人的贡献,是一种自大而浅薄的行为。

(2) 您对学生们找论文选题有什么建议?

第一,选题应该是重要的。比如人类命运、国家前途、社会发展是重要的,豆腐脑应该是甜的还是咸的这个事情,在学术上就不那么重要。虽然我真的看过有论文研究后者。第二,选题应该是你自己内心真正关切的。我们研究所历届的研究生毕业论文,写得最好的通常不是学术基础最好的,而是真正在写自己关心的议题的。当你不知道应该选什么题目,问问自己的内心,找找自己的 motivation。

(3) 写作新闻传播学论文,对学生有什么好处?

任何论文写作,实际上都是思维训练。它让你的思维更有逻辑,通过逻辑将研究议题推向深处。通过论文的写作,你会发现真正的力量,不是优美的文辞,而是有逻辑的、有深度的思想。

(4) 为了写好新闻传播学论文,学生们平时需要做些什么?

第一,寻找自己关心的问题。第二,多与老师交流,因为老师至少可以帮助你理解你所关心的议题在学术圈里的位置,从而给你提供一个阅读的主线索。第三,大量阅读,收集资料。对于学术新人来说,没有扎实的资料支持,很难写出好的论文。第四,持续不断地修改,记住好文章都是改出来的。

(5) 在高质量论文基础上,学生们如何提高自己的发表率?

首先,除非非常有学术天赋和很好的学术基础,我不赞同学生发表论文。因为发表一篇烂论文很容易,但是任何文字一经发表,就永远定格了。如果未来准备走学术之路,烂论文会破坏学术口碑。对于学者来说,口碑是非常重要的。

当然,如果这篇论文真的非常棒,那可以试一下投稿。我认为比较有效的提高发表率的方法有:①与导师或其他老师合作。当然,在论文的写作过程中,接受导师的指导会帮助你更好地完成一篇论文。②向接收学生论文的期刊投稿。如果你发现某本期刊几乎不刊载学生的论文,那就没有必要向他们投稿了。③对于研究生与博士生来说,可以争取参加一些学术会议,通过会议的方式发表一些论文。④虚心吸取导师或其他老师或同行学者的意见与建议。

三、王卫明谈新闻传播学学术论文写作

新闻传播学论文写作要注意以下问题。

1. 标题确定关键词

关键词通常是三到五个关键词,作者可根据论文标题确定关键词,如研究家庭传播的论文关键词中就一定要有家庭传播,否则读者就无法通过关键词"家庭传播"检索到这篇论文。此外,论文中的小标题也可以成为关键词,如对现状、趋势、对策、建议的介绍。

2. 摘要概括全文本

很多人把摘要写成引言。这给其他研究者进行文献检索造成了不便。如果论文的摘要准确规范,读者通过看摘要就能掌握论文大致信息。反之,如果摘要仅是引言、前言,读者就无法通过摘要了解论文。"摘要"二字:摘,摘抄;要,重要。摘要就是把重要信息摘抄出来。它也可以是一个研究思路、框架等。

3. 概念界定放首位

很多学位论文将概念界定放在第二章中,一些期刊论文在第三部分才进行概念界定。通常来讲,概念界定要放在学位论文的第一章、期刊论文的第一部分。它是一切研究的起点。研究者只有确定好研究对象、研究范围,才能更好地进行文献综述、理论研究等。例如在写家庭传播论文时,研究者就应在论文开头写明家庭传播的概念,调查问卷中也最好在前言对概念进行解释。

4. 文献检索找极端

在进行文献检索时,如果研究者输入某关键词,检索到一万多篇相关论文,为了高

效阅读,可根据被引数、下载量对论文进行排列,重点关注被引数、下载量多的论文,并对其进行全文阅读。同时,作者还要根据发表时间对论文进行排列,查看该话题论文的起始年份,因为关于某话题的第一篇论文往往具有标志性。被引量与起始年都属于极端值。

5.语言文字要规范

在语言文字上,勿用第一人称,"中国"不能写成"我国"。正确使用"截至"和"截止","截止"后不能接宾语,"截止2019年10月27日"是错误用法,正确写法为"2017年10月27日截止"。而"截至"后可接宾语,如"截至2019年10月27日"。"某某显示、报道"前不可加"据"。时间写精确。年代前应加世纪,如"20世纪70年代"。年份写完整,如"2019年",不可写"19年"或"今年""去年""前年"等。句子成分要完整,尤其要注意主语、宾语完整。多句同主语时,要么句号改成分号,要么另写一句加主语。为避免语法错误,作者写完论文后务必让自己或他人做校对。罗列中的标点符号正确运用。书的罗列不需加顿号,因为书名号已起间隔作用。

6.丰富排版多插图

排版时作者最好配上图表。除一般表格外,如微信截图、人物照片、报道版面、电影镜头等都可以成为论文的配图。如果研究者采用了内容分析法,可将有关数据的图表插入论文中,图表最好丰富多样,饼图、树状图、折线图结合。

7.注释参考写准确

正确注释通常是正文中的脚注或尾注,脚注在引用当页的页脚,尾注在正文最后。注释内容又分为两种,一是引用文献的介绍,二是对词句的补充说明。参考文献在正文结束之后,分为两种,第一种是在文中未引用、仅供参考的文献,第二种是既引用又参考的文献。所以参考文献和脚注的范围有所交集,但又各有不同。理论上,如果脚注有一百个,那么参考文献数量应至少超过脚注的数量。同一篇文献可出现在多个脚注中。参考文献序号用方括号标注,而注释用数字加圆圈标注(如①、②……)。注释与参考文献的多少与质量好坏直接关系到研究论文的整体水平,研究者应重视。

8.字体、字号学期刊

排版的字体、字号问题,论文的总标题和正文当中的小标题要有区别,标题级别越高,字号就越大,字体就越重、越粗。通常情况下,字体要按照投稿期刊的往期格式进行排版。

四、李宝华谈新闻传播学学术论文写作

受访人:李宝华 **所在单位**:中共江西省委《当代江西》杂志社
学术小传:李宝华,1992年生,南昌大学2015级新闻学硕士,研究领域为新闻符号

学。先后在《新闻界》《新闻战线》《传媒》《青年记者》《传媒观察》《新传播》等期刊发表论文20余篇(CSSCI期刊论文1篇,全国中文核心期刊论文4篇),独立主持完成2个省级课题,参与1个国家级课题研究撰稿工作,获得1个论文奖。

(一)自己的论文写作经历

(1)您主要写过哪些方向的新闻传播学论文,为什么对这个方向感兴趣?

在校读研期间共发表近20篇学术论文,独立主持完成2个省级课题,参与1个国家级课题研究的撰稿工作,获得1个论文奖。我个人偏好的研究方向主要集中在新闻符号学和新闻传播实务方面。其中,在新闻符号学方面写过4篇论文,而在新闻传播实务方面,版权保护、新媒体实务、新媒体传播、媒介融合、新传媒业态、电视节目等均有涉及。

对新闻符号学感兴趣,是因为这一理论从符号学角度探究一些新闻传播现象,属于跨学科研究,既具一定的理论张力,又有比较新颖的视角,它有助于增强新闻传播学科的理论厚度,能够有效弥补新闻传播学经典理论对当下一些新传播现象表现出的无力感。

(2)您的论文选题通常来自哪里?

通常来自三个方面。一是摄取。读著作,读论文,摄取其研究成果,从中发现感兴趣的点,并加以总结,推陈出新。二是观察。观察思考新闻传播最新现象,进行学理解读,现象归纳,或者提出解决问题的意见建议。三是启发。关注各期刊最新研究热点,借此启发点拨,从中寻找值得研究的选题。

(3)您通常采用什么研究方法?能否举例讲述一下具体研究过程?

我所写的论文较多采用文献研究法和比较研究法。确定选题后,我通常广泛搜集检索相关领域的学术著作和已有研究成果,探索其研究思路与观点,在这基础上或补充拔升,或另辟蹊径,从中启发思路,完成写作。

(4)您最满意的学术论文是哪一篇?为什么?您是怎么完成这篇作品的?

个人比较满意的论文应该算硕士毕业论文《媒介批判视域下"足球奇观"现象研究》,因为准备充分,对选题兴趣浓厚,所涉及的理论也是个人专长,因而内容比较饱满,论证相对充分,写得畅快。见刊的论文则是《网络表情流行的传播逻辑与话语转向》(见《新闻界》2016年第24期),与毕业论文类似,这篇论文也是新闻符号学理论范畴的论文,个人感觉选题具有一定的研究价值,论文框架新颖,内容有一定的理论深度。

从过程看,完成这些论文基本都是在广泛阅读搜集资料的基础上,从现实生活中的现象入手,提炼选题,并从某一理论视角切入,分析思考,搭建研究框架,再按照一定的研究范式拓展内容,最终成文。

(5)写论文的过程中,您的收获有哪些?

收获很多,比如丰富理论知识、锻炼写作能力、锤炼学术思维、增加学术积累、提升学业水平。最大的收获应该是"以写促学",按选题要求检索资料,有针对性地补充理论知识,扩大知识边界,在克服一个个难题的过程中,增加学术积淀,提升学术获得感。

（二）总体的写作心得/技巧总结

（1）您认为写新闻传播学论文与其他学科论文最大的区别是什么？

由于学科属性，新闻传播学科理论体系不尽完善，且研究对象一直处于迭变当中，因而选题大多具有实用性倾向，这就导致新闻传播学论文常常表现得实用有余，理论不足。在写论文过程中，则较多地体现为进行跨学科研究、借助信息技术、开展实证研究，这也要求新闻传播学学者对研究对象的前沿动态有比较深入的了解。

（2）一篇高质量的新闻传播学论文通常要经过哪些环节？每个环节分别有什么要求？

选题。兼具理论价值和现实价值的选题尤佳，这既要有理论储备，也要对新闻传播学领域的新形势、新业态有所了解。

确定研究方法。确定一定的研究方法，广泛搜集可用案例，得到一手数据，整理结果须直接指向文章观点。

提炼观点。注意观点要有深度、有新意，相互印证，且被数据支持，在理论层面要立得住脚，同时小标题最好借用学术话语"穿鞋戴帽"。

搭建结构。研究无论立足宏观还是微观，文章结构都要有清晰的逻辑关联，遵循一定的研究范式，使文章自成体系。

语言表达。学术论文语言须具有一定的学术性，表达不能过于浅显和非专业。

（3）在使用学科理论时，应该注意什么？

在使用学科理论前，务必要大量阅读相关文献和研究成果，搞清楚理论的"定义域"和"值域"，真正读懂弄通理论内涵和外延，然后再谨慎运用，切勿停留于摘抄式运用和粗取滥用，以免贻笑大方。

（4）论文语言方面，有哪些注意事项？

学术论文重在学术性，也即包含学术思维、学术范式、学术理论、学术表达等方面。对于一篇篇幅有限的论文来说，学术表达是展现论文学术性的重要方面，也就是说行文语言要尽可能学术化，多用学术术语，尽量旁征博引，避免大白话行文，以增加论文的学术内涵。

（5）论文格式方面，有哪些注意事项？

严格按照论文行文格式撰文，包括摘要、参考文献、脚注、小标题、图表等，不同期刊之间见刊格式也有所不同，投稿时须参照调整。值得关注的是，小标题讲究颇多，要格外注意它的逻辑关系、学术话语运用、整体对仗等细节。

（6）关于论文投稿，您会做些什么？

投稿前了解清楚目标期刊的用稿风格、栏目设置、出刊周期、期刊级别，再逐一比对，缩小投稿范围，精准投稿，同时核验投稿渠道是否官方渠道，必要时电话核实。

（三）对学生撰写论文的建议

（1）学生写论文，常见哪些硬伤或瑕疵？

一是选题老套,选题缺乏足够的实用性和研究价值;二是结构简单,没有遵循严谨的学术论文写作范式;三是缺乏学术深度,论文停留于就事论事阶段,学术性单薄;四是观点陈旧,拾人牙慧,缺乏独到见解。

(2)您对学生们找论文选题有什么建议?

一是广泛阅读。建议自行列一份书单,限时读完,尽快完成初步学术积累;常去期刊阅览室,广泛阅读本学科内的各类学术期刊,特别是 C 刊,紧跟学界研究方向,保持学术灵感。我曾经将新闻传播学类 C 刊近三年刊载的所有文章下载下来,按主题分类并读完,这极大地开拓了我写论文的思路。

二是广泛搜集。有针对性地搜集感兴趣的理论方向的研究成果,日积月累,逐步形成自己的学术研究方向;同时大量搜集、储备本学科的学术术语,并钻研其要义,为写作做准备。要知道理论支撑和学术化表达是一篇优秀论文的必要条件。

三是善于做笔记。无论是读学术专著,还是学术论文,都应博观约取。笔记应着重记录论文中出现的学术话语或提法、最近学界热点研究方向或具体问题、论文的论述结构与研究范式、作者提出的一些重要观点以及所引用的其他学术观点。这些笔记将对后期论文写作大有裨益。

(3)写作新闻传播学论文,对学生有什么好处?

写论文作为研究生学习生涯的必要过程,能够帮助我们涵养学术气息、发掘学术潜力、提升学业水平、增加就业筹码等,好处多多,无须赘言。

(4)为了写好新闻传播学论文,学生们平时需要做些什么?

一方面,要持之以恒多看理论著作和学术论文,尽早建立理论基础,熟悉论文写作常规路数,做好基本的学术储备;另一方面,要敢于下笔,有好的选题就积极钻研,尝试写作,由易到难逐步递进,慢慢养成做学问的灵性。

(5)在高质量论文基础上,学生们如何提高自己的发表率?

写论文是苦活儿,发论文则是巧活儿,掌握一些窍门将有助于提升发刊效率。除了常规投稿渠道,还可以:①关注主题,关注期刊的某期组稿主题或特定主题的征稿启事,按相应要求撰写"命题作文",快速成文,这类论文往往是编辑部所急需的;②建立渠道,与某一期刊编辑建立私人交情,保持联络畅通,一对一沟通用稿事宜,能有效缩短上稿周期;③注意细节,每份刊物的用稿风格和排版格式各不相同,比如是否有摘要、脚注和参考文献如何处理、篇幅一般多长、偏向理论还是偏向应用等,投稿前应充分了解目标刊物,按照其风格和要求进行修改调整,"投其所好",则容易"取悦于人"。

需要注意的是,如今"钓鱼"网站上虚假信息较多,投稿时须仔细甄别,必要时可直接打电话给编辑部核实,以免上当受骗。

五、梁益畅谈新闻论文的选题与投稿

受访人:梁益畅 **所在单位:**新华社《中国记者》杂志社

学术小传:梁益畅,1982 年生,中国传媒大学硕士,现为新华社《中国记者》杂志编辑。2018年作为主要成员参与完成国家高端智库课题一项,2019年领衔完成国家高端智库课题一项。连续7年都有其编辑的论文获得中国新闻奖,总计超过10篇。

2019年11月1日,中国记协公布了第二十九届中国新闻奖最终获奖名单,由我编辑的2篇论文分别获得新闻论文类二等奖和三等奖。这也实现了我个人单年获奖论文数量的突破,并且将每年都有论文获奖的记录续写到第8年。

从研究生毕业到《中国记者》工作,十年"冷"板凳坐下来,看过的稿子应有几千篇,经手刊发的稿子近千篇,因此也有一点心得。不过,因为《中国记者》一向紧贴新闻实践一线工作,并不算是纯正的学术期刊,我的经验也只能算一家之谈,难免有偏颇之处,望读者诸君海涵。

个人认为,一篇论文若想在众多来稿中被编辑选中,并能通过主编、总编辑审核,最终在紧张的版面中获得刊登机会,至少要具备两方面素质。

(一)选题一定要别具一格

找到好的选题,是论文成功的前提条件。学术期刊也面临较为激烈的同行业竞争,尤其是在核心期刊评价的指引下,学术期刊更倾向于刊发能引起关注、转引率高的好文章,因此选题新颖、立足新闻传播学前沿的文章,自然会被高看一眼。

最近两年媒体融合一直是新闻传播学术期刊重点组稿的领域,从这个大领域切入,比写一般选题要更受青睐。不过,这种受重视的选题,经常竞争也很激烈,这就需要作者要么能先人一步,快速给编辑供稿,如果编辑部正好缺这个主题的稿子,就能大幅提高中选概率;要么就是在同主题情况下,见解比别人新颖,论点有亮点,论据扎实有料,论证严密,让编辑选用起来舒畅顺手,也很容易被选中。

比如,2018年9月20日,中宣部在浙江省湖州市长兴县召开县级融媒体中心建设现场推进会,正式宣布启动全国县级融媒体中心工作。虽然在这之前,学术期刊已经有一些研究县级融媒体工作的论文,但这一主题大量集中刊发,主要还是在这一次会议之后。以"县级融媒体中心"为关键词在中国知网进行"篇名"检索,目前可以得到348个结果,其中310篇左右都是在2018年第10期(多数学术期刊的规律是,9月时编辑制作当年第10期)之后刊发的。不过,也有几家杂志在会议召开后不到10天的时间里,快速组到了这一主题的稿子。而且,因为刊发时间早,后面做研究的人都会参考,所以这些抢发的稿子,好几篇下载量和引用量都不错。《传媒评论》当年第10期刊发的复旦大学新闻学院朱春阳教授《县级融媒体中心建设的任务、核心问题与未来方向》一文,下载量1100多个,引用量达15个。常用知网的朋友都知道,仅一年时间,这个数据量还是很不错的。

又比如,Vlog在2018年开始进入大众视野,2019年全国两会前后大热。以"Vlog"为关键词在中国知网检索篇名,可以得到116个结果,其中约100篇是在2019年刊发的。但是,能够在2018年就敏锐意识到Vlog将成为热点并尽早研究的作者,都获得了很好的学术传播效果。中国传媒大学电视学院的张昕于2018年6月在《青年记者》刊发的《Vlog的特点与发展趋势——从视觉说服视角》,目前下载量4683个,转引量33个,可谓相当不俗。另外几篇2018年刊发的同主题文章,相关数据也都很不错。当然,能在2019年两会前后及时写出Vlog主题的文章,也算及时,应该都能提高采用概率。

如果不能做到先人一步,那么就更考验作者的硬功夫。只要自信肚子里有货,脑子里有想法,能在同类主题中写出好文章,那被采用也不难。

有的人会问,我只是个普通编辑记者,对新技术、新趋势不敏感,写不了引领潮流的文章,理论水平、专业素养也不够高,写不了深度大文章,还有没有机会?

从我的经验看,只要肯思考,立足自己所在地方、行业、媒体的特点,再结合新闻业的关注点,写出能被采用的稿子,也不是没有机会。

我曾经认识的一位作者,只是地级市湘潭市新闻中心的一名普通干部,但他的来稿就很有特点。前几年网络舆情正是行业热点,2011年,他结合湘潭"铁牛失踪事件"这一新闻热点写的《一个地方事件何以演变为网络公共事件》,和2012年写的《从"90后女副局长"事件看舆情危机的可控性》,就轻松被采用。

几年前医患矛盾突出,各界对媒体的抨击很多,2015年,他抓住当地的一大热点新闻,写了《医患纠纷报道应"理"字当先——"湘潭妇幼8·10事件"舆情演变探析》一文,剖析媒体报道应注意的问题,也被欣然采用。

这些文章虽然不是大主题、高站位、技术流,但因为既立足地方热点事件,又勾连了行业热点,因此具有一定学术和工作价值,也就比较容易被采用。这些文章超出平均水平的下载量和转引量也说明,来自基层作者的文章,也可以有大价值。

(二) 投稿一定要注意细节

首先要注意的是,自己的文章一定要做好校对、打磨工作。我不时会收到一些特别散漫的来稿,错别字多,逻辑混乱,前言不搭后语,或者啰里啰唆、长篇大论,等等。我想,任何编辑看到这样的稿子,都会有一种不被尊重的感觉,如果这篇稿子不是主题特别有价值,被采用的概率基本就为零了。

还有的作者,下个月就要交评职称材料了,才想起要发论文,或者论文数量不够,希望编辑能够照顾。但是,这样的作者交来的稿子往往质量都不怎么样,又怎么能获得"特殊照顾"呢?真正聪明的作者,最少也是提前一年就开始准备论文了。如果是评正高,要求刊发3篇核心期刊论文,那就更需要提前数年准备。因为如果不是知名大咖作者,基本不会有刊物给予一个作者一年2次以上的刊发机会。

写邮件的基本规则和礼貌,也是能否给编辑留下良好第一印象的因素。有的作者发邮件,连基本的招呼都不打,也不做点简单介绍,就是稿子发在附件中传过来,如果不是稿子题目能抓人,那可能连被打开的机会都会错失。有的作者,喜欢把稿子直接贴在邮件区而不是发附件,这会给编辑增加工作量,也不太好。还有的作者,没有留联系方式,邮件也不能实时收到,导致编辑想沟通却联系不上。

做编辑久了,就会得出规律,优质作者的稿子,都是干干净净,用起来很顺手,而不能被刊发的文章,背后往往都有一个不认真的作者。

第四章 新闻传播学研究的论文实例

一、获奖论文

（一）第一届新闻传播学期刊优秀论文（2016）

（1）单波、冯济海撰写的《西方传播学理论是如何与马克思主义发生联系的？》，载《新闻大学》2016年第3期。

·传播学·　　　　　新闻大学　　　　2016年第3期 总第137期
　　　　　　　JOURNALISM BIMONTHLY

西方传播学理论是如何与马克思主义发生联系的？

单波[1]　冯济海[2]

(1.武汉大学 媒体发展研究中心，湖北 武汉 430000；2.武汉大学 新闻与传播学院，湖北 武汉 430000)

【摘　要】从思想史的维度看去，主流传播学通过实用主义、进步主义等培育的社会批评传统，与马克思主义的批判精神"对视"，常常在借用马克思主义批判方法来弥补实证研究不足的过程中获得发展，或成为马克思主义批判研究的某种材料；传播学批判研究始终在马克思主义园地里寻找思想材料，进行调适、转换、改造等工作，以期揭示资本主义大众传播背后的权力运作机制；媒介环境研究在反思技术文明的层面与马克思主义相遇，倾向于排除技术的政治经济学分析，走向技术文明的道德批判，因此，马克思主义的文本常常嵌入技术文明的偏向分析之中。

【关键词】马克思；传播学；实用主义；批判学派；资本主义交往体系

【中图分类号】G206　　【文献标识码】A

(2) 郭恩强撰写的《概念、语境与话语：“小骂帮大忙”使用之流变》，载《新闻大学》2016年第1期。

> 新闻大学
> JOURNALISM BIMONTHLY
> 2016年第1期 总第135期
>
> ·新闻史·
>
> # 概念、语境与话语：
> # "小骂大帮忙"使用之流变
>
> 郭恩强
>
> （华东政法大学 人文学院，上海 201620）
>
> 【摘要】本文将"小骂大帮忙"作为新闻传播史的一个重要概念加以考察。研究发现，从1920年代初期至1940年代末期，"小骂大帮忙"从最初泛指新闻界经历了特指《大公报》的过程；从1940年代末期至1970年代末期，该概念逐渐由对《大公报》的特指关系，转化、延伸为阶级立场、政治路线斗争与运动的隐喻与象征，并被运用到文艺思想、国际关系与问题等领域；从1980年代开始至今，该概念经历了从辩诬声到多元化的使用过程，并在政治、文化、新闻宣传、日常生活等领域获得多元化的概念内涵阐释与重构。
>
> 【关键词】"小骂大帮忙"；概念史；《大公报》；《人民日报》
>
> 【中图分类号】G210.9　　【文献标识码】A

(3) 郑雯、黄荣贵撰写的《"媒介逻辑"如何影响中国的抗争？——基于40个拆迁案例的模糊集定性比较分析》，载《国际新闻界》2016年第4期。

> 国际新闻界 2016.04　　本期话题/定性比较分析（QCA）在新闻传播研究中的应用
>
> # "媒介逻辑"如何影响中国的抗争？
> ## ——基于40个拆迁案例的模糊集定性比较分析
>
> 郑雯　黄荣贵
>
> 摘要
>
> 尽管不少研究关注到媒介与抗争的关系，大部分研究倾向于将媒介作为抗争工具和策略加以理解，或仅关注媒介内容、媒介框架对抗争事件的呈现，未将整个媒介生态对抗争的影响看成一个系统的动态过程。本文以"媒介逻辑"作为核心性分析框架，系统考察了不同类型的媒介逻辑如何共同作用于抗争这一特定社会领域。对发生于2003—2012年间的40个拆迁抗争案例的模糊集定性比较分析发现，媒介的内容逻辑比技术逻辑、制度逻辑更具影响力，但内容逻辑的影响力镶嵌于而不是独立于政治制度。虽然技术逻辑和制度逻辑自身无法有效解释抗争成功，但三种媒介逻辑之间存在相互强化的效应，在内容逻辑基础上引入其他二者将大大提高"媒介逻辑"对抗争成功的整体影响。总之，本研究在经验上初步验证了整合的"媒介逻辑"理论框架的解释力。
>
> 关键词
>
> 媒介逻辑、媒介化、模糊集定性比较分析、拆迁抗争

(4) 李红涛撰写的《"点燃理想的日子"——新闻界怀旧中的"黄金时代"神话》，载《国际新闻界》2016 年第 5 期。

> 本期话题/公共话语研究　　　国际新闻界 2016.05
>
> ## "点燃理想的日子"
> ## ——新闻界怀旧中的"黄金时代"神话[1]
>
> 李红涛
>
> **摘要**
>
> 本文聚焦新闻业转型语境下的怀旧话语实践，特别是其中浮现的黄金时代叙事，藉此理解新闻界在面临巨变的历史当口如何"向后看""向下看""向前看"。通过分析名流纪念、个体离职、组织纪念日、丑闻危机等场景下的怀旧文本，可以看出黄金时代指向1990年代中后期到21世纪初的新闻改革和市场化媒体勃兴，其内核是个体层面的青春和理想主义叙事与新闻改革大叙事的结合。黄金时代是新闻业当下处境所激发出的"神话"，除了为"黄金一代"加冕、传递对"当下"的批判之外，它更像是呼应纸媒衰落，对建构出的过往所作的一曲挽歌。
>
> **关键词**
>
> 怀旧、黄金时代神话、新闻业转型、新闻改革、纸媒衰落

(5) 张涛甫、王智丽撰写的《中国舆论治理的三维框架》，载《现代传播》2016 年第 9 期。

> 新闻学与传播学　　张涛甫　王智丽：中国舆论治理的三维框架
>
> ## 中国舆论治理的三维框架
>
> ■ 张涛甫　王智丽
>
> **【内容摘要】** 本文从中国社会的舆论逻辑、社会心态和社会结构三个维度审视中国舆论治理问题，认为社会舆论、社会心态、社会结构构成了中国舆论治理的三维框架。这个三维框架构建了中国舆论治理的理论逻辑和实践基座。此前，无论是在理论层面，还是在实践层面，均是将三者割裂开来的，造成了理论和实践的双重局限。在这个三维框架中，社会舆论是表层结构，社会心态是中间层，社会结构则是底座，三者之间密切关联。进行舆论治理，须超越单一维度的小逻辑，即从三维框架的大逻辑出发，为破解中国舆论治理难题找到正确路径。
>
> **【关键词】** 舆论治理；社会心态；社会结构；三维框架

(6) 荆学民、段锐撰写的《政治传播的基本形态及运行模式》，载《现代传播》2016年第11期。

传播文化　荆学民　段　锐：政治传播的基本形态及运行模式

政治传播的基本形态及运行模式*

■ 荆学民　段　锐

【内容摘要】 "政治即传播"与"传播即政治"，这种深层理念要求从政治与传播"同一"的深度，来界定政治传播范畴、构建政治传播框架、规制政治传播研究。政治传播可划分为政治宣传、政治沟通与政治营销这三种基本形态。这三种基本形态在政治传播的历史和现实中，既有时间意义上的历史顺序关系；又有空间意义上的交织交融关系；当然，也有规范价值所诉求的逻辑升华关系。现实政治中，有以政治宣传为核心、以政治沟通为核心与以政治营销为核心的基本政治传播运行模式。以政治宣传为核心的政治传播，政治基于威权，传播关系基于"主—客"二分；以政治沟通为核心的政治传播，政治基于民主，传播关系基于"主体间性"；以政治营销为核心的政治传播，政治基于竞争，传播关系基于"主—客"二分。

【关键词】 政治传播；政治宣传；政治沟通；政治营销

(7) 袁艳撰写的《电视的物质性与流动的政治——来自两个城中村的媒介地理学观察》，载《新闻与传播研究》2016年第6期。

电视的物质性与流动的政治

——来自两个城中村的媒介地理学观察

袁　艳

内容提要 电视研究中长期以来存在一个两分法：似乎只有虚拟的声音和画面才能帮助人们实现流动，而作为器物的电视机则只能将人们锚定在一个地方。文章试图打破这个"物质－非流动、非物质－流动"的两分法，通过对一个农村移民社区的媒介地理学观察探讨电视的物质性与流动的关系。研究聚焦电视机的购买、摆放方式和有线电视连线三个方面，发现原本缺乏便携性的电视可以通过购买二手电视的方式创造一个定居和迁徙之间的阈限性空间；人们通过电视机的摆放来促进公共与私人、工作与休闲空间之间的流动而不是将它们隔离开来；而有线电视网的连接也成为当地人抵抗社会排斥、争取城市权利的有效工具。运用"流动力"（motility）的概念，文章提出电视的物质性面向对农村移民的流动性具有同样重要的意义，它打开了另一种实践的空间，使农村移民获得了一份参与流动的政治、协商社会归属和边界的资源。

关键词 流动性　物质性　物质转向　农村移民　电视研究

（8）黄旦撰写的《报纸革命：1903年的〈苏报〉——媒介化政治的视角》，载《新闻与传播研究》2016年第6期。

> **报纸革命：1903年的《苏报》**
> ——媒介化政治的视角
>
> 黄 旦
>
> **内容提要** "媒介化政治"包括媒介在政治沟通中的中介作用，又着意媒介自身逻辑是如何改变并形塑政治的。以这一视角考察1903年《苏报》的实践，可以发现，《苏报》以"学界风潮"所导引的社会"观看"，提供了观察当时社会和政治的标准视野；中国教育会介入《苏报》，使爱国学社、张园演讲与报纸交汇鼓荡，大大引发出激进倾向；章士钊主掌《苏报》后，放言革命抨击保皇，以一旨归，从而以自己的革命实践，产生中国报刊史上一种新的报刊文化。中国此后的革命报刊实践乃至"党报"的集体知识，都可以从这里找到某些影子。
>
> **关键词** 《苏报》 学界风潮 报纸革命 媒介化政治

（9）哈什·塔纳加、吴晓撰写的《防火墙真的让中国与世隔绝了吗？从整合互联网屏蔽和文化因素的角度来解释网络用户的使用习惯》，载《传播与社会学刊》2016年第35期。

（10）徐来、黄煜撰写的《香港政治传播研究的轨迹与前景》，载《传播与社会学刊》2016年第36期。

（二）第二届全国新闻传播学优秀论文（2013）

（1）袁光锋撰写的《"解放"与"翻身"：政治话语的传播与观念的形成》，载《新闻与传播研究》2013年第5期。

> **"解放"与"翻身"：政治话语的传播与观念的形成**
>
> 袁光锋
>
> **内容提要** 在20世纪的中国历史进程中，革命扮演着重要角色。革命时期产生了许多政治话语，用以表达革命的理念。这些政治话语借助政治权力和各种传播方式，塑造了人们的政治观念，并嵌入到人们的集体记忆之中。在中国共产党的政治话语体系中，"解放"和"翻身"是两种重要的话语。文章借助于3个数据库，以话语分析的方法，分析了它们是如何进入政治话语体系的，以及它们的含义是如何演变的。这两种话语与政治实践相配合，一起改造了人们的观念。1980年代之后，两种政治话语的地位都迅速下降，但并没有消失，而是被执政党进行了"去政治化"的传播，被用来为新的政策提供合法性论证。它们所塑造的政治观念在后革命时代依然有着潜在的影响。
>
> **关键词** 解放 翻身 政治话语 政治观念 合法的抗争资源

(2) 沈阳、刘朝阳、芦何秋、吴恋撰写的《微公益传播的动员模式研究》，载《新闻与传播研究》2013 年第 3 期。

微公益传播的动员模式研究

沈 阳　刘朝阳　芦何秋　吴 恋

内容提要　本文基于微公益传播的不同内容层次，提出了群内动员、跨群动员和超群动员的三种动员模式：运用社会网络分析法，证明了群内动员以公益团体为核心、"小团带动大群"的特征；通过框架分析，发现跨群动员中动员话语的归因框架和解决问题框架分别在产生愤怒和培养信任方面致效明显；超群动员方面，公益团体仅凭积极言说很难达成理想效果，需要取得媒体属性议程上的良好新闻角色。本文最后从社会管理者的角度提出了相应的应对策略。

关键词　微博客　微公益　动员模式　社会网络

---

(3) 张志安撰写的《新闻生产过程中的自我审查研究——以"毒奶粉"事件的报道为个案》，载《新闻与传播研究》2013 年第 5 期。

新闻生产过程中的自我审查研究
——以"毒奶粉"事件的报道为个案

张志安

内容提要　本文重点以 2008 年"毒奶粉"事件报道为个案，分析中国内地新闻生产场域中的自我审查（self-censorship）。研究者以新闻生产社会学为研究路径，采用"过程－事件分析"的分析方法，从外部压力来源、风险感知及行动策略等动态过程来分析自我审查的影响因素、复杂控制及实践策略。研究发现，不同时期、对不同议题、在不同情境中，政治和商业控制对不同媒体产生的作用会有所变化和差异，因此，自我审查不是单次、简单或者可作好恶区分的把关结果，而是具体情境下从业者和媒介组织感知压力、进行博弈、采取行动的复杂过程。在中国转型社会的语境中，新闻生产中的自我审查具有双重内涵：一方面，总体上加强了从业者和媒介组织的控制"内化"，进而影响其新闻生产的自主性，另一方面，借助规避风险和临场发挥，它又具有自我保护和边缘突破的积极作用。

关键词　自我审查　新闻生产　自主性　"毒奶粉"事件

（4）刘于思撰写的《从单位组织到话题参与：记者职业群体微博客社会网络的形成机制研究》，载《新闻与传播研究》2013年第1期。

从单位组织到话题参与：记者职业群体微博客社会网络的形成机制研究

刘于思

内容提要 本文致力于探索295名记者在微博客空间中以链接形式构成的社会网络，关注关系层面上的互联网使用行为对记者职业群体在线社会网络的作用，通过数据挖掘、内容分析和社会网络分析方法，描述了记者群体微博客链接网络在整体和结构层面上的构成情况，考察了链接网络、双向链接网络和同子群关系形成的影响因素。研究结论印证了接近理论和同质理论在记者微博客链接网络中的适用性。除相同性别、工作性质和工作地点之外，在微博客社会网络的形成上，同事关系和具有共同话题是对记者之间建立链接关系有积极影响的重要因素；其中，同事关系对形成双向互惠链接关系的作用更大，而共同话题则在记者形成凝聚子群时影响得到增强。上述结论反映了记者这一职业群体的紧密线上社会网络建立机制逐渐从单位组织向共同的话题参与转变，显示了以微博客为代表的社会化媒体新技术为中国记者基于共同兴趣而形成的职业群体社会网络所提供的潜在可能。

关键词 记者 职业群体 微博客 社会网络

（5）曾繁旭、戴佳、郑婕撰写的《框架争夺、共鸣与扩散：PM2.5议题的媒介报道分析》，载《国际新闻界》2013年第8期。

本刊特稿 　　　　　　　　　　　　　　　　　　　　　　　　　　国际新闻界 2013.08

框架争夺、共鸣与扩散：PM2.5议题的媒介报道分析

曾繁旭 戴佳 郑婕

摘要

气候报道，并非只关乎科学与技术。相反，它是一个充满话语权力争夺的议题领域。本文结合引起广泛争议的PM2.5议题，探讨在一个民族国家的内部，不同立场媒体对于新兴的气候变化议题，存在着怎样的框架争夺、共鸣与扩散。针对在意识形态、商业利益以及专业主义等方面秉持不同立场的报纸《人民日报》、《南方都市报》和《科技日报》的框架分析发现，在多个框架的运用之中，《南方都市报》都是框架制定者，它所选择的框架随着时间推移被其他两份报纸沿用。框架的扩散导致媒体的联动，提升了报道广度与深度。这一框架扩散过程无论对于PM2.5议题的突显，还是对于治理政策或公众舆论的推进，都有深远的影响。

关键词

气候议题、框架争夺、框架共鸣、框架扩散

（6）李良荣、郑雯、张盛撰写的《网络群体性事件爆发机理："传播属性"与"事件属性"双重建模研究——基于195个案例的定性比较分析（QCA）》，载《现代传播》2013年第2期。

（7）吴飞撰写的《新媒体革了新闻专业主义的命？——公民新闻运动与专业新闻人的责任》，载《新闻记者》2013年第3期。

（8）董倩撰写的《规训与溢出：〈新民晚报〉与社会主义上海商业空间和商业文化建构（1949—1966）》，载《新闻大学》2013年第5期。

> ## 规训与溢出：《新民晚报》[1]与社会主义上海商业空间和商业文化建构 1949-1966
>
> 董倩
>
> （复旦大学 新闻学院，上海 200433）
>
> 【摘　要】近代上海拥有较之中国过去任何时期更密集和更高的地方商业文化。1949年新中国成立后，上海的公众空间被认为一扫昔日的女性化、商业化和洋化。在本研究中，作者通过《新民晚报》的文本透视在"文革前17年"中社会主义城市上海的商业和消费空间。1949年后党对上海商业空间以社会主义意识形态的改造可视作一种"规训"，是计划经济对商业空间的束缚。如充满社会主义运动内容的被"武装"起来的橱窗，在种类和数量上重新规划的百货商店格局。然而，《新民晚报》文本中的社会主义上海的商业空间也有大量溢出权力控制"框架"外的内容，消费者的身份并未完全消失，市场活动的空间也未完全关闭。这种报纸自身话语的矛盾和当时政治氛围的矛盾，既是社会集体意识和心性的表现，也体现了报社内部在新闻生产时人员、流程的复杂性，是"新闻场""社会场""权力场"交织作用、彼此斗争的结果。
>
> 【关键词】商业空间；新民晚报；规训；延续
>
> 【中图分类号】G216.2　　【文献标识码】A

（9）方兴东、石现升、张笑容、张静撰写的《微信传播机制与治理问题研究》，载《现代传播》2013年第6期。

> **新媒体研究**　方兴东　石现升等：微信传播机制与治理问题研究
>
> ## 微信传播机制与治理问题研究
>
> ■ 方兴东　石现升　张笑容　张　静
>
> 【内容摘要】作为移动互联网时代第一个杀手级应用，以中国腾讯微信为代表的新一代移动即时通信软件在全球迅速崛起。其崛起的背景源于互联网正处于第三个高速发展热潮——即时网络阶段。微信体现出来的融"即时化、社交化"为一体的特征，正在呈现出引爆互联网未来的发展趋势。基于移动终端，呈现跨网络、跨终端的特点使微信的传播机制与规律都呈现出新的特点，提升了社会沟通的效率。但是同时，微信作为一项新技术引发的负效应开始显露。本文对微信的信息传播机制进行深入分析，同时对引发的负面问题进行综述，最后对适合微信的治理模式进行了探索。
>
> 【关键词】微信；即时网络；传播机制

（10）姜华撰写的《从良心自由到出版自由——西方近代早期新闻出版自由理念的形成及演变》，载《新闻与传播研究》2013年第8期。

（11）王辰瑶撰写的《叙述的陷阱——以复旦大学学生中毒案的两篇报道为例》，载《新闻记者》2013年第6期。

（12）陆小华撰写的《新媒体产品九思——从〈The Daily〉早夭说起》，载《新闻记者》2013年第1期。

（13）黄升民、马涛撰写的《"媒介产业化"再思考》，载《中国广播》2013年第10期。

> ## "媒介产业化"再思考
>
> 黄升民　马涛
>
> **摘　要：** 自1978年恢复广告经营以来，广电媒介的产业化进程已达三十余年。依循行业发展的实践脉络，开端、起航、徘徊、继续前行……相应的产业化理论研究从边缘到纵深，从对业界经营现实的理论回应提出"产业化"的完整表述，到直面产业化进程中的制度难题，将其归纳为"力量游戏"，再到近年来结合现实国情提出的"双面属性下的做大做强"。连续性研究也表明，媒介产业化的核心命题又回到了最初的起点，在对有关"产业化"的几个思维误区进行修正和完善中，重新审视"媒介产业化"的核心命题。
>
> **关键词：** 广电媒介　产业化　市场　资本　技术　双面属性

（14）汪伟撰写的《媒体记者社会支持、心理弹性与心理健康的关系研究》，载《新闻界》2013年第16期。

> 新闻界　ISSN1007-2438　2013年第16期　　　　　　　　新闻与传播
>
> ## 媒体记者社会支持、心理弹性与心理健康的关系研究
>
> 汪伟
>
> **摘要**　媒体记者心理健康是较少关注的话题，本研究调查了200多名记者，测量他们的社会支持感、心理弹性与其心理健康水平，结果表明，在社会支持上，男性记者与女性记者没有显著差异，但是在心理弹性与心理健康水平上，前者要远远好于后者，后续分析表明，社会支持、心理弹性与心理健康三者之间呈非常显著的相关关系，并且心理弹性是社会支持与心理健康的中介变量。总之，较多的社会支持与良好的心理弹性，可以显著促进记者的心理健康水平。
>
> **关键词**　媒体记者；社会支持；心理弹性；心理健康
>
> 中图分类号G214　文献标识码A
>
> 作者简介　汪伟，长江师范学院教育科学学院讲师，重庆408100

（15）陈寅撰写的《论新闻内容的"四维"——以报业为例》，载《青年记者》2013年第7期。

> ● 陈　寅
>
> ## 论新闻内容的"四维"
>
> ——以报业为例
>
> 从社会大势的维度把握方向，解决的是"何何处走"的问题，从业态发展的维度把握优势，解决的是"靠什么走"的问题，从任务定位的维度把握特色，解决的是"走哪条路"的问题，从专业分工的维度把握流程，解决的是"如何走"的问题。

（三）第三届全国新闻传播学优秀论文（2014）

（1）潘忠党撰写的《"玩转我的 iPhone，搞掂我的世界！"——探讨新传媒技术应用中的"中介化"和"驯化"》，载《苏州大学学报》2014 年第 4 期。

（2）李金铨撰写的《在地经验，全球视野：国际传播研究的文化性》，载《开放时代》2014 年第 5 期。

（3）沈菲、陆晔、王天娇、张志安撰写的《新媒介环境下的中国受众分类：基于2010全国受众调查的实证研究》，载《新闻大学》2014年第3期。

·新媒体·　　　　　　　　　新闻大学

新媒介环境下的中国受众分类：
基于2010全国受众调查的实证研究

沈菲[1]　陆晔[2]　王天娇[1]　张志安[3]

（1. 香港城市大学 媒体与传播系，香港；2. 复旦大学 新闻学院，上海 200433；
3. 中山大学 传播与设计学院，广东 广州 510275）

（4）郭春镇撰写的《公共人物理论视角下网络谣言的规制》，载《法学研究》2014年第4期。

公共人物理论视角下
网络谣言的规制

郭春镇[*]

内容提要： 对于公共人物制造或传播网络谣言的现象，需要结合自媒体时代背景，在完善公共人物理论的基础上进行有效规制。传统的公共人物理论有效地平衡了公众、媒体和公共人物之间的权利，但自媒体的发展使得这一平衡被打破，应对公共人物理论进行拓展与深化：公共人物的主体范围应当扩展至法人及其他社会组织；在定性侵权行为时，应区分实质恶意与一般恶意。对公共人物网络谣言进行有效规制，要理性认识这些谣言的积极与消极作用。直接的规制方式包括可追索的匿名制度、通过制度设计达到适度的"警示效应"，间接的规制方式包括构建理性的网络文化以及培育公平竞争的"思想市场"等。

关键词： 表达自由　公共人物　网络谣言　网络规制

(5) 周裕琼、齐发鹏撰写的《策略性框架与框架化机制：乌坎事件中抗争性话语的建构与传播》，载《新闻与传播研究》2014年第8期。

策略性框架与框架化机制：乌坎事件中抗争性话语的建构与传播

周裕琼　齐发鹏

内容提要　变迁、结构、话语是影响和决定社会运动的三大宏观因素，从社会学和政治学角度对变迁和结构的研究已经颇多，但从传播学角度对话语的研究才刚刚起步。本文对抗争性话语的形式和内涵进行了概念化，以田野调查、深入访谈、内容分析和文本分析的数据为基础，从以下三个方面对乌坎事件中的话语展开了实证考察：其一，在乌坎独特的传播生态中，出现了哪些形式的抗争性话语？其二，乌坎村民如何通过"策略性框架"来实现集体行动的社会动员？其三，海内外媒体如何通过"框架化机制"来报道和诠释乌坎事件？乌坎事件为我们展现了丰富多彩的话语博弈场景，而其中村民利用自媒体平台实现的话语赋权尤其引人注目。

关键词　抗争性话语　乌坎　框架　媒体　集体行动

(6) 周葆华撰写的《中国新闻从业者的社交媒体运用及其影响因素：一项针对上海青年新闻从业者的调查研究》，载《新闻与传播研究》2014年第12期。

中国新闻从业者的社交媒体运用及其影响因素：一项针对上海青年新闻从业者的调查研究

周葆华

内容提要　随着博客、微博、微信等的崛起，社交媒体已经成为中国新闻从业者工作和个人生活中的重要工具。新闻从业者怎样运用社交媒体？哪些因素影响其使用？本文将新闻从业者的社交媒体使用概念化为"工作运用""常规表达"和"后台披露"三个维度，并从个人属性、组织影响、新闻范式、心理变量等四个维度探讨其影响因素。基于一项针对上海青年新闻从业者的实证调查数据（$N=535$），研究发现：新闻从业者的社交媒体使用以工作运用为主，其次是常规表达，而后台披露最少；对互联网工作功效的认知、对社交媒体表达的正向态度以及机构的鼓励，是影响他们社交媒体运用的重要影响因素；而不同的新闻范式（体现为不同的新闻范例评价）对表达性的社交媒体运用亦有显著影响。新闻从业者对社交媒体的使用，因此不仅是单纯的技术扩散过程，而是特定社会场景中个人、组织、职业理念与社会生态的互动结果。

关键词　新闻从业者　社交媒体　新闻范式

(7) 黄顺铭撰写的《制造职业荣誉的象征：中国官方新闻奖的制度实践（1980—2013）》，载《国际新闻界》2014年第6期。

制造职业荣誉的象征：中国官方新闻奖的制度实践（1980-2013）

黄顺铭

摘要

本文采取一种整合性的视角，把官方新闻奖同时视为一项关乎社会控制、文化祝圣和社会承认的项目，并运用田野数据和统计数据回答了制度演进过程、规则系统和评委的社会来源及其把关实践等研究问题。官方新闻奖始终按照一种国家支配模式在运行，即由扮演党和国家的代理者角色的专业组织来具体组织实施新闻奖的生产。双重赞助制度、推荐单位制度和挂钩制度一起构成了基本的规则系统，它们各有其社会控制功能。官方新闻奖一直有着稳定的评委来源，评委们的荣誉把关实践微妙而复杂。

关键词

官方新闻奖、职业荣誉、制度化、把关

(8) 李艳红、龚彦方撰写的《作为反思性实践的新闻专业主义——以邓玉娇事件报道为例》，载《新闻记者》2014年第7期。

作为反思性实践的新闻专业主义
——以邓玉娇事件报道为例

□ 李艳红 龚彦方

【本文提要】本文运用"反思性实践"的概念来探究新闻专业主义在中国的生成，将其视为个体记者不断透过对自我经验的批判和审视来学习和理解专业的自治逻辑和基本原则，并将其贯彻于实践之中的过程。通过分析21世纪以来伴随中国互联网社会的活跃和发达，互联网意见逐渐对新闻报道发生介入性影响和压力之时，部分新闻记者对一个热点事件——"邓玉娇事件"报道之后发表的反思性言论和文章，本研究的目的有二：一方面，为理解变迁中的中国新闻专业主义提供新的观察；其次，通过探究为什么在本案例中新闻人能够发展具有反思性的实践，本文也希望探析专业主义作为一种反思性实践生成的条件。

【关键词】新闻专业主义 反思性实践 邓玉娇事件 【中图分类号】G210

(9) 陈堂发撰写的《新媒体涉私内容传播与隐私权理念审视》，载《学术月刊》2014年第12期。

新媒体涉私内容传播与隐私权理念审视

陈堂发

摘 要 大众传媒对私领域侵蚀的风险伴随传媒技术的时代进展而加剧。新媒体技术逻辑强化了传播内容的涉私性，导致隐私侵权的可救济性弱化。均衡鼓励新媒体技术的应用与隐私人格利益保护之间关系，隐私权保护规则应确立如下原则，即以人格尊严与伦理价值作为要件甄诉隐私，以主体不同身份角色与所处境遇确立隐私外延差异，以社会对涉私的违德行为可容忍度为依据判别隐私正当性。

关键词 新媒体 涉私内容 隐私权理念 隐私保护规则

(10) 姜方炳撰写的《制度嵌入与技术规训：实名制作为网络治理术及其限度》，载《浙江社会科学》，2014年第8期。

制度嵌入与技术规训：实名制作为网络治理术及其限度*

□ 姜方炳

内容提要 网络治理是一个世界性难题，而将实名制作为网络治理术至今却仍是一个备受争议的问题。目前学界对此问题的探讨，大都是基于对网络实名制概念的模糊认识而展开的利弊分析，遮蔽了其在不同网络层面和领域的实践适用性这一重要问题。通过"国家－市场－社会"三元互动结构的分析视角，我们可以发现，法律意义上的网络实名制，遵循着制度嵌入和技术规训的单向运行逻辑，有利于实现国家治理权力的网络渗透。但这种以国家为中心的治理模式，只适用于特定的网络层面和领域，如将其加以全面推行，则潜藏着诸多技术性和制度性风险，从而容易陷入内卷化的治理困境。增强网络实名制治理效能的关键，在于能否转变治理策略，在国家、市场和社会多中心的均衡治理格局之下推行"有限的网络实名制"。

关键词 网络实名制 治理术 制度嵌入 规训 风险

（11）王蔚撰写的《历史记叙与新闻真实性观念的发生》，载《社会科学》2014年第9期。

> **历史记叙与新闻真实性观念的发生**
>
> 王 蔚
>
> **摘 要**：中国的新闻记叙历史悠久，深受历史记叙传统的影响。从最早的官报看，新闻记叙的作者、内容和功能等都深受历史记叙影响。新闻真实性观念发端于官报与小报共存的宋代，同时萌发了官方注重"政治为先"的新闻真实性观念，和民间注重"闻录性"的新闻真实性观念。在历史记叙精神传统的影响下，至清末民初新闻业专业化、社会化长足发展时期，新闻人又主动以历史记叙的精神规范新闻实践，确立了以"实录"为核心的实用理性主义的新闻真实性观念。
>
> **关键词**：历史记叙；新闻真实性观念；实录精神

（四）第四届全国新闻传播学优秀论文（2015）

（1）陈楚洁、袁梦倩撰写的《社交媒体，职业"他者"与"记者"的文化权威之争——以纪许光微博反腐引发的争议为例》，载《新闻大学》2015年第5期。

> **社交媒体，职业"他者"与"记者"的文化权威之争**
> ——以纪许光微博反腐引发的争议为例
>
> 陈楚洁[1] 袁梦倩[2]
> (1. 香港城市大学 媒体与传播系，香港；2. 香港中文大学 文化研究系，香港)
>
> **【摘 要】** 对何谓"真正的好记者"的界定关系到新闻从业者对自身角色与身份的认知，更关系到新闻业的合法边界与文化权威。本文以"微博曝料者"纪许光在雷政富不雅视频事件中的争议表现为例，结合"边界工作"与"文化权威"两个概念，检视职业新闻人如何在同行共议合法性、认知合法性、道德合法性等方面将纪许光建构为新闻业的"他者"，重申"好记者"的职业边界与文化权威。社交媒体驱动下网民对新闻即时性、透明度和交互性的要求挑战着传统新闻权威，而职业新闻人则通过定义网络舆情的民粹偏好来贬低这种受众认可的合法性。
>
> **【关键词】** 边界工作；文化权威；社交媒体；新闻权威；认知合法性

（2）复旦大学信息与传播研究中心课题组（课题组成员有：谢静、孙玮、潘霁、周海晏、葛星）撰写的《可沟通城市指标体系建构：基于上海的研究（上、下）》，载《新闻与传播研究》2015年第7、8期。

可沟通城市指标体系建构：
基于上海的研究（上）

复旦大学信息与传播研究中心课题组

编者按 《可沟通城市指标体系建构：基于上海的研究》是复旦大学信息与传播研究中心完成的一组以城市传播为研究范式的系列研究成果。该系列研究讨论了城市传播研究范式、可沟通城市概念及评价体系，并实施了一系列以可沟通城市为核心概念的实证研究。

本刊将分上、下两期刊发这一系列研究，以期引起学界对传播学研究范式突破的广泛讨论。

该课题主持人为谢静，课题组成员有：孙玮、潘霁、周海晏、葛星。

（3）胡泳撰写的《互联网与"观念市场"》，载《国际新闻界》2015年第3期。

互联网与"观念市场"

胡泳

摘要

　　在有关表达自由以及媒介责任的论述中，一直存在所谓"观念市场"（marketplace of ideas）的类比，它借用了经济学上的自由市场概念，在这样的一个市场中，真理和谎言相互竞争，人们期待前者终会战胜后者。观念市场的模式不乏天真和误导，然而，从另一角度看，该模式也有其有力的地方，因为它强调表达自由的重要性，以及信息在观念市场中自由交换所带来的益处。本文通过梳理互联网传播的流变，讨论观念市场在互联网语境下是否适用，以及大规模参与对观念市场的影响。

关键词

　　观念市场、表达自由、媒介责任、数字环境

（4）李红涛、黄顺铭撰写的《新闻生产即记忆实践——媒体记忆领域的边界与批判性议题》，《新闻记者》2015年第7期。

> ○本期专题　　　　　　　　　　　　　　SHANGHAI JOURNALISM REVIEW 新闻记者
>
> # 新闻生产即记忆实践
> ——媒体记忆领域的边界与批判性议题
>
> ■ 李红涛　黄顺铭
>
> 【本文提要】传播学要为记忆研究领域做出实质性的贡献，媒体记忆的边界就不能太宽泛，内涵也不能太狭隘。本文主张媒体记忆领域应以新闻媒体为核心，并将新闻生产视为记忆实践，进而聚焦新闻再现中的"历史"元素、媒体记忆生产与消费的逻辑，以及新闻生产与公共记忆之间的关联。这一界定引出一系列具有批判性的经验研究议题，包括媒体记忆的生产机制、记忆与遗忘的辩证关联、新闻对公众记忆的影响、媒体记忆的全球流动、记忆与公共生活、媒体记忆与中国近现代的国族意识、媒体怀旧与日常生活，以及中国新闻界的集体记忆等。
>
> 【关键词】媒体记忆　新闻生产　记忆实践　全球化　国族意识　【中图分类号】G206

（5）刘海龙撰写的《连续与断裂：帕克与传播研究芝加哥学派神话》，载《学术研究》2015年第2期。

> 学术研究　2015年第2期
>
> # 连续与断裂：帕克与传播研究芝加哥学派神话*
>
> 刘海龙
>
> [摘　要] 在传播思想史的叙事中，连续与断裂始终相伴而生。前者意味着传统与学派的形成，后者意味着范式革命。二者的关系是传播思想史研究中的重要议题。帕克被公认为传播研究芝加哥学派的关键成员，而且是其中对传播与新闻现象做过深入研究的学者。但是建构了传播研究芝加哥学派的凯里对帕克的理论贡献与地位却含糊其辞。凯里为了建构统一的芝加哥学派，忽略了帕克与其他人之间的断裂；他建构了芝加哥学派与哥伦比亚学派的对立与断裂，却忽略了帕克与后者间的某种连续性。打破凯里建构的芝加哥学派神话，有助于我们关注帕克理论中被忽略的部分，尤其是从知识社会学的角度对传播的解读。
>
> [关键词] 传播思想史　芝加哥学派　哥伦比亚学派　罗伯特·E.帕克

（6）倪延年撰写的《论民国新闻事业的起源、发展历程及历史评价问题》，载《现代传播》2015年第8期。

新闻学与传播学　倪延年：论民国新闻事业的起源、发展历程及历史评价问题

论民国新闻事业的起源、发展历程及历史评价问题

■ 倪延年

【内容摘要】 本文提出了"中华民国新闻事业的起点应该溯源到孙中山参与《镜海丛报》的发行活动""中华民国新闻史是以'中华民国政府'为存在前提的断代新闻史"和"中华民国新闻史是应予以更加全面认识和客观评价的断代新闻史"等主要观点，是国家社科基金重大项目"中华民国新闻史"有关思考的整体性阐述。

【关键词】 中国新闻史；民国新闻史；断代新闻史；民国新闻事业

（7）潘忠党、於红梅撰写的《阈限性与城市空间的潜能——一个重新想象传播的维度》，载《开放时代》2015年第3期。

阈限性与城市空间的潜能
——一个重新想象传播的维度

■ 潘忠党　於红梅

[内容提要]本文考察空间动态和主体的空间实践这二者之间的交织，论述全球化和新媒体时代的城市空间与传播的互构关系，并借用文化人类学的"阈限性"概念来探讨这个互构，聚焦人的实践（包括传播与交往实践）以及人们在实践中实现其行动主体的这个过程。也是在这个意义上，阈限性与城市空间的潜能共同构成重新想象传播学的一个维度。在此，传播也是人们创造产生阈限体验的实践时空并在不同的身份、角色、场景、生存条件等结构性状态之间相互转换的过程，是人们策略性地或游戏地应对多元、多变、缺乏确定性的时代并在其中共同生活的过程。

[关键词]传播　阈限性　空间　场所　后现代状态

（8）尹建国撰写的《我国网络有害信息的范围判定》，载《政治与法律》2015年第1期。

> 政治与法律 2015年第1期·专论
>
> # 我国网络有害信息的范围判定 *
>
> 尹建国
>
> （华中科技大学法学院，湖北武汉 430074）
>
> **摘要**：合理、准确判定网络有害信息范围，是实现网络信息治理法治化的前提和基础。我国网络有害信息范围判定的立法规定和治理实践，尚存在粗放型、碎片化、不统一、不科学等不足。判定网络有害信息范围，应接受行政均衡、平等对待等法律原则指导，还应充分考察、借鉴域外成熟经验；基于文化传统、法治现状等因素，可将我国网络有害信息类型化为网络政治性有害信息、网络社会性有害信息、网络有害私信息三类，并遵循从严到宽的解释口径，综合适用表达内容中立、明显而即刻危险、事后限制等判定标准。在理论论证和实践总结基础上，可对既有立法进行重述；制定统一的一般性条款，列举网络有害信息基本类型，辅以设计"三层次"的判断标准。实践中，可通过制定行政解释基准、创建行政执法指导案例库及发布司法指导案例和参考案例等形式，实现对网络有害信息的统一解释。
>
> **关键词**：网络有害信息；网络信息治理法治化；表达自由；网络法治

（9）左亦鲁撰写的《告别"街头发言者"——美国网络言论自由二十年》，载《中外法学》2015年第2期。

> 中外法学 Peking University Law Journal
> Vol.27，No.2(2015)pp.417-437
>
> # 告别"街头发言者"
>
> ## 美国网络言论自由二十年
>
> 左亦鲁*
>
> **摘要** 本文聚焦于美国学界如何在网络时代重新思考言论自由。在前网络时代，言论自由是建立在"街头发言者"模式之上的。这既是一种思考模型和框架，又是一种关于历史的叙事。其具有以下三个特点：①政治言论居于言论自由思考和保护的中心；②"媒介"这一因素没有进入言论自由思考；③对言论自由的想象基于"个人 vs.政府"的二元对立。网络时代则以上三方面发起挑战。首先，发言者已从"街头"转移到互联网。作为"媒介"和"基础设施"，互联网的影响日益突显；其次，传统的"政治中心主义"开始动摇；最后，"个人—企业—政府"三角关系开始取代"个人 vs.政府"二元对立，成为言论自由互动和博弈的新形态。面对网络时代言论自由问题的日益复杂化和技术化，告别"街头发言者"是重新释放"言论自由想象力"的第一步。
>
> **关键词** 言论自由 "街头发言者"模式 互联网

(10) 詹佳如撰写的《十八世纪中国的新闻与民间传播网络——作为媒介的孙嘉淦伪奏稿》,载《新闻与传播研究》2015年第12期。

十八世纪中国的新闻与民间传播网络
——作为媒介的孙嘉淦伪奏稿

詹佳如

内容提要 孙嘉淦伪奏稿串联起民间信息通路上的不同节点,展现了动态的民间政治信息传播网络。奏稿这样的政治性媒介,能够组织起纵横交错的民间传播网络,得益于明中期前所未有的市镇贸易的繁荣与社会的市场化过程,它从统治者所严密控制的传统政治信息传播网络中衍生出来,成为独立的甚至可与后者竞争的信息传播网络。作为官文书(奏稿)的空间偏向的媒介对民间社会的重新组织,在对空间控制上,与同样依赖官文书统治的政治权力构成了某种挑战。因此,市场力量提供了民间传播网络存在的动力和条件,可持续性地生产出了政治权力与民间社会互动的资源。古代新闻传播史的研究不应当仅仅停留在形式和内容呈现上为近代报刊与邸报之间建立连续性,更应当探知传统社会媒介环境为报刊进入近代社会所创造的基础和条件。

关键词 邸报 奏稿 市场 孙嘉淦伪稿案 政治信息传播系统

(五)第五届全国新闻传播学优秀论文(2016)

(1) 黄旦、李暄撰写的《从业态转向社会形态:媒介融合再理解》,载《现代传播(中国传媒大学学报)》2016年第1期。

黄 旦 李 暄:从业态转向社会形态:媒介融合再理解   **传媒观察**

从业态转向社会形态:媒介融合再理解

■ 黄 旦 李 暄

【内容摘要】 关于"媒介融合",大多数是站在媒介组织边界内来理解:从最初的内容生产环节和资源的整合,逐渐延伸到媒介产业层面。"媒介融合"就是人如何利用不同媒介传输(或使用)不同内容。其思考路向,是以大众媒介机构为依据,是从媒介机构的门内往外看。然而,另一种"媒介融合"是社会形态的变化,即以数字技术为元技术平台,将不同维度上的媒介重新整合为一体,形成一个全球化的、涌动的"网络社会",而媒介组织就是这个网络中的一个节点。借此,文章提出,现在需要从后者来重新理解"媒介融合",以更好推动我国传播实践的创新和变革。

【关键词】 新闻生产;产业融合;媒介融合;网络社会

（2）吴麟撰写的《沉默与边缘发声：当前中国劳动关系治理中的媒体境况》，载《南昌大学学报（人文社会科学版）》2016 年第 1 期。

> **第 47 卷第 1 期**　　　　　南昌大学学报（人文社会科学版）　　　　　Vol.47 No.1
> **2016 年 2 月**　　　　　　JOURNAL OF NANCHANG UNIVERSITY　　　　　Feb. 2016
>
> # 沉默与边缘发声：
> ## 当前中国劳动关系治理中的媒体境况
>
> 吴　麟
>
> （中国劳动关系学院 文化传播学院，北京　100048）
>
> **摘　要**：劳动关系的结构性紧张，已演化成为当前中国社会治理潜在的"重大风险"所在。劳动关系治理，需要建立健全有效涵盖政府、资本、劳动者三方的利益表达与分配机制。按"文件政治"的逻辑，媒体应成为劳资利益协调机制的重要构成。然而，以新生代农民工为对象的研究显示：由于劳动关系议题难以脱敏，大众媒体通常呈现出"制度性沉默"；自媒体的"边缘发声"充满不确定性。惟有以宽容与法治为方向，降低新闻生产风险，媒体方有可能作为多元治理主体之一，积极参与和构建和谐劳动关系。
>
> **关键词**：劳动关系；新生代农民工；社会治理；国家－媒体关系

（3）左亦鲁撰写的《公共对话外的言论与表达：从新〈广告法〉切入》，载《中外法学》2016 年第 4 期。

> **中外法学** Peking University Law Journal
> Vol.28, No.4（2016）pp.971—993
>
> # 公共对话外的言论与表达
> ## 从新《广告法》切入
>
> 左亦鲁*
>
> **摘　要**　本文从公众对新《广告法》的不理解出发，首先论证保护消费者——而不是促进广告业发展或广告主的表达自由——才是《广告法》的首要目的。新《广告法》中绝大多数对广告内容的规定，虽然看上去限制了广告的表达自由，但却是为了服务于更大的公共利益——保护消费者免受虚假广告欺骗和误导。因此这些规定总体而言是合理且正当的。在此基础上，本文又将讨论扩展到学术言论和专业言论。广告、学术言论和专业言论均处公共对话之外，这三个领域的价值都是为公共对话和社会公众提供可靠的信息、知识或服务。它们有着不同于公共对话的逻辑、原则和正当性基础。把公共对话的规范强加于它们，不仅会破坏它们自身的规律，更会对公共对话和现代社会的运转产生不利影响。
>
> **关键词**　《广告法》　言论自由　学术言论　专业言论

（4）周裕琼撰写的《从标语管窥中国社会抗争的话语体系与话语逻辑：基于环保和征地事件的综合分析》，载《国际新闻界》2016年第5期。

> **本期话题/公共话语研究**　　　　　　　　　　　　国际新闻界 2016.05
>
> ## 从标语管窥中国社会抗争的话语体系与话语逻辑：基于环保和征地事件的综合分析
>
> 周裕琼
>
> **摘要**
>
> 　　本文以环保和征地这两类最典型群体性事件中的标语为切入点，管窥中国文化图景下社会抗争的话语体系与话语逻辑。通过对15起环保事件与7起征地事件中143条标语的综合分析发现，扎根于中国文化土壤的行动者往往会从"家/己"的核心诉求出发，通过话语建构，沿着"空间－时间"和"我们－他们"这两个坐标轴所建立的差序格局，由内而外、推己及人、依次扩张，将小部分人的个体抗争发展成社会大众的共同使命，完成共识动员、行动动员和社会动员。与话语体系相伴的是行动者在退出、荫蔽、呼吁、效忠等不同话语地带之间游走的内在逻辑。因无路可退而走出荫蔽、在集体呼吁的同时表达"效忠式反对"，这样一个动态平衡过程使得中国的抗争性话语异常丰富多样。
>
> **关键词**
>
> 社会抗争、话语、环保、征地、标语

（5）李艳红撰写的《培育劳工立场的在线"抗争性公共领域"——对一个关注劳工议题之新媒体的个案研究》，载《武汉大学学报（人文科学版）》2016年第6期。

> **武漢大學學報【人文科学版】**　　　　　　　　　第69卷 第6期 2016年11月
> WUHAN UNIVERSITY JOURNAL (Humanity Sciences)　　Vol.69,No.6 Nov. 2016.090～103
>
> DOI:10.14086/j.cnki.wujhs.2016.06.010
>
> ## 培育劳工立场的在线"抗争性公共领域"
> ——对一个关注劳工议题之新媒体的个案研究
>
> 李艳红
>
> **摘　要**：互联网语境下，劳工阶层之抗争性公共领域如何形成，又可能遭遇哪些困境？关注劳工议题的自媒体X网站及其微信公众号提供了一个"深描"样本。本文将其视为于主流公共领域之外建立另类公共领域的努力，从结构、表征和互动三个维度对个案进行考察。基本发现是：X确实构成了持续产制劳工阶层本位的社会正义话语的场所，致力于反抗资方和主流媒体话语的霸权，进行利益与身份政治的抗争；但是，X在培育能动的"抗争性公众"方面则受到局限，且缺乏稳定的结构性保障。这说明X具有成长和培育劳工阶层之抗争性公共领域的潜力，但面临诸多限制。对于理解当代中国社会条件下另类公共领域的形成具有如下推论意义：一方面，新兴媒体技术的赋权能力、针对新兴媒体相对宽松的管制环境以及马克思主义思想传统等共同构成了抗争性公共领域浮现的基础；另一方面，不稳定的体制位置、缺乏可持续的财政基础以及"互联网生态"等共同构成了限制技术赋权的因素，约束着其发挥社会政治潜力。
>
> **关键词**：抗争性公共领域；另类媒体；互联网；劳工

（6）陆晔、周睿鸣撰写的《"液态"的新闻业：新传播形态与新闻专业主义再思考——以澎湃新闻"东方之星"长江沉船事故报道为个案》，载《新闻与传播研究》2016年第7期。

> ## "液态"的新闻业：
> ## 新传播形态与新闻专业主义再思考
> ### ——以澎湃新闻"东方之星"长江沉船事故报道为个案
>
> 陆　晔　周睿鸣
>
> **内容提要** 新传播形态究竟为新闻业带来哪些改变？新闻专业主义在今天还有什么意义和价值吗？在对澎湃新闻进行系统参与式观察和深度访谈的基础上，通过对"东方之星"长江沉船事故报道进行个案分析可以发现，新闻业正呈现出"液化"状态。新闻生产体现为职业记者和公众共同参与的动态实践；媒介机构不再是新闻事件的唯一阐释主体，基于互联网社交平台，新闻报道的价值和意义经由公众的集体参与而被不断重塑；新闻生产流通的速度大大加快，颠覆了工业化时代以报纸新闻为主的新闻生产流程和常规；新闻职业社区的专业控制和社会大众的开放参与之间，形成了强大的张力，组织化新闻生产正在变成协作性新闻"策展"（curation）。
>
> **关键词** 新闻专业主义（journalistic professionalism）　新闻生产（news production）　协作性新闻"策展"（collaborative news curation）　"液态"的新闻业（liquid journalism）

（7）马中红撰写的《第三种论坛：体制性网络空间的公共性透视——以苏州"寒山闻钟论坛"为个案》，载《新闻与传播研究》2016年第8期。

> ## 第三种论坛：
> ## 体制性网络空间的公共性透视
> ### ——以苏州"寒山闻钟论坛"为个案
>
> 马中红
>
> **内容提要** 网络公共论坛是公共领域这一抽象概念的具体化，也是协商民主有待开拓的新型空间。文章以政府机构主办的"寒山闻钟论坛"为考察对象，探讨第三种网络公共空间可能具备的公共性特质。研究结果显示，由政府定制的体制性网络空间并不具备理想或应然意义上的公共性，但强有力的后台支撑体系保障了政府对网络议题的迅速回应，对公共舆论的关注，并引发后续积极的管理政策和措施的推行。另外，民众以个体身份，"携带"私域话语进入网络公共空间，在特定条件下有可能转化成公共议题，甚至推动公共论辩，促进政府与民众以及民众间的沟通交流。这些实践层面的特征，体现了这一类型的网络公共空间具有"威权协商"的民主潜能。
>
> **关键词** 第三种论坛　体制性媒介　公共性　威权协商　寒山闻钟论坛

（8）刘艳红撰写的《网络时代言论自由的刑法边界》，载《中国社会科学》2016年第10期。

网络时代言论自由的刑法边界

刘 艳 红

摘　要：如何划分公民的言论自由权利与网络时代言论型犯罪的界限，是当下司法实务面临的重要问题。在言论型犯罪的构造中，应将客观真实和合理确信规则下的"主观真实"作为违法阻却事由；基于网络媒介的科技特点与社会属性，网络服务提供者只具备中立义务，对之不应简单地以共犯理论或不作为犯罪理论入罪。言论型犯罪的诉讼，原则上须根据实际或推定的被害人意愿来启动刑事诉讼程序，当言论行为严重危害社会秩序和国家利益且被害人无法表达其是否告诉意思时，可直接适用公诉程序；"严重危害社会秩序和国家利益"等入罪基准须是现实物理的秩序混乱，且行为人主观上有无任何正当目的的故意。对轻微言论犯罪不应轻易适用有期徒刑的刑罚。信息网络工具具有很大的生活用途，一般不应没收。

关键词：言论自由　言论性犯罪　网络犯罪　亲告罪

（9）郭恩强撰写的《概念、语境与话语："小骂大帮忙"使用之流变》，载《新闻大学》2016年第1期。

概念、语境与话语：
"小骂大帮忙"使用之流变

郭恩强

（华东政法大学 人文学院，上海 201620）

【摘要】 本文将"小骂大帮忙"作为新闻传播史的一个重要概念加以考察。研究发现，从1920年代初期至1940年代末期，"小骂大帮忙"从最初泛指新闻界经历了特指《大公报》的过程；从1940年代末期至1970年代末期，该概念逐渐由对《大公报》的特指关系，转化、延伸为阶级立场、政治路线斗争与运动的隐喻与象征，并被运用到文艺思想、国际关系与问题等领域；从1980年代开始至今，该概念经历了从辩诬声到多元化的使用过程，并在政治、文化、新闻宣传、日常生活等领域获得多元化的概念内涵阐释与重构。

【关键词】 "小骂大帮忙"；概念史；《大公报》；《人民日报》

【中图分类号】 G210.9　　**【文献标识码】** A

（10）袁艳撰写的《电视的物质性与流动的政治——来自两个城中村的媒介地理学观察》，载《新闻与传播研究》2016年第6期。

> # 电视的物质性与流动的政治
> ——来自两个城中村的媒介地理学观察
>
> 袁 艳
>
> **内容提要** 电视研究中长期以来存在一个两分法：似乎只有虚拟的声音和画面才能帮助人们实现流动，而作为器物的电视机则只能将人们锚定在一个地方。文章试图打破这个"物质-非流动、非物质-流动"的两分法，通过对一个农村移民社区的媒介地理学观察探讨电视的物质性与流动的关系。研究聚焦电视机的购买、摆放方式和有线电视连线三个方面，发现原本缺乏便携性的电视可以通过购买二手电视的方式创造一个定居和迁徙之间的阈限性空间；人们通过电视机的摆放来促进公共与私人、工作与休闲空间之间的流动而不是将它们隔离开来；而有线电视网的连接也成为当地人抵抗社会排斥、争取城市权利的有效工具。运用"流动力"（motility）的概念，文章提出电视的物质性面向对农村移民的流动性具有同样重要的意义，它打开了另一种实践的空间，使农村移民获得了一份参与流动的政治、协商社会归属和边界的资源。
>
> **关键词** 流动性 物质性 物质转向 农村移民 电视研究

（六）第六届全国新闻传播学优秀论文（2017）

（1）曹洵、崔璨撰写的《中国网络抗争性话语研究的学术图景（2005—2015）》，载《国际新闻界》2017年第1期。

> 本期话题／2016新闻传播学研究　　　　　　国际新闻界 2017.01
>
> # 中国网络抗争性话语研究的学术图景（2005—2015）
>
> 曹洵 崔璨
>
> **摘要**
> 　　本研究以128篇中英文献为分析单元，运用文献荟萃分析法，以比较视角考察2005-2015年国内外关于"中国网络抗争性话语"研究的学术图景。在对文献的数量分布、类型与级别、研究焦点、研究话题、理论框架、研究方法进行整体性描述的基础上，本研究认为，本话题的研究版图跨越了从人文科学到社会科学的若干领域，其中，语言学与文艺学路径关注文本结构，大众文化路径关注权力关系，以政治学、社会学为主导的社会科学路径则关注政治效应。在学界"权力理论转向"的影响下，近年来，以福柯为代表的微观权力理论受到不同研究取向的认可，沟通了大众文化、社会运动、公共参与等路径的研究，由此形成"话语即行动"、"戏谑即抵抗"等研究共识。但学术探索与国内特有的对策研究之间在对抗争性话语的性质界定、影响评价、对待方式上存在根本分歧，不利于形成理论合力。最后，文章对目前研究中存在的问题进行了讨论。
>
> **关键词**
> 　　网络抗争性话语、文化抵抗、社会运动、公共参与、微观权力理论

（2）徐明撰写的《大数据时代的隐私危机及其侵权法应对》，载《中国法学》2017年第1期。

大数据时代的隐私危机及其侵权法应对

徐 明*

内容提要 Web 2.0 标志着大数据时代的到来，也意味着隐私危机的到来：隐私侵权变得十分容易、普遍，行为方式变得更加隐秘，性质更难以确定，后果多样化且程度更严重，行为与结果之间的因果关系更松散。我国传统的间接保护隐私权的方式已远远落后于时代。为扩大隐私侵权救济之可能性，有必要重新构筑侵权规则：明确以隐私保护而非个人数据保护为基点的路线；采取形式的隐私权定义加实质判断标准相结合的方法判定隐私利益的存在；扩张隐私损害结果的范围；适用过错推定原则以增加被侵权人胜诉之可能性。

关键词 大数据 隐私权 侵权法 责任扩张 过错推定

（3）朱至刚撰写的《旧关系与新组织：从〈时务报〉看中国同人报的内在困局》，载《现代传播》2017年第2期。

朱至刚：旧关系与新组织：从《时务报》看中国同人报的内在困局　　**新闻学与传播学**

旧关系与新组织：从《时务报》看中国同人报的内在困局

■ 朱至刚

【内容摘要】 以《时务报》的迅速建成和内部纷争为个案，探究何以在近代中国社会的格局与秩序下，同人报刊往往会陷于规则的困境。概而言之，同道即同人，既是同人报刊得以建立和维系的重要支撑，同时又会导致虽有助之"公"，却难立体制之"公共"。在这样的运转架构下，只要同事间产生纠葛，就几乎必然导致和他们既以人脉关系链接，更于其中亲疏有差的大批同人的不断卷入。在时务报馆同事的纠纷中，同道中人不断地或是被动牵扯，或是主动过问，乃至于席卷了几乎整个维新阵营，甚至整个士林，乃至从维新设计之争蜕变成赤裸裸的人事倾轧。

【关键词】 旧关系；新组织　《时务报》；同人报

(4) 周庆安、吴月撰写的《断裂的平衡：中国对外传播制度史探析(1966—1976)》，载《全球传媒学刊》2017年第3期。

断裂的平衡：
中国对外传播制度史探析(1966—1976)

周庆安[1]，吴 月[2]

摘 要 1966—1976年，我国对外传播制度发生重大变迁。本研究运用历史比较分析法和口述史，结合历史制度主义，描述分析十年间对外传播组织机构、规则、外国记者管理制度和特色活动的特点和变化。研究发现，1966—1976年对外传播制度存在时间序列和关键节点，对外传播权力呈现强烈的非对称，领导机制小组化，中央批示作为重要制度，制度深入影响个体行为，外生、内生因素及观念等影响制度变迁。1966—1976年在对外传播制度史上是打破平衡的断裂时期，而对外传播制度史整体呈现"断裂的平衡"。

关键词 对外传播；制度史；历史制度主义

(5) 姜红、开薪悦撰写的《"可见性"赋权——舆论是如何"可见"的？》，载《苏州大学学报》2017年第3期。

"可见性"赋权

——舆论是如何"可见"的？

姜 红[1] 开薪悦[2]

(1.安徽大学 新闻传播学院，安徽 合肥 230039；2.安徽大学 文学院，安徽 合肥 230039)

摘 要： 关于"舆论是否可能"的问题一直受到广泛争议。2013年，学者丹尼尔×戴扬(Daniel Dayan)针对当下公共空间领域发生的转向，尝试将"可见性"作为媒介研究的新路径，这种分析框架在某种程度上契合了新媒体环境下的问题研究。循着这样的思路去重新审度"舆论"的三个要素——主体、客体和本体，其内涵与特征也将与传统观念有所不同。在面对互联网带来的传播革命时，与其争执不休于"舆论是否可能"，不如认真思考"舆论是如何'可见'的"。

关键词： 舆论；"可见性"；公众；公共领域；社会化媒体

（6）施志源撰写的《互联网时代突发环境事件信息公开的主体制度创新——以环保 NGO 的参与为突破口》，载《法学评论》2017 年第 3 期。

法学评论（双月刊）　　　　　　　　　　　　　　　　　　2017 年第 3 期（总第 203 期）

可持续发展与环境法治

互联网时代突发环境事件信息公开的主体制度创新

——以环保 NGO 的参与为突破口*

施志源**

内容摘要：互联网时代，政府作为突发环境事件信息的单一发布主体存在诸多短板。要实现突发环境信息的有效供给，必须创新突发环境事件信息公开的主体制度。环保 NGO 参与突发环境事件的信息公开，是提升突发环境事件信息公开效果的破题之策。当前，需要加快立法步伐，赋予环保 NGO 参与突发环境事件信息公开的主体资格，并明确相关的资质要求；规范环保 NGO 发布的信息内容，建立相关的信息质量监控制度；健全环保 NGO 参与突发环境事件信息公开的约束机制，并健全相关的法律责任制度。

关键词：环保 NGO　突发环境事件　信息公开

（7）肖青、李淼撰写的《民族文化经典的"再地方化"——"阿诗玛"回归乡土的个案》，载《新闻与传播研究》2017 年第 5 期。

民族文化经典的"再地方化"

——"阿诗玛"回归乡土的个案

肖　青　李　淼

内容提要　借用人类学的"再地方化"概念作为理论工具，在田野调查基础上，解读自 20 世纪 80 年代、90 年代以来，已被"去地方化"的"阿诗玛"如何被"再地方化"，并成为地方和族群的文化资本的过程可以发现，在先后涉及国家建设和全球化的中国现代化进程中，少数民族的地方文化既有"去地方化"式的挪用，也伴随着"再地方化"型的重塑。地方与国家、本地与全球之间并非简单地相对，而是相互渗透；其中既有本土文化借助现代媒介得以彰显的一面，也有"去地方化"的经典艺术符号回归乡土场所的一面，并在其中彰显出少数民族文化经由"地方性"的中介而得以建构的多种可能性。

关键词　去地方化　再地方化　文化符号　文化再生产

（8）刘于思、亓力撰写的《在风险与利益间传达不确定性：科学事实查验对转基因食品议题信息误解的影响》，载《新闻与传播研究》2017年第7期。

> # 在风险与利益间传达不确定性：
> ## 科学事实查验对转基因食品
> ## 议题信息误解的影响
>
> 刘于思　亓力
>
> **内容提要**　科学的不确定性为转基因议题的风险传播带来了困难。如何通过事实查验有效传达转基因食品的风险与利益，成为亟待实证探索的问题。该研究通过心理生理学控制实验，考察了科学事实查验对转基因食品议题信息误解的影响及其认知与情绪过程，确认了科学事实查验对我国转基因技术风险传播的有效性，证实了不确定性在预防框架下对减少信息误解的积极作用，对事实查验在客观报道与科学性间的平衡以及转基因技术风险传播的信息设计具有实践启示。
>
> **关键词**　科学事实查验　信息框架　不确定性　心电　皮肤电

（9）齐爱军撰写的《我国马克思主义新闻理论体系建构的知识演进路径考察》，载《新闻与传播研究》2017年第7期。

> # 我国马克思主义新闻理论体系建构的
> # 知识演进路径考察
>
> 齐爱军
>
> **内容提要**　我国马克思主义新闻理论体系的建构经历了三个发展阶段：延安整风时期"辩证唯物主义"语境下的"党报范式"的建构、改革开放后"新闻规律"旗帜下"新闻事业范式"的建构和当前"交往实践观"视域下的"新闻生产范式"的建构。这个知识演进的过程，是一条沿着"建构论"的新闻理论体系知识生产道路前进的过程，是从"幼稚"的建构论走向"超越"的建构论的过程，并经历了马克思主义新闻理论范式的1.0、2.0、3.0版本的进化升级之路。
>
> **关键词**　马克思主义新闻理论体系　知识演进　党报范式　新闻生产范式

（10）白红义撰写的《以媒抗争：2009年南京老城南保护运动研究》，载《国际新闻界》2017年第11期。

国际新闻界 2017.11　　　　　　　　　　　　　　　传播学研究

以媒抗争：
2009年南京老城南保护运动研究

白红义

摘要

　　大众媒体与社会运动的关系是社会运动理论中的一项重要内容，社会运动不仅具有政治和社会影响，也是一种传播现象。在不同的制度结构下，二者的关系往往表现出不同的行为方式和逻辑。媒体是社会运动所能依赖的重要政治资源，在缺少有效的制度化利益表达渠道的中国，媒体尤其对社会运动的发展产生着很大的影响。本文以2009年南京老城南保护运动为案例，通过分析不同行动者的媒体策略揭示大众媒体与社会运动的互动过程，在此基础上提出"以媒抗争"的分析概念，丰富既有研究对社会抗争资源动员的讨论。

关键词

　　以媒抗争、社会运动、媒体近用、媒体策略

（七）第七届全国新闻传播学优秀论文（2018）

（1）郑海平撰写的《网络诽谤案件中"通知—移除"规则的合宪性调控》，载《法学评论》2018年第2期。

法学评论（双月刊）　　　　　　　　　　　　　　2018年第2期（总第208期）

网络诽谤案件中"通知—移除"规则的合宪性调控*

郑海平**

内容摘要：我国现行《侵权责任法》第36条所确立的"通知—移除"规则在适用于网络诽谤案件时，容易对公民的言论自由和监督权造成侵害。主要原因在于，在此种规则之下，网络平台提供者为了避免承担责任，往往倾向于对网络用户的言论进行过度审查，导致许多从法律上来看并不一定构成诽谤的言论也被移除。本文主张，虽然我国目前尚未建立比较完善的违宪审查机制，但立法和司法机关依然应该尝试通过其他途径对"通知—移除"规则进行合宪性调控：在第36条尚未修改的情况下，法院在网络诽谤案件中适用该项规则时，应当对其中的一些关键内容（比如"实施侵权行为"、"知道"、"必要措施"等）进行合宪性解释；同时，立法机关也应该对现行"通知—移除"规则加以修改或补充，以便使其更加符合宪法保障言论自由和监督权的意旨。

关键词：网络诽谤　"通知—移除"规则　言论自由　监督权　合宪性解释

（2）侯健撰写的《表达自由与行政法规制定权——以网络信息内容管理规范为例》，载《新闻大学》2018年第2期。

・传播法・　　　　　　新闻大学　　　　　2018年第2期 总第148期
　　　　　　　JOURNALISM BIMONTHLY

表达自由与行政法规制定权
——以网络信息内容管理规范为例

侯 健

（复旦大学 法学院，上海 200438）

【摘　要】我国涉及网络信息内容管理的行政法规存在着超越宪法和法律的现象，禁止了宪法和法律没有禁止的某些种类信息内容。这种现象的体制性原因是过于宽泛的行政法规制定权。行政法规是行政部门而非代议机关制定的规范性法律文件，而表达自由作为宪法上的公民基本权利，具有形成民主意志的重要作用。行政法规的超越性规定，并不妥当。行政法规制定权的制度安排需要完善。只有在特别授权的情况下，行政法规才能超越宪法和法律的行为规范，限制表达自由；一般情况下只能为了执行宪法和法律的行为规范、在宪法和法律行为规范的范围内限制表达自由。

【关键词】表达自由；行政法规制定权；网络信息内容管理；超越性规定；法律保留

（3）刘知远、宋长河、杨成撰写的《社交媒体平台谣言的早期自动检测》，载《全球传媒学刊》2018年第4期。

第5卷第4期　　　　　全球传媒学刊　　　　Vol. 5, No. 4: 65-80
2018年12月　　　　　Global Media Journal　　　December 2018

社交媒体平台谣言的早期自动检测

刘知远[1]，宋长河[2]，杨　成[3]

　　摘　要　在社交媒体服务迅速发展与普及的今天，谣言传播以前所未有的迅猛之势对人类社会产生着巨大的影响。同时，人工智能技术的异军突起，也为社交媒体平台的谣言自动检测提供了可能。谣言检测现有方法通常是，通过学习某条社交媒体信息的所有转发或评论的语义表示，来预测该条社交媒体信息是否为谣言。然而，是否能在谣言引起严重的社会影响之前尽早有效做出判断（谣言早期检测）至关重要，这一问题在以往的研究中尚未得到很好的解决。本文总结了现有社交媒体平台谣言自动检测的主要技术路线，并探讨了进行谣言早期检测的可能性。

　　关键词　谣言；早期检测；深度神经网络；社交媒体

（4）黄典林撰写的《话语范式转型：非虚构新闻叙事兴起的中国语境》，载《新闻记者》2018年第5期。

话语范式转型：
非虚构新闻叙事兴起的中国语境

■ 黄典林

【本文提要】本文批判性地综述了与非虚构写作实践相关的文学研究和新闻传播学文献，目的在于理解非虚构写作是基于何种特定的话语谱系和社会语境进入新闻生产领域的。非虚构理念的兴起及其在新闻业中的应用，与新时期传播生态的技术、政治和商业逻辑形成了匹配性关系。这种关系既包含摆脱新闻业危机的机遇，也可能存在风格主义的"景观"陷阱。

【关键词】话语范式 非虚构 新闻叙事 新闻业 社会语境　【中图分类号】G210

（5）李红涛撰写的《塔克曼到底在说什么？经典迻译的语境与〈做新闻〉中译本的误译》，载《国际新闻界》2018年第6期。

本期话题 / 重访媒介社会学经典文本　　　　　　　　　　　国际新闻界 2018.06

塔克曼到底在说什么？
经典迻译的语境与《做新闻》中译本的误译¹

李红涛

摘要

　　通过详细的对照式文本阅读，本文力图检视《做新闻》中译本的误译，籍此将经典迻译纳入学术批评范畴，并从"跨语际实践"视角和"互文性"概念出发，探讨学术翻译与语境误认的关联。本文将重心放在辨析若干核心概念的误译，包括"新闻网""事实性""物化""意识形态"和"想当然"等，并指出这些概念的误译缘于中译本对《做新闻》的论述语境和理论语境——特别是现象学社会学以及社会建构论——的理解和把握存在偏差。以对《做新闻》案例的解读为基础，本文主张将学术译介的话语形构和实践纳入知识社会学的视野之中。

关键词

《做新闻》中译本、互文性、论述语境、理论语境、现象学社会学

（6）黄顺铭撰写的《虚拟社区里的知识分享：基于两个竞争性计划行为理论模型的分析》，载《新闻与传播研究》2018年第6期。

> # 虚拟社区里的知识分享：基于两个竞争性计划行为理论模型的分析
>
> 黄顺铭
>
> **内容提要** 为了考察虚拟知识分享现象，在文献回顾的基础上构建出两个竞争性的概念模型——计划行为理论修正模型和计划行为理论扩展模型，其中前者含有一个二阶构念，后者均为一阶构念。实证数据来自大学生知乎用户的随机大样本。结构方程模型分析显示，修正模型因未通过测量模型的效度检验而被放弃，而扩展模型却很好地拟合了测量模型、整体结构方程模型与多组结构方程模型。就扩展模型的直接效应而言，知识分享态度、知识分享主观规范、知识分享控制力和知识分享自我效能都显著正向地影响知识分享意向，知识分享意向和知识分享自我效能也显著正向地影响知识分享行为，但知识分享控制力却显著负向地影响知识分享行为。就扩展模型的性别调节效应而言，性别仅显著地调节了知识分享自我效能与知识分享意向之间的关系。
>
> **关键词** 知乎 虚拟知识分享 计划行为理论 结构方程模型

（7）张小强撰写的《互联网的网络化治理：用户权利的契约化与网络中介私权力依赖》，载《新闻与传播研究》2018年第7期。

> # 互联网的网络化治理：用户权利的契约化与网络中介私权力依赖
>
> 张小强
>
> **内容提要** 在网络空间，网络中介因为技术和平台等优势形成了与公权力相对的私权力，网络中介的私权力来源于用户条款。而用户条款的制定和执行受到法律、政府、用户及商业利益的驱动。通过用户条款，法律这种公共性质的、抽象的"社会契约"部分被私人性质的、具体的"私人契约"所代替，网络治理与个体权利实现都要依赖于网络中介。网络中介权力的正当性来源于合同法规则，使得其权力相对于法律在网络空间更加凸显，更为直接，失去了传统意义上的社会协商空间。虽然合同法、竞争法、企业社会责任、用户集体行动对网络中介私权力有一定限制，但这些机制本身也有局限。在网络治理和用户权利实现上，已经形成了一种复杂网络。解决上述问题，传播法理论研究和具体实践应以规范为核心转向对规范和行为的综合分析。
>
> **关键词** 传播法 互联网 网络化治理 用户条款 私权力

（8）周睿鸣、徐煜、李先知撰写的《液态的连接：理解职业共同体——对百余位中国新闻从业者的深度访谈》，载《新闻与传播研究》2018 年第 7 期。

液态的连接：理解职业共同体

——对百余位中国新闻从业者的深度访谈

周睿鸣　徐　煜　李先知

内容提要　为进一步理解中国新闻从业者的职业共同体，该研究通过对百余位中国新闻从业者的深度访谈，考察了他们对职业共同体这一概念的在地理解（local perception），描述新闻场域中交织的多重话语，考察其中蕴含的内在矛盾与共识，解读矛盾与共识之间的理论关联。结合"液态的新闻业"这一概念和鲍曼（Zygmunt Bauman）对共同体的论述，作者提出"液态的连接"，试图从一般意义上理解中国新闻从业者这一异质性群体：一方面，在技术特征凸显的历史语境中，新闻从业者继续被多重社会力量推拉，以模糊、多样的职业身份面对行业不确定性，开展新闻实践；另一方面，他们通过对群体整合的想象与渴望，回顾或呼唤清晰、固定的职业身份，以此克服行业急速变动中自身主体地位的焦虑。由此发现，历经数十年传媒改革，新闻业作为社会公共部件已经成为中国新闻从业者的基本共识，但中国新闻从业者也应当保持反思自觉，警惕对观照公共生活这一使命的背离。

关键词　新闻从业者　职业共同体　液态的连接　公共性

（9）王润泽、谭泽明撰写的《〈戊戌政变记〉与政变图像建构：从个体想象到集体记忆》，载《新闻与传播研究》2018 年第 8 期。

《戊戌政变记》与政变图像建构：从个体想象到集体记忆

王润泽　谭泽明

内容提要　关于戊戌政变的历史，既有史家的严肃考证版本，也有社会形成的集体记忆版本。梁启超的《戊戌政变记》是一个主观性的历史故事，而非客观性的历史记录。本着政治宣传的目的，梁启超将丰富的个体想象融入作品中，创造了一个奸臣当道、忠臣含冤的曲折历史故事。出人意料的是，这个文本建构了一个普遍性认识的记忆图像，成为近代中国关于戊戌政变集体记忆的重要蓝本，深刻影响了戊戌政变的历史图像建构。在这个集体记忆形成的历史中，文本作者、媒介、政治家和受众在集体记忆形成的不同阶段，不同程度地发挥了相应作用，而尤其值得注意的是，清末报刊正悄然改变着传统中国的社会交往模式。包括语言、文字、报刊等在内的各种媒介形态，不断地与中国传统政治和文化进行融合，被赋予政治教化等功能，并发展成为一种新的权力代理人，推动了近代中国的现代化进程。

关键词　戊戌政变　梁启超　个体想象　集体记忆　共同记忆

（10）陈堂发撰写的《马克思、恩格斯"报刊批评精神"中国化的司法层面分析》，载《南京社会科学》2018年第8期。

> # 马克思、恩格斯"报刊批评精神"中国化的司法层面分析*
>
> 陈堂发
>
> **摘　要**　马克思、恩格斯基于报刊使命及报刊内在规律考虑，提出了报刊批评在言辞表达、事实呈现以及官员隐私揭拔方面应当具备的特质，并将之作为对抗诽谤、侮辱及侵害隐私指责或指控的抗辩事由。报刊批评精神的司法运用是马克思主义新闻理论"中国化"实践的应有之义，马克思、恩格斯报刊批评精神"中国化"的司法适用应强化三项具体原则："有机的报刊运动"强调经由阶段性地纠偏方式呈现"真实"，应被司法范畴的"法律真实"所认可；报刊"战斗性"措辞不可避免地具有人格贬损性的这种非克制性表达，应当考量具体语境并为当下司法理念所要求的言辞"去侮辱性"适度接纳；"政治事务"中个人隐私必须公开，对司法实践理性弱化或克减保护官员隐私应具有实际指导作用。
>
> **关键词**　报刊批评精神；司法适用；诽谤；言辞侮辱；隐私

（八）第十九届中国新闻奖获奖论文（2008）

❖ 一等奖

◎《大灾大考中的舆论引导》
作者：张研农　编辑：万仕同　刊播单位：《新闻战线》　刊播时间：2008年7月
◎《中国媒体新闻创新的重大突破——"5·12汶川大地震"报道的思考》
作者：杜耀峰　编辑：冷梅　刊播单位：《新闻战线》　刊播时间：2008年7月

❖ 二等奖

◎《CRI与BBC塞尔维亚语广播节目之比较研究》
作者：王牧　刊播单位：《国际广播影视》　刊播时间：2008年5月
◎《地市报发展的"全媒体"战略与实践》
作者：郑强　编辑：张垒　刊播单位：《中国记者》　刊播时间：2008年8月
◎《军事新闻有效传播与我军软实力建设》
作者：易文华　编辑：朱金平　刊播单位：《军事记者》　刊播时间：2008年6月
◎《资本经营，传媒发展的重要选择——科学发展观指导下的媒介运行思考》
作者：尹明华　编辑：沈志强　刊播单位：《传媒观察》　刊播时间：2008年11月
◎《城市电视台的困境及解困策略》
作者：苏远信　编辑：李宝萍　刊播单位：《中国广播电视学刊》　刊播时间：2008年11月
◎《党报提高舆论引导能力的路径选择——学习胡锦涛总书记在人民日报考察工

作时的讲话》

作者:周跃敏　刊播单位:《中国记者》　刊播时间:2008 年 9 月

❖ 三等奖

◎《"三农"元素开发与农村电视内容服务体系构建》
作者:孙宝国　编辑:邵庆禄　刊播单位:《视听》　刊播时间:2008 年 11 月

◎《文化软实力与跨文化传播》
作者:严文斌　编辑:白继红　刊播单位:新华通讯社　刊播时间:2008 年 11 月

◎《以解放思想的姿态创新党报新闻宣传》
作者:徐体义　编辑:吴长伟　刊播单位:《中国记者》　刊播时间:2008 年 6 月

◎《努力打造新闻采编流程竞争力》
作者:郑京湘　编辑:耿瑞林　刊播单位:《新闻与写作》　刊播时间:2008 年 10 月

◎《创新以人为本　研发和谐共生——河南电视台的发展战略和研发策略》
作者:杨诚勇　编辑:郭涛　刊播单位:《电视研究》　刊播时间:2008 年 1 月

◎《新闻真实的哲学解读及辩证把握》
作者:彭国元　编辑:胡江银　刊播单位:《声屏世界》　刊播时间:2008 年 10 月

◎《论新形势下党报的深度报道》
作者:汪家驷　刊播单位:《中国记者》　刊播时间:2008 年 6 月

◎《以思想大解放推动传媒大发展》
作者:张可夫　编辑:万仕同　刊播单位:《新闻战线》　刊播时间:2008 年 6 月

◎《省级卫视竞争现状及走向》
作者:张晓建、王志奇　编辑:陈道生　刊播单位:《声屏世界》　刊播时间:2008 年 12 月

(九) 第二十届中国新闻奖获奖论文(2009)

❖ 一等奖

◎《地市报现状与发展对策——对全国 30 家地市报的调查与思考》
作者:朱学文　编辑:冷梅　刊播单位:《新闻战线》　刊播时间:2009 年 4 月

❖ 二等奖

◎《论新媒体话语语境下的新闻样态》
作者:刘先根、彭培成　编辑:艾灵(万仕同)　刊播单位:《新闻战线》　刊播时间:2009 年 9 月

◎《得力　得当　得法》
作者:王晖　编辑:祝晓虎　刊播单位:《新闻战线》　刊播时间:2009 年 12 月

◎《高扬党报旗帜　推进改革创新》

作者:罗杰　编辑:周燕群　刊播单位:《中国记者》　刊播时间:2009年3月

❖ 三等奖

◎《制播分离:广播电视改革新路径》
作者:徐明明　编辑:陈富清　刊播单位:《中国广播电视学刊》　刊播时间:2009年12月
◎《眼光调整:增强舆论引导力的现实要求》
作者:王林、高杰　编辑:秦超　刊播单位:《军事记者》　刊播时间:2009年5月
◎《提高舆论引导能力"八度"》
作者:陈寅　编辑:文璐　刊播单位:《中国记者》　刊播时间:2009年6月
◎《金融危机助推广电传媒经济报道转型求变》
作者:丁晖　刊播单位:《中国广播电视学刊》　刊播时间:2009年5月
◎《论新闻的创新与发布》
作者:汪家驷　编辑:冷梅　刊播单位:《新闻战线》　刊播时间:2009年6月
◎《责任公信　大气包容——2009中国传媒速写》
作者:江作苏　编辑:肖曜　刊播单位:《湖北日报》　刊播时间:2010年1月
◎《广电传媒在金融危机中的积极作用》
作者:何镇飚　刊播单位:《中国广播电视学刊》　刊播时间:2009年4月

(十)第二十一届中国新闻奖获奖论文(2010)

❖ 一等奖

◎《从快报、厚报转向优报——网络时代报纸新闻制作的新思路》
作者:李婉芬　编辑:冷梅　刊播单位:《新闻战线》　刊播时间:2010年4月
◎《把握媒介产业规律完善全媒体发展环境——当前我国传媒全媒体发展中的问题与对策》
作者:刘光牛、南隽、刘滢　编辑:白继红　刊播单位:《全媒体时代与传媒战略转型》　刊播时间:2010年12月

❖ 二等奖

◎《"有事实依据"不等于"有客观事实"》
作者:王松苗　编辑:范雯　刊播单位:《新闻战线》　刊播时间:2010年8月
◎《3G技术发展与手机媒体的内容运作》
作者:刘先根　编辑:范雯　刊播单位:《新闻战线》　刊播时间:2010年11月
◎《新财经时代的报道转向》
作者:邓的荣　编辑:周燕群　刊播单位:《中国记者》　刊播时间:2010年1月
◎《报网融合:既是现在,也是未来》
作者:吴恒权　刊播单位:《新闻战线》　刊播时间:2010年8月

◎《重视社会热点问题　搞好突发事件报道》
作者：张光辉　编辑：施宇　刊播单位：《新闻爱好者》　刊播时间：2010年12月
◎《西方媒体并非终极模本》
作者：胡锡进　刊播单位：《新闻战线》　刊播时间：2010年9月

❖ 三等奖

◎《多媒体生态环境下的党报作为》
作者：周跃敏　编辑：陈芳　刊播单位：《中国记者》　刊播时间：2010年6月
◎《新闻媒体报道"冷漠化"现象及其成因》
作者：朱莉　编辑：徐希军　刊播单位：《安庆师范学院学报》　刊播时间：2010年11月
◎《重大主题报道四问》
作者：张亮　编辑：牛春颖　刊播单位：《中国新闻出版报》　刊播时间：2011年1月
◎《新闻立网、服务强网的路径优化——对地方重点新闻网站内容建设的思考》
作者：朱德泉　编辑：卢文炤　刊播单位：《青年记者》　刊播时间：2010年30期
◎《一篇通讯与一部电视连续剧——〈继母情〉让千万人流泪探因》
作者：杜树人　刊播单位：《新闻战线》　刊播时间：2010年1月
◎《广播行进式报道如何"行进"——浅谈广播行进式报道的特点和改进方法》
作者：张春华、杨晶　编辑：刘园丁　刊播单位：《中国广播》　刊播时间：2010年1月
◎《谈新闻价值传播的社区认同》
作者：潘贤强　刊播单位：《新闻战线》　刊播时间：2010年4月
◎《树立典型人物群像　扛起主流传播大旗——楚天都市报传播社会主义核心价值观的若干探索》
作者：张勤耘　编辑：万仕同　刊播单位：《新闻战线》　刊播时间：2010年8月
◎《试议专业广播运营的五个W——关于山东电台经济频率的实践和思考》
作者：张新刚　编辑：刘园丁　刊播单位：《中国广播》　刊播时间：2010年8月
◎《激活电视剧产业的思考》
作者：李宝萍　编辑：李宝萍　刊播单位：《中国广播电视学刊》　刊播时间：2010年6月

（十一）第二十二届中国新闻奖获奖论文（2011）

❖ 一等奖

◎《多元传播格局中的舆论引导体系构建》
作者：孔德明　刊播单位：《中国广播电视学刊》　刊播时间：2011年8月
◎《主流媒体：治国理政的重要资源》

作者：吴恒权　编辑：万仕同　刊播单位：《新闻战线》　刊播时间：2011年5月

❖ 二等奖

◎《向全媒体集团转型中的聚合战略》

作者：杨兴锋　编辑：冷梅　刊播单位：《新闻战线》　刊播时间：2011年2月

◎《媒体及其从业人员使用微博的法律风险提示与控制》

作者：周冲　编辑：陈朴　刊播单位：《中央电台论文选》　刊播时间：2011年6月

◎《新媒体格局下壮大主流舆论的思路与对策》

作者：王晖　编辑：冷梅　刊播单位：《新闻战线》　刊播单位：江西记协　刊播时间：2011年11月

◎《把握三个关键词　建设报业全媒体》

作者：朱夏炎　编辑：梁益畅　刊播单位：《中国记者》　刊播时间：2011年5月

◎《如何在广播新闻报道中运用目标管理——北京新闻广播管理模式的新突破》

作者：谢先进　编辑：李蕾　刊播单位：《新闻与写作》　刊播时间：2011年2月

◎《主流媒体应当成为社会舆论的稳定器》

作者：谢国明　编辑：祝晓虎　刊播单位：《新闻战线》　刊播时间：2011年4月

◎《媒介融合下报业发展的变与不变》

作者：周跃敏　编辑：万仕同　刊播单位：《新闻战线》　刊播时间：2011年12月

三等奖

◎《责任担当与创新追求——论"第二代都市报"突围路径》

作者：韩少林　编辑：肖曜　刊播单位：《新闻前哨》　刊播时间：2011年11月

◎《新闻领域弄虚作假现象探析》

作者：伊秀丽　编辑：杜鹃　刊播单位：《青年记者》　刊播时间：2011年7月

◎《网络社群化的媒介特性与管理模式》

作者：刘先根、董娟娟　编辑：杨芳秀　刊播单位：《新闻战线》　刊播时间：2011年12月

◎《改革创新做大做强党报旗舰品牌》

作者：沙新　刊播单位：《传媒观察》　刊播时间：2011年

◎《"社会管理"创新中的传媒角色与作为》

作者：徐体义　编辑：张垒　刊播单位：《中国记者》　刊播时间：2011年6月

◎《〈我们错了〉：引发三重效应》

作者：李启瑞、甘毅　编辑：万仕同　刊播单位：《新闻战线》　刊播时间：2011年4月

◎《突发事件舆论引导的问题和提升路径》

作者：鞠宏磊、应建勇　编辑：王郁　刊播单位：《新闻实践》　刊播时间：2011年12月

◎《资料导演：源于世博专题片的资料合作创新模式》

作者:叶汀　编辑:陈富清　刊播单位:《中国广播电视学刊》　刊播时间:2011年2月

◎《从"厚报"到"厚新闻"——浅谈网络时代都市报的增值传播》
作者:韩自贤、侯鑫辉　编辑:万仕同　刊播单位:《新闻战线》　刊播时间:2011年12月

◎《和合之道——跨媒体融合的制胜之本》
作者:陈忠坤、许华鑫　编辑:刘园丁　刊播单位:《中国广播》　刊播时间:2011年09月

◎《传媒与司法:"冤家"还是"亲家"——从一份问卷调查看舆论监督司法的难点与出路》
作者:王松苗、李曙明、赵倩　编辑:陈芳　刊播单位:《中国记者》　刊播时间:2011年12月

(十二)第二十三届中国新闻奖获奖论文(2012)

❖ 一等奖

◎《区域性主流媒体源点的变迁与重构——基于"场域-惯习"的视角》
作者:卜宇　编辑:赵涛　刊播单位:《江海学刊》　刊播时间:2012年5月

❖ 二等奖

◎《求解"两个舆论场"的最大公约数》
作者:赵兵、李建春　编辑:冷梅　刊播单位:《新闻战线》　刊播时间:2012年11月

◎《从〈舌尖上的中国〉看国产纪录片的成功之道》
作者:邓子君　编辑:杨帆　刊播单位:《中国电视·纪录》　刊播时间:2012年7月

◎《树立历史品牌,坚守文学高地——〈江西日报〉"井冈山"副刊办刊思路的创新》
作者:祝芸生、柳易江　编辑:陈国权　刊播单位:《中国记者》　刊播时间:2012年12月

◎《被价值偏见扭曲的"新疆印象"——对〈纽约时报〉新疆报道的实证研究》
作者:石锋　编辑:郝红　刊播单位:《当代传播》　刊播时间:2012年4月

◎《全媒体生态中,打好纸媒生存、发展的"三张牌"》
作者:刘守华　编辑:文璐　刊播单位:《中国记者》　刊播时间:2012年10月

◎《试析报社发展文化产业的着力点》
作者:陈定亮　刊播单位:《中国报业》　刊播时间:2012年7月

◎《后现代语境下电视相亲节目的"审丑尴尬"》
作者:冯资荣　编辑:谢然子　刊播单位:《创作与评论》　刊播时间:2012年4月

❖ 三等奖

◎《解码南方报业创新机制》
作者:张东明　编辑:杨芳秀　刊播单位:《新闻战线》　刊播时间:2012年3月
◎《报业经营的"本""道""术"》
作者:傅绍万　编辑:李子木　刊播单位:《中国新闻出版报》　刊播时间:2012年8月
◎《姿态、心态到语态的嬗变——电视新闻"走转变"内核的探求》
作者:王志奇、曾佳　刊播单位:《声屏世界》　刊播时间:2012年9月
◎《系统论视域下的移动新媒体监管模式》
作者:刘先根　编辑:杨芳秀　刊播单位:《新闻战线》　刊播时间:2012年12月
◎《走转改:都市报转型升级的最佳路径》
作者:张永才　编辑:李子木　刊播单位:《中国新闻出版报》　刊播时间:2012年7月
◎《新媒体时代加强党的执政能力建设的几点思考》
作者:慎海雄　编辑:梁益畅　刊播单位:《中国记者》　刊播时间:2012年10月
◎《媒体多元化背景下新闻主持人核心价值与核心能力探讨》
作者:林牧茵　编辑:白谦诚　刊播单位:《2012年全国主持人优秀论文选集》　刊播时间:2012年12月
◎《改进时政报道方式　增强党报的传播力及影响力》
作者:汤一原　编辑:耿瑞林　刊播单位:《新闻与写作》　刊播时间:2012年4月
◎《"走转改"怎样更好地围绕中心　服务大局——以〈河南日报〉"九论十八谈"宣传报道为例》
作者:朱夏炎　编辑:文璐　刊播单位:《中国记者》　刊播时间:2012年12月
◎《抒中华情怀 立道义高地——关于对外传播基本理念问题的思考》
作者:张德修　编辑:冷梅　刊播单位:《新闻战线》　刊播时间:2012年6月
◎《央视〈走基层〉报道的创新实践与思考》
作者:龚雪辉　编辑:朱旭红　刊播单位:《电视研究》　刊播时间:2012年12月
◎《凝聚社会共识:都市报的社会责任》
作者:李鹏　编辑:武艳玲　刊播单位:《新闻战线》　刊播时间:2012年1月

(十三)第二十四届中国新闻奖获奖论文(2013)

❖ 一等奖

◎《报纸副刊:价值引领与文化担当》
作者:刘玉琴　编辑:刘琼　刊播单位:《人民日报》　刊播时间:2013年11月
◎《以"真、新、实"塑造党报新文风》
作者:周跃敏　编辑:李嘉卓　刊播单位:《新闻与写作》　刊播时间:2013年3月

❖ 二等奖

◎《当前新闻文风存在问题及改进对策》
作者:集体　编辑:梁益畅　刊播单位:《中国记者》　刊播时间:2013年6月
◎《对〈新快报〉风波的反思》
作者:王慧　编辑:王文娟　刊播单位:《今传媒》　刊播时间:2013年12月
◎《是粘合还是撕裂社会?——〈南方周末〉"唐慧案"报道引发的思考》
作者:刘鹏、江海伦　刊播单位:《新闻记者》　刊播时间:2013年8月
◎《央视新闻:台网融合的新媒体先锋》
作者:梁建增　编辑:李嘉卓　刊播单位:《新闻与写作》　刊播时间:2013年8月
◎《新闻评论中数据的运用及分析》
作者:刘文宁　编辑:冷梅　刊播单位:《新闻战线》　刊播时间:2013年12月
◎《零距离,从物理空间到情感心灵》
作者:高顺青、任晓润　编辑:吴长伟　刊播单位:《中国记者》　刊播时间:2013年8月
◎《春节报纸版面"中国元素"的拓展与新视觉体验》
作者:马煊　编辑:翟铮璇　刊播单位:《中国记者》　刊播时间:2013年3月

❖ 三等奖

◎《多元舆论下党报评论如何传播"正能量"》
作者:毛晓刚　编辑:李蕾　刊播单位:《新闻与写作》　刊播时间:2013年2月
◎《全媒体生态中党报副刊的突围策略》
作者:祝芸生、柳易江　编辑:陈国权　刊播单位:《中国记者》　刊播时间:2013年12月
◎《在"消亡论"与"繁荣论"之间求索——广西日报传媒集团报业转型的实践与思考》
作者:李启瑞、甘毅　编辑:陈芳　刊播单位:《中国记者》　刊播时间:2013年7月
◎《"四个转变"促发展提升媒体影响力》
作者:何东平　编辑:顾祥胜　刊播单位:《中直党建》　刊播时间:2013年
◎《21世纪的战地记者与公共外交》
作者:许丽花　编辑:吕怡然　刊播单位:《新闻记者》　刊播时间:2013年4月
◎《对"全媒体"再造时代的冷思考》
作者:徐爱龙　编辑:武艳珍　刊播单位:《新闻战线》　刊播时间:2013年10月
◎《强化大局观民生观 提升关注度表现力——四川日报一版的改进创新》
作者:罗晓岗　编辑:娄汝壮　刊播单位:《新闻界》　刊播时间:2013年12月
◎《4G技术背景下报业移动新媒体转型》
作者:刘先根　编辑:邓瑜　刊播单位:《新闻战线》　刊播时间:2013年8月
◎《重大政治主题通俗化宣传探析》

作者:王宏林　编辑:朱金平　刊播单位:《军事记者》　刊播时间:2013年10月

◎《论传统媒体的正能量传递》
作者:郭长江　编辑:刘园丁　刊播单位:《中国广播》　刊播时间:2013年12月

◎《速度的较力 现场的分量》
作者:姜木(王红芯 叶梅)　编辑:杨芳秀　刊播单位:《新闻战线》　刊播时间:2013年5月

(十四)第二十五届中国新闻奖获奖论文(2014)

❖ 一等奖

◎《时度效的内涵、应用及着力点》
作者:陈寅　编辑:邓瑜　刊播单位:《新闻战线》　刊播时间:2014年7月

◎《做好新形势下舆论引导工作的科学指南》
作者:杨振武　编辑:郑剑　刊播单位:《人民日报》　刊播时间:2014年5月

❖ 二等奖

◎《推动媒体融合发展　打造新型主流媒体》
作者:王晖　编辑:陈国权　刊播单位:《中国记者》　刊播时间:2014年6月

◎《三线立体互动传播:电视媒体的必由之路》
作者:李岭涛　编辑:陈富清　刊播单位:《中国广播电视学刊》　刊播时间:2014年3月

◎《党性和人民性关系问题溯源》
作者:王冰洋、李康乐　编辑:刘学渊　刊播单位:《新闻战线》　刊播时间:2014年5月

◎《在变革与坚守中加速前行》
作者:吕建楚　编辑:姜雨杉　刊播单位:《电视研究》　刊播时间:2014年11月

◎《产品融合:媒体融合发展的关键》
作者:陆先高　编辑:陈建栋　刊播单位:《传媒》　刊播时间:2015年1月

◎《"新闻+创意"构建主流媒体融合发展"新常态"》
作者:慎海雄　编辑:陈国权　刊播单位:《中国记者》　刊播时间:2014年11月

◎《以资源整合推动媒体融合》
作者:邝正、刘君　编辑:张垒　刊播单位:《中国记者》　刊播时间:2014年11月

❖ 三等奖

◎《网络舆情不等于网络民意》
作者:郑雯、桂勇　编辑:刘鹏　刊播单位:《新闻记者》　刊播时间:2015年2月

◎《报业集团如何布局全媒体》

作者:周跃敏　编辑:陈国权　刊播单位:《中国记者》　刊播时间:2014年6月

◎《法治新闻的数据挖掘与应用》

作者:魏春华、吴珂　编辑:陈国权　刊播单位:《中国记者》　刊播时间:2014年12月

◎《对移动互联下纸媒生存的四个判断》

作者:范洪涛　编辑:梁益畅　刊播单位:《中国记者》　刊播时间:2014年6月

◎《再论新媒体基因》

作者:彭兰　编辑:章淑贞　刊播单位:《新闻与写作》　刊播时间:2014年2月

◎《主题性报道也需要互联网思维——互联网时代主题性报道的自省与创新》

作者:仝文瑜　编辑:姜雨杉　刊播单位:《电视研究》　刊播时间:2014年10月

◎《加强资源有机整合 推动媒体深度融合》

作者:严克勤　编辑:樊丽萍　刊播单位:《中国广播电视学刊》　刊播时间:2014年9月

◎《关于应对网络涉军负面舆情的思考》

作者:夏忠、马宏省　编辑:祁一平　刊播单位:《解放军理论学习》　刊播时间:2014年

◎《一名图片编辑的遐想——大数据时代图片资源的检索与使用》

作者:耿菲菲　编辑:徐京星　刊播单位:《中国摄影报》　刊播时间:2014年

◎《传统媒体人提升判断力所需的媒介素养》

作者:曹林　编辑:杜娟　刊播单位:《青年记者》　刊播时间:2014年10月

◎《新型主流媒体的内涵及打造路径》

作者:陈国权　编辑:王立纲　刊播单位:《青年记者》　刊播时间:2014年12月

(十五)第二十六届中国新闻奖获奖论文(2015)

❖ 一等奖

◎《把握对外传播的时代新要求——深入学习贯彻习近平同志对人民日报海外版创刊30周年重要指示精神》

作者:杨振武　编辑:张垚　刊播单位:《人民日报》　刊播时间:2015年7月

❖ 二等奖

◎《网络新闻信息伤害的应对与规制》

作者:孔德明　编辑:雷萌　刊播单位:《中国新闻出版广电报》　刊播时间:2015年12月

◎《媒体"涉恐"新闻的伦理探讨》

作者:许丽花　编辑:周岩　刊播单位:《新闻记者》　刊播时间:2015年9月

◎《历史传播中电视媒体的担当与创新——以北京卫视〈档案〉栏目为例》

作者：徐滔、马宏、王寅　编辑：李嘉卓　刊播单位：《新闻与写作》　刊播时间：2015年10月

◎《小记者，撬动都市报媒体融合的一着好棋》

作者：丁晓斌　编辑：文璐　刊播单位：《中国记者》　刊播时间：2015年8月

◎《基于物联网技术的数字报业转型路径探索》

作者：刘先根、彭培成　编辑：武艳珍　刊播单位：《新闻战线》　刊播时间：2015年12月

◎《文新结合 实践提炼 以奖促刊——江西日报〈井冈山〉副刊作品蝉联中国新闻奖的启示》

作者：任辛、柳易江　编辑：冷梅　刊播单位：《新闻战线》　刊播时间：2015年12月

◎《在"一带一路"背景下如何做好对台传播》

作者：刘丽贞　编辑：莫玉玲　刊播单位：《中国广播》　刊播时间：2015年9月

◎《重大主题报道如何做到"三品合一"——以江苏广电总台全媒体系列节目〈你所不知道的中国〉为例》

作者：陈辉　编辑：梁益畅　刊播单位：《中国记者》　刊播时间：2015年3月

❖ 三等奖

◎《突发事件，靠什么终结舆论追问？》

作者：吴心远　编辑：刘鹏　刊播单位：《新闻记者》　刊播时间：2015年6月

◎《新媒体挑战下，欠发达地区县级民族报转型之惑》

作者：肖泽伟　刊播单位：《中国记者》　刊播时间：2015年5月

◎《从七家中国媒体实践看海外社交平台媒体传播效果评估》

作者：刘滢　编辑：万小广　刊播单位：《中国记者》　刊播时间：2015年7月

◎《藏语广播在新媒体冲击下的发展探索》

作者：王东智　刊播单位：《中国广播》　刊播时间：2015年8月

◎《城市电视台电视问政节目的探索与思考》

作者：覃露莹　编辑：陈富清　刊播单位：《中国广播电视学刊》　刊播时间：2015年7月

◎《用副刊演绎一座城市——以新民晚报"夜光杯"为例》

作者：刘伟馨　编辑：高海珍　刊播单位：《新闻与写作》　刊播时间：2015年3月

◎《全媒体时代党报副刊的"本土化"意识》

作者：王小微　编辑：卢文炤　刊播单位：《青年记者》　刊播时间：2015年11月

◎《新媒体时代城市电视台的转型与发展》

作者：王忠云　编辑：樊丽萍　刊播单位：《中国广播电视学刊》　刊播时间：2015年8月

（十六）第二十七届中国新闻奖获奖论文（2016）

❖ 一等奖

◎《把握好政治家办报的时代要求》
作者：杨振武　　编辑：杨学博　刊播单位：《人民日报》　刊播时间：2016 年 3 月

◎《始终坚守军报姓党的政治灵魂》
作者：李秀宝、孙继炼　　编辑：朱金平　刊播单位：《军事记者》　刊播时间：2016 年 4 月

❖ 二等奖

◎《把牢主阵地　传播正能量——江苏卫视节目创新创优实践与思考》
作者：卜宇　　编辑：樊丽萍　刊播单位：《中国广播电视学刊》　刊播时间：2016 年 1 月

◎《适应传播新趋势　构建引导新格局》
作者：王晖　　编辑：冷梅　刊播单位：《新闻战线》　刊播时间：2016 年 6 月

◎《移动互联时代的对外话语创新》
作者：刘洪涛、凌焱丰　　编辑：樊丽萍　刊播单位：《中国广播电视学刊》　刊播时间：2016 年 6 月

◎《习近平"四个坚持"的背景、逻辑及战略意义》
作者：曾海艳、吴雪华　　编辑：黄傲　刊播单位：《新闻潮》　刊播时间：2016 年 12 月

◎《党报经济新闻怎样找到"平衡感"》
作者：周咏南、邓崴　　编辑：张垒　刊播单位：《中国记者》　刊播时间：2016 年 7 月

◎《我国媒体重大涉华议题报道国际影响力探析及建议》
作者：蒋玉鼐　　编辑：文璐　刊播单位：《中国记者》　刊播时间：2016 年 12 月

◎《以创新型校对机制防范采编数字化的技术性差错》
作者：张小良、卢曦知、李娇　　刊播单位：《中国记者》　刊播时间：2016 年 11 月

❖ 三等奖

◎《论提升副刊品味的八条路径》
作者：吕国英　　编辑：武艳珍　刊播单位：《新闻战线》　刊播时间：2016 年 3 月

◎《微传播语境下的电视新闻创新》
作者：周国强　　编辑：樊丽萍　刊播单位：《中国广播电视学刊》　刊播时间：2016 年 3 月

◎《电视问政：构建城市公共治理平台》
作者：顾亦兵　　编辑：杨芳秀　刊播单位：《新闻战线》　刊播时间：2016 年 12 月

◎《摆脱先验性　增强穿透性》

作者:胡旭　编辑:武艳珍　刊播单位:《新闻战线》　刊播时间:2016 年 7 月

◎《民族地区党媒社论隐喻背后的时代变迁》

作者:廖云路　编辑:韩勉　刊播单位:《西藏日报》　刊播时间:2016 年 10 月

◎《从聂树斌案报道看舆论监督和正面宣传的统一性》

作者:刘良龙　编辑:谢丛容　刊播单位:《新闻知识》　刊播时间:2016 年 12 月

◎《"讲好中国故事"需要四个转向》

作者:李成　编辑:梁益畅　刊播单位:《中国记者》　刊播时间:2016 年 5 月

◎《以供给侧改革思维补好城市台短板》

作者:胡舜文　编辑:陈富清　刊播单位:《中国广播电视学刊》　刊播时间:2016 年 7 月

(十七)第二十八届中国新闻奖获奖论文(2017)

❖ 一等奖

◎《理性对待西方涉华舆论》

作者:朱龚星、朱金平　编辑:张锋　刊播单位:《军事记者》　刊播时间:2017 年 10 月

◎《构建话语共同体　提升舆论引导力》

作者:双传学　刊播单位:《新闻战线》　刊播时间:2017 年 10 月

❖ 二等奖

◎《国家领导人海外社交媒体报道效果评估与优化思考》

作者:朱智宾、蒋玉鼐　编辑:梁益畅　刊播单位:《中国记者》　刊播时间:2017 年 11 月

◎《把"四向四做"要求落实到记协工作实践之中》

作者:徐体义　编辑:王洪奎、傅尚坤　刊播单位:《影响力·云南传媒》　刊播时间:2017 年 9 月

◎《推动新闻舆论工作更好担负起时代使命》

作者:崔士鑫　编辑:冷梅　刊播单位:《新闻战线》　刊播时间:2017 年 1 月

◎《从"相加"到"相融"》

作者:陈忆多　编辑:谢江林　刊播单位:《南方电视学刊》　刊播时间:2017 年 8 月

◎《中国国际传播的盲区与突破》

作者:解冰、沈斌　编辑:沈斌　刊播单位:《对外传播》　刊播时间:2017 年 12 月

◎《坚定方向　做好导向　确立志向　把握取向》

作者:郑保卫　编辑:陈国权　刊播单位:《中国记者》　刊播时间:2017 年 1 月

◎《基于区块链技术的媒体融合路径探索》

作者:李鹏飞　编辑:郭潇颖　刊播单位:《长沙晚报》　刊播时间:2017 年 8 月

❖ 三等奖

◎《探寻传统媒体转型发展的"智库化道路"》
作者：王斯敏、贾宇　编辑：黄馨茹　刊播单位：《青年记者》　刊播时间：2017年6月

◎《努力提升藏语广播电视节目传播力和影响力》
作者：谭霖　刊播单位：《中国广播影视》　刊播时间：2017年5月

◎《重大国际性会议在地化舆论引导策略研究》
作者：郑文锦、朱鹏　编辑：肖玉平　刊播单位：《东南传播》　刊播时间：2017年9月

◎《媒体应急直播报道的几个问题》
作者：邢书良　编辑：耿建萍　刊播单位：《新闻采编》　刊播时间：2017年2月

◎《移动优先战略下，新媒体首发制的误区与提升路径》
作者：陈建飞　编辑：张垒　刊播单位：《中国记者》　刊播时间：2017年12月

◎《"青记"发展史》
作者：陈娟　编辑：李思辉、肖曜　刊播单位：《新闻前哨》　刊播时间：2017年11月

◎《破解中国学术话语的传播困境》
作者：冯建华　编辑：章淑贞　刊播单位：《新闻与写作》　刊播时间：2017年9月

◎《"顺势"与"逆势"下新一轮报纸副刊热剖析》
作者：赵晓梦　编辑：张晓燕　刊播单位：《中国报业》　刊播时间：2017年8月

◎《政治站位高　一线报道活　融合传播新》
作者：李旭、朱彦、骆辉　编辑：冷梅　刊播单位：《新闻战线》　刊播时间：2017年12月

◎《认真学习贯彻"11·7"重要讲话精神　为党的十九大营造良好舆论氛围》
作者：蔡小伟　编辑：梅晓敏　刊播单位：《海峡通讯》　刊播时间：2017年10月

◎《我党新闻思想理论的创新发展》
作者：林如鹏、支庭荣　编辑：贾宇、王珑　刊播单位：《光明日报》　刊播时间：2017年6月

（十八）第二十九届中国新闻奖获奖论文（2018）

❖ 一等奖

◎《坚定"四个意识"　坚持守正创新——学习习近平总书记"8·21"重要讲话》
作者：何平　编辑：陈国权　刊播单位：《中国记者》　刊播时间：2018年11月

◎《新时代呼唤构建良好网络舆论生态——深入学习贯彻习近平同志"4·19"重要讲话精神》
作者：王一彪　编辑：欧阳辉　刊播单位：《人民日报》　刊播时间：2018年4月

❖ 二等奖

◎《党媒由"端"到"云"的平台建设路径》
作者:毛晓红　编辑:建文　刊播单位:《新闻战线》　刊播时间:2018年1月
◎《如何做好新形势下的监督性报道——以〈中国纪检监察报〉纠"四风"系列报道为例 》
作者:何韬　编辑:梁益畅　刊播单位:《中国记者》　刊播时间:2018年11月
◎《走向军事新闻创新发展的新时代》
作者:李秀宝　编辑:朱金平　刊播单位:《军事记者》　刊播时间:2018年2月
◎《做有生命力的文化新闻报道》
作者:李晓芳　编辑:武艳珍　刊播单位:《新闻战线》　刊播时间:2018年5月
◎《电视理论传播功能的缺失与再造——以〈马克思是对的〉为例探析理论节目的创作与发展》
作者:卜宇　编辑:李跃森　刊播单位:《中国电视》　刊播时间:2018年9月
◎《保持人民情怀 做时代的记录者——写在习近平总书记致中国记协贺信一周年之际》
作者:米博华、韩韶君　编辑:陈利云　刊播单位:《新闻战线》　刊播时间:2018年11月
◎《提升乡村价值,构建乡村振兴媒体推动力》
作者:姜明　编辑:陈科　刊播单位:《新闻界》　刊播时间:2018年12月

❖ 三等奖

◎《新时代新闻媒体国际传播力提升对策——以〈胞波(缅文)〉报创办实践为例》
作者:郑绍健　编辑:李永斌　刊播单位:《传播与版权》　刊播时间:2018年12月
◎《"一带一路"对外传播的镜像理论解读》
作者:李荣、洪亚琪　编辑:肖婧为　刊播单位:《中国广播》　刊播时间:2018年1月
◎《多管齐下,全面提升党报公信力》
作者:王瀚林　编辑:冷梅　刊播单位:《新闻战线》　刊播时间:2018年12月
◎《融为一体　合而为一——广电媒体融合的探析与突破》
作者:樊冬平、吴鹏　编辑:耿建萍　刊播单位:《新闻采编》　刊播时间:2018年12月
◎《新时代电视理论节目大众化路径探析》
作者:庄谦宇、邵光涛、梅雪　编辑:武艳珍　刊播单位:《新闻战线》　刊播时间:2018年7月
◎《边疆地市级媒体融合发展探究》
作者:潘阳、余威　编辑:陈旭管　刊播单位:《中国传媒科技》　刊播时间:2018年8月

◎《提升党报"首位度" 构建融合传播新格局》

作者：双传学　编辑：陈利云　刊播单位：《新闻战线》　刊播时间：2018年11月

◎《重大主题报道的融媒体传播创新实践——基于库布其沙漠治理报道的分析》

作者：徐峰、安景璐、张丽萍　编辑：王月　刊播单位：《新闻战线》　刊播时间：2018年10月

◎《在深化闽宁合作中加强新闻舆论工作的实践研究》

作者：张国长　编辑：孙波　刊播单位：《新闻传播》　刊播时间：2018年3月

◎《传承创新，走出一条富有岭南特色的羊晚转型发展之路》

作者：刘海陵、雷鸣　编辑：梁益畅　刊播单位：《中国记者》　刊播时间：2018年11月

◎《国外媒体付费阅读模式的新探索》

作者：张天培　编辑：武艳珍　刊播单位：《新闻战线》　刊播时间：2018年3月

※ 论文案例 ※

当代国外党报概况述评[①]

王卫明

摘要：在主要发达国家，党报的发行量和影响力都很小，而党报在社会主义国家的影响力则较大。在披露发行量的党报中，发行量普遍偏少。

关键词：党报；政党；发行量

中图分类号：G206　　　[文献标识码] A

在全球分布情况

当代，除大洋洲未见党报创办的记载外，亚洲、欧洲、非洲、北美洲、南美洲不同程度地存在党报。

（一）苏联和东欧地区的党报情况[1]

1989年、1991年东欧国家和苏联先后发生了脱离社会主义轨道的政权更迭，以党报为核心的社会主义报业体系随之瓦解。党报在苏联和东欧国家数量剧减，影响力急剧衰落。吉尔吉斯斯坦、塔吉克斯坦、土库曼斯坦、爱沙尼亚、立陶宛、格鲁吉亚、亚美尼亚、阿塞拜疆等8国未见有关当代党报的记载。

苏联共产党中央机关报《真理报》在1991年"8·19事件"后作为独立报纸（非党报）继续存在。俄罗斯自由民主党办有机关报《自由党人报》，俄罗斯基督教民主党办

---

① 本文由王卫明的《当代国外党报概况述评》（原文载《国际新闻界》，2007年第1期）改写而成。

有机关报《民主政治》。俄罗斯联邦社会民主党出版报纸《社会民主党人报》,俄罗斯保守党出版《民主俄罗斯报》,俄罗斯复兴党出版报纸《俄罗斯复兴》。

哈萨克斯坦登记的政党和社会团体 250 个,哈萨克斯坦社会党办有机关报《共和国报》,哈萨克斯坦人民大会党办有机关报《人民大会党》。乌兹别克斯坦有 3 个合法政党,其中乌兹别克斯坦人民民主党办有机关报《乌兹别克斯坦之声》,用乌、俄文出版,每周出 1 次。拉脱维亚社会民主工党办有党的出版物《社会民主党人报》,拉脱维亚人民阵线办有机关报《阿特莫达日报》(用拉脱维亚文出版)和《波罗的海时报》(用俄文出版),拉脱维亚劳动民主党办有机关报《为独立而战报》。白俄罗斯约有几十个政党,已登记的有 12 个,但影响有限。白俄罗斯人民阵线办有机关报《白俄罗斯人民阵线新闻》。摩尔多瓦人民阵线办有机关报《国家报》,摩尔多瓦社会民主党办有机关报《共和国报》。

乌克兰政党多为 1990 年前后成立,多办有党报。但乌克兰共产党(乌克兰人数最多、影响最大的政党)、乌克兰社会党、乌克兰劳动党和乌克兰斯拉夫复兴党未见有关党报的记载。乌克兰主要有以下 9 家党报:乌克兰基督教民主党机关报《复活报》,乌克兰社会民主党机关报《乌克兰社会民主党人报》,乌克兰农民党(又称乌克兰农民民主党)机关报《土地和意识报》,乌克兰共和党党报《乌克兰通讯》,乌克兰民主党机关报《呼声报》,乌克兰绿党机关报《绿色世界报》,乌克兰自由民主党机关报《言论报》,乌克兰人民民主党机关报《神圣报》,乌克兰民族党党报《民族呼声报》。

波兰前执政党统一工人党于 1990 年停止活动,现在波兰主要有 4 家党报:波兰民主党机关报《波兰信使报》,独立波兰联盟机关报《波兰报》,波兰自由民主大会党党报《格但斯克报》,波兰农民党机关报《绿旗报》。

捷克主要有以下党报:捷克社会民主党机关报《人民权利报》,捷克人民党机关报《人民民主报》,捷克公民民主党党报《捷克日报》等。

斯洛伐克主要有以下党报:斯洛伐克民族党机关报《斯洛伐克民族报》,斯洛伐克基督教民主运动机关报《斯洛伐克日报》等。

匈牙利主要有以下党报:匈牙利社会民主党机关报《社会民主党人人民之声》,匈牙利共产党与社会主义工人党机关报《自由报》等。

罗马尼亚主要有 9 家党报:罗马尼亚社会民主党机关报《光明报》,罗马尼亚匈牙利族民主联盟机关报《埃尔德伊新闻》,罗马尼亚国家农民-基督教民主党机关报《正义报》,罗马尼亚生态党机关报《人与自然》,罗马尼亚生态运动机关报《生态》,罗马尼亚国家自由党机关报《未来报》和《自由报》,罗马尼亚农业民主党机关报《乡村报》,罗马尼亚民主党(救国阵线)机关报《今日报》。

保加利亚的党报创办时间较早,截至 1998 年依然在该国占有主流媒体地位。保加利亚主要有 4 家党报:保加利亚社会党(前身是保加利亚共产党)机关报《言论报》(前身为《工人事业报》,1927 年 3 月 5 日创刊,日报,是该国主要报刊之一),保加利亚社会民主党机关报《自由人民》,保加利亚民主党机关报《旗帜报》,保加利亚激进民主党机关报《21 世纪》。

(二) 主要发达国家的党报情况

英、法、美、德、日、意、加等发达国家党报数量较少,影响力也较小。

美国目前不存在由政党出版发行的全国性机关报或党报,只有由若干小党派主办的宣传刊物,但这类报纸的发行范围和影响力都十分有限。美国民主社会主义者组织办有机关报《民主左翼》,系双月刊。美国共产党办有机关报《人民世界周报》(分为英语版和西班牙语版)。

与其他资本主义发达国家相比,日本党报发行量比较高,但在舆论界不占主导地位。日本政党机关报主要有:日本自民党的《自由新报》,日本社会党的《社会新报》,日本公明党的《公明新闻》,日本共产党的《赤旗报》等。

英国工党(1989年有党员640万人)机关报《劳动周刊》,于1971年创刊,1987年底停刊。

法国政党大报仅剩法国共产党机关报《人道报》一家,法共领导的三家地方日报有《马赛曲报》《自由报》和《中部回声报》。

意大利天主教民主党中央机关报为《人民报》。意大利社会党机关报《前进报》,是1896年创刊的日报。意大利重建共产党党报为《解放报》。意大利共产党中央机关报《团结报》一度是该国第三大报纸,也曾是该国最大的党报,该党自1991年分裂为左翼民主党、重建共产党后,《团结报》以非党报身份存在了一段时间,2000年5月宣布停刊。[2]

加拿大仅有1家党报——加拿大共产党机关报《加拿大论坛》,系周报。加拿大新民主党在各省出版月报或不定期的简讯,无全国性报刊。

德国的党报较少,主要有德国共产党机关报《我们的时代》、德国民主社会主义党机关报《新德意志报》等。德国社会民主党办有党的普及性刊物、德文月刊《前进报》。

(三) 社会主义国家的党报情况

古巴、朝鲜、越南、老挝这4个社会主义国家仍在发展社会主义报业。越南共产党机关报《人民报》于1951年3月创刊,是该国主要报刊。古巴共产党中央委员会的机关报《格拉玛报》为日报,创刊于1965年10月,为全国第一大报。老挝人民革命党是老挝唯一政党、执政党,该党中央委员会机关报《人民报》于1950年创刊,为日报,用老挝文出版,每天4个版,发行量不大。朝鲜劳动党中央委员会机关报是《劳动新闻》,每天出6个版。

党报在社会主义国家的影响力较大。以《劳动新闻》为例,该报是朝鲜第一大报,是朝鲜最具影响力的报纸,在朝鲜社会政治生活中有着十分重要的地位。"每逢《劳动新闻》有重要社论发表,第二天都可以看到各单位组织干部职工集中学习《劳动新闻》社论的场景。《劳动新闻》在5版和6版就朝韩关系和朝鲜对外关系发表的很多重要评论也被世界舆论广泛关注。在朝鲜半岛核问题、朝美及朝日关系等重大问题上,《劳动新闻》发表的国际评论被国外很多媒体转发和刊载。"[3]

业务情况

（一）印刷语种和报型

国外有些党报以两种以上（含两种）语言出版。例如，马来西亚民主行动党机关报《火箭报》，用马来文、华文、印地文、英文4种文字出版。摩洛哥独立党机关报法文版是《舆论报》，阿拉伯文版是《旗帜报》。拉脱维亚人民阵线办有机关报《阿特莫达日报》（拉脱维亚文）和《波罗的海时报》（俄文）。党报以两种以上语言和名称出版，便于吸引使用不同语言的民众阅读。

国外的党报有些是小报型。例如，古巴共产党中央机关报《格拉玛报》原为对开6版，1992年3月12日改为8—12小开版。坦桑尼亚革命党党报《自由报》平日出8开16版，其星期日版《民族主义者报》出4开12版。可见，党报并非只能采用对开大报的大报型。

（二）出版周期

国外党报定期出版的居多，也有不定期出版的（如圣马力诺统一社会党机关报《社会主义革命》和智利社会党机关报《团结和斗争》）。定期出版的党报，出版周期差别也大——有些党报是日报，如丹麦社会民主党机关报《时闻报》。这其中，也有在某个工作日休刊的，例如：蒙古人民革命党中央机关报《真理报》星期一休刊。

有些党报出版周期介于日报和周报之间。例如，日本社会党中央机关报《社会新报》每周两期，芬兰社会民主党机关报《社会民主人》每周5期。有的是周报，如埃及民族民主党机关报《五月报》。有的是双周刊，如冈比亚人民进步党机关报《冈比亚时代报》。这两种情形较常见。有的党报是月刊，这种情形极少，如佛得角"争取民主运动"机关报《舆论报》。

（三）报道内容

通过文献检索，我们可以发现部分党报报道的侧重点。例如，有关政党领袖的报道是朝鲜劳动党中央委员会机关报《劳动新闻》的报道重点。劳动新闻社一位负责人强调："关于金正日将军革命活动的报道是《劳动新闻》工作的重中之重，是党报新闻报道事业的灵魂和核心。"古巴共产党中央委员会的机关报《格拉玛报》很早就不定期出版农民版和儿童版。

（四）发行量

国外的一些政党没有党报，如瑞典社会民主工人党、马耳他工党、澳大利亚工党。在披露发行量的党报中，除少数党报外，大多数党报发行量普遍不高。朝鲜劳动党中央委员会机关报《劳动新闻》发行量，声称有150万份。古巴共产党中央委员会的机关报《格拉玛报》发行量70万份。[4]越南共产党机关报《人民报》发行量18万份，周末发行量11万份。[5]乌拉圭白党党报《国家报》于1918年创刊，发行量10万份。[6]蒙古人民革命党机关报《真理报》发行量约为8000份。[7]

（五）其他业务

党报节是一种集政治、文化、体育、娱乐、餐饮、购物于一体的大型群众性欢庆活动，以群众喜闻乐见的方式达到宣传党的政策主张、鼓动群众、筹集党的经费、争取国际支持的目的。西欧各国共产党普遍有举办党报节的传统。除法共《人道报》节、葡共《前进报》节外，还有意大利重建共产党的《解放报》节、德国共产党的《我们的时代》报节和卢森堡共产党的《人民报》节等。[8]

在国外，有些政党既办有党报，又办有非机关报和党刊。例如芬兰社会民主党出版了包括机关报《社会民主人》在内的14种全国和地方报纸，总发行量近17万份，还出版理论刊物《社会主义杂志》。

综上所述，可得出一个结论：党报的存在是一个比较普遍的现象。

（本文作者王卫明系南昌大学新闻与传播学院教授、博士生导师，研究方向为传播实务。）

参考文献

[1] 钟清清.世界政党大全[M].贵阳：贵州教育出版社，1994.

[2] 陈力丹.世界新闻传播史[M].上海：上海交通大学出版社，2002.

[3] 赵嘉鸣：《走进朝鲜第一大报：金正日活动是报道重中之重》，《环球时报》2006年3月24日第16版。

[4] 数据引自中华人民共和国外交部网站对古巴国家概况的介绍文章（引用时间：2006年9月12日）。

[5] 此数据引自2006年10月29日的越南《人民报》网站。

[6] 此数据引自中华人民共和国外交部网站对乌拉圭国家概况的介绍文章（引用时间：2006年9月15日）。

[7] 此数据引自中华人民共和国外交部网站对蒙古国家概况的介绍文章（引用时间：2006年7月27日）。

[8] 王长勇.感受西欧共产党党报节[J].当代世界，2003(2).

[9] 中共中央对外联络部.各国社会党手册[M].北京：人民出版社，1992.

[10] 中共中央对外联络部.各国民族民主政党手册[M].北京：人民出版社，1995.

"千愿牵手"和"微慈善"①

王卫明　李小芬　阳婷

慈善（philanthropy），是以仁爱之心行济困之举，是国民收入的第三次分配，是社会福利的实现方式之一。慈善事业被认为是人类社会文明与进步的标志之一。在传统观

---

① 本文由王卫明等的《"千愿牵手"和"微慈善"》（原文载《新闻战线》，2011年第3期）改写而成。

念中,慈善似乎是大企业、大富豪的专利。但随着人们生活水平的提高,越来越多的普通人以自己的绵薄之力参与到慈善活动中,"微慈善"由此应运而生。

"微"基本含义是"小、少"。"微慈善"(micro-philanthropy),就是献出一点点的爱心,用自己的微薄之力帮助更多的人。"微慈善"从微小的慈善事项入手,将人们小小的爱心汇集起来,积少成多,形成一股强大的慈善力量。

南昌晚报社发现了"微慈善"的这种力量,通过举办"千愿牵手"活动,发掘出蕴藏在普通市民中的"微慈善"力量,将"微慈善"的温暖发散到受助孩子的身上。

1000个孩子、1000个心愿、1000份爱心、1000次感动……在每一个新年到来之际,都有1000个心愿通过《南昌晚报》"千愿牵手"得到实现。

两种需求　一个平台

一套新的文具,一个新的书包,就可以让外来务工人员的子女欣喜不已;一件新的衣服,就可以让特困家庭的子女摆脱寒冷,过上一个温暖的新年;坐上火车,去正在异地打工的父母身边,过个团圆的新年,是留守儿童奢望已久的心愿;坐一回摩天轮,看一场有趣的电影,可以让低保户的子女绽开久违的笑颜。他们的心愿很简单,甚至很平凡,但因为种种主观或者客观原因,这样的心愿对他们来说,如此渺小,却又难以实现。

一方面,农民工子女,留守儿童,父母残疾或特困户、低保户、单亲家庭的孩子,需要爱心人士的帮助。另一方面,许多爱心人士有心帮助别人,却难以找到合适的受助者,他们有释放爱心、帮助他人的需要。

以"责任媒体、阳光新闻"为宗旨的《南昌晚报》,发现了这两类人群的特别需要,于是策划运作了"千愿牵手"帮扶新闻行动,即通过连续性的新闻报道,在元旦前后,面向少年儿童征集1000个新年心愿,发动爱心人士认领这1000个心愿,牵手需要帮助的少年儿童,帮助实现受助者的新年心愿。

2007年12月27日,《南昌晚报》正式在版面上启动"千愿牵手"帮扶新闻行动,面向全市农民工子女、留守儿童以及特困户和低保户家庭的少年儿童征集1000个新年心愿。同时,《南昌晚报》也向社会征集爱心人士,新闻媒体与爱心人士携手,共同帮孩子们达成心愿。

为此,《南昌晚报》公布了新年心愿的征集条件、征集方式,包括报社的办公电话号码、记者的手机号码、电子信箱、QQ号、受理地点等。征集到的新年心愿,先后刊登在《南昌晚报》的版面上,供爱心人士认领。南昌晚报社还为"千愿牵手"设计了专门的LOGO(标识),每次报道都配上这个LOGO。

值得注意的是,"千愿牵手"的"愿",都是小小的、容易实现的心愿。例如,一本课外书,一个新书包,一个复读机,一个铅笔盒,一件新衣,一个生日蛋糕,参观一次滕王阁……这些心愿的起点很低,爱心人士和机构不必付出很多钱就可以认领,也不会因为参与慈善活动而导致自己的生活或工作受到影响。而这一系列做法正吻合"微慈善"的特征。

追踪报道　多方合作

据统计,每届"千愿牵手"活动,短则一个月,长则两个月,整版版面一二十个,发稿40多篇。

以第四届"千愿牵手"为例,其进程包括四个阶段。

阶段一:2010年11月22日发布启动消息,征集学校设立心愿采集点,记者进入学校收集贫困家庭孩子的心愿,跟踪报道进展情况,刊出个别感人心愿。

阶段二:2010年12月9日,心愿采集结束,开始陆续刊登来自本市40个心愿采集点的1000多个贫困家庭孩子的新年愿望供热心公益事业的单位和个人认领,追踪报道认领情况,刊出爱心榜单,连续追踪至全部心愿认领结束。

阶段三:2010年12月下旬,记者陆续将礼物送至贫困家庭孩子手中,并进行追踪报道,帮助贫困家庭孩子"圣诞节圆梦""元旦圆梦",直到所有孩子都领到礼物。同时,采访教育部门领导、学校领导、社会学专家对该活动的看法。

阶段四:2011年1月下旬,启动感恩音乐会,征集爱心节目,邀请爱心市民观看演出,并跟踪报道演出盛况,春节前结束全部报道。

通过追踪报道,《南昌晚报》的"千愿牵手"活动每届都形成了议程设置效果。

自"千愿牵手"活动举办以来,不仅让南昌市民纷纷伸出了援助之手,激发了民众向真向善、奉献爱心的热情,也吸引了中央电视台《讲述》栏目的目光。该栏目特地派出两位记者来昌,专门采访"举办"活动相关记者。2009年2月14日,中央电视台播出的《讲述》栏目[①],向观众介绍了"千愿牵手"活动。

每届"千愿牵手"活动的开展,都要花费大量的人力和物力,光靠一家报社的力量显然是吃力的。南昌晚报社工作人员的对策是"寻求合作,多方联手"。

以第四届"千愿牵手"活动为例,南昌晚报社得到了鹿鼎国际·家居展览中心等爱心企业的大力支持,得到了南昌慈善义工们的鼎力相助,也得到了江西电视台第五频道"第五社区"栏目和圈圈网的倾力协助。答谢爱心人士的第三届"千愿牵手"感恩音乐会,则是联合宏声琴行举办的,在南昌大学北区逸夫馆上演。

一个活动　多方共赢

《南昌晚报》年度慈善活动"千愿牵手"已经连续举办四届,取得良好的社会效益,实现了受助者、捐助者、读者、媒体、社会的多方共赢。

2008年1月12日,首届"千愿牵手"爱心认领活动在南昌市东湖区右营街小学拉开帷幕。心愿认领活动程序是:签到—选取心愿卡片—将悬挂的卡片取下—到工作人员处登记—帮助孩子实现愿望。实现孩子的心愿有两种形式:一是爱心人士直接与孩子联系,二是出资委托该报帮他们完成心愿。

---

① 当期节目视频,详见 http://space.tv.cctv.com/video/VIDE1234677075827130。

2008年1月26日18时,《南昌晚报》首届"千愿牵手"活动结束,孩子们的1030个心愿都被爱心人士和机构认领,爱心人士捐赠的善款和各类物资价值总计10多万元。其中,各类物资数量多达1600余件,善款达13000余元(不含市民定向捐助,直接给个别孩子的钱款)。

……

通过"千愿牵手"活动,4000余名贫困家庭的孩子实现了他们的新年心愿;几乎与世隔绝的南矶山学校的师生们拥有了通往信息社会的20台崭新的电脑;丈夫意外瘫痪的朱朱在报社的帮助下为孩子找到了100位"爸爸"……

在第四届"千愿牵手"活动启动仪式上,百花洲小学的辛雅琦小朋友为现场观众讲述了她参加第三届"千愿牵手"活动的经历:"我抱着试试看的想法向《南昌晚报》许下一个心愿,没想到几天后我就收到了梦寐以求的新年礼物。"

受助者熊义说:"衷心地感谢叔叔阿姨们,是你们用爱心实现了我的心愿,让许多像我一样的孩子实现了自己的新年心愿。感谢亲爱的叔叔阿姨们,在寒冷的冬日里给我带来了最温暖的阳光。"

宏声琴行总经理刘宏说:"帮助1000个孩子实现心愿,邀请热心人士进行爱心认领,这个活动非常好。一方面让生活在优越环境里的孩子们懂得关爱,另一方面又让在逆境中成长的孩子感受到社会的温暖。这样的活动,我们非常乐于参与,让生长在同一片蓝天下的所有孩子都能快乐地生活。"

自"千愿牵手"活动启动以来,这一慈善活动已成为《南昌晚报》精心打造的爱心品牌,得到了数千名爱心人士和近百家热心公益事业的企事业单位和社会组织的支持。在每个新年到来之际,帮助贫困家庭孩子实现心愿,已经成了许多爱心人士的习惯。

当然,在组织、报道"千愿牵手"活动的过程中,《南昌晚报》也得到了回报:在读者群中获得道德上的高度认同,进一步巩固"责任媒体、阳光新闻"的良好形象,"慈善营销"[①]对扩大其发行量也是有利的。

而读者,在阅读"千愿牵手"活动信息、参与"千愿牵手"活动的过程中,心灵得到熏陶,道德得到升华,自我价值得到快乐的实现。

"微慈善" 价值不微

如前所述,对"千愿牵手"活动的报道并不是传统的慈善报道。新闻媒体在其中的角色不仅仅是报道者,更是慈善活动的组织者、传播者。新闻媒体在其中的功能,不仅仅是"监测环境"的功能,还承担了"协调社会"的功能。

《南昌晚报》一个普通版面的广告收入,就足以让数以百计的孩子们实现那些小小的新年心愿,用一二十个版面报道这个"千愿牵手"活动,值得吗?

我们认为,对于新闻媒体的"微慈善"活动,不能用简单的"金额多少"来衡量其价

---

① 慈善营销,是指通过慈善活动树立良好的社会形象,从而赢得社会公众的好感,继而对消费者形成正面影响。

值,因为与具体的善款金额相比,对公众爱心的培育和张扬,对慈善观念、慈善文化的普及,对慈善活动的广泛参与,以及人与人之间互助关系的广泛存在,更为难得,更为珍贵。

古人云:"勿以善小而不为。"作为慈善的一种形式,"微慈善"是一种社会文明的进步,而且是慈善事业未来发展的主流方向之一。《南昌晚报》及时发现、发掘这一方兴未艾的社会风尚,不惜版面和篇幅,将其发扬光大,非常符合构建和谐社会的要求。

(本文作者王卫明系南昌大学教授,李小芬系《南昌晚报》时政部主任,阳婷系南昌大学新闻系硕士。)

二、SSCI英语论文

《计算机辅助传播杂志》(Journal of Computer-mediated Communication)是如今传播学领域全球影响力排名第一的学术期刊。该杂志有史以来引用量前十位的论文清单如下。

◎《社交网站:定义、历史与研究》

英语标题:Social Network Sites:Definition, History, and Scholarship

作者:Danah M. Boyd, Nicole B. Ellison

发表年份:2007

Google Scholar 引用量:17659

◎《脸书"好友"的收益:社会资本与大学生的线上社交网站使用》

英语标题:The Benefits of Facebook "Friends:" Social Capital and College Students' Use of Online Social Network Sites

作者:Nicole B. Ellison, Charles Steinfield, Cliff Lampe

发表年份:2007

Google Scholar 引用量:11055

◎《身处腹地:在场的概念》

英语标题:At the Heart of It All: The Concept of Presence

作者:Matthew Lombard, Theresa Ditton

发表年份:1997

Google Scholar 引用量:3961

◎《社交网站中有社会资本吗?脸书使用与大学生的生活满意度、信任度、参与度》

英语标题:Is There Social Capital in a Social Network Site? Facebook Use and College Students' Life Satisfaction, Trust, and Participation

作者:Sebastián Valenzuela, Namsu Park, Kerk F. Kee

发表年份:2009

Google Scholar 引用量:2377

◎《谁的空间？社交网站使用者与非使用者的差异考察》

英语标题:Whose Space? Differences Among Users and Non-Users of Social Network Sites

作者:Eszter Hargittai

发表年份:2007

Google Scholar 引用量:1712

◎《线上印象管理:线上相亲网站中的自我呈现过程》

英文标题:Managing Impressions Online: Self-Presentation Processes in the Online Dating Environment

作者:Nicole B. Ellison,Rebecca Heino,Jennifer L. Gibbs

发表年份:2006

Google Scholar 引用量:1706

◎《脸书与线上隐私:态度、行为与意外结果》

英语标题:Facebook and Online Privacy:Attitudes,Behaviors,and Unintended Consequences

作者:Bernhard Debatin, Jennette P. Lovejoy, Ann-Kathrin Horn, Brittany N. Hughes

发表年份:2009

Google Scholar 引用量:1381

◎《虚拟社群的吸引力:人们为什么网上冲浪》

英语标题:Virtual Community Attraction:Why People Hang out Online

作者:Constance Steinkuehler,Dmitri Williams

发表年份:2006

Google Scholar 引用量:1075

◎《公共的私人与私人的公共:YouTube 上的社交网络》

英语标题:Publicly Private and Privately Public:Social Networking on YouTube

作者:Patricia G. Lange

发表年份:2007

Google Scholar 引用量:1011

◎《每个人都知道我的(网)名:作为"第三场所"的线上游戏》

英语标题:Where Everybody Knows Your (Screen) Name:Online Games as "Third Places"

作者:Constance Steinkuehler,Dmitri Williams

发表年份:2006

Google Scholar 引用量:992

The Nation-State in the Digital Age: A Contextual Analysis in 33 Countries

Jia Lu[①]

School of Journalism and Communication, Tsinghua University

Xinchuan Liu

School of Journalism and Communication, Peking University

The rise of the Internet brings up a debate about its role in eroding or strengthening the nation-state. Taking the perspective of media ecology, this article explored the Internet's impacts on social context in which national identity and trust in the state are formed. Using the data from the World Values Survey, this article carried out multilevel analyses with 47,965 respondents in 33 countries. The results illustrated two conclusions. First, the Internet as a context threatens the mutual support between the nation and the state, leading to the separation of the nation-state. Second, democracy harnesses the Internet. On the one hand, digital freedom neutralizes the challenges brought by digital infrastructure. On the other hand, digital infrastructure favors the civic approach over the ethnic approach.

Keywords: nation-state, the Internet, media context, comparative media system

The nation-state serves as the fundamental structure of the modern world system. There is a long history about the research of media and the nation-state. Anderson (1983) suggested that the concept of the nation-state is created through people's imagination of participating in the daily ritual of newspaper reading across the country (also see Gellner, 1983). This theme appeared repeatedly with the advent of radio (Fry, 1998; Hayes, 1996; Mrazek, 1997) and of television (Edensor, 2002; Katz, 1996; McQuail, 1992) as well as with the more recent introduction of the Internet.

Research about the Internet and the nation-state started with the approach of technology determinism, arguing that the Internet's deterritorial capacity would erode the nation-state. However, the approach of social construction of technology prevailed later, arguing that social and individual predispositions domesticate the Internet and transform it into a tool used to consolidate the nation-state. Although few scholars would disagree with the fact that the Internet has played a critical role in national

---

① This study is funded by National Social Science Foundation of China (15CGL063), Tsinghua University Initiative Scientific Research Program (20151080415), and Beijing Social Science Fund (16JDGLB026).

building, research on the Internet and the nation-state have been criticized for controversial and idiographic claims (P. Smith & Phillips, 2006). As a result, it lacks a quantitative evidentiary footing about how the Internet forges patterns of collective attachment to the nation-state.

This article aimed to run a comprehensive quantitative test of the debate and make an up-to-date assessment of the direction and strength of the Internet's impacts on people's national identity and trust in the state. Taking the approach of media ecology, this article saw the Internet as a context and explored how it affects social context in which national identity and trust in the state are formed. Using the data from the World Values Survey (WVS) 2010—2014, this article carried out multilevel analyses with a big probability sample of 47,965 respondents from 33 countries.

The Nation-State: The Ethnic Approach and the Civic Approach

Nation is a cultural term, referring to a body of people who are naturally bounded together by certain affinities that give them a sense of unity by making them feel that they have something in common and differ from other people (Connor, 1978). State is a political term, referring to a body of people who live on a definite territory and are unified under a set of institutional forms of governance, which possess monopoly of coercive power and demand obedience from people (Connor, 1978). The merger of the two terms implies that politics and culture support each other, where a state derives the legitimacy to rule from its endorsement of a specific cultural group, and in turn a culture survives and thrives by the aid of political power.

For individual persons, their attachment to the nation-state is expressed through two concepts—national identity and trust in the state. To form a national identity means that a person develops a sense of belonging to a particular country, becomes emotionally attached to that country, is aware of his or her rights and obligations as the country's citizen, and devotes him or herself to the cause of the country in a state of patriotic infusion (Keillor, Hult, Erffmeyer, & Babakus, 1996). Political trust is critical for a state's legitimacy (Bianco, 1994; Dogan, 1994; Scholz & Lubell, 1998). Without citizen trust and support, the state is not able to exercise its governance on all cylinders (Dalton, 1996; Dogan, 1994; Listhaug, 1995; Newton & Norris, 2000).

A. D. Smith (2005) used two theoretical approaches to conceptualize the formation of the nation-state: the ethnic approach and the civic approach. For national identity, the ethnic approach (also known as ethnic nationalism) believes that a nation is held together by shared heritage, including a common language, a common culture, and a common ethnic ancestry (A. D. Smith, 1986, 2000). The civic approach (also known as civic nationalism), meanwhile, believes that a nation is held together by democracy, where its members have equal rights and its legitimacy comes from the "will of people" it represents (Miller, 1995, 2000; Tamir, 1993).

The two approaches also explicate trust in the state. The ethnic approach (also known as the cultural theory of political trust) contends that trust in the state results from long-standing, deeply rooted cultural values, which people learn through early life socialization (Almond & Verba, 1963; Inglehart, 1997). A homogenized, shared national culture fosters interpersonal trust, laying a solid base for people to cooperate with each other in local civic associations and national political institutions (Putnam, 1993). Thus, trust in the state is an extension of interpersonal trust, which is developed through cultural transmission and projected onto political institutions. The civic approach (also known as the institutional theory of political trust) argues that political trust depends on the performance of political institutions (Mishler & Rose, 2001). People trust the institutions that perform well and distrust the ones that fail to meet their demands. Democracy is one of important indicators people use to evaluate the performance of political institutions. Prior studies reported that political trust increases when people feel that their civil liberties are well protected (Inglehart, 1999; Levi, 1998; Uslaner, 2003).

The Internet and the Nation

Since its inception, the Internet has been viewed as an important tool for globalization (Castells, 1997, 2000; Knorr-Centina, 1999, 2005). A number of studies pointed out that the Internet makes global communication more prevalent, creating opportunities for people not only to enjoy a wide range of products and services but also to shape global consciousness around transnationally circulated cultural goods (see Beck & Sznaider, 2006; Bohman, 2004; Cannon & Yaprak, 2002; Fraser, 2007; Jenkins, 2008; Stratton, 1997; Tomlinson, 1999; Ugarteche, 2007). The free flow of information and the rise of global consciousness sever people's ties to locality and undermine the hegemony of national identity (Eriksen, 2007; Soffer, 2013). In addition, the Internet brings about social fragmentation and cultural individualization, eroding a collective sense of national identity (Castells, 2000; Lash, 2002; Poster, 1999). The Internet offers a wide range of informational options and social identities users can choose to consume, leading to the end of an integrated identity (Eriksen, 2007; Soffer, 2013).

On the other side of the debate, Curran (2012) criticized that the Internet's capacity of promoting global understanding is crippled by the socioeconomic structure of the world system, including disparate distribution of wealth and resources, language differences, bitter conflicts of values and beliefs, dominance of national cultures, and manipulation of authoritarian governments. On the contrary, the Internet contributes to the formation of national identity. First, the Internet is largely organized around nation-states, including national borders (Bharat, Chang, & Henzinger, 2001; Halavais, 2000), country domain names (Shklovski & Struthers, 2010), and native languages (Dor, 2004; Hafez, 2007). Second, national characters are strongly embedded with the contents of the Internet, particularly in online consumption of national news (Curran, 2012; Soffer, 2013), in times of war and national crisis (Mihelj, 2011), and among diasporas populations (Enoch & Grossman, 2010; Graham, 1998; Miller & Slater, 2000; Morozov, 2011).

The Internet and the State

A similar debate also occurred for the state. The early studies anticipated a diminishing role of the state in the digital age, where the Internet renders the state powerless. The Internet's threats concentrate on weakening four historical functions of the state—providing national security (Chroust, 2000), regulating economic activities (May, 2002; Perritt, 1998), preserving moral and cultural values (Jordan, 1999; Ownby, 2008), and participating in international cooperation (Coyle, 1997; Sklair, 2002; Virkar, 2013). Another widespread belief is that the Internet would subvert authoritarian regimes because it can break through the state's control and bring about direct democracy to citizens (Hague & Loader, 1999; Kalathil & Boas, 2003). Mueller (2013) called these arguments "cyberlibertarianism" and criticized that they are based on a naïve technology determinism ignoring certain economic, political, and technical conditions in which the Internet is developed (also see May, 2002).

On the other side of the debate is what Mueller (2013) called "cyberconservatism," advocating that the state is able to take advantage of the Internet and continue its power and dominance in the digital age. First, the state plays a leading role in fighting the information war and maintaining national security (Eriksson & Giacomello, 2009; May, 2002; Virkar, 2015). Second, the state is capable of enforcing laws in cyberspace and regulating online economic activities (Birnhack & Elkin-Koren, 2003; Eriksson & Giacomello, 2009; Gasser & Ernst, 2006; Goldsmith & Wu, 2006; Taylor, 1999). Third, the state serves as a primary defender of social norms against huge amounts of out-of-control information on the Internet (Eriksson & Giacomello, 2009; Mechling, 2002; Virkar, 2013). Fourth, the state is actively engaged in international cooperation on the Internet regulation covering a variety of issues, such as intellectual property, human rights, consumer fraud, and obscenity (Lenk, 1997; Perritt, 1998; Virkar, 2015). In addition, Kalathil and Boas (2003) denied the Internet's threat to authoritarian rule. They argued that the state can manipulate the Internet development and condition the ways it is used by social members (also see Morozov, 2011). Goldsmith and Wu (2006) concluded that the state succeeds in setting up national borders on the Internet to satisfy the needs of individuals and groups within the territory.

The Internet as a Context

So far, the debate about the Internet has focused on the relationship between individual Internet use and the nation-state but has ignored the broader media context in which national identity and trust in the state are formed, such as media ownership, media development, and content control (Harwood & Roy, 2005). Strate (2008) suggested that the impacts of media technologies concentrate on social context itself instead of specific contents within the context. He further explained how media function as contexts:

> A medium is not like a billiard ball, producing its effects by striking another ball. Rather it is more like the table on which human agents play their parts. As environments, media do not determine our actions, but they define the range of possible actions we can take, and facilitate certain actions while discouraging others. (p.135)

The importance of media context has been widely recognized in social identity theory (Reid, Giles, & Abrams, 2004; Trepte, 2006). Linking social identity theory to mass communication research, Harwood and Roy (2005) advocated an approach that would attend to macrolevel contextual factors as well as intersections between individual factors and contextual factors. Thus, the Internet's impacts on the nation-state can be better explored through the analysis of how it affects social context in which national identity and trust in the state are formed.

Taking the approach of media ecology, Levinson (1999) argued that the Internet, as a grand technology, creates a new media context. First, the virtual environment enables rich and diverse technology-mediated communications and contains a large portion of human experiences. Second, people's online interactions resemble their daily contacts in physical reality. Third, the hyperlink structure is similar to human thought processes, incorporating speech into all human actions. Fourth, virtual reality and augmented reality technologies mix the virtual and the physical, making them inseparable (Ruotsalainen & Heinonen, 2015). Likewise, Carey (1998) pointed out that the Internet is creating a new media ecology that alters structural relations among old media and displaces a national system of communications. Within such an ecology, new forms of identities and new representations of nations are formed.

According to Giddens (1991), people's identities are constructed through two steps—emancipatory politics and life politics. Emancipatory politics describes the extent to which people are liberated to make their own choices. Life politics refer to people's lifestyle choices that contribute to the process of self-actualization through which their identities are formed. Emancipatory politics creates and defines the environment in which life politics operates. It focuses on divisive distribution of resources and powers and aims to free people from the fixities of traditions and customs by eliminating or reducing exploitation, inequality, or oppression. In addition, Giddens (1991) saw Habermas's (1987) idea of ideal-speech situation as a communicative framework for emancipatory politics, where well-informed individuals would make free choices about their identities. There emerge two types of emancipatory politics—distribution of resources and distribution of free speech. They jointly determine the extent to which people are allowed to make their own choices on the nation-state.

The Internet as a context, therefore, refers to how the Internet is developed to affect emancipatory politics in a country. First, the distribution of informational resources through the Internet relates to the issue of digital infrastructure—more people have access to the Internet, more widely informational resources are diffused. Second, the distribution of free speech is about the issue of digital freedom—freedom of speech on the Internet. Viewing the Internet as a context, this article aimed to explore how contextual differences on the Internet affect national identity and trust in the state. At the contextual level, digital infrastructure and digital freedom were adopted to specify the degree of emancipatory politics on the Internet, which delineates media context in which national identity and trust in the state are formed.

RQ1: How does digital infrastructure affect national identity?

RQ2: How does digital freedom affect trust in the state?

In addition to the main effects, this article examined the moderating effects of digital emancipation on the nation-state. The literature above indicated two theoretical approaches to explicate national identity and trust in the state—the ethnic approach and the civic approach. The following research questions are asked about how digital emancipation affect their contributions to national identity and trust in the state.

RQ3a: How does digital infrastructure moderate ethnic and civic effects on national identity?

RQ3b: How does digital infrastructure moderate ethnic and civic effects on trust in the state?

RQ4a: How does digital freedom moderate ethnic and civic effects on national identity?

RQ4b: How does digital freedom moderate ethnic and civic effects on trust in the state?

Method

Sample

The individual-level data come from the sixth wave (2010-14) of the World

Values Survey (WVS). Initiated in 1981, the WVS is the largest transnational, longitudinal investigation of human beliefs and values in all major cultural zones. Typically, in each country, a sample of 1,000 or more adults was selected using random stratified sampling, and were interviewed face-to-face. The sixth wave is the latest survey, with 85,000 respondents from 57 countries. The country-level data were obtained from the United Nations and the Freedom House. All the data were combined to create the final sample with 47,965 respondents at the individual level and 33 countries at the country level.

Measurement

To measure national identity, this article adopted two questions in the WVS. V211 asks, "How proud are you to be [your own nationality]?" The answers include four categories, from very proud to not at all proud. V214 asks how much respondents agree or disagree with the statement, "I see myself as part of my nation." The answers include four categories, from strongly agree to strongly disagree. V211 and V214 were combined into a scale to measure national identity ($\alpha = 0.593$).

To measure trust in the state, this article adopted Newton and Norris's (2000) scale, including six questions in the WVS. Respondents are asked, "I am going to name a number of organizations. For each one, could you tell me how much confidence you have in them: Is it a great deal of confidence, quite a lot of confidence, not very much confidence, or none at all?" The following organizations are listed: the churches (V108), the armed forces (V109), the press (V110), television (V111), labor unions (V112), the police (V113), the courts (V114), the government (in your nation's capital) (V115), political parties (V116), parliament (V117), the civil service (V118), universities (V119), major companies (V120), banks (V121), environmental organizations (V122), women's organizations (V123), and charitable or humanitarian organizations (V124). A factor analysis was run with all 17 variables (KMO: 0.924; Bartlett's test of sphericity: $p < 0.001$). V113, V114, V115, V116, V117, and V118 were loaded up into one factor and were combined into a scale ($\alpha = 0.869$), describing one's confidence in the state.

At the country level, digital infrastructure is measured by the Internet infrastructure index, which, released by the United Nations, is a composite of the penetration rates of Internet-based services, including Internet users in general, fixed broadband subscriptions, wireless broadband subscriptions, and mobile-cellular subscriptions. Digital freedom is measured by the Internet freedom index, which is released by the Freedom House to rate the state of online freedom in a country, including obstacles to access, limits on content, and violation of user rights. Because the infrastructure index and the freedom index are annually updated, the data in the year of 2014 were singled out for analysis. To diagnose potential multicollinearity, two indices were centered and the VIF of each was computed. The results are below the threshold of considering the multicollinearity problem (digital infrastructure: 1.847; digital freedom: 1.127).

To measure the ethnic approach, this article adopted the traditional/secular-rational values index in the WVS, where the traditional orientation and the secular-rational orientation take two ends of one continuum (the lower the score, the more traditional). According to Inglehart and Welzel (2005), the traditional orientation values religion, family, history, and authority but rejects divorce, abortion, and euthanasia. In contrast, the secular-rational orientation has the opposite preferences on all of these topics. Thus, the respondents who are inclined to the traditional orientation are likely to endorse the dogmatic imperatives of tradition and religion, which are inherited from older generations.

To measure the civic approach, this study used two questions in the WVS. V114 asks, "How democratically is this country being governed today?" Respondents are required to choose a position on a 10-point scale, from not at all democratic to completely democratic. V115 asks, "How much respect is there for individual human rights nowadays in this country?" The answers include four categories, from a great deal respect to no respect at all. V115 was transformed into a 10-point scale by recoding four categories into 1, 4, 7, and 10. Then, V114 and V115 were combined into a scale measuring the civic approach ($\alpha=0.603$).

In addition, two groups of individual-level variables were entered into the models as controls. One is about other types of media use, including newspaper (V217) and television (V219), radio (V220), and Internet (V223). The other is about demographic variables, including income (V239), gender (V240), age (V242), and education (V248).

Analysis

To account for the nested nature of respondents in countries, a series of hierarchical linear regression models (HLM) are constructed to examine both country-level and individual-level effects. They allow us to see whether or not individual and contextual variables can significantly affect dependent variables and to observe the interactions between the two levels. Group mean centering was used at the individual level, and grand mean centering was used at the country level. Table 1 shows the descriptive statistics of all key variables.

Table 1 Descriptive Statistics

Variables	N	Mean (SD)	Min, Max	Description
National identity	47,965	3.02 (1.09)	1, 7	7 being highest level
Trust in the state	47,965	9.60 (4.24)	1, 19	19 being highest level
Ethnic approach	47,965	0.64 (0.17)	0.01, 1	1 being highest level
Civic approach	47,965	11.09 (4.16)	1, 19	19 being highest level
Internet use	47,965	2.72 (1.76)	1, 5	5 being highest level
Newspaper	47,965	3.29 (1.56)	1, 5	As above
TV	47,965	4.48 (1.06)	1, 5	As above
Radio	47,965	3.46 (1.64)	1, 5	As above
Income	47,965	4.92 (2.11)	1, 10	10 being highest level
Age	47,965	41.05 (15.98)	16, 98	age
Education	47,965	5.86 (2.32)	1, 9	9 being highest level
Sex	47,965			Male (50%) Female (50%)
Digital freedom	33	60.06 (16.99)	13, 92	0—100, the lower the score, the worse freedom
Digital infrastructure	33	45.35 (23.47)	8.28, 93.50	0—100, the lower the score, the worse infrastructure

Two null models were first created to give full information on the variance components for the two levels of influence and to serve as baselines for comparison with subsequent models. Chi-square tests for variance components indicate the significance of the results ($p < 0.001$), suggesting that there are variances in the outcome variables caused by the Level 2 groupings. The Intraclass Correlation Coefficients (ICC) are 20.5% for national identity and 17.2% for trust in the state, indicating the percentage of the variances for explaining outcomes at the country level.

Then, two random intercepts and slopes models that combine an intercept-as-outcome model and a slope-as-outcome model were built. All the individual and contextual variables were simultaneously entered into the models. In addition, cross-level interaction terms were also included to examine moderating effects. The explanatory powers of two random intercepts and slopes models at the country level are 47.2% for national identity and 31.5% for trust in the state. The explanatory powers at the individual level are 15.8% for national identity and 23.1% for trust in the state (see Tables 2 and 3).

Table 2   Estimated Effects of Individual and Contextual Variables on National Identity
(Random Intercepts and Slopes Model)

	Variables	Coefficient	SE	t-ratio
	Intercept	8.256	0.088	93.881***
Country-level effects	Digital infrastructure	−0.024	0.003	−6.894***
	Digital freedom	0.018	0.005	3.465**
Individual-level effects	Ethnic approach	3.159	0.167	18.971***
	Civic approach	0.037	0.006	6.619***
	Income	0.008	0.007	1.273
	Sex	−0.077	0.018	−4.227***
	Age	0.002	0.001	1.956*
	Education	−0.004	0.007	−0.601
	Newspaper	0.010	0.011	0.965
	Television	0.069	0.016	4.183***
	Radio	0.025	0.010	2.550*
	Internet	−0.028	0.009	−3.145**
Cross-level interactions	Ethnic × Digital infrastructure	−0.001	0.006	−0.028
	Ethnic × Digital freedom	0.007	0.009	0.744
	Civic × Digital infrastructure	0.008	0.001	3.199**
	Civic × Digital freedom	0.001	0.001	0.315
	Random effects	Variance components	SD	Chi-square (df)
	Country level	0.282	0.531	55.10 (30)***
	Individual level	0.539	0.734	12,718 (32)***
Country-level explained variance		47.2%		
Individual-level explained variance		15.8%		

Note. Unstandardized coefficients. $N=47,965$. Countries=33.

* $p<0.05$. ** $p<0.01$. *** $p<0.001$.

Table 3   Estimated Effects of Individual and Contextual Variables on Trust in the State
(Random Intercepts and Slopes Model)

	Variables	Coefficient	SE	t-ratio
	Intercept	9.448	0.287	32.976***
Country-level effects	Digital infrastructure	0.025	0.014	1.787*
	Digital freedom	−0.043	0.021	−2.095**

续表

	Variables	Coefficient	SE	t-ratio
Individual-level effects	Ethnic approach	9.424	0.467	20.162 ***
	Civic approach	0.268	0.012	21.893 ***
	Income	0.059	0.013	4.402 ***
	Sex	−0.010	0.038	−0.263
	Age	−0.003	0.003	−1.115
	Education	−0.058	0.024	−2.436 *
	Newspaper	0.134	0.029	4.589 ***
	Television	0.038	0.035	1.097
	Radio	0.080	0.029	2.802 **
	Internet	0.039	0.039	1.014
Cross-level interactions	Ethnic × Digital infrastructure	−0.043	0.014	−3.092 **
	Ethnic × Digital freedom	−0.025	0.028	−0.892
	Civic × Digital infrastructure	0.002	0.001	3.148 **
	Civic × Digital freedom	−0.001	0.001	−0.534
	Random effects	Variance components	SD	Chi-square (df)
	Country level	2.782	1.668	85,56 (30) ***
	Individual level	3.144	1.773	12,424 (32) ***
Country-level explained variance		31.5%		
Individual-level explained variance		23.1%		

Note. Unstandardized coefficients. $N=47,965$. Countries$=33$.

* $p<0.05$. ** $p<0.01$. *** $p<0.001$.

Results

For the main effects, digital infrastructure is negatively related to national identity ($\beta=-0.024$, SE$=0.003$, $p<0.001$) and positively related to trust in the state ($\beta=0.025$, SE$=0.014$, $p<0.05$). Digital freedom is positively related to national identity ($\beta=0.018$, SE$=0.005$, $p<0.01$) and negatively related to trust in the state ($\beta=-0.043$, SE$=0.021$, $p<0.01$).

For cross-level moderating effects, digital infrastructure strengthens the positive relationships between the civic approach and national identity ($\beta=0.008$, SE$=0.001$, $p<0.01$) as well as between the civic approach and trust in the state ($\beta=0.002$, SE$=0.001$, $p<0.01$). As digital infrastructure increases, these relationships become stronger. Digital infrastructure, meanwhile, weakens the positive relationship between the ethnic approach and trust in the state ($\beta=-0.043$, SE$=0.014$, $p<0.01$). As digital infrastructure increases, this relationship becomes weaker.

Discussion

Digital infrastructure has antithetical main effects. The negative relationship between digital infrastructure and national identity reflects the approach of technology determinism, highlighting the Internet's deterritorial capability. The positive relationship between digital infrastructure and trust in the state reflects the approach of social construction of technology, highlighting the critical role the state plays in domesticating Internet technology. Public confidence is critical for the state. A number of studies described how hard the state works to embrace the Internet, through which huge resources are mobilized and a wide range of measures are taken to serve the public (see Brewer, Neubauer, & Geiselhart, 2006; Chadwick & May, 2003; Goldsmith & Wu, 2006; Kalathil & Boas, 2003; Morgeson, van Amburg, & Mithas, 2011; Welch, Hinnant, & Jae Moon, 2005). The result of this study supports the institutional theory of political trust, where trust in the state increases when the Internet has been used to improve the performance of the state's institutions. Thus, the state's efforts compromise the deterritorial potential of the Internet and transform it into a tool being used to build up public confidence in the state.

Like digital infrastructure, digital freedom also has antithetical main effects. On the one hand, digital freedom is positively related to national identity. Digital freedom is about free speech on the Internet, which is seen in the theories of Giddens (1991) and Habermas (1987) as an important instrument to protect an open, free context. In such a context, individuals can use their own rational devices to discern truth from error by sifting through competing opinions. Dworkin (1996), however, argued that the value of free speech lies not just in its consequences but also in its commitment to equality by offering everyone an opportunity to speak. It constitutes an essential feature of democratic fairness. Any curtailment of free speech would infringe on the very democratic value of political equality. Thus, digital freedom is not only an instrument but also a liberal ideology advocating protection of civil liberties. The result on national identity supports the civic approach, where democracy serves as an ideological link to unite people into a nation.

On the other hand, digital freedom is negatively related to trust in the state. It coincides with previous findings about the pervasive decline of public confidence in state institutions in democratic countries (Dalton, 1996; Dogan, 1994; Niemi, Mueller, & Smith, 1989; Norris, 1999; Nye, 1997; Nye & Zelikow, 1997). It reflects the core value of pluralist democracy, where media freedom is supposed to lower public confidence in the state because "obviously, no political system, not even a democratic one, is perfect. No institution can escape criticism from some segment of society. Unanimity is a ridiculous pretension of totalitarian regimes" (Dogan, 1992, p.121).

The abovementioned results illustrate the paradoxical role of digital freedom. The concept of national identity is abstract and intangible, existing in people's imagination. Experiences with online freedom build up people's awareness and support of democratic ideals, which in turn foster their sense of belonging to a national community. Trust in the state, however, is concrete and tangible, depending on actual functioning of institutions in practice. Media freedom makes people more demanding and more critical about institutional performance so as to diminish their trust in the state (Norris, 1999). The distinction between abstract ideology of democracy and specific trust in the state was also noted in previous studies. For example, Harding, Philips, and Fogarty (1986) reported that a significant portion of the population express loss of confidence in state institutions, but very few of them are ready to give up the entire democratic system. The vast majority still have strong faith in democracy as the guiding ideology of governance (Lipset & Schneider, 1983). Inglehart (1999) argued that the postmodernization phase of development in advanced industrial countries erodes respect for authority but gives rise to growing support for democratic principles.

Digital freedom works against digital infrastructure on their main effects. Although digital infrastructure weakens national identity, digital freedom inhibits its deterritorial potential and protects national solidarity. Although digital infrastructure strengthens trust in the state, digital freedom compromises the state's control and maintains the diversity of opinions and pluralist democracy. Here, digital freedom functions to neutralize the technological bias resulting from digital infrastructure and levels the subsequent digital divide that favors the state with plenty of resources. The relationship between digital infrastructure and digital freedom illustrates a negotiation process on the Internet, in which the distribution of informational resources is counterbalanced by ideological diffusion of democracy to maintain cohesiveness and equality of a society.

Democracy, however, does not always oppose Internet technology—they also work together to bolster the nation-state. The results show that digital infrastructure strengthens the positive contributions of the civic approach to national identity and trust in the state. Prior research pointed out a positive relationship between the Internet and democracy. At the individual level, for example, Internet use increases people's demand for democracy by providing them pluralistic contents and allowing them to actively participate in public issues (Bratton, Mattes, & Gyimah-Boadi, 2005; Groshek, 2009; Lei, 2011; Nisbet, Stoycheff, & Pearce, 2012). At the country level, Internet penetration is positively related to the democratic level of a country (Best & Wade, 2009; Groshek, 2009; Howard, 2009; Kedzie, 2002). Groshek (2009) explained that users in a context with a higher level of Internet penetration are exposed to more pluralistic contents, which in turn promote their demand for democracy. In this study, likewise, digital infrastructure increases people's demand for democracy. When this demand is satisfied through the civic approach, their endorsement of the nation-state is enhanced.

In contrast to the strengthening effects on the civic approach, digital infrastructure weakens the positive relationship between the ethnic approach and trust in the state. The ethnic approach argues that trust in the state comes from interpersonal trust among citizens, who are unified by a long-standing, shared national culture. The Internet, however, brings about social fragmentation and cultural individualization, undermining the cultural basis of interpersonal trust as well as political trust (Castells, 2000; Eriksen, 2007; Lash, 2002; Poster, 1999; Soffer, 2013). For people who live in a country with a higher level of digital infrastructure, therefore, their trust in the state is less likely to be derived through the ethnic approach.

Conclusion

The findings of this article jointly reveal two general conclusions. First, the Internet as a context threatens the mutual support between the nation and the state. On the one hand, digital infrastructure weakens the nation and strengthens the state. Thus, the nation is unable to provide cultural support for the state, leading to "a state without a nation." On the other hand, digital freedom strengthens the nation and weakens the state. Thus, the state is unable to provide political endorsement for the nation, leading to "a nation without a state." Any bias toward either side would separate the nation-state. Its unity can only be achieved through the coordinated development of digital infrastructure and digital freedom.

Second, democracy harnesses the Internet. On the one hand, digital freedom works against digital infrastructure on their main effects over national identity and trust in the state. As an ideology of democracy, digital freedom functions to neutralize the challenges resulting from technological development. On the other hand, digital infrastructure shows favoritism to the civic approach over the ethnic approach. As digital infrastructure increases, people's attachment to the nation-state would rely more on the universal appeal of democracy than on the particular appeal of ethnicity.

References

Almond, G., & Verba, S. (1963). The civic culture. Princeton, NJ: Princeton

University Press.

Anderson, B. (1983). Imagined communities: Reflections on the origin and spread of nationalism. London, UK: Verso.

Beck, U., & Sznaider, N. (2006). Unpacking cosmopolitanism for the social sciences: A research agenda. British Journal of Sociology, 57(1), 1-23. doi:10.1111/j.1468-4446.2009.01250.x.

Best, M. L., & Wade, K. (2009). The Internet and democracy: Global catalyst or democratic dud? Bulletin of Science, Technology & Society, 29(4), 255-271. doi: 10.1177/0270467609336304.

Bharat, K., Chang, B., & Henzinger, M. (2001). Who links to whom: Mining linkage between websites. Proceedings of the IEEE International Conference on Data Mining (pp.51-58). Washington, DC: IEEE Computer Society. doi:10.1109/ICDM.2001.989500.

Bianco, W. T. (1994). Trust: Representatives and constituents. Ann Arbor, MI: University of Michigan Press.

Birnhack, M. D., & Elkin-Koren, N. (2003). The invisible handshake: The re-emergence of the state in the digital environment. Virginia Journal of Law and Technology, 8(6), 1-48.

Bohman, J. (2004). Expanding dialogue: The Internet, the public sphere, and prospects for transnational democracy. Sociological Review, 52(1), 131-155. doi:10.1111/j.1467-954X.2004.00477.x.

Bratton, M., Mattes, R., & Gyimah-Boadi, E. (2005). Public opinion, democracy, and market reform in Africa. New York, NY: Cambridge University Press.

Brewer, G., Neubauer, B., & Geiselhart, K. (2006). Designing and implementing E-government systems: Critical implications for public administration and democracy. Administration & Society, 38(4), 472-499.

Cannon, H. M., & Yaprak, A. (2002). Will the real-world citizen please stand up! The many faces of cosmopolitan consumer behavior. Journal of International Marketing, 10(4), 30-52. doi:10.1509/jimk.10.4.30.19550.

Carey, J. (1998). The Internet and the end of the national communication system: Uncertain predictions of an uncertain future. Journalism & Mass Communication Quarterly, 75(1), 28-34. doi:10.1177/107769909807500106.

Castells, M. (1997). The power of identity. Malden, MA: Blackwell.

Castells, M. (2000). The rise of the network society. Malden, MA: Blackwell.

Chadwick, A., & May, C. (2003). Interaction between states and citizens in the age of the Internet: E-government in the United States, Britain, and the European Union. Governance, 16(2), 271-300. doi:10.1111/1468-0491.00216.

Chroust, P. (2000). Neo-Nazis and the Taliban online: Anti-modern political movements and the modern media. In P. Ferdinand (Ed.), The Internet, democracy and democratization (pp.102-117). London, UK: Frank Cass.

Connor, W. (1978). A nation is a nation, is a state, is an ethnic group is a. . . . Ethnic and Racial Studies, 1(4), 377-400.

Coyle, K. (1997). Coyle's information highway handbook: A practical file on the new information order. Chicago, IL: American Library Association.

Curran, J. (2012). Reinterpreting the Internet. In J. Curran, N. Fonton, & J. Freedman (Eds.), Misunderstanding the Internet (pp.3-33). London, UK: Routledge.

Dalton, R. J. (1996). Citizen politics. Chatham, NJ: Chatham House.

Dogan, M. (1992). Conceptions of legitimacy. In M. Hawkesworth & M. Kogan (Eds.), Encyclopedia of government and politics (pp.116-128). New York, NY: Routledge.

Dogan, M. (1994). The pendulum between theory and substance: Testing the concepts of legitimacy and trust. In M. Dogan & A. Kazancigil (Eds.), Comparing nations (pp.296-313). Oxford, UK: Blackwell.

Dor, D. (2004). From Englishization to imposed multilingualism: Globalization, the Internet, and the political economy of the linguistic code. Public Culture, 16(1), 97-118. doi:10.1215/08992363-16-1-97.

Dworkin, R. (1996). Freedom's law. Oxford, UK: Oxford University Press.

Edensor, T. (2002). National identity, popular culture, and everyday life. Oxford, UK: Bloomsbury Academic.

Enoch, Y., & Grossman, R. (2010). Blogs of Israeli and Danish backpackers to India. Annals of Tourism Research, 37(2), 520-536. doi:10.1016/j. annals.2009.11.004.

Eriksen, T. H. (2007). Nationalism and the Internet. Nations and Nationalism, 13(1), 1-17. doi:10.1111/j.1469-8129.2007.00273. x.

Eriksson, J., & Giacomello, G. (2009). Who controls what, and under what conditions? International Studies Review, 11(1), 206-210. doi:10.1111/j.1468-2486.2008.01841. x.

Fraser, N. (2007). Transnationalizing the public sphere: On the legitimacy and efficacy of public opinion in a post-Westphalian world. Theory, Culture & Society, 24(4), 7-30. doi:10.1177/0263276407080090.

Fry, K. (1998). A cultural geography of Lake Wobegon. Howard Journal of Communications, 9(4), 303-321. doi:10.1080/106461798246925.

Gasser, U., & Ernst, S. (2006). From Shakespeare to DJ Danger Mouse: A quick look at copyright and user creativity in the digital age (Berkman Klein Center for Internet & Society Research Publication No.2006-05). Retrieved from https://papers. ssrn. com/sol3/papers. cfm? abstract_id=909223.

Gellner, E. (1983). Nations and nationalism. London, UK: Blackwell.

Giddens, A. (1991). Modernity and self-identity: Self and society in the late modern age. Stanford, CA: Stanford University Press.

Goldsmith, J., & Wu, T. (2006). Who controls the Internet? Illusions of a borderless world. New York, NY: Oxford University Press.

Graham, S. (1998). The end of geography or the explosion of place? Conceptualizing space, place, and information technology. Progress in Human Geography, 22 (2), 165-185. doi:10.1191/030913298671334137.

Groshek, J. (2009). The democratic effects of the Internet 1994-2003: A cross-national inquiry of 152 countries. International Communication Gazette, 71(3), 115-136. doi:10.1177/1748048508100909.

Habermas, J. (1987). Theory of communicative action, volume two: Lifeworld and system: A critique of functionalist reason (T. A. McCarthy, Trans.). Boston, MA: Beacon Press.

Hafez, K. (2007). The myth of media globalization. Cambridge, UK: Polity.

Hague, B. N., & Loader, B. D. (1999). Digital democracy, discourse, and decision-making in the information age. London, UK: Routledge.

Halavais, A. (2000). National borders on the World Wide Web. New Media & Society, 2(1), 7-28. doi:10.1177/14614440022225689.

Harding, S., Philips, D., & Fogarty, M. (1986). Contrasting values in Western Europe. London, UK: Macmillan.

Harwood, J., & Roy, A.(2005). Social identity theory and mass communication research. In J. Harwood & H. Giles (Eds.), Intergroup communication: Multiple perspectives (pp.189-212). New York, NY: Peter Lang.

Hayes, J. (1996). Touching the sentiments of everyone: Nationalism and state broadcasting in thirties Mexico. Communication Review, 1(4), 411-439.

Howard, P. (2009). The digital origins of dictatorship and democracy: Information technology and political Islam. Oxford, UK: Oxford University Press.

Inglehart, R. (1997). Modernization and postmodernization: Cultural, economic, and political change in 43 societies. Princeton, NJ: Princeton University Press.

Inglehart, R. (1999). Postmodernization erodes respect for authority, but increases support for democracy. In P. Norris (Ed.), Critical citizens: Global support for democratic government (pp.236-256). Oxford, UK: Oxford University Press.

Inglehart, R., & Welzel, C. (2005). Modernization, cultural change, and democracy: The human development sequence. Cambridge, MA: Cambridge University Press.

Jenkins, H. (2008). Convergence culture: Where old and new media collide. New

York, NY: New York University Press.

Jordan, T. (1999). Cyberpower: The culture and politics of cyberspace and the Internet. London, UK: Routledge.

Kalathil, S., & Boas, T. C. (2003). Open networks, closed regimes: The impact of the Internet on authoritarian rule. Washington, DC: Carnegie Endowment for International Peace.

Katz, E. (1996). And deliver us from segmentation. The Annals of the American Academy of Political and Social Science, 546, 22-33. doi: 10.1177/0002716296546001003.

Kedzie, C. (2002). Coincident revolutions and dictator's dilemma. In J. E. Allison (Ed.), Technology, development, and democracy (pp.105-130). Albany, NY: State University of New York Press.

Keillor, B. D., Hult, G. T. M., Erffmeyer, R. C., & Babakus, E. (1996). NATID: The development and application of a national identity measure for use in international marketing. Journal of International Marketing, 4(2), 57-73.

Knorr-Centina, K.(1999).Epistemic cultures: How the sciences make knowledge. Cambridge, MA: Harvard University Press.

Knorr-Centina, K. (2005). Complex global microstructures: The new terrorist societies. Theory, Culture & Society, 22 (5), 213-234. doi: 10.1177/0263276405057200.

Lash, S. (2002). Critique of information. London, UK: SAGE Publications.

Lei, Y. (2011). The political consequences of the rise of the Internet: Political beliefs and practices of Chinese netizens. Political Communication, 28(3), 291-322. doi: 10.1080/10584609.2011.572449.

Lenk, K. (1997). The challenge of cyberspatial forms of human interaction to territorial governance and policing. In B. D. Loader (Ed.), The governance of cyberspace: Politics, technology, and restructuring (pp.126-135). London, UK: Routledge.

Levi, M. (1998). A state of trust. In M. Levi & V. Braithwaite (Eds.), Trust and governance (pp.77-101). New York, NY: Russell Sage Foundation.

Levinson, P. (1999). Digital McLuhan: A guide to the information millennium. New York, NY: Routledge.

Lipset, S. M., & Schneider, W. (1983). The confidence gap, business, labor, and government in the public mind. Baltimore, MD: Johns Hopkins University Press.

Listhaug, O. (1995). The dynamics of trust in politicians. In H. D. Klingemann & D. Fuchs (Eds.), Citizens and the state (pp.261-297). Oxford, UK: Oxford University Press.

May, C. (2002). The information society: A sceptical view. Cambridge, MA: Polity.

McQuail, D. (1992). Media performance:Mass communication and the public interest. London, UK:SAGE Publications.

Mechling, J. (2002). Information age governance:Just the start of something big? In E. C. Kamarck & J. S. Nye, Jr. (Eds.), Governance.com:Democracy in the information age (pp.141-160). Washington, DC:Brookings Institution Press.

Mihelj, S. (2011). Media nations:Communicating belonging and exclusion in the modern world. Hampshire, UK:Palgrave Macmillan.

Miller, D. (1995). On nationality. Oxford, UK:Clarendon Press.

Miller, D. (2000). Citizenship and national identity. Cambridge, UK:Cambridge University Press.

Miller, D., & Slater, D. (2000). The Internet:An ethnographical approach. Oxford, UK:Berg.

Mishler, W., & Rose, S.(2001). What are the origins of political trust? Testing institutional and cultural theories in post-communist societies. Comparative Political Studies, 34, 30-62. doi:10.1177/0010414001034001002.

Morgeson, F. V., van Amburg, D., & Mithas, S. (2011). Misplaced trust? Exploring the structure of the E-government-citizen trust relationship. Journal of Public Administration Research and Theory, 21(2), 257-283. doi: 10.1093/jopart/muq006.

Morozov, E. (2011). The net delusion. London, UK:Allen Lane.

Mrazek, R. (1997). Let us become radio mechanics:Technology and national identity in late-colonial Netherlands East Indies. Comparative Studies in Society and History, 39(1), 3-33.

Mueller, M. L. (2013). Networks and states:The global politics of Internet governance. Cambridge, MA:MIT Press.

Newton, K., & Norris, P. (2000). Confidence in public institutions:Faith, culture, or performance. In S. J. Pharr & R. D. Putnam (Eds.), Disaffected democracies:What's troubling the trilateral countries? (pp.52-73). Princeton, NJ:Princeton University Press.

Niemi, R. G., Mueller, J., & Smith, T. W. (1989). Trends in public opinion. New York, NY:Greenwood.

Nisbet, E. C., Stoycheff, E., & Pearce, K. E. (2012). Internet use and democratic demands:A multinational, multilevel model of Internet use and citizen attitudes about democracy. Journal of Communication, 62(2), 249-265. doi:10.1111/j.1460-2466.2012.01627.x.

Norris, P. (1999). Introduction:The growth of critical citizens. In P. Norris (Ed.), Critical citizens:Global support for democratic government (pp.1-19). Oxford, UK:Oxford University Press.

Nye, J. S. (1997). Introduction: The decline of confidence in government. In J. S. Nye, P. D. Zelikow, & D. C. King (Eds.), Why people don't trust government (pp. 1-18). Cambridge, MA: Harvard University Press.

Nye, J. S., & Zelikow, P. D. (1997). Conclusion: Reflections, conjectures and puzzles. In J. S. Nye, P. D. Zelikow, & D. C. King (Eds.), Why people don't trust government (pp.253-282). Cambridge, MA: Harvard University Press.

Ownby, D. (2008). Falun Gong and the future of China. New York, NY: Oxford University Press.

Perritt, H. H. (1998). The Internet as a threat to sovereignty? Thoughts on the Internet's role in strengthening national and global governance. Indiana Journal of Global Legal Studies, 5(2), 423-442.

Poster, M. (1999). National identities and communications technologies. Information Society, 5(4), 235-240.doi: 10.1080/019722499128394.

Putnam, R. D. (1993). Making democracy work. Princeton, NJ: Princeton University Press.

Reid, S., Giles, H., & Abrams, J. (2004). A social identity model of media effects. Zeitschriftfür Medienpsychologie, 16(1), 17-25.

Ruotsalainen, J., & Heinonen, S. (2015). Media ecology and the future ecosystemic society. European Journal of Futures Research, 3(1), 1-10.doi: 10.1007/s40309-015-0068-7.

Scholz, J. T., & Lubell, M. (1998). Trust and taxpaying: Testing the heuristic approach to collective action. American Journal of Political Science, 42(2), 398-417.

Shklovski, I., & Struthers, D. M. (2010). Of states and borders on the Internet: The role of domain name extensions in expressions of nationalism online in Kazakhstan. Policy & Internet, 2(4), 107-129. doi: 10.2202/1944-2866.1075.

Sklair, L. (2002). Globalization: Capitalism and its alternatives. Oxford, UK: Oxford University Press.

Smith, A. D. (1986). The ethnic origins of nations. Oxford, UK: Blackwell.

Smith, A. D. (2000). The nation in history: Historiographical debates about ethnicity and nationalism. Hanover, NH: University Press of New England.

Smith, A. D. (2005). Ethnicity and nationalism. In G. Delanty & K. Kumar (Eds.), The SAGE handbook of nations and nationalism (pp.169-181). London, UK: SAGE Publications.

Smith, P., & Phillips, T. (2006). Collective belonging and mass media consumption: Unraveling how technological medium and cultural genre shape the national imaginings of Australians. The Sociological Review, 54(4), 818-846. doi: 10.1111/j.1467-954X.2006.00673. x.

Soffer, O. (2013). The Internet and national solidarity: A theoretical analysis.

Communication Theory, 23(1), 48-66. doi:10.1111/comt.12001.

Strate, L. (2008). Studying media as media: McLuhan and the media ecology approach. Media Tropes, 1, 127-142.

Stratton, J. (1997). Cyberspace and the globalization of culture. In D. Porter (Ed.), Internet culture (pp.253-276). London, UK: Routledge.

Tamir, Y. (1993). Liberal nationalism. Princeton, NJ: Princeton University Press.

Taylor, J. (1999). The information polity. In W. H. Dutton (Ed.), Society on the line: Information politics in the digital age (pp.127-128). Oxford, UK: Oxford University Press.

Tomlinson, J. (1999). Globalization and culture. Chicago, IL: University of Chicago Press.

Trepte, S. (2006). Social identity theory. In J. Bryant & P. Vorderer (Eds.), Psychology of entertainment (pp.255-271). Mahwah, NJ: Erlbaum.

Ugarteche, O. (2007). Transnationalizing the public sphere: A critique of Fraser. Theory, Culture & Society, 24(4), 65-69.

Uslaner, E. M. (2003). Trust, democracy and governance: Can government policies influence general trust? In M. Hooghe & D. Stolle (Eds.), Generating social capital: Civil society and institutions in a comparative perspective (pp.171-190). New York, NY: Palgrave MacMillan.

Virkar, S. (2013). Designing and implementing E-government projects: Actors, influences, and fields of play. In S. Saeed & C. G. Reddick (Eds.), Human-centered design for electronic government (pp.88-110). Hershey, PA: IGI Global.

Virkar, S. (2015). Globalization, the Internet, and the nation-state: A critical analysis. In J. P. Sahlin (Ed.), Social media and the transformation of interaction in society (pp.51-66). Hershey, PA: IGI Global.

Welch, E. W., Hinnant, C. C., & Moon, M. J. (2005). Citizen satisfaction with E-government and trust in government. Journal of Public Administration Research and Theory, 15(3), 371-391.

When Health Information Meets Social Media: Exploring Virality on Sina Weibo[①] *

Xinchuan Liu

School of Journalism and Communication, Peking University

Jia Lu

School of Journalism and Communication, Tsinghua University

[①] *Correspondence should be addressed to Jia Lu, School of Journalism and Communication, Tsinghua University, Beijing 100084, China. Email: lujia_tamu@tsinghua.edu.cn.

Haiyan Wang

School of Journalism and Communication, Tsinghua University

Abstract

This study explored the impacts social media bring about on health communication. The impacts involved four factors—authority, privacy, evidence, and incentive appeals. They were adopted to predict virality of health messages on Sina Weibo in terms of retweeting, endorsing, and replying. A quantitative content analysis was conducted with a two-stage probability sample of 1,261 messages from 34 accounts. The results illustrated two modes weibo users employed to process health information. The heuristic mode was used for retweeting that was sensitive to public messages, negative appeals, and non-professional authority. The systematic mode was used for endorsing and replying that were sensitive to private messages, positive appeals, and both professional and non-professional authorities.

When Health Information Meets Social Media: Exploring Virality on Sina Weibo

Social media become increasingly important for health communication. For one thing, social media serve as an important platform to deliver health information. Chou et al. (2009) pointed out that social media break free of demographical and contextual restrictions, such as race, education, or the channels of receiving healthcare services. With a high penetration rate, social media allow health information to reach a large number of people with a variety of socioeconomic status and health conditions. For another, social media facilitate behavioral changes. Maher et al. (2014) suggested that social media give patients more social support by connecting them to doctors, other patients, and the people around. Connection and support contribute to positive behavioral changes.

The importance of social media demands an investigation of their impacts on health communication. The impacts concentrate on four key factors that affect the way people process health information—authority, privacy, evidence, and incentive appeals (Fritch & Cromwell, 2001). First, authority determines how individual users perceive credibility of health information. Now professional authority is facing the strong challenge from social media (Lee & Sundar, 2013). Second, to protect privacy is a critical requirement for healthcare practitioners. On social media, however, the traditional distinction between the public and the private tends to disappear (Papacharissi, 2010). Third, evidence and incentive appeals are necessary for persuading people to adopt healthy practices. Social media seem to show favoritism to negative appeals and narrative evidence over positive appeals and statistical evidence (Hansen et al., 2011; Lash, 2002). This study, therefore, aimed to empirically test if and to what degree these impacts affect the effectiveness of health communication on social media. Specifically, authority, privacy, evidence, and incentive appeals were adopted to predict virality of health messages in terms of retweeting, endorsing, and replying. A quantitative content analysis was conducted to study health messages on the accounts of medical doctors at Sina Weibo, the largest microblogging platform in China. A two-stage probability sampling method was used to obtain a sample of 1,261 messages from 34 accounts.

Virality of social media: Retweeting, favoriting/endorsing, and replying

The effectiveness of health communication can be evaluated by analyzing interactive behaviors of social media users. The interactive behaviors have been loosely defined as "virality", including retweeting, favoriting, and replying. Alhabash and McAlister (2015) provided a comprehensive definition of virality of social media, consisting of three dimensions-viral reach, affective evaluation, and message deliberation. Viral reach refers to message sharing and forwarding by social media users, recording the number of users who choose to share and forward a message with their online social networks, for example, retweeting of Twitter and sharing of Facebook. Affective evaluation refers to social media users' affective responses to messages, for example, favoriting of Twitter and liking of Facebook. Message deliberation refers to social media users' discussions of messages, for example, replying of Twitter and commenting of Facebook. Alhabash and McAlister (2015) argued that viral reach, affective evaluation, and message deliberation require different degrees of cognitive resources. Specifically on Twitter, viral reach is the least cognitive demanding among the three types of behaviors.

These behaviors involve various motivations and attitudes of social media users. For viral reach, Boyd, Golder, and Lotan (2010) reported that the retweet function is used not only to spread information but also to develop and maintain relationships with others. Recuero, Araujo, and Zago (2011) found that the retweet function is used to express agreement, show support, exchange ideas, and diffuse information. Metaxas et al. (2014) indicated that people retweet when the message is interesting, trustworthy, informational, or something they agree with. However, Metaxas et al. (2014) also pointed out that some users' profiles contain a disclaimer saying that retweeting does not mean endorsement or agreement.

For affective evaluation, Meier, Elsweiler, and Wilson (2014) found that pressing the favorite button on Twitter is motivated by a range of heterogeneous reasons, including 25 specific cases under two major groups—favoriting as a response or reaction to a tweet and favoriting for a purpose or as a function. Gorrell and Bontcheva (2014) reported five categories of favoriting motivations—liking, conversation, self-promotion, bookmark, and thanks. Both of the studies, however, pointed out that among various motivations, liking is always the most dominant one as a means of non-verbal, or non-textual, communication for acknowledgement and agreement. On Sina Weibo, the counterpart function of favoriting is called "赞(ZAN)", which literally means "endorsement". Thus, "赞(ZAN)" is supposed to be more accurate than favoriting to express the attitude of agreement and endorsement.

Authority

On social media, the functions of retweeting, endorsing, and replying empower individual users by allowing them to express their opinions. They change the relationship between authorities and ordinary users. The wide spread of new media technologies breaks down the monopoly of authorities on information and knowledge, and contributes to developing a less hierarchical approach in which authority sources are more diffuse (Castells, 1996; Lash, 2002). Metzger, Flanagin, and Medders (2010) argued that the traditional criteria of credibility evaluation have been strongly challenged by Web 2.0, in which a vast number of individual experiences and opinions form a collectivity of knowledge, and grass-roots players could become experts under certain circumstances (also see Eysenbach, 2008). On social media, Chou et al. (2009) worried that the openness of social media would generate a great deal of unreliable or even wrong information about health. Similarly, Adams (2010) warned that professional authority of healthcare givers would be undermined by the de-centralized design of social media. As a result, professional opinions are in danger of being swallowed by an ocean of amateur information and attracting insufficient attention from patients.

Considering the characteristics of health messages on Sina Weibo, this study examined three types of authority—document, affiliation, and bandwagon. Document and affiliation involved professional authority. According to Fritch and Cromwell (2001), document authority is about information presentation, for example, whether or not professional sources are cited in health messages, and affiliation authority refers to the credentials and qualifications of medical institutions doctors are affiliated with. Bandwagon was introduced by Lee and Sundar (2013) to describe a tendency that people are likely to believe in the opinions that many other people believe to be correct. This tendency becomes salient when people have to deal with large amounts of information, for example, the situation on social media (Bonabeau, 2004; Sundar, 2008).

The previous studies suggested that social media enhance the effects of bandwagon but undermine the ones of professional authority. Thus, hypothesis 1 was formulated by using bandwagon to predict virality.

H1a: Messages with more bandwagon are more likely to be retweeted.

H1b: Messages with more bandwagon are more likely to be endorsed.

H1c: Messages with more bandwagon are more likely to be replied.

For affiliation and document, it is still unclear to what degree their effects are compromised on social media. They might make no contribution or negative contribution to virality. Thus, two research questions were formulated as follows:

RQ1: How does affiliation authority affect retweeting, endorsing, and replying?

RQ2: How does document authority affect retweeting, endorsing, and replying?

Privacy

On social media, individual users are empowered not only to level up the distance from social authorities but also to cross over the traditional line between the public and the private. Papacharissi (2010) argued that social media break down the barrier between public and private spheres and make the details of private concerns publicly visible. Consequently, the distinction between the public and the private is blurred, leading to potential risks of disclosure and illegal use of private information (Barnes, 2006). In contrast, health communication emphasizes the strict public-private distinction (George, 2011; Starr, 1999). In the United States, the HIPAA (Health Insurance Portability and Accountability Act) was issued to protect patients' privacy by stopping sensitive health information from being misused or disclosed improperly (Choi et al., 2006). Facing the challenge of social media, many studies called for developing a complete set of rules against invasion of privacy when medical practitioners use social media (see George, 2011; Greysen, Kind, & Chretien, 2010; Guseh, Brendel, & Brendel, 2009).

Only a few studies have adopted the public-private perspective to examine health information on social media. For example, Thackeray et al. (2013) and Neiger et al. (2013) found that Twitter has been used mainly for one-way search for solutions to personal health problems. Chew and Eysenbach (2010) reported that public news are most frequently posted and personal experiences are not likely to be retweeted unless they are very appealing or contain details that are practically useful. The public-private perspective has also been used to compare interactive behaviors of social media users. Meier, Elsweiler, and Wilson (2014) argued that favoriting differs from retweeting in the degree of privacy. While retweeting a message to followers might serve as a public sign of approval, favoriting is a more private but sometimes more meaningful form of acknowledgement or approval. Thus, retweeting and favoriting could be considered a choice between using mass communication and interpersonal forms of nonverbal communication. Smock et al. (2011) reported that Facebook's function of commenting is linked to the motivation of social interaction, which also positively predicts the other functions of one-to-one communication, such as private messaging, chat, and Wall posts. The motivation of expressive information sharing, on the other hand, positively predicts the functions of one-to-many communication, such as status update and Groups. The results indicated that like favoriting, replying is an interpersonal one-to-one communication with a different motivation from retweeting. Thus, hypothesis 2 was formulated to use the public-private dichotomy to predict virality.

H2a:Public messages are more likely to be retweeted than private messages.

H2b:Private messages are more likely to be endorsed than public messages.

H2c:Private messages are more likely to be replied than public messages.

Evidence

Blurring the line between the public and the private directly influences how claims are made in health messages. Traditionally rationality and logic are used in public discussion, while emotion and personal experiences are found in private life (Barbalet, 1998; Lash, 2002). In health communication, the public and the private are respectively related to two types of evidence that are used to support claims-statistical evidence and narrative evidence. Statistical evidence presents empirical statistics and quantitative facts in the form of summary information of a large number of cases. Narrative evidence provides individual cases or examples in the form of storytelling. For a long time, controversy has surrounded the question of which evidence is more persuasive (Reinard, 1988; Reynolds & Reynolds, 2002).

In health communication, Kopfman et al. (1998) compared the effects of two types of evidence in organ donation messages. They reported that statistical evidence is effective in cognitive reactions while narrative evidence is effective in affective reactions. Parrot et al. (2005) found that statistical evidence is effective to influence highly involved individuals while narrative evidence is effective to influence less involved individuals. Cody and Lee (1990) discovered that narrative evidence has greater significant long-term effects than statistical evidence in receiving the video tapes about skin cancer protection. Greene and Brinn (2003) compared the effects of two types of evidence on college women's risky behaviors of using tanning beds. They reported that although both types have some effect on tanning intentions and behaviors, statistical evidence may be more effective than the narrative type.

Empirically, few studieshave examined statistical evidence and narrative evidence on social media. Lash (2002) theorized that advanced information communication technologies produce a large volume of out-of-control information, which is raw material that has not been processed by human intelligence. Such information is often chaotic, vague, and self-conflicting with a collage of particulars and a lack of universality. The information flow on social media supports Lash's (2002) idea. Social media depend on the voluntary contribution of millions of users. The information is based on a collage of particulars. There is no coordinating system to thoroughly check and process the information. Lash's (2002) theory seemed to suggest the decline of statistical evidence that is processed by human intelligence and represents the logic of universality, and, at the same time, the rise of narrative evidence that is based on particulars. Then, hypothesis 3 was formulated to use narrative and statistical evidence to predict virality.

H3a: Messages with narrative evidence are more likely to be retweeted than ones with statistical evidence.

H3b: Messages with narrative evidence are more likely to be endorsed than ones with statistical evidence.

H3c: Messages with narrative evidence are more likely to be replied than ones with statistical evidence.

Incentive appeals

Using social media changes the way the claims in health messages are made. It is expressed not only in what evidence are adopted but also in what incentive appeals are used. In general, there are two major types of appeals—positive and negative. Negative appeals rely on the loss frame to threaten people with harmful outcomes of unhealthy behaviors. Positive appeals rely on the gain frame to highlight positive outcomes of recommended healthy practices.

The early research seemed to agree that negative appeals are more effective than positive ones. For one thing, negative appeals look novel, surprising, and are likely to draw people's attention (Levin et al., 1972). For another, negative appeals receive more weight in people's judgement than positive appeals (Kline, 1987). The later research, however, rejected the simplified conclusion, and described various scenarios for negative and positive appeals to take effect. For example, a number of studies suggested that positive and negative appeals are effective respectively for prevention behaviors and detection behaviors (Rothman et al., 2006; Salovey & Williams-Piehota, 2004). However, a meta-analytic review about prevention behaviors found that the difference between two appeals is, even if not statistically non-significant, so small as to be negligible (O'Keefe & Jensen, 2007). In a similar vein, another meta-analytic review about detection behaviors concluded that using negative appeals rather than positive appeals is unlikely to improve persuasiveness of health messages (O'Keefe & Jensen, 2009).

Social media introduce a new scenario to consider the effects of incentive appeals.

In general, research has indicated that the word of mouth (WOM) of social media facilitates propagation of negative information and negative sentiment. Hansen et al. (2011) reported that negative news are more likely to be retweeted on Twitter. Jenders, Kasneci, and Naumann (2013) discovered that negative sentiment enhances the virality of news-related tweets. Research about Sina Weibo reported that about 70% of information is negative (Yu, 2011), and negative sentiment promotes the retweet of postings (Zhang, 2016). Thus, hypothesis 4 was formulated to use positive and negative appeals to predict virality.

H4a: Messages with negative appeals are more likely to be retweeted than ones with positive appeals.

H4b: Messages with negative appeals are more likely to be endorsed than ones with positive appeals.

H4c: Messages with negative appeals are more likely to be replied than ones with positive appeals.

Method

Sampling

The data used in this study were collected from Sina Weibo. As of the end of 2015, Sina Weibo recorded a total of 500 million registered users with 46 million active users per day. It has become the largest and most important microblogging platform in China. On Sina Weibo, there is a special group of accounts that are tagged as medical doctors. This group has a total of 617 accounts. The owners of these accounts are all real-name registered medical doctors, including both Chinese medicine and Western medicine. Sina Weibo has a strict procedure of real-name registration. The applicants are required to provide a series of credentials about their identities and qualifications, such as ID cards, medical licenses, and supporting documents of medical institutes with which they are affiliated. The sampling frame refers to all the original health-related messages that were posted on these accounts between February 1, 2013[①] and December 31, 2014.

The samplingconsisted of two stages. The first stage took an individual weibo account as a unit and randomly selected 40 accounts from the total of 617 accounts. For each chosen account, all the messages between February 1, 2013 and December 31, 2014 were downloaded and saved. Then, two research assistants examined these messages and sought out original health-related messages. It was found that 6 accounts

---

① On February 1, 2013, Sina Weibo launched the function of "ZAN (赞)/endorsing".

had the health-related messages less than 30 and were not qualified for multi-level analyses[①]. Thus, these accounts were eliminated from the sample and the rest of 34 accounts entered the second stage of sampling. The second stage took an individual message as a unit and randomly selected 40 health-related messages on each account. It was found that 8 accounts had the health-related messages from 30 to 40. All the messages on these accounts were put into the sample. Consequently, the final sample recorded a total of 1,295 original health messages from 34 accounts.

Measurement

Sina Weibo automatically records the number of times a message is retweeted, the number of times it is endorsed by viewers, and the number of times it solicits comments from viewers.

Authority includes three variables—document, affiliation, and bandwagon. Document was measured by whether or not a message cites any professional source. According to Lee and Sundar (2013), bandwagon was measured by the number of followers an account has. Affiliation was measured by the caste system of medical institutions with which the owners of accounts are affiliated. The caste system is an official system to evaluate professional qualifications of medical institutions in China. The top tier of this system is called "SAN JIA" (三甲). "SAN JIA" is regarded as the best medical institutions in China. Although ordinary Chinese patients might not know which individual doctors are the best in certain fields, they generally believe that they can get the best treatments at "SAN JIA" hospitals. Thus, this study used "SAN JIA"/"NOT SAN JIA" to measure affiliation authority. The complete caste system is available at the official website of the Ministry of Health (https://www.hqms.org.cn/usp/roster/index.jsp), providing the cast information about almost all medical institutions in China. Table 1 listed the coding schemes of document, privacy, evidence, and incentive appeals.

Table 1 The coding schemes of document, privacy, incentive appeals, and evidence

Document
■ Citing professional sources: A message cites professional sources, such as academic scholars, government officials, and healthcare practitioners.
■ No professional sources: A message does not citeany professional source, such as academic scholars, government officials, and healthcare practitioners.

---

① The hierarchical linear model (HLM) requires that the sample includes at least 30 collective-level units and each collective unit includes at least 30 individual-level units.

	续表

Privacy

- Public messages refer to the ones directing at people in general or talking health issues on the societal level or being publicly concerned with, for example, social consequences a particular disease causes, or research progress about curing some diseases.
- Private messages refer to the ones discussing medical cases about individual persons or a group of persons, for example, doctors themselves, their family members, friends, and patients.

Incentive Appeals

- Positive appeals: Messages focus on advantages or benefits of recommended healthy practices.
- Negative appeals: Messages focus on harmful outcomes of unhealthy practices.
- No appeals: No appeals is used when no health practice is recommended in a message.

Evidence

- Statistical evidence: Messages present empirical statistics and quantitative facts in the form of summary information of a large number of cases.
- Narrative evidence: Messages present individual cases or examples in the form of storytelling.
- No evidence: No evidence is needed when no claim is made in a message.

Coding

A pilot study with 500 messages was conducted to test the coding schemes and train the coders. The pilot study found that there were a small number of messages using both negative and positive appeals or using both statistical and narrative evidence. Because of the small number, it was inappropriate to assign another new category to contain them. Thus, we decided to remove these messages from the final sample. Two coders, then, independently coded 1,295 messages in the sample. Each coded 50%. Consequently, 34 messages were removed and the remaining 1,261 messages entered the final sample. In the final sample, 252 messages (20%) were randomly selected to test intercoder reliability. Cohen's Kappa was used to calculate intercoder reliability for document ($\kappa=0.853$), privacy ($\kappa=0.879$), evidence ($\kappa=0.809$), and incentive appeals ($\kappa=0.743$).

Data analysis

Table 2 and Table 3 showed the descriptive statistics of continuous variables and categorical variables. The mean of retweeting (Mean=143.42) is significantly larger than the ones of endorsing (Mean=67.62) ($t=12.54$, $p<0.001$) and replying (Mean=51.97) ($t=8.20$, $p<0.001$). It shows that weibo users are more likely to retweet than to endorse and reply.

Table 2　Descriptive statistics of continuous variables

Variables	N	Min.	Max.	Mean	SD
Followers	34	1509	4096396	397966.71	910324.915
Retweeting	1261	0	6957	143.42	523.665
Replying	1261	0	1468	51.97	129.229
Endorsing	1261	0	14391	67.62	457.163

Table 3　Descriptive statistics of categorical variables

Variables	Levels	Percentage
Affiliation (N=34)	SAN JIA	47%
	NOT SAN JIA	53%
Privacy (N=1261)	Public	58%
	Private	42%
Incentive Appeals (N=1261)	Positive	28%
	Negative	35%
	No appeals	37%
Evidence (N=1261)	Statistical	34%
	Narrative	23%
	No evidence	43%
Document (N=1261)	Professional sources	10%
	No professional sources	90%

A preliminary check found that the data of followers, retweeting, endorsing, and replyingwere highly skewed. Natural logarithm was performed to transform skewed data in order to achieve approximate normal distributions. In order to run regression analyses, categorical variables were recoded to create dummy variables, including affiliation (NOT SAN JIA as the reference category), privacy (private messages as the reference category), incentive appeals (positive appeals as the reference category), evidence (narrative evidence as the reference category), and document (citing professional sources as the reference category).

To account for the nested nature of health messages in accounts, three hierarchical linear regression models (HLM) were constructed to examine account-level and message-level effects on retweeting, endorsing, and replying. The variables on the account level included bandwagon and affiliation. The variables on the message level included document, privacy, incentive appeals, and evidence. Restricted maximum likelihood method was adopted for estimation of the model.

First, three empty models were created to give full information on the variance components for the two levels of influence, and to serve as baselines for comparison with subsequent models. Chi-square tests for variance components indicated the significance of the results ($p<0.001$). It means that thereare variances in the outcome variables caused by the level-2 groupings. Thus, HLM was a legitimate method. The Intraclass Correlation Coefficients (ICC) for retweeting, endorsing, and replying were respectively 62.8%, 73.1%, and 73.1%, which represent the percentage of the variances for explaining virality at the account level. Then, three random intercepts model were built. All message-level and account-level variables were simultaneously entered into the model. The explanatory powers of three random intercepts models at the account level were 65.8%, 70.8%, and 72.3%, respectively for retweeting, endorsing, and replying (see Table 4, 5, and 6).

Table 4 Estimated effects of account-level and message-level effects on retweeting (random intercepts model)

	Variables	Coefficient	SE	t-ratio
	Intercept	2.852	0.147	19.379***
Account-level effects	Bandwagon	0.653	0.074	8.876***
	SAN JIA	0.245	0.302	0.809
Message-level effects	No professional sources	−0.100	0.143	−0.698
	Public	0.662	0.078	8.468***
Negative appeals		0.159	0.090	1.756^
No appeals		−0.042	0.114	−0.371
Statistical evidence		−0.000369	0.090	−0.004
No evidence		−0.174	0.082	−2.132*
Random effects		Var. com	s. d.	Chi-square(d. f.)
Account level		0.774	0.880	728(31)
Individual level		1.234	1.111	—
Individual level explained variance			7.9%	
Account level explained variance			65.8%	

Table 5 Estimated effects of account-level and message-level effects on endorsing (random intercepts model)

Variables	Coefficient	SE	t-ratio
Intercept	2.345	0.130	18.074***

续表

	Variables	Coefficient	SE	t-ratio
Account-level effects	Bandwagon	0.652	0.066	9.854 * * *
	SAN JIA	0.612	0.273	2.242 *
Message-level effects	No professional sources	−0.298	0.095	−3.127 * *
	Public	−0.189	0.070	−2.685 * *
	Negative appeals	−0.167	0.077	−2.181 *
	No appeals	−0.162	0.081	−2.006 *
	Statistical evidence	−0.100	0.071	−1.410
	No evidence	−0.073	0.073	−0.994 * *
	Random effects	Var. com	s. d.	Chi-square(d. f.)
	Account level	0.607	0.780	1013(31)
	Individual level	0.743	0.862	—
Individual level explained variance			2.9%	
Account level explained variance			70.8%	

Table 6   Estimated effects of account-level and message-level effects on replying (random intercepts model)

	Variables	Coefficient	SE	t-ratio
	Intercept	2.589	0.120	21.645 * * *
Account-level effects	Bandwagon	0.622	0.053	11.765 * * *
	SAN JIA	0.451	0.245	1.840·
Message-level effects	No professional sources	−0.188	0.095	−1.973 *
	Public	−0.180	0.046	−3.881 * * *
	Negative appeals	0.090	0.070	1.285
	No appeals	−0.005	0.065	−0.075
	Statistical evidence	−0.123	0.081	−1.518
	No evidence	−0.102	0.063	−1.608
	Random effects	Var. com	s. d.	Chi-square(d. f.)
	Account level	0.515	0.718	902(31)
	Individual level	0.672	0.820	—
Individual level explained variance			1.93%	
Account level explained variance			72.3%	

Notes for Table 4, 5, and 6

Unstandardized coefficients.

Var. comp is short for variance component.

N (accounts) = 34, n (individual message size) = 1,261.

~p <0.1. * p <0.05. * * p <0.01. * * * p <0.001.

Reference categories not included in the model:

At the account-level: NOT SANJIA;

At the message-level: professional sources; private messages; positive appeals; narrative evidence.

Results

For bandwagon, the number of followers positively predicted retweeting ($\beta = 0.653$, $p < 0.001$), endorsing ($\beta = 0.652$, $p < 0.001$), and replying ($\beta = 0.622$, $p < 0.001$). H1a, H1b, and H1c were supported. For affiliation, the messages on the accounts of SAN JIA were more likely to be endorsed ($\beta = 0.612$, $p < 0.05$) and replied ($\beta = 0.451$, $p < 0.1$) than the ones on the accounts of NOT SAN JIA. There was no significant difference between SAN JIA and NOT SAN JIA on retweeting. RQ1 was answered. For document, the messages with professional sources were more likely to be endorsed ($\beta = -0.298$, $p < 0.01$) and replied ($\beta = -0.188$, $p < 0.05$) than the ones without them. There was no significant difference on retweeting. RQ2 was answered. For privacy, public messages were more likely to be retweeted than private messages ($\beta = 0.662$, $p < 0.001$). H2a was supported. Private messages were more likely to be endorsed ($\beta = -0.189$, $p < 0.01$) and replied ($\beta = -0.180$, $p < 0.001$) than public messages. H2b and H2c were supported. For incentive appeals, the messages with negative appeals were more likely to be retweeted than the ones with positive appeals ($\beta = 0.159$, $p < 0.1$). H4a was supported. The messages with positive appeals were more likely to be endorsed than the ones with negative appeals ($\beta = -0.167$, $p < 0.05$). There was no significant difference between positive appeals and negative appeals in replying. Thus, H4b and H4c were rejected. In addition, there was no significant difference between narrative evidence and statistical evidence. H3a, H3b, and H3c were rejected.

Discussion

The statistical results supported Alhabash and McAlister's (2014) finding that Twitter users were more likely to retweet than to favorite and reply. They explained that virality requires different degrees of cognitive resources and retweeting is the least cognitive demanding among three types of behaviors. This study provided empirical evidence for their argument by illustrating that retweeting only involved bandwagon, while endorsing and replying involved all three types of authority, including bandwagon, affiliation, and document.

The bandwagon's significant effects on all three dependent variables indicated a general tendency on weibo that people like to follow others' opinions when dealing with vast amounts of information. As a unique characteristic of social networking services, bandwagon describes the structural position an account takes in the social network, indicating the popularity of an account among weibo users. Sundar (2008) argued that bandwagon can largely reduce the cognitive resources people need for information processing because they can simply follow others' opinions or imitate others' decisions. However, the significant effects of bandwagon did not necessarily exclude the ones of professional authority. Instead, like what Lee and Sundar (2013) argued, professional authority and bandwagon often work together to achieve the best effect. In this study, because the research subjects were the accounts of medical doctors, bandwagon's effects had to be discussed on the basis of professional authority that medical doctors represent. Meanwhile, the other types of professional authority (i. e. , affiliation and document) were needed when users endorsed or replied health messages. Endorsing and replying involved more careful elaborations and more cognitive resources beside bandwagon.

For privacy, private messageswere likely to be endorsed and replied while public messages were likely to be retweeted. Technically, endorsing and replying are one-to-one communications involving a high degree of privacy between weibo users. Retweeting, however, is one-to-many communication, which is publicly directed at all weibo users in general. The results implied that although social media technically expose all the messages to all the users and increase the risk of disclosing private information, users' interactive behaviors restore the public-private distinction to some degree. Public messages are widely distributed through one-to-many communication, while private messages are still limited to one-to-one communication.

For incentive appeals, this study reported negative appeals' association with retweeting and positive appeals' association with endorsing. The results could be explained from two perspectives. First, positive and negative appeals involve different degrees of information processing. Although there is still disagreement among the scholars about which type of appeals involve greater information processing (Leshner & Cheng, 2009), a meta-analytic review about 42 studies concluded that positive appeals cause greater message engagement than negative appeals (O'Keefe & Jensen, 2008). The authors explained that positive appeals seem optimistic and likely to arouse positive affect so that recipients would engage it closely.

Second, the influences of positive and negative appeals rely on recipients' involvement or familiarity with the issues health messages present. In general, research indicated that positive appeals are useful when the target audience is familiar with or involved with an issue (Hastings, Stead, & Webb, 2004; Lewis et al., 2007). Negative appeals, however, are effective to attract initial attention and receive scrutiny of the audience because of their novelty and violation of expectancy (Averbeck, Jones, & Robertson, 2011; Baker & Petty, 1994). On weibo, the users who decided to engage in endorsing were likely to be the ones who already had some initial knowledge of the issues. Without some basic knowledge, they were unable to evaluate health messages.

All the significant results jointly illustrated two modes weibo users used to process health information-heuristic and systematic. They provided empirical support for the theory of the Heuristic-Systematic Model (HSM) (Chaiken, 1980). The systematic mode is a comprehensive analytic process in which people scrutinize all relevant information, relate them to their previous knowledge of the issue, examine the validity of the advocated position, and form a judgment based on careful elaborations. The heuristic mode is a simplified non-analytic process in which people focus on a few (or a single) informational cues, evaluate the advocated position by using simple decision rules, and form a decision based on these cues.

The HSM posits that because of environmental and cognitive constraints, people are cognitive misers and tend to invest the least cognitive effort to processing information (Todorov, Chaiken, & Henderson, 2002). Thus, Trumbo (2002) argued that the heuristic mode will be first used to process information, and if it is not sufficient, then the systematic mode will be used. Systematic processing is useful when there are sufficient cognitive resources or when people are motivated to hold accurate attitudes of the issue. Heuristic processing is useful when there is a lack of information about the issue or when people are not sufficiently motivated to pursue accuracy.

In this study, the results suggested that heuristic processing was employed when users retweeted health messages and systematic processing was used when users endorsed or replied health messages. First, retweeting was more frequently used than endorsing and replying. Alhabash and McAlister (2014) adopted the metaphor of cognitive miser to explain that retweeting demands fewer cognitive resources than endorsing and replying. Second, retweeting required fewer informational cues and less prior knowledge than endorsing and replying. As discussed before, retweeting involved only bandwagon as cognitive authority while endorsing and replying involved all three types of cognitive authority. In addition, endorsing needed more prior knowledge than retweeting so that positive appeals worked well with endorsing.

Third, retweeting differed from endorsing in the degree of attitudinal accuracy. The previous studies identified a variety of attitudes users hold when retweeting a message (Boyd, Golder, & Lotan, 2010; Metaxas et al., 2014; Recuero, Araujo, & Zago, 2011). Agreement was only one of them in parallel with the others, such as being interesting, trustworthy, and informational. In contrast, agreement was always the dominant attitude for people to endorse or favorite a message (Gorrell & Bontcheva, 2014; Meier, Elsweiler, & Wilson, 2014). Fourth, retweeting was less personally relevant than endorsing and replying. Personal relevance of the persuasion messages is an important factor motivating people to pursue accuracy (Chaiken, 1980). In general, private messages are more personally relevant to individual users than public ones. This study reported that public messages were positively related to retweeting and private messages were positively related to endorsing and replying.

Conclusion

This study explored the impacts social media make on health communication. The impacts focused on four key factors—authority, privacy, evidence, and incentive appeals. They were adopted to predict virality of health messages on Sina Weibo in terms of retweeting, endorsing, and replying. Retweeting is one-to-many communication describing the degree of viral reach on weibo. The heuristic mode of retweeting makes information sharing a simplified non-analytic process that is based on simple decision rules. Endorsing and replying are one-to-one communications describing affective evaluation and message deliberation on weibo. The systematic mode of endorsing and replying makes evaluation and deliberation a comprehensive analytic process that is based on careful elaborations.

Thus, the impacts of social media mainly exist in terms of viral reach, which is sensitive to negative appeals and non-professional authority (i. e., bandwagon). The heuristic mode helps users effectively process vast amounts of information, most of which is personally irrelevant and not worth being further elaborated. These impacts, however, are contained in terms of evaluation and deliberation, which are sensitive to positive appeals as well as both professional (i. e., document and affiliation) and non-professional (i. e., bandwagon) authorities. The systematic mode carefully examines a small number of selected information, which is personally relevant and worth being further engaged with.

Although this study offered some insights about health communication via social media, a couple of limitations also need to bementioned. First, the use of observational data might jeopardize the internal validity of this research. It was difficult to precisely conceptualize three dependent variables that were used to measure the effectiveness of health messages. As discussed before, there are a variety of motivations and attitudes behind these behaviors. For example, retweeting does not simply indicate an attitude of agreement or acknowledgement. There are other factors motivating people to retweet. Some users even openly claimed that retweeting does not mean endorsement or agreement. Endorsing or favoriting, though being more accurate to express endorsement, can still be motivated by the other factors, such as starting conversation, self-promotion, bookmarking, and expressing thanks. Second, the study was conducted in China with Chinese users and Sina Weibo. The findings from China might not be generalized into other countries because of social and cultural differences.

References

Adams, S. A. (2010). Revisiting the online health information reliability debate in the wake of "web 2.0": An inter-disciplinary literature and website review. International Journal of Medical Informatics, 79, 391-400.

Alhabash, S., & McAlister, A. R. (2015). Redefining virality in less broad strokes: predicting viral behavioral intentions from motivations and uses of Facebook and Twitter. New Media & Society, 17, 1317-1339.

Averbeck, J. M., Jones, A., & Robertson, K. (2011). Prior knowledge and health messages: An examination of affect as heuristics and information as systematic processing for fear appeals. Southern Communication Journal, 76, 35-54.

Baker, S. M., & Petty, R. E. (1994). Majority and minority influence: Source-position imbalance as a determinant of message scrutiny. Journal of Personality and Social Psychology, 67, 5-19.

Barbalet, J. M. (1998). Emotion, social theory, and social structure: A macrosociological approach. Cambridge, UK: Cambridge University Press.

Barnes, S. B. (2006). A privacy paradox: Social networking in the United States. First Monday, 11(9). URL: http://firstmonday.org/issues/issue11_9/barnes/index.html.

Bonabeau, E. (2004). The perils of the imitation age. Harvard Business Review, 82(6), 45-54.

Boyd, D., Golder, S., & Lotan, D. (2010). Tweet, tweet, retweet: Conversational aspects of retweeting on Twitter. HICSS-43. IEEE: Kauai, HI, January 6.

Castells, M. (1996). The rise of the network society. Malden, MA: Blackwell.

Chaiken, S. (1980). Heuristic versus systematic information processing and the use of source versus message cues in persuasion. Journal of Personality and Social Psychology, 39, 752-766.

Chew, C., & Eysenbach, G. (2010). Pandemics in the age of Twitter: Content analysis of tweets during the 2009 H1N1 outbreak. PLOS ONE, 5(11), e14118.

Choi, Y. B., Capitan, K. E., Krause, J. S., & Streeper, M. M. (2006). Challenges associated with privacy in health care industry: Implementation of HIPAA and the security rules. Journal of Medical Systems, 30, 57-64.

Chou, W. Y. S., Hunt, Y. M., Beckjord, E. B., Moser, R. P., & Hesse, B. W. (2009). Social media use in the United States: Implications for health communication. Journal of Medical Internet Research, 11(4), e48.

Cody, R., & Lee, C. (1990). Behaviors, beliefs, and intentions in skin cancer prevention. Journal of Behavioral Medicine, 13, 373-389.

Eysenbach, G. (2008). Credibility of health information and digital media: New perspectives and implications for youth. In M. J. Metzger & A. J. Flanagin (eds.), Digital media, youth, and credibility, pp.123-154. Cambridge, MA: MIT Press.

Fritch, J. W., & Cromwell, R. L. (2001). Evaluating Internet resources: Identity, affiliation, and cognitive authority in a networked world. Journal of the American Society for Information Science and Technology, 52, 499-507.

George, D. R. (2011). "Friending Facebook?" A minicourse on the use of social media by health professionals. Journal of Continuing Education in the Health Professions, 31, 215-219.

Gorrell, G., & Bontcheva, K. (2014). Classifying Twitter favorites: Like, bookmark, or thanks? Journal of the Association for Information Science and Technology, DOI:10.1002/asi.23352.

Greene, K., & Brinn, L. S. (2003). Messages influencing college women's tanning bed use: Statistical versus narrative evidence format and a self-assessment to increase perceived susceptibility. Journal of Health Communication, 8, 443-461.

Greysen, S. R., Kind, T., & Chretien, K. C. (2010). Online professionalism and the mirror of social media. Journal of General Internal Medicine, 25, 1227-1229.

Guseh, J. S., Brendel, R. W., & Brendel, D. H. (2009). Medical professionalism in the age of online social networking. Journal of Medical Ethics, 35, 584-586.

Hansen, L., Arvidsson, A., Nielsen, F., Colleoni, E., & Etter, M. (2011). Good friends, bad news-affect and virality in Twitter. In J. J. Park, L. T. Yang, & C. Lee (eds.), Future information technology, pp.34-43. Berlin: Springer.

Hastings, G., Stead, M., & Webb, J. (2004). Fear appeals in social marketing: Strategic and ethical reasons for concern. Psychology & Marketing, 21, 961-986.

Jenders, M., Kasneci, G., & Naumann, F. (2013). Analyzing and predicting viral tweets. In Proceedings WWW 2013 Companion, May 13-17. Rio de Janeiro, Brazil.

Kline, S. L. (1987). Self-monitoring and attitude-behavior correspondence in cable television subscription. Journal of Social Psychology, 127, 605-609.

Kopfman, J. E., Smith, S. W., Yun, J. K. A., & Hodges, A. (1998). Affective and cognitive reactions to narrative versus statistical evidence organ donation messages. Journal of Applied Communication Research, 26, 279-300.

Lash, S. (2002). Critique of information. London: Sage.

Lee, J. Y., & Sundar, S. S. (2013). To tweet or to retweet? That is the question for health professionals on Twitter. Health Communication, 28, 509-524.

Leshner, G., & Cheng, I. (2009). The effects of frame, appeal, and outcome extremity of antismoking messages on cognitive processing. Health Communication, 24, 219-227.

Levin, I. P., Wall, L. L., Dolezal, J. M., & Norman, K. L. (1972). Different weighting of positive and negative traits in impression formation as a function of prior exposure. Journal of Experimental Psychology, 97, 114-115.

Lewis, I. M., Watson, B., Tay, R., & White, K. M. (2007). The role of fear appeals in improving driver safety: a review of the effectiveness of fear-arousing (threat) appeals in road safety advertising. International Journal of Behavioral and Consultation Therapy, 3, 203-222.

Maher, C. A., Lewis, L. K., Ferrar, K., Marshall, S., De Bourdeaudhuij, I., & Vandelanotte, C. (2014). Are health behavior change interventions that use online social networks effective? A systematic review. Journal of Medical Internet Research, 16(2), e40.

Meier, F., Elsweiler, D., & Wilson, M. L. (2014). More than liking and bookmarking? Towards understanding Twitter favoriting behavior. Proceedings of the Eighth International AAAI Conference on Weblogs and Social Media. Ann Arbor, Michigan, USA, June 1-4, 2014. Palo alto, California: AAAI Press.

Metaxas, P., Mustafaraj, E., Wong, K., Zeng, L., O'Keefe, M., & Finn, S. (2014). Do retweets indicate interest, trust, agreement? Computation and Journalism Symposium, New York.

Metzger, M. J., Flanagin, A. J., & Medders, R. (2010). Social and heuristic approaches to credibility evaluation online. Journal of Communication, 60, 413-439.

Neiger, B. L., Thackeray, R., Burton, S. H., Thakeray, C. R., & Reese, J. H. (2013). Use of twitter among local health departments: An analysis of information sharing, engagement, and action. Journal of Medical Internet Research, 15(8), e177.

O'Keefe, D. J., & Jensen, J. D. (2007). The relative persuasiveness of gain-framed and loss-farmed messages for encouraging disease prevention behaviors: A meta-analytic review. Journal of Health Communication, 12, 623-644.

O'Keefe, D., & Jensen, J. D. (2008). Do loss-framed persuasive messages engender greater message processing than do gain-framed messages? A meta-analytic review. Communication Studies, 59, 51-67.

O'Keefe, D. J., & Jensen, J. D. (2009). The relative persuasiveness of gain-framed and loss-framed messages for encouraging disease detection behaviors: A meta-analytic review. Journal of Communication, 59, 296-316.

Papacharissi, Z. (2010). A private sphere: Democracy in a digital age. Cambridge, MA: Polity.

Parrott, R., Silk, K., Dorgan, K., Condit, C., & Harris, T. (2005). Risk comprehension and judgments of statistical evidentiary appeals when a picture is not worth a thousand words. Human Communication Research, 31, 423-452.

Recuero, R., Araújo, R. M., & Zago, G. (2011). How does social capital affect retweets? In Proceedings of Fifth International AAAI Conference on Weblogs and Social Media (ICWSM). Barcelona, Spain: AAAI Press.

Reinard, J. C. (1988). The empirical study of the persuasive effects of evidence: The status after fifty years of research. Human Communication Research, 15, 3-59.

Reynolds, R. A., & Reynolds, J. L. (2002). Evidence. In J. E. Dillard & M. Pfau (eds.), The persuasion handbook: Developments in theory and practice, pp.513-542. Thousand Oaks, CA: Sage.

Rothman, A. J., Bartels, R. D., Wlaschin, J., & Salovey, P. (2006). The strategic use of gain-and loss-framed messages to promote health behavior: How theory can inform practice. Journal of Communication, 56(S1), S202-S220.

Salovey, P., & Williams-Piehota, P. (2004). Field experiments in social psychology: Message framing and the promotion of health protective behaviors. American Behavioral Scientist, 47, 488-505.

Smock, A. D., Ellison, N. B., Lampe, C., & Wohn, D. Y. (2011). Facebook as a toolkit: A U&G approach to unbundling feature use. Computers in Human Behavior, 27, 2322-2329.

Starr, P. (1999). Health and the right to privacy. American Journal of Law & Medicine, 25, 193-201.

Sundar, S. S. (2008). The MAIN model: A heuristic approach to understanding technology effects on credibility. In M. J. Metzger & A. J. Flanagin (eds.), Digital media, youth, and credibility, pp.72-100. Cambridge, MA: MIT Press.

Thackeray, R., Neiger B. L., Burton, S. H., & Thackeray, C. R. (2013). Analysis of the purpose of state health departments' tweets: Information sharing, engagement, and action. Journal of Medical Internet Research, 15(11), e255.

Todorov, A., Chaiken, S., & Henderson, M. D. (2002). The heuristics-systematic model of social information processing. In J. P. Dillard & M. Pfau (eds.), Persuasion handbook: Advancements in theory and practice, pp.195-213. London: Sage.

Trumbo, C. W. (2002). Information processing and risk perception: An adaptation of the heuristic-systematic model. Journal of Communication, 52, 367-382.

Yu, G. (2011). Public opinion in the Chinese society: Annual report 2011. Beijing: People's Daily Press.

Zhang, L. (2016). Reflexive expectations in EU-China relations: A media analysis approach. Journal of Common Market Studies, 54, 463-479.

其他论文案例

假新闻的认定与预防[①]

王卫明

看完《新闻记者》2009年第1期刊登的《2008年十大假新闻》和《八年新闻打假,留下五大困惑》,颇有不吐不快之感,下面谈谈本人拙见,供各位同仁参考。

一、关于"如何认定假新闻"

《新闻记者》编辑部认为,认定一则新闻为假新闻,首先必须满足五个条件:"一是要有权威信息源的认定;二是要有当事方的确认;三是发布媒体事后更正和道歉;四是新闻的主要事实严重失实;五是全国媒体所表达的主要民意。最后还要根据责任的大小、所造成后果的程度、媒体的社会影响力等一系列因素,经综合考量后最终确认。"

笔者认为,根据新闻的定义("对新近发生的事实的报道"),以上五个条件,第四个条件("主要事实严重失实")满足了即可,其余四个条件都不足为据。原因是:

(1) 所谓的权威信息源,出于某些原因(利益因素或压力因素),也可能说假话、作伪证。

(2) 当事方,出于某些原因(利益因素或压力因素),也可能说假话、作伪证。

(3) 不论发布假新闻的媒体是否在事后更正和道歉,事实就是事实,失实就是失实。发布假新闻的媒体事后所做的更正和道歉,可以佐证新闻的失实,但不是非满足不可的必需条件。而且,媒体事后所做的更正和道歉,也可能是违心作伪证——明明没有失实,但出于某些原因(利益因素或压力因素),无奈自称失实。

(4) "全国媒体所表达的主要民意"也不足为据,因为真相(真理)有时掌握在少数人手中。在信息不透明、舆论被操纵、真实民意被曲解的情况下,"全国媒体所表达的主要民意"对假新闻的认定,也可能与事实不符。

当然,第四个条件"主要事实严重失实",有时很难认定,所以有些假新闻最终难以被确认,也是正常的。另一方面,"主要事实严重失实"很难认定的情况并不多见,不能据此断定"假新闻是无法认定的"。在大多数情况下,无论人类怎么说假话、作伪证、曲解事实,谎言与事实的认定还是很容易的,譬如天气情况。

二、关于"如何预防假新闻"

比"如何认定假新闻"更重要的,是"如何预防假新闻"。不仅需要"秋后算账",而且需要防微杜渐,防"假"于未然。笔者认为,防"假"可从以下四个方面着手。

---

① 本文由王卫明的《假新闻的认定与预防——对新闻打假的困惑》(原文载《新闻记者》,2009年第3期)改写而成。

(一)学校教育

如果新闻学子在毕业之时是合格的记者、编辑,就能有效规避假新闻。对"真实是新闻的生命""细节要核实""以事实为依据"等理念,必须在学校教育阶段(新闻理论、新闻采访写作、新闻法规与新闻职业道德等课程)反复强调。对于造假的学生,以舞弊论处,成绩记为零分,甚至倒扣分。

教师还必须教会学生鉴别讯息真假的技术要领,提醒学生小心被假象、假话蒙骗,不要学习新闻界中造假记者的坏榜样。

值得一提的是,"新闻无学论"在业界的流行,导致一些学生不重视学校课程的学习,对某些课程逃课不听,影响了上述理念的熏陶效果——未能深入人心,甚至成为学生的做事原则。

"纸馅包子"新闻之所以被炮制出来,原因可能在于:当事记者并不适合做记者或业务能力上还不够格做记者,但又进入了新闻行业。做不出新闻,又有发稿压力,遂铤而走险造假。因此,在新闻学子的职业规划环节,对"选择进入新闻报道领域"这一条路,一定要慎而又慎,如果自己不适合、不擅长做新闻,就不要勉强进入新闻行业。

(二)继续教育

新闻媒体的部分记者、编辑是新闻科班出身,接受过系统的新闻学教育。但在新闻理念的坚守和防"假"技术素养方面,依然有所欠缺,需要通过继续教育来弥补学校教育不足。

新闻媒体的部分记者、编辑并非新闻科班出身,没有接受过系统的新闻学教育,在新闻理念的坚守和防"假"技术素养方面可能会有所欠缺,更需要由新闻单位组织继续教育(培训、讲座等),特别是新闻法规与新闻职业道德方面的知识培训。还有一种情形:"老人"接受过有关的培训,后来的"新人"没有接受过相关培训。

参考新闻法规与新闻职业道德教材和中外先进媒体业务守则,收集假新闻的现实案例,编写《新闻宣传防错防假手册》,发给所有的编辑记者(人手一本,每进新人,必定发放),也是一个好办法。事实上,"磨刀不误砍柴工",专门针对"预防假新闻"的继续教育,可以大大减少假新闻的发生概率。

(三)媒体把关

这里所言"媒体把关",包括两种:对新闻人的把关、对新闻作品的把关。

有些假新闻之所以被发布,主要原因就在于记者、编辑的素质和能力有所欠缺。因此,新闻单位在招聘、用人等环节,必须设法将不合格人员予以淘汰,或不予录用。

另外,无论是原创新闻,还是转载新闻,新闻媒体都要恪尽核实之责;不但记者要把关,编辑更要把关。编辑的把关,不仅要关注文字方面的通顺、简洁、生动,更要关注事实方面的真假,以质疑的眼光审核稿件,不可轻信,不可麻痹大意,必要时要采访新闻当事人,或者通过第三方求证、核实(通过网上搜索进行复查,也是一个好办法)。若稿件的事实依据不足,必须果断"毙稿",宁可不发稿。即使是转载权威媒体的稿件,也要做必要的核实,切忌盲目转载。

在如下四种情况下,新闻媒体需要重点把关:一是"新手上路"的稿子,二是信息来源不够权威的稿件,三是耸人听闻的题材和奇闻怪事,四是容易引发新闻官司或政治事故的敏感题材。这四种情形,前两种要有选择性地进行核实,后两种无论如何都要进行核实。

(四)追惩威慑

这点无须多谈。对已发布的假新闻,追究有关编辑、记者的责任,视严重程度予以不同的惩罚,可以对其他编辑、记者形成教训,使其重视核实、不敢造假。

(作者王卫明系南昌大学新闻与传播学院教授、中国传媒大学新闻学博士。)

参考文献

[1] 贾亦凡,陈斌.2008年十大假新闻[J].新闻记者,2009(1).
[2]《新闻记者》编辑部.八年新闻打假,留下五大困惑[J].新闻记者,2009(1).

奥运报道中商业网站的采访权问题①

黄毅娟　王卫明

2008年北京奥运会已临近,无论是老媒体还是新媒体都在摩拳擦掌,试图分得更多的奥运"蛋糕"。可是奥运会的采访证在全球范围内的发放有着严格的规定,能否争取到采访证名额,被视为全面报道奥运会的关键。采访证对于传统媒体来说或许不成什么问题,但对于商业网站来说,采访证的问题却是它们开展采访的主要障碍。

按照《互联网新闻信息服务管理规定》第五条、第十六条规定,非新闻单位设立的转载新闻信息、提供时政类电子公告服务、向公众发送时政类通讯信息的互联网服务单位,不得登载自行采编的新闻信息,并且应当转载、发送中央和省级直属新闻单位或省、自治区、直辖市直属新闻单位发布的新闻信息,并应当注明新闻信息来源,不得歪曲原新闻信息的内容。像新浪网、搜狐网、腾讯网等商业网站,就是属于这类新闻网站。它们没有新闻采访权,其工作人员不能申请领取记者证,而没有持记者证的人员不能从事新闻采访,不能组织报道。

对此,这些网站该如何应对呢?"新浪(网)在全球聘用了大量撰稿人,用于报道奥运比赛期间世界各地的情况。新浪(网)已经取得了15张记者证,新浪网透露,这15张记者证中,4张来自境外新闻社,6张来自国内通讯社,5张来自合作机构。"[1]在2007年8月,新浪网北美站拿到首张2008年北京奥运会的采访证。[2]这意味着新浪网拥有

---

① 本文由黄毅娟、王卫明的《奥运报道中商业网站的采访权问题》(原文载《新闻记者》,2008年第7期)改写而成。

了采访证,新浪网北美站可以利用中国新浪网的记者去采访,中国新浪网也可以转载新浪北美站的新闻,两者可以实现资源共享。

关于该不该向国内的商业网站开放采访权的问题,有两种主张:一种是反对向商业网站开放采访权;另一种是支持向商业网站开放采访权。

一、反对的理由

首先,在很多情况下网络是缺乏把关人的。他们认为如果向商业网站开放采访权,整个网络将会更加混乱,虚假不良的信息将会更多,网络犯罪将会更加频繁。其次,他们认为如果对商业网站开放采访权,将会对我国传统媒体以沉重的打击,认为我国的传统媒体暂时还不具备迎接这样挑战的实力。再次,他们认为只有我国的传统媒体才能担当起"引导舆论,开启国民"的重担。如果对商业网站开放采访权,会扩大网络对受众和对社会的负面作用。

二、支持的理由

(1) 新浪网、搜狐网等一些大型的商业网站可以说已经是新闻机构了,特别是新浪网可以说是网上的通讯社。它们具备了新闻机构一系列的要求,它们以采集、制作、发布新闻为主要内容,它们有完善的管理机构和雄厚的实力。例如新浪网,它有一个规模庞大及完善的管理团队,在上海、广州及中国香港和台湾等地有派出机构,甚至比传统媒体提供的服务更全面、更方便。新浪网不仅有新闻中心、体育频道、娱乐频道、科技频道、财经频道、汽车频道、房产频道、游戏频道、女性频道,还有视频、WAP、博客、论坛等。传统的新闻媒体可以有新闻采访权,为什么商业网站就不可以享有此权利呢?

(2) 事实上商业网站的采访权已经得到突破,它们通过与传统媒体或者国外媒体的合作,变相地获得采访权。比如包括网易与腾讯等在内的40家网络媒体、16家平面媒体、9家电视台结成奥运报道联盟;新浪还与国内较有影响力的体育专业媒体——《体坛周报》和《足球报》及国际三大通讯社建立了合作关系,共同采访报道奥运会。[3] 有些拥有外资背景的商业网站甚至"曲线救国",比如通过新浪北美站得到美国奥委会的正式确认,使新浪网拿到首张2008年北京奥运会的采访证;雅虎美国、日本、澳大利亚等雅虎网站一共有几十张奥运会正式的采访证,这是其他互联网公司无法匹敌的独特资源。[4] 客观上也给国内那些没有外资背景的网站造成不公平的竞争。这些网站不仅试图在外部突破采访权的限制,还在内部做尝试。比如新浪网经常会用新浪访谈、新浪体育讯、新浪科技讯、新浪娱乐讯等手法,变相地突破报道权的限制。

(3) 为向受众更好地展示一届成功的奥运盛会,要求对商业网站开放采访权。奥运会媒体运行的原则包括媒体优先原则、资源共享原则、提供采访机会原则[5],北京奥组委主席刘淇也曾说:"要尊重媒体,重视媒体,为媒体创造良好的工作条件。媒体的报道和评价,也是衡量奥运会是否成功举办的重要因素之一。"所以让媒体顺利地开展各项采访报道工作,获得它们所需要的各种有效资源,才能更好地报道这次奥运会的盛况。而且,互联网拥有传统媒体所不具有的独特的优势:超链接方式、多媒体化的信息、互动性与时效性、灵活多变的传播模式等。如果网站拥有了采访权,就可以利用它的优势更好地传播报道奥运会,让受众第一时间获得第一手的可靠信息。

（4）现行的规定有其历史局限性。自1998年前后商业网站自行采集刊播新闻,到2000年国务院新闻办公室和信息产业部联合发布《互联网站从事登载新闻业务管理暂行规定》,再到2006年国务院新闻办公室发布《互联网新闻信息服务管理规定》,可以看出中国的网络管理制度在日益完善。不允许商业网站拥有记者和采访权的规定,对于当时网络秩序不完善、网络状况混乱的情况来说是有用的。但是网络发展是迅速的,现在我国的网络状况可以说是在慢慢步入正轨,也出现了一些大型的、具有极大影响力的商业网站。时代在变,相关规定是否应该与时俱进呢?

（5）给予商业网站采访权更有利于管理。我们都知道网络的内容是庞杂的,真假难辨。如果不给予商业网站采访权,可能就会有更多的捕风捉影的小道消息充斥网络,让人们对媒体更有疑惑。如果给商业网站采访权,把商业网站纳入新闻事业管理,那么他们在行使权利的同时就要履行相应的义务,就要严格遵守相关的法律法规。因此,我们觉得可否适当地对一些有影响力、有信誉的大型商业网站开放部分采访权,比如一些非时政报道,一些娱乐、体育、经济等内容的报道。如果实行的效果好,再考虑逐步开放其他领域的采访权。

北京奥组委媒体运行部部长孙维佳称:"为了满足新媒体的需求,我们做了多种努力。首先我们打破了奥运会媒体运行的常规,把新媒体当作我们的服务对象,制定了针对新媒体的各种服务内容。"[6]孙维佳的话让我们对解决商业网站采访权的问题充满希望。相信中国的网络记者会从无到有,从边缘走向主流,在未来的几年里,会成为一支强有力的队伍。

（本文作者黄毅娟系南昌大学新闻与传播学系硕士生;王卫明系南昌大学新闻与传播学院教授。）

参考文献

[1] 杨晓白.2008奥运,纸媒的最后一次盛宴?[J].青年记者,2007(11).

[2] 《新浪将推五大外文奥运站 获北京奥运首张采访证[EB/OL].(2007-09-06). http://tech.sina.com.cn/i/2007-09-06/13531723054.shtml.

[3] 新浪获奥运采访证挑战搜狐"独家"地位[EB/OL].(2007-09-07).http://it.enorth.com.cn/system/2007/09/07/001913064.shtml.

[4] 中国雅虎享有奥运会采访证 发布2008奥运战略[EB/OL].(2008-03-18).http://news.sohu.com/20080318/n255771508.shtml.

[5] 李嵘.从新闻管理到媒体服务——奥运会媒体运行观念的转变[J].新闻记者,2007(11).

[6] 媒体运行的质量是奥运会成功传播的关键[EB/OL].(2009-03-19).http://media.sohu.com/20090319/n262895390.shtml.

"替代品竞争"与传统媒体对策
——从美国论坛报业公司申请破产谈起[①]

王卫明

2008年12月8日,拥有《洛杉矶时报》《芝加哥论坛报》《巴尔的摩太阳报》等10多家日报和23家广播电视台的论坛报业公司,正式向美国联邦法院提交破产保护申请。在此之前,美国另一家报业公司也传出坏消息:美国纽约时报集团日前向美国证券交易所提交报告显示,集团仅持有4600万美元现金,但欠债4亿美元。这两个消息,是否引起其他传统媒体对自身生存的警觉,是否引起传统媒体"兔死狐悲"之感?

一、局面:"替代品竞争"

根据前人的总结,在成熟的媒介市场中,媒介面临的竞争,大致可分为三类:竞争对手的竞争、新进入者的竞争、替代品竞争。

前两种竞争是容易看见的,一般也引起人们的重视,而"替代品竞争",是容易被人们所忽视的,但更可怕、残酷。因为前两种竞争的市场"蛋糕"总量并不减少(甚至越来越大),而"替代品竞争"则是市场"蛋糕"总量日益减少——就像水蒸发、冰融化。

"替代品竞争"的例子包括:毛笔被圆珠笔替代,钢笔被水性笔替代,算盘被计算器替代,手表被手机替代,买菜的竹篮子被塑料袋替代,胶卷被数码图片替代,3.5英寸软盘被U盘和移动硬盘替代,磁带、录像带被数码载体代替,等等。

类似的例子,我们还可找到许多,但结果只有一种:被替代的产品的生存空间不知不觉地不断递减,虽然可能不会完全消失,但该产品最终会陷入彻底的边缘化境地。

据有关报道披露的内幕可知:论坛报业公司之所以沦落到现在这个困境,主要是因为金融危机、广告严重下滑和网络媒体的冲击。

在笔者看来,在击垮论坛报业公司的三个因素中,金融危机不过是"压垮骆驼的最后一根稻草",广告严重下滑不过是网络媒体的冲击的直接后果。因此,说到底,论坛报业公司陷入申请破产的境地,主要是因为网络媒体的冲击,或者是新媒体对传统媒体的冲击。与传统媒体之间的竞争不同,新媒体对传统媒体的冲击就是一种"替代品竞争"。

二、后果:"温水煮青蛙效应"

"替代品竞争"不会形成正面的竞争场面,但其效果却是"温水煮青蛙效应"。"温水煮青蛙效应"是生物学上的著名理论:如果把青蛙突然扔进沸水里,沸水令青蛙的神经系统受到强烈刺激,青蛙在条件反射的作用下可以迅速跳出去。但是若把青蛙放在凉水里,让水温慢慢上升,青蛙便浑然不觉危险存在,怡然自得地游来游去,等到它感到热的时候,已经无力动弹,唯有坐以待毙。

[①] 本文由王卫明的《"替代品竞争"与传统媒体对策——从美国论坛报业公司申请破产谈起》(原文载《新闻与写作》,2009年第2期)改写而成,系江西社科规划项目"构建和谐社会背景下党报传播的实务创新"(08TW16)的阶段性成果。

在新媒体对传统媒体的冲击中,传统媒体恰如"温水里的青蛙",新媒体恰如"使水温不断上升的炉火",不断恶劣的生存环境恰如"不断升温的水",美国的论坛报业公司就是"感到热的时候,已经无力动弹,唯有坐以待毙的青蛙"。

三、对策:"挖墙脚效应"

其实,我们还可以用"挖墙脚效应"来形容新媒体对传统媒体的冲击:受众是墙脚,新媒体不断从传统媒体那里挖走现实受众或潜在受众,受众转向互联网、手机、网络电视等新媒介。

金融危机和不断下滑的广告收入给传统媒体带来的冲击不止影响了美国论坛报业公司一家。可以预计的是,美国的论坛报业公司不会是最后一只"温水里的青蛙"。

其他的传统媒体应当采取怎样的对策,方能避免像论坛报业公司一样"被淘汰出局",或者慢一点接近绝境?我们同样可以从"挖墙脚效应"中得到启发。

启发一:拥抱对手,和对方合为一体,这样,你中有我,我中有你,你的就是我的,也就无所谓"挖墙脚"了。具体到实际运作,就是果断转型、拥抱新媒介,或者同类抱团、共享资源。

对不可能成功的事,不妨彻底放弃,转做其他。"打不赢就跑"是当年中国工农红军获胜的战法之一。在拳击比赛中,短时间拥抱强劲对手,既不会失分,也不会让对手得分。

对传统报刊而言,如果收入下降的局面难以扭转,以致面临亏损,进而扭亏乏力,不妨"壮士断腕",果断转型,拥抱新媒介:减少出版印刷版,或创办手机报、电子杂志,或做强网络版,或通过网站发行,用电子邮件给每位用户定制新闻和广告,或者发送到用户的手机上。

例如,美国的《亚洲周刊》《亚裔周刊》(美国亚裔社区发行量最大的英文报纸)印刷版日前纷纷停刊,只出网络版;美国《基督教科学箴言报》正式停止出版纸质日报的时间为2009年4月。

当然,在尚不必放弃印刷版时,与同类抱团合作共享资源,也是传统报纸降低成本、增强生命力、延长寿命的好办法,因为"寒冬时节,抱在一起更温暖"。

例如,《华盛顿邮报》和《巴尔的摩太阳报》两大报从2009年1月1日开始共享新闻资源,从2008年10月开始,《达拉斯晨报》和《沃思堡明星电讯报》互为代理发行业务,并从2008年11月开始共享图片和部分新闻产品的资源。

启发二:在对手"挖墙脚"之前,我方先行下手,使对方错过"挖墙脚"的最佳时机,这样,在"墙脚争夺战"中,至少可打个平手。具体到实际运作,就是及早下手,培养新用户。

当今传媒领域,得新人者得天下。这里的"新人",是指新的媒介消费者。传统媒体可以在中小学阶段(甚至幼儿园阶段)培养忠实的受众群,使潜在的媒介消费者转为现实的媒介消费者之前,就形成接触传统媒体的习惯(如读报的习惯)。在这一方面,国外流行的"报纸参与教育工程"(newspaper in education,简称 NIE)称得上是一个值得国内传统媒体仿效推行的办法。

浙江嘉兴《南湖晚报》成立小记者协会，湖南《长沙晚报》面向大中小学校招募校园记者，河南《焦作日报》面向中小学校招募校园记者，福建《厦门日报》的城市副刊面向中小学生开设"花季"版，都是 NIE 中国化的实例。

启发三：如果对手的竞争力太强，我方难以招架，则设法把对手的研发部门或灵魂人物挖过来，或者抽离对手最强、最有作用的部分，瓦解其优势，也可形成"挖墙脚效应"。具体到实际运作，就是以更灵活的传播机制，削弱新媒体的优势地位。

与新媒体相比，传统媒体并非毫无优势。只要针对新媒体的劣势，发挥自身独特的长处，传统媒体就能与新媒体分庭抗礼。例如，工作人员职业地位较高、待遇较好，都是传统媒体的优势，是新媒体一时难以超越的，这对于传统媒体从新媒体阵营中挖走人才颇为有利。而传统媒体与生俱来的权威性（特别是党报）、地理上的贴近性，是传统媒体开展传受互动的最大优势。只要传统媒体多与受众互动，多给受众提供参与互动的平台（如吸收普通读者投稿的评论栏目、副刊版面），多给受众提供参与互动的机会、便利，就能削弱新媒体在这一方面的优势。

（本文作者王卫明系南昌大学教授、中国传媒大学新闻学博士。）

参考文献

[1] 美国报业广告不断下滑面临严重危机[EB/OL].(2009-01-05).http://news.163.com/09/0105/15/4UTFMGIQ0001121M.html.

[2] 美国媒体纷纷合作共享资源以减少成本开支[EB/OL].(2009-01-06).http://media.people.com.cn/GB/40606/8627819.html.

[3] 《基督教科学箴言报》将停印刷版[EB/OL].(2008-11-14).http://news.cnfol.com/081114/101,1706,5056147,00.shtml.

[4] 默多克：报纸应改变发行方法[EB/OL].(2008-12-31).http://qnjz.dzwww.com/gjmj/200812/t20081231_4217861.htm.

中国工农红军机关报《红星》历任主编考[①]

王卫明　杨帆

摘要：《红星》报出版期间，中国工农红军处于艰苦的战争环境中，主编曾三次易人。现有论著对《红星》报的历任主编的研究介绍并不完整。通过梳理史料，可以发现：《红星》报历任主编，先后为张如心、李弼廷、邓小平、陆定一；这四位主编任职期间的《红星》报业务各有其特点。

关键词：《红星》报；主编；邓小平；张如心；李弼廷

中图分类号：G219.2　　　　**文献标志码**：A

---

① 本文系国家社科基金重大项目"中央苏区红色文化传播的历史经验研究"（15ZDB141）、国家社科基金重点项目"中央苏区红色文化传播研究"（12AXW002）阶段性研究成果。

Textual Research on the Editors of *Red Star Paper*

Wang Weiming, Yang Fan

Abstract: *Red Star Paper*, the organ of the Central Revolutionary Military Commission of the Chinese Soviet Republic, started publication on December 11, 1931, stopped publication on August 3, 1935, published a total of 129 newspapers. Running a newspaper during the Red Army is in a tough war environment, *Red Star Paper* editor had changed hands three times. But because the relevant information is incomplete, the academic world has served as editor in chief of *Red Star Paper* research incomplete. In this paper, by combing historical data, we can obtain that there were four people served as the editor of *Red Star Paper*, they are Zhang Ruxin, Li Biting, Deng Xiaoping and Lu Dingyi, and there has a brief introduction of the style of each editor.

Key Words: *Red Star Paper*; Editor; Zhang Ruxin; Li Biting

《红星》报是中华苏维埃共和国中央革命军事委员会机关报（中国工农红军长征期间，由于《红色中华》报停刊，《红星》代为中共中央机关报），1931年12月11日创刊于中央苏区[①]，停刊于1935年8月3日，共出版129期。由于中国工农红军一直处在反"围剿"和长征的艰苦战争中，《红星》报在近4年的出版过程中不得不三次停刊，人事也几经更迭，主编就曾三次易人。

主编对一份报刊的编辑风格、经营理念和思想内容具有较大的影响。因此，研究一份报刊，必须对其主编情况进行深入的研究和分析。由于历史久远、资料散佚，关于该报数任主编的具体情况，目前学界还未能给出一个完整的答案。

在《红星》报后期，邓小平、陆定一曾先后主编该报。目前研究者们对此没有异议，研究也非常充分。但是从创刊到邓小平之前的前两任主编，现有论著却未有确定的答案。通过查阅中央档案馆《红星》报影印文献、个人传记等资料，在前人的研究基础上，我们发现：《红星》报自创刊至停刊，共有四位主编，先后是张如心、李弼廷、邓小平和陆定一。

一、研究现状：《红星》报历任主编论述不全

《红星》报于1931年12月11日在江西瑞金叶坪乡洋溪村出版创刊号，至1935年8月3日停刊，共出版129期。其间经历三次停刊，两次重新出版、重编期号。具体出刊时间为：1931年12月11日至1933年5月12日，出版35期；1933年8月6日至1935年1月15日，出版68期；1934年10月20日至1935年8月3日，出版26期。

关于《红星》报的研究成果，目前大多散见于有关中国新闻传播史的著作和教材中。近年来，对于《红星》报版面风格尤其是邓小平、陆定一担任主编时期的研究论文也比较多。但是，相关的著作、教材和论文对该报开始出版至1933年5月之前的历任主编并没有给出明确的答案，大多数研究者只谈及1933年8月后由邓小平、陆定一担任主编

---

① 注：不同著作、不同作者的考证结果不同，此处以本文作者考证结果为据。

的情况。

方汉奇主编的《中国新闻传播史》中对《红星》报的大抵说明为："《红星》报,中国工农红军军事委员会机关报,由红军总政治部主持出版,1931年11月7日在江西瑞金创刊。1933年5月后,邓小平任主编,1935年1月遵义会议后,陆定一接任主编。"[1]在新闻史学界享有崇高声誉的方汉奇先生也未对《红星》报的历任主编给出全面的答案,同样的叙述也出现在学界巨擘丁淦林主编的《中国新闻事业史》中,其中丁先生坦称该报前期主编不详。[2]

白润生编著的《中国新闻通史纲要》对《红星》报的介绍为："《红星》报由中国工农红军总政治部出版,是中国工农红军军事委员会的机关报,邓小平、陆定一曾先后担任该报的主编。毛边纸铅印,开始是五日刊,实为不定期刊,短则2天,长则半月。"[3]

严帆著的《中央苏区新闻出版印刷发行史》中对《红星》报主编的介绍为："自创刊至1933年7月的主编者尚不明确,1933年冬至1935年1月遵义会议召开时由邓小平任主编,遵义会议后由陆定一任主编。"[4]

由中国人民大学新闻系黄河、张之华编著的《中国人民军队报刊史》,对中国人民军队报刊进行过全面的梳理。其中关于《红星》报主编的介绍也仅仅为邓小平、陆定一曾先后担任该报主编。[5]

论文方面,刘畅2008年发表的《让红星永远闪亮——邓小平与〈红星〉报结缘始末》第一次明确提出《红星》报的历任主编依次是张如心、邓小平和陆定一,但是作者没有给出令人信服的考证过程。随后万志全、徐琳艳的《〈红星〉报之研究总貌与可拓论域》,孙萍、赵云的《邓小平曾主编的〈红星〉报》也提出了相同的观点。遗憾的是,目前为止,并没有学者给出翔实的考证,也没有学者对《红星》报的历任主编做过具体研究。

二、考证结果:《红星》报历任主编应有四人

1933年8月至1935年1月遵义会议召开时,邓小平负责主编《红星》报。[6]遵义会议后,《红星》报由陆定一同志主编。[7]这两位同志曾经担任《红星》报主编已经为学界所公认,没有考证的必要。下面,笔者将着力论证创刊之初至1933年8月之前的两任主编——张如心、李弼廷。

《红星》报是共产党领导下的中国人民军队第一张中央级报纸,由中国工农红军总政治部(1932年1月以前为"中央革命军事委员会总政治部")负责编辑出版,因此,要了解该报第一任主编的任职情况,最有力的证据就是中国工农红军总政治部的主要工作人员的任职情况。在《中革军委的由来与演变》中,作者王健英明确指出了《红星》报的首任主编是张如心,原文如下:

> 军委总政治部(1932年1月27日中央人民委员会决定改称"中国工农红军总政治部",与中革军委属平行关系):主任王稼祥;副主任聂荣臻(1931年12月),后贺昌(1932年秋)。秘书处秘书长先后为滕代远、宋裕和、李韶九、萧向荣;组织部部长先后为周以栗、李弼廷(1932年),组织科科长叶季壮(1932年9月);青年科科长周爱国;宣传部部长先后为李卓然、徐梦秋(1932年);宣传科科长陈明;兵运工作(破坏)科(1932年成立,归宣传部领导)科长李涛;政

务处(负责地方工作)处长叶季壮(兼 1932 年 9 月);青年部(1932 年春由青年科扩编为部)部长高传遴;团政委训练班,主任先后为王稼祥(兼)、张如心;红军最高军事裁判所(1931 年 11 月决定设立)所长袁国平(兼)、副所长周碧泉;《红星》报(1931 年 12 月 17 日于瑞金创刊;1932 年 6 月随军到前方)主编先后为张如心、李弼廷。[8]

据《兴宁县志》记载,"张如心(1908—1976),原名恕安,叶南区中社乡人……民国二十年加入中国共产党,同年到江西中央苏区参加中国工农红军,曾任中国工农红军后方总政治部宣传部长,后任中国工农红军总政治部主办的《红星》报主编"。[9]由此可见,张如心到江西中央苏区加入中国工农红军以后,由于其曾到苏联莫斯科中山大学学习,属于当时理论水平较高的知识分子,因此到江西中央苏区后担任过《红星》报主编,负责《红星》报的编辑出版事务。

李弼廷(1901—1936),湖南嘉禾人,1923 年 4 月加入中国共产党。1925 年赴苏联莫斯科中山大学学习,1927 年 7 月又转赴法国里昂大学深造。老红军伍修权同志回忆李弼廷时曾特别提道:"一九三二年调到中央苏区,任红军总政治部组织部长。我对他印象很好,和他经常接触,知道他上下级关系都十分融洽,张闻天、王稼祥对他都有很好的评价。第一是好学,用功;第二是品德好,为人正派;第三是工作认真负责,任劳任怨。当时总政办有一个《红星》报,他的文章写得很漂亮。"[10]结合上文中中国工农红军总政治部的主要工作人员情况可以进行大胆的推测,经过几十年的时间洗礼后,伍修权同志在晚年还记得李弼廷与《红星》报的事情,绝对不可能只是李弼廷同志给该报投过稿,应该是在加入红军后李弼廷曾经担任过该报主编。

张如心和李弼廷先后担任过《红星》报的主编,那么剩下来需要厘清的就是该报主编第一次易人的时间了。如上文所述,中国工农红军军委政治部成立后,几乎所有部门的负责同志在 1932 年都有了变化,因此笔者可以做出大胆的猜测,《红星》报的主要负责人在 1932 年也和其他部门一起进行了更替。据资料显示,张如心在 1932 年 6 月已开始担任军委后方政治部宣传部部长兼瑞金红军学校团政治委员训练班主任,那么这条职务任免的消息完全可以证实笔者的猜测,极有可能是 1932 年 6 月《红星》报随军到前方后,张如心就不再担任该报主编,而由教育背景相似的李弼廷担任。

根据笔者的考证,结合前人的相关研究,笔者特列出了《红星》报历任主编及在职时间,如表 1 所示。

表 1 《红星》报历任主编及在任时间

历任主编	在任时间
张如心	1931 年 12 月—1932 年 6 月
李弼廷	1932 年 6 月—1933 年 5 月
邓小平	1933 年 8 月—1935 年 1 月
陆定一	1935 年 1 月—1935 年 8 月

三、历史细节:《红星》报四任主编及编辑风格

张如心是中国马克思主义理论教育家、中国科学院院士。1926年赴苏联莫斯科中山大学学习,后转入中山大学教员班学习兼做翻译。1931年加入中国共产党,同年8月到中央革命根据地,任中国工农红军总政治部主办的《红星》报主编。1932年6月任中国工农红军后方政治部宣传部部长兼瑞金红军学校团政治委员训练班主任。同年冬改任红军学校政治部宣传部部长,1933年冬调到红军总政治部宣传部。1942年间曾任毛泽东的读书秘书。新中国成立后,历任东北大学校长、东北师范大学校长等职务。张如心主编《红星》报时,该报初为五日刊,从第8期(1932年2月4日)开始变为不定期出版的报纸,有时半月才出一期。一般是四开4版,有时有6版或8版,遇到有重要消息时会出版号外,铅印,毛边纸印刷。内容方面,张如心开创了《消息》《党的生活》《群众工作》《红军生活》《俱乐部》《铁锤》《特载》等栏目,遇到报刊有错误时,会在边栏开辟《正误》栏目更正。在创刊之始,张如心就特别注意在党内发展通讯员,因此《红星》报上大量发表了通讯员文章,给该报投稿的包括周恩来、陈云等党政军领导人。万事开头难,张如心作为主编参与创办《红星》报,其功不小。

李弼廷(1901—1936),乳名笃忠,别号李敬,湖南嘉禾县车头镇人。1931年2月任中共湘南特委组织部长,与谷子元、王涛等组织游击队。同年10月,进入中央苏区,担任中国工农红军总政治部组织部长,兼红军大学讲师、《红星》报主编。1934年11月,随红军第一方面军长征。1935年10月,随中央红军到达陕北。次年1月8日,遭国民党飞机扫射,不幸中弹牺牲。由于拥有与张如心相似的求学背景,李弼廷(尚未发现照片)在主编《红星》报时,基本上保持了张氏的风格,没有什么大的变化,只是在张氏纯文字办报的基础上增加了插图,但是也只是偶尔为之。

邓小平(1904—1997)是伟大的无产阶级革命家、政治家、军事家,在其任《红星》报主编期间,很多工作都要亲力亲为,共出版了70多期的报纸,版式基本改为42开铅印,极大地提高了报纸的信息量。同时,邓小平在任期间,还对报纸进行了改革,增设了《红板》等栏目,同时,还着力推出了副刊,办出了特色。尤其值得注意的一点是,在邓小平主编《红星》报期间,特别注意发行业务,在刊首的醒目位置提示零售和长期订阅的价格。后来邓小平提出党报党刊一定要无条件地宣传党的主张,应该和这段时期的一线新闻工作经历有关。

陆定一(1906—1996)是伟大的共产主义战士,杰出的无产阶级革命家,中国共产党宣传思想战线的卓越领导人。陆定一担任《红星》报主编期间,由于作战频繁,战情险恶,同时纸张等原材料紧张,断断续续出版18期后被迫停刊。虽然出版的期数少、出版的环境恶劣,但是陆定一在艰苦的工作环境中坚持新闻真实性的原则,报道了红军攻占遵义、抢渡大渡河等战争事件。同时,办报风格更加活泼灵活,介绍了一些作战方法等贴合实际的内容。陆定一在1943年提出的"新闻是新近发生的事实的报道"这一观点,一度成为中国学界最流行的关于新闻概念的阐述。从主编《红星》报开始,陆定一就开始关注新闻的真实性。新中国成立后,陆定一曾任中共中央宣传部部长、国务院副总理、中央书记处书记、文化部部长、全国政协副主席。

(本文作者王卫明系南昌大学新闻与传播学院教授;杨帆系南昌大学新闻与传播学系硕士。)

参考文献

[1] 方汉奇.中国新闻传播史[M].北京:中国人民大学出版社,2004.
[2] 丁淦林.中国新闻事业史[M].武汉:武汉大学出版社,2000.
[3] 白润生.中国新闻通史纲要[M].北京:中央民族大学出版社,2004.
[4] 严帆.中央苏区新闻出版印刷发行史[M].北京:中国社会科学出版社,2009.
[5] 黄河,张之华.中国人民军队报刊史[M].北京:解放军出版社,1986.
[6] 盛沛林,张雯.战争与传播[J].军事记者,2003(11).
[7] 彭鹏,刘冰.长征中的《红星》报[J].军事记者,2006(9).
[8] 王健英.中革军委的由来与演变[J].党史文苑,1995(4).
[9] 兴宁县志编修委员会.兴宁县志[M].广州:广东人民出版社,1992.
[10] 王当正.伍修权同志回忆李弼廷烈士[J].湖南党史通讯,1984(5).

《评论人走基层》的实践与思考①

王卫明　骆辉

在新闻战线开展的"走转改"活动中,广大一线采编人员纷纷走出去,采写了大量接地气的优秀作品。但是,以往的"走转改",更多的是记者在"走基层",而评论人"走基层"的比较少。所以,《江西日报》决定在"评与论"版设立《评论人走基层》栏目,以鼓励评论人到基层、到群众中发掘评论素材,撰写观点新、素材活、接地气的评论,写出读者喜闻乐见的评论作品。

为将《评论人走基层》打造成品牌栏目,江西日报社理论评论部在这个栏目见报前做了大量准备工作,多次修改策划方案,为该栏目设计了特别的LOGO,安排本报评论员做好初期供稿工作(每人至少供稿1篇),并通过线上线下多种渠道向社外评论作者发出供稿邀请。2014年1月2日,《评论人走基层》栏目在《江西日报》"评与论"版正式亮相,开始刊发社内外评论人"走基层"采写的评论作品。

一、评论人为何要走基层?

评论人为什么要走基层?长期坐在办公室写评论的记者,大多有这样的感受:选题难找、素材陈旧、感触不深、认识不够、观点不活、思维呆板。究其原因,还是因为没有深入基层、深入实际、深入群众,没有掌握第一手资料,有时难以搞清新闻事件的前因后果、来龙去脉。

深入群众、深入基层、深入一线,是党的新闻宣传工作的基本要求和优良传统,是实践"三贴近"的必然要求,也是撰写评论的好方法,益处多多。

---

① 本文由王卫明、骆辉的《"评论人走基层"的实践与思考》(原文载《中国记者》,2014年第7期)改写而成。

(1) 评论人走基层，可以发掘评论素材。基层是新闻的富矿，同样也是评论的富矿。

比如，2014年1月9日刊发的《从黄溪村看城乡一体化》，就是评论员在修水县马坳镇黄溪村实地采访时发现的素材。城乡一体化，重点在农村，难点在农村，短板在农村。推进城乡一体化，农村应该"化"什么、怎么"化"？黄溪村的做法，正好契合中央推进城乡一体化的要求。如果没有深入黄溪村采访，根本找不到这一素材。

(2) 评论人走基层，可以捕捉现场信息。只有深入现场，才能还原现场，才能使评论贴近现场。如果不到现场，不是亲眼所见、亲耳所闻，是无法准确描述现场一草一木、一举一动的。

比如，2014年1月2日刊发的《写好"人"字寄乡愁》，开头第一句是极具画面感的现场信息："冬日暖阳，洒在故乡三江的青石板上，丰收的荸荠堆满了房前屋后，裹着红头巾的妇人三三两两，那翻捡果实的手上遍布老茧。"[1]

再如，2014年3月13日刊发的《说声"习惯"不容易》，首句也是现场细节："'哗……'被检测出问题的集便器的管子一打开，里面的粪水立刻倾泻下来，溅了检修工汤俊一裤腿，令人作呕的臭味顿时在空气中弥漫开来。"[2]

(3) 评论人走基层，可以激发创造性思维。坐在办公室写评论，对新闻事件的认识往往停留在现有素材的水平上，无法突破。

比如，2014年3月20日刊发的《招才引智要舍得"真金白银"》，即评论员深入基层采访后，彻底激发思维活力而作的。企业用工荒，大多媒体均会关注，且关注的重点一般是民工荒，久而久之，在人们的认知中，用工荒就是民工荒。其实不然，评论员在调查后发现，民工荒只是用工荒的一部分，还有很多企业缺高级技工。进一步采访发现，技工荒的背后，则反映出用工环境的不完善。

(4) 评论人走基层，可以获得第一手资料，形成第一手观点甚至是独家观点。这正是《评论人走基层》栏目的特色和优势所在。

比如，2014年2月27日见报的《也要防止"农民荒"》，就是记者深入采访后获得的第一手资料。当城市用工存在大量缺口，全社会都在喊"用工荒"时，劳动力都去哪儿了？带着这个问题，记者来到劳动力输出最多的农村调研。调查结果令记者惊讶，不只是城市出现用工荒，农村也同样面临着这个问题。"对于中国这样一个13亿人口的大国来说，确保粮食有效供给，守住耕地红线至关重要。当年轻人纷纷外出打工，当土地无人耕种被撂荒，当农村人也上街买米时，我们没有理由不担忧，从'农民荒'到'土地荒'再到'粮食荒'还有多远？"[3]文章见报后，一位读者致电"评与论"版主编："我家的情况也是这样，呼吁相关部门引起重视，真的很有必要。"

再如，2014年3月6日见报的《让农家书屋"旺"起来》就有如下独家观点："农家书屋要根据村民的阅读需求选书配书；要对藏书进行编目登记、分类陈列、借阅登记、补充更新；要在门口公示开放时间和管理员联系方式，对村民的借书行为建立限期归还、押金收取、损失索赔等制度；要聘请专门的管理员，定期开放，常开门。有闲余时间的残疾人、老党员、退休教师、青年志愿者，都是合适的管理员人选，而且人数可以多些，以便轮流值班。"

二、评论人怎么走基层？

评论人，应当如何走基层？

一要勤跑。

顾名思义，评论人走基层的基本要求，就是必须到基层去采访。

"把新闻写在大地上，写在人民心坎上。"要做到这一点，就必须常下基层、勤跑基层。从已经刊发的16篇看，本报评论员先后走进江西省南昌县、修水县、袁州区、宜丰县、青山湖区、湾里区、莲花县、新建区、红谷滩新区、婺源县等10多个县区（其中包括小蓝经济技术开发区），先后走进学校、火车站、企业、政府机关、街办、村委会等数以百计的采访点。从采访时间看，短则半天或一天，长则两天甚至更久，有时是一次性完成，有时是多次采访、多地采访。不论从采访点还是采访时长看，偷懒省事是行不通的，唯有勤快再勤快，才能走好基层，真正掌握需要的素材。

二要勤思。

走基层，评论员看什么，怎么看？这是需要不断思考的。评论与新闻稿的区别在于：新闻稿重在描述新闻现场、事件经过，突出的还是新闻五要素，而评论稿重在透过现象看本质，关键在于总结、归纳、升华。这就要求，评论员在走基层的过程中，要勤于思考，要透过现象看本质，要给人具有启发的思维和观点。

三要尽力出精品，提供有价值的观点。

有好选题，深入采访，就要在写作上下苦功夫，力争出精品，否则就浪费了一个选题。评论的观点是否有价值，要看有没有创新，能不能有效指导实践。比如，2014年3月6日刊发的《让农家书屋"旺"起来》，不论是采访，还是写作，作者均做了大量创新。其中的一些观点，都是以往论及农家书屋的文章中未提到的，同时又是可以在农家书屋的具体工作中可以付诸实施的。

《评论人走基层》专栏的文章，大多经过多次修改、仔细打磨。正因为采写、编辑过程精益求精，《评论人走基层》专栏的见报稿件，均已取得较好的社会反响。例如，《写好"人"字寄乡愁》，被求是理论网《报刊精选》栏目、网易、21CN新闻网、金羊网、东方网、共产党员网转载。《让农家书屋"旺"起来》，被求是理论网、中国农业信息网、中国文化传媒网、国家数字文化网、中文书刊网、共产党员网、天津网转载。《"传一下"引出的思索》，被人民网、网易、共产党员网、天津网、21CN新闻网转载。此外，《写好"人"字寄乡愁》和《"传一下"引出的思索》也被评为江西日报社月度优秀稿件。

三、"走"出了什么效果？

如前所述，《评论人走基层》栏目是新闻战线"走转改"的新尝试、新举措。自2014年1月2日推出首篇评论以来，至2014年6月底，《评论人走基层》栏目共刊发24篇稿件（"评与论"版每周1期）。如今，《江西日报》每期评论版均有该栏目，栏目运作已经基本成熟，已取得以下三个方面的明显效果。

（一）扩大了评论的选题范围

以往本报评论员撰写的评论，选题来自基层的较少，而《评论人走基层》栏目的评论选题则完全来自基层。从评论主题来看,与评论员以往撰写的评论相比,《评论人走基层》栏目的评论主题更贴近群众、贴近生活、贴近基层。表1是《评论人走基层》栏目部分稿件的采访地点和评论主题,从中可见《评论人走基层》栏目的选题方向确实"三贴近"。

表1 《评论人走基层》栏目部分稿件的采访地点和评论主题

作品标题	采访地点	评论主题
写好"人"字寄乡愁	南昌县三江镇	推进城镇化建设
从黄溪村看城乡一体化	修水县黄溪村	推进城乡一体化
微型电动汽车:趁早给个身份	袁州区、宜丰县的街巷	微型电动车发展
为"舌尖"上的作风之变"点赞"	青山湖区湖坊镇食堂	贯彻落实八项规定
农村必须美 治污当先行	莲花县等地农村	农村治污
"传一下"引出的思索	南昌市区公交车	弘扬传统美德
农民必须富 应该怎样富	南昌县塔城乡	全面深化农村改革
也要防止"农民荒"	袁州区洪江乡	农村为何不愿种地
让农家书屋"旺"起来	青山湖区、湾里区、安源区、万载县等地农村	如何办好农家书屋
说声"习惯"不容易	南昌铁路局南昌车辆段客车整备技术基地	践行社会主义核心价值观
招才引智要舍得"真金白银"	小蓝经济技术开发区	改善用工环境
管犬先要管住人	红谷滩新区、新建区、青云谱区等地社区	规范城市养犬
拿什么留下远方的客人	婺源县某乡村景区	优化景区管理水平
"微型学校"发展之忧	湾里区梅岭镇立新村	边远学校如何发展
莫让旅游资源在荒草间湮灭	奉新县赤岸镇	发掘、用好文化资源
关爱"困境儿童"需更多行动	南昌太阳村	关爱"困境儿童"

(二)增强了评论的可读性

通过走基层,很多评论都以讲故事的形式行文,力求做到夹叙夹议,在叙事中说理。例如,《让农家书屋"旺"起来》,就涉及南昌市扬子洲镇长村村、南昌市招贤镇东源村、萍乡市安源区城郊管委会流万管理处、万载县康乐镇里泉村等地的农家书屋,多处独家的细节陈述为文章增添了具有现场感、说服力的论据,且夹叙夹议,层层推进,可读性强。

（三）开拓了评论人的视野

走出去，评论人可以看到、了解到、感知到很多在媒体上看不到的信息，这些信息对于丰富评论员的知识面、拓宽评论思维具有启发意义。

例如，《莫让旅游资源在荒草间湮灭》，作者在奉新县浮云山麓处寻访北宋华林书院遗址，看见一片断垣残壁掩映在萋萋荒草间，长满青苔的方砖地上散落着零零碎碎的垃圾杂物，由此想到文化旅游资源的保护开发，作者就此感叹："以有形或无形存在的历史文化资源，是先人留给我们的物质和精神财富，它是稀缺并不可再生的，保护好是我们的责任。"[5]

（四）如何"走"得更好？

《评论人走基层》系列评论提倡搜集第一手信息，但更加强调通过走基层搜集基层信息，通过走基层形成接地气的好作品。

《评论人走基层》系列评论虽然取得了一定成绩，但还存在改进空间，可在以下几个方面继续发力。

一是继续拓宽选题范围。从前期情况看，《评论人走基层》系列评论涉及的领域虽然较广，但还可以走得更广泛一些，力争走进全省各县市、各级各部门、各行各业。

二是继续强化新闻现场感。在《评论员走基层》系列评论更加注重描述新闻现场，以更强的现场感来吸引读者，引发共鸣。

三是多做策划，精心策划。要想写好《评论员走基层》稿件，有必要加强选题策划，有时要带着选题走基层，切忌做无头苍蝇，走来走去一场空。

四是多写鲜活的稿件。从目前刊发的稿件来看，依据见报前一天、前两天的事实撰写的稿件，几乎没有。未来，《评论人走基层》栏目要刊登更多依据新鲜事实、新鲜采访撰写的稿件——采编流程要提速优化，需要吸引众多记者供稿。

五是建好用好社外评论人队伍。在已刊发的16篇《评论人走基层》文章中，其中社外作者仅2人。由此可见，作者面还不宽。为此，《江西日报》理论评论部新近面向全省各地组建多达140多人的社外评论人队伍，下一步拟对其进行特别培训，有针对性地打造一支招之即来、来之能战的评论人队伍。将来，社外评论人不但可以独自供稿，而且可以和本报评论员合作采访和撰稿，或为本报评论员采访和撰稿提供协助。

（本文作者王卫明系南昌大学新闻与传播学院教授；骆辉系江西日报社记者。）

参考文献

[1] 范嘉欣.写好"人"字寄乡愁[N].江西日报,2014-01-02(B03).
[2] 范嘉欣.说声"习惯"不容易[N].江西日报,2014-03-13(B03).
[3] 骆辉.也要防止"农民荒"[M].江西日报,2014-02-27(B03).
[4] 王卫明,阳婷.让农家书屋"旺"起来[N].江西日报,2014-03-06(B03).
[5] 范嘉欣.莫让旅游资源在荒草间湮灭[N].江西日报,2014-04-17(B03).

《党报帮你办》栏目的舆论监督理念

童梦宁

摘要：当前身处社会转型期和矛盾凸显期,且微信息、微媒体、微社区盛行,面对多元多样多变的舆论场,舆论监督难是党报面临的一大挑战,党报针对人民群众开办的民生新闻专栏,更应始终保持高度的政治责任感,牢固树立"人民至上"价值理念,坚持党性与人民性统一的原则,引导社会舆论,倡导社会互信,彰显主流价值。

在庆祝第20个记者节期间,新华社播发长篇通讯《情到深处——习近平同志与新闻舆论工作》,在全国引起强烈反响。该文讲述习近平总书记在不同的领导岗位上,关心、信任、支持新闻舆论工作,对实际工作中可能存在的问题和不足,从不回避。近几年来,总书记对宣传思想工作做过诸多论述,如"舆论监督和正面宣传是统一的。新闻媒体要直面工作中存在的问题,直面社会丑恶现象,激浊扬清、针砭时弊,同时发表批评性报道要事实准确、分析客观"[1],"新闻舆论工作者要增强政治家办报意识,在围绕中心、服务大局中找准坐标定位,牢记社会责任,不断解决好'为了谁、依靠谁、我是谁'这个根本问题"[2]等,堪称是新闻舆论工作的"指南"。

《江西日报》系江西省委机关报,始终坚持"党性与人民性统一""舆论监督与正面宣传统一"原则,秉持"服务与监督并重"宗旨,于2013年设立《民生民声》专版,开辟《党报帮你办》栏目,每周受理3至4件有代表性的群众投诉,要求记者深入一线调查采访,厘清矛盾,协助地方党委、政府及时发现问题,改进工作,解决群众合理诉求。本栏目系江西新闻名专栏,运行7年来,赢得社会各界高度认可。仅以本栏目受理四类有代表性的舆论监督新闻案例,浅析党报如何创新舆论监督工作,践行"人民至上"价值理念,积极发挥党报的权威性和公信力,凸显主流媒体传播定力。

一、面对常规投诉事件,善于"问题性事件正面报道",引导基层党委、政府主动作为,依法依规解决群众合理诉求,创新基层社会治理

当前,新闻媒体受理的常规投诉基本上为办证难、入学难、消费维权难、业委会成立难、教育乱收费、小区屡停水、征地拆迁补偿不兑现等一系列问题。面对这类常规性投诉,江西日报《党报帮你办》栏目牢牢把握不添乱、不单纯曝光问题、不炒作,而本着解决问题、化解矛盾的原则,理性分析问题,以免监督报道偏激片面。

2018年12月,南昌市湾里区梅岭镇康都小区历经"坎坷",好不容易成立了小区业委会。而运行近一年中,业委会却出现"内讧",业委会主任与成员之间在思想和行动方面不能统一。2019年10月13日,业委会罢免了业委会主任。但原主任以该罢免程序不合法为由,继续履职,并与业委会各自发布公告,相互指责或"揭丑"。这些乱象影响了业委会正常运行,也令小区500余户业主对业委会失去信任。

康都小区业委会多次求助小区所在的店前社区及梅岭镇政府,希望从政府层面认定该小区业委会罢免业委会主任是否有效,如果罢免有效,应指导业委会重新推选业委会主任;如果罢免无效,则应责令业委会纠错。而梅岭镇政府和店前社区以罢免程序尚

无法律依据为由,始终不表态,也不介入处理,任业委会内部矛盾激化,引发了业主不安。

为此,本报记者直接请南昌市房管局物管处负责人进行分析和裁定。他明确表示,《物业管理条例》虽只明确业委会有权推选业委会主任、副主任,未明确业委会有权罢免业委会主任、副主任等相关内容,但根据业主自治原则,业委会有权推选,也有权行使罢免权力。在本栏目推动下,市、区两级房管部门对梅岭镇政府进行政策指导,最终该镇携同店前社区主动作为,指导业委会依规启动重新选举程序,妥善化解业委会内部矛盾,确保小区安定和谐生活环境。

就梅岭镇政府及店前社区涉嫌"懒政"行为,本报2019年10月25日刊发的《业委会起"内讧"业主不知所措》报道,以客观、严谨的态度,协助基层政府寻求解决办法,及时解决问题,妥善化解社会矛盾,将"问题性事件正面报道",为创新基层社会治理提供舆论保障。

二、面对突出舆情事件,公开报道与内参报道相结合,在引导社会舆论的同时,推动地方党委、政府及时解决"敏感问题"

舆情事件一旦爆发,若地方政府处理不当,极易上升为群体性极端事件。对此,多数地方媒体因担心"添乱",通常选择"失语",或被动地发布通稿,维持面上的"息事宁人"态势。

2016年12月,上高县自来水厂受处于取水口上游的宜丰县工业园区部分企业非法排污等影响,第四次出现水污染问题,危及全县30万人饮水安全,引发当地数百名群众聚集两县政府,要求关停上游工业园区,"污水致癌"恐慌、"打砸污染企业"戾气弥漫网络平台,加剧了当地民众对地方政府的不满。

面对当地群众强烈反映,江西日报《党报帮你办》栏目并未回避,而是冷静从容地派记者赴实地调查。记者分别走访水厂、取水口及涉嫌非法排污的工业园区,重点了解宜春市及两县政府部门的处置情况,并向宜春市环保部门提出建设性意见,建议对污染"重灾区"即取水口预警断面监测点所在村的地下水进行检测。根据所调查采访到的第一手材料,本报采用公开报道和内参报道相结合的形式,及时发布报道。公开报道《上高县水厂取水口遭污染 宜丰工业园关停或整顿29家企业》,重点突出市、县两级政府部门处置"水污染"的态度、举措,以及从根本上解决饮水安全的有效措施,实事求是报道了宜春市环保部门对"重灾区"地下水的检测信息,以科学检测结果澄清了"致癌高发""死亡村"等谣言,消除了群众恐慌心理。而内参报道《五问"上高水污染"事件》则直击要害,对"屡查屡犯"的水污染事件理性提出质疑,促使宜春市及两县反思,痛改"前非",建立长效监管机制,并依法依纪追究一批相关职能部门负责人的责任。

面对这类突出舆情事件,且与数十万民众身心健康息息相关的大问题,本报未"失语",更未"乱语",而是本着对党和人民高度负责的态度,先后发布公开报道及内参报道,析事明理,引导舆论,促使舆情事件得到有效解决,发挥了党报舆论稳压器、平衡器作用,凸显了党报的担当,赢得了当地群众及社会各界认可。

三、面对信访"顽疾"事件,监督报道与"劝和"服务并重,传递向上向善的力量,达成社会互信

江西日报《党报帮你办》作为一个专注民声民情的栏目,承载着民众寄予的厚望,自开办以来就广受关注。因此,本栏目经常需面对信访群众,倾听他们反映的"老大难"问题。如何审时度势,通过党报舆论监督,推动地方党委、政府进一步正视合理的信访诉求,妥善予以解决呢?

2016年4月下旬,铅山县湖坊镇移民村即安兰村数位移民代表向本报反映,10年前该镇纵容个别村干部涉嫌虚报地名,骗取农田水利及地方交通建设项目,甚至挪用移民扶持项目资金。当年涉事的县扶贫移民办及镇政府等相关部门干部已被依法处理,但涉事村干部却"逍遥法外"。多年来,他们为此频繁向当地政府及纪检部门上访,而"问题村干部"始终未得到查处。本报就此介入调查,发现这些信访群众反映的问题基本属实。随后本报刊发《村干部疑造假骗取移民扶持项目》调查报道,并突出县纪委查处态度。

未料到事隔该报道4个多月,铅山县纪委仍未出具调查结果,再次引发信访群众投诉。本栏目再次介入调查,刊发后续报道《安兰村又现多个移民后期扶持项目涉嫌虚报》,引起了省、市纪委及移民扶贫办等部门高度重视。县纪委及湖坊镇政府数名干部向记者坦承,其实,多年来他们一直与这些信访群众沟通,但总遭遇"抵触""不信任"等困惑。

为此,本报主动承担"劝和"重任,协助铅山县纪委及湖坊镇政府再次与信访群众沟通,查清事实,传递向上向善力量,达成互信,解开了信访群众心中的"死疙瘩"。此后,铅山县纪委依法依纪处理了涉事村干部,进一步规范移民扶持项目申报工作。

四、面对执法"不当"投诉事件,讲究"说话技巧",借助上级监管部门力量,督促基层职能部门依法依规履责

通过梳理投诉事件,我们发现,其中逾半数是因为相关职能部门干部履职不当造成的。我们深知,舆论监督工作目的不是为了曝光,并让那些有过错的干部"下台",而是为了帮助职能部门及时改进工作作风,依法履职,解决群众合理诉求。因此,面对这类报道应善于讲究"语言艺术",借助上级监管部门力量,迂回监督,引导基层职能部门正视群众诉求,以达到最佳监督效果。

2016年4月,乐平市涌山镇13岁女童小宇(化名)在景德镇市珠山区一美容店做学徒期间失联,其家人多次求助珠山区新厂派出所。该派出所介入调查,了解到小宇已陷入传销,遂以传销案件以工商部门受理为由,始终不予立案。小宇失联的8个月当中,其家人花光了家中积蓄,奔赴数个城市找人,均大海捞针,最终杳无音讯,两手空空。

小宇家人求助江西日报《党报帮你办》栏目时,记者查询公安部相关规定时了解到,接到未满14周岁的未成年人失踪超过48小时的报案,公安机关应当立即以刑事案件立案,迅速开展侦查工作。面对记者调查采访,新厂派出所相关负责人产生抵触、对立情绪。记者主动向省公安厅及景德镇市公安局反馈,并与珠山区分局相关负责人面对

面坦诚沟通,充分理解、尊重派出所一线民警付出的艰辛和努力,同时委婉地指出,他们在受理小宇家人报案中存在执法"不当"及"作风不实、不细"行为。之后,报道重点突出当地警方在此案件背后所做的工作和付出的心血等相关内容。事隔半月后,小宇终于被珠山区警方成功解救回家。

通过以上案例分析,我们清醒地认识到,在多元化的社会思潮中,如果新闻记者一味地秉持曝光、找事的心理,咄咄逼人开展采访报道,只能给社会添堵、添乱、添麻烦。因此,本报在受理群众诉求中,始终牢固树立"人民至上"价值理念,牢牢把握正确的政治方向和舆论导向,保持定力,守住底线,放大理性声音,匡正失范行为,增进社会共识,激浊扬清,推动基层工作,为创新基层社会治理提供舆论保障。

(本文作者童梦宁系《江西日报》记者)

参考文献

[1] 李正善.从习近平讲话论对舆论监督"时效度"的把握[EB/OL].(2016-09-12). http://media.people.com.cn/n1/2016/0912/c407128-28709571.html.

[2] 史竞男等.习近平总书记在党的新闻舆论工作座谈会上的重要讲话引起强烈反响[EB/OL].(2016-02-22). http://www.xinhuanet.com/politics/2016-02/22/c_1118122184.htm.

[3] 李仁虎,刘光牛,张垒.情到深处——习近平同志与新闻舆论工作[EB/OL].(2019-11-09). http://www.xinhuanet.com//politics/leaders/2019-11/09/c_1125212103.htm.

[4] 十九大报告辅导读本[M].北京:人民出版社,2017.

[5] 新华社课题组.习近平新闻舆论思想要论[M].北京:新华出版社,2017.

[6] 中共中央宣传部新闻局.习近平总书记党的新闻舆论工作座谈会重要讲话精神学习辅助材料[M].北京:学习出版社,2016.

网络谣言的识别之术与应对之道

王卫明　张曼

摘要:网络谣言是假新闻的重要来源。谣言生成的原因包括商业原因、政治原因、个人恩怨、娱乐恶搞等。可从"讯息来源是否权威""讯息自身是否矛盾或违背常识、科学原理""是否有权威讯息提供佐证""是否有高度雷同的类似讯息""讯息内容是否有明显偏激的倾向性"等方面识别网络谣言。对于谣言,相关部门、媒体和个人都应当学会分辨、及时应对、重视核实、依法究责、谨慎传播。

关键词:谣言;识别;应对

由于网络传播的便利与快捷,互联网成为各种谣言的传播平台,进而成为各种假新闻的发源地。《新闻记者》杂志发布的《2013年虚假新闻研究报告》指出:"2013年有不少起虚假新闻并没有在传统媒体上落地,社交媒体是其重要甚至唯一的传播平台。"[1]

应当如何在讯息泛滥的网络世界里自处？面对网络谣言要如何识别？相关部门和个人又该如何应对网络谣言？本文试图对这些问题进行解答。

一、网络谣言的传播现状

影响微博内容真实性的因素有两类。

第一类是微博自身传播机制，其拥有"短、灵、快"的传播特性，因微博内容信息简短，难以将事实表述清楚，且"随时随地"地即时分享和无须审核的快捷发布、转发功能也使得传播不实信息的方式简单、成本低廉。

第二类是微博的外在关联因素影响微博内容的真实性：发布网络谣言代价小；微博发布者受立场、利益和个人因素影响；微博受众的"乌合之众"特性。

在《最高人民法院、最高人民检察院关于办理利用信息网络实施诽谤等刑事案件适用法律若干问题的解释》（以下简称《解释》）发布之前，中国对于处理网络不实信息的法制体系存在一定缺陷，对利用信息网络实施诽谤等网络犯罪的法律打击力度不够。在微博上发布不实信息的代价相对较小，致使网络谣言泛滥。

一些微博发布者，受政治立场、商业利益、个人恩怨、娱乐恶搞等动机影响，存在着故意捏造不实信息以达到打击对手、自我宣传、谋取利益或娱乐调侃等目的。

微博受众的"乌合之众"特性助长了网络谣言的传播。勒庞在《乌合之众》[2]中指出，群体的思想累加在一起呈现的不是智慧而是愚昧，自觉的个性消失了，无意识的人格得势。微博的匿名性削弱了微博用户的责任意识，围观心态借助于极端言论而相互传染集结，结论式言论催化网络谣言的生成。

《中国新媒体发展报告No.4(2013)》指出，2012年平均每天有1.8条谣言被媒体报道。[3]谣言之所以被广泛传播，部分因为微博本身易于传播的特性，部分因为大众媒体二次传播的推波助澜，部分因为许多微博转发者缺乏谣言识别能力，部分因为有关部门和人员不懂得有效应对网络谣言。

网络谣言传播之易、识别之难，以及微博用户之众，给网络谣言的广泛传播提供了条件。新浪CEO曹国伟表示，仅在新浪微博每天就有接近1亿条的微博内容产生。微博实名认证用户和"大V"对网络谣言有意无意地二次传播，更是扩大了微博传播的范围，加剧了网络谣言传播的危害。

二、网络谣言的识别之术

一旦网络谣言生成，其传播之广泛和迅速似乎无法抵挡。然而，谣言之所以为谣言，在于其内容的非真实性，即其讯息存在漏洞可寻，换言之，谣言是可以识别的。大体说来，从以下五个方面可以识别谣言。

（一）看"讯息来源是否权威"

2013年7月26日晚19时03分，新浪微博用户@煤体发布一条图文微博，内容如下。

【城管手中再添一人命】2013年7月26日早上8点20分左右。四川省达州万源有一个家庭贫困的17岁在校学生把自己在山上捡的野山菌拿到街上来卖,遭到城管殴打,送到医院抢救无效死亡,但目前消息被封锁。试问正义何在?公理何在?求扩散!!!@杂谈五味@香港報紙

谣言发布者@媒体并非新浪官方认证微博,然而众多微博网友在看到该微博时忽视了这点,在微博内容的真实性没有得到证实的情况下,并没有持质疑或求证的态度,就草率地参与转发、评论。

其实,要判断这条微博是不是谣言,方法很简单:@媒体的微博内容没有透露任何可信赖的讯息来源,也非源自正式媒体报道;微博发布者本人也没有证据表明在现场,显然不是权威的信息来源,其传播的讯息可信度值得怀疑。在这类可能引发社会问题的恶性讯息被核实之前,微博用户应当不予相信、发布、转发。

(二)看"讯息自身是否矛盾或违背常识、科学原理"

有些网络谣言的硬伤在于:其讯息本身自相矛盾,或违背常识,或违背科学原理。

例如,微博上曾有谣言:"6名罪犯越狱后在南昌一个月内杀害78名女性,强奸16名女性,抢夺财物700多万元。"如果我们对"一个月内杀害78名女性"进行关键句搜索,就会发现,这个谣言还有许多其他版本,这些版本内容大致相同,仅地点不同(分别为苏州、杭州、温州等地)。同样的犯罪案件,在同一时间发生在不同城市,犯罪细节完全一致,明显与常识不符,可以断定其是谣言。

对此,杭州市公安局西湖区分局转塘派出所的官方微博@转塘派出所写道:"网友看到微博说杀人犯来到杭州,蜀黍搜索一下,发现很有意思:六人越狱一起逃,几乎同时到了四川、温州、南昌、杭州,在西昌、南昌、苏州一个月均杀78人,强奸16人,抢了700多万,4月15日一起逃到自贡、瑞安和余杭,每处杀2人,25日长江、金沙江和某河边各发现一尸体……除了地点,其他内容惊人一致,请问你相信吗?"

(三)看"是否有权威讯息提供佐证"

一般而言,真实信息都是有很多讯息可以提供佐证的,经得起各种印证和比对。而谣言则得不到权威机构或权威信息的印证。倘若一条微博得不到权威信息的佐证,则该微博内容存在不实的可能性。

例如,2013年3月,新华社、CCTV等媒体报道称,原华西村党委书记吴仁宝2005年曾登《时代周刊》封面。"吴仁宝曾登《时代周刊》封面"这一讯息后被证实为"乌龙"。对于这样的讯息,只需登录《时代周刊》官方网站找到相应时间的封面进行核实或向《时代周刊》寻求官方证明。核对后可以发现:媒体所配封面图片中的英文标题"THE MAN WHO MEN OF THE MOMENT"语法不通,且该封面与《时代周刊》2006年1月26日的封面类似,只有封面人物头像和部分文字、内容不同。以"Wu Renbao"为关键词在《时代周刊》官方网站检索,仅有2008年的一篇报道是关于吴仁宝的,且并非封面报道。[4](见图1、图2)

图 1　吴仁宝登《时代周刊》的虚假封面　　图 2　《时代周刊》2006 年 1 月 26 日封面

在这一案例中，媒体本应承担起调查核实的责任，看看有关讯息能否在权威信息来源(《时代周刊》官方网站、纸质杂志或官方发言人)得到印证。

再如，2013 年 8 月，有微博称，清华大学客座教授曾宪斌在某地产年会上发表"房价越低的城市越丢人"等言论。对此，清华大学官方微博@清华大学的说法是："经查，清华大学教师中没有名为'曾宪斌'的人，聘任的客座教授中也没有名为'曾宪斌'的人。"由此，可以断定那条讯息不可信。

(四) 看"是否有高度雷同的类似讯息"

雷同度较高的网络谣言，常见于灾难谣言、恶性治安事件谣言和娱乐谣言。

在 2008 年汶川地震、2010 年舟曲泥石流、2012 年日本地震、2013 年雅安地震期间都出现过借由其他灾难照片冒充现场、非科学依据预测余震或关联灾害、发布虚假爱心接力活动等谣言。

《中国新媒体发展报告 No.4(2013)》显示，在 2012 年全年 671 条网络谣言中，有将近一半左右的谣言出现在地级市、县或乡镇，这些谣言大多和丢孩子、盗器官、凶杀强奸等恶性治安事件有关。

娱乐谣言也属于雷同度较高的网络谣言，以绯闻和意外为主，如传出情变、婚变或者明星猝死。这一类娱乐谣言仅换个主人公，层出不穷、屡见不鲜。

2013 年，四川雅安地区发生地震后，有一条微博得到大量转发："一位叫徐敬的女孩，21 岁，请速回雅安水城县人民医院，妈妈伤得很严重，想见她最后一面，爸爸号码：151933＊＊＊86。"与此同时，另一条找人消息也在微博上传播开来："一位叫陈思姚的男孩，21 岁，请速回康平县人民医院，妈妈伤得很严重，想见他最后一面，爸爸号码：151933＊＊＊86，爱心接力，不转对不起自己，好人有好报。"这两条消息披露的手机号码是同一个，有记者拨打这个号码，地址显示该号码归属地为甘肃平凉，处于停机状态。据了解，该号码在 2012 年 12 月被披露是高额吸费电话，而且，雅安并没有水城县(隶属贵州)。

雅安地震救援时期微博上曾经出现这样的谣言："昨天下午一只军用搜救犬发现一位大爷，它就钻进里面，结果塌陷了，当战士们将其挖出来的时候，发现军犬的内脏已被砸烂,这只狗狗在这几天里已经发现了35名幸存者,有32名获救者……"

对此,@江宁公安在线辟谣称:"搜救犬很忙,请勿消费它!下面这条搜救犬,在2008年汶川地震时救了32人,牺牲了。后来它又在2010年的玉树地震中救了32人,又'牺牲'了。再后来的2011年的温州动车事故,它又救了32人,再次'牺牲'。这次的地震,它再次救了32人,再次'牺牲'。"在网上广为流传的"三岁女孩在怡馨家园被拐"也是类似情况(基本信息不变,只是地点变换)。这种高度雷同的讯息,明显是谣言。

(五)看"讯息内容是否有明显偏激的倾向性"

很多网络谣言,隐藏着强烈的民族主义情绪、反政府情绪,甚至包含"不转不是中国人""不转死全家"式的诅咒。这种倾向明显、用词偏激但又未交代权威信源出处的微博讯息,造谣的可能性很大。

三、网络谣言的应对之道

有媒介就有谣言,网络媒体只要存在,网络谣言便不会消失。对待网络谣言,我们不但不能造谣,而且要学会识别,学会科学应对。

(一)学会识别

"流丸止于瓯臾,流言止于智者。"网络用户不造谣、不传谣且会识别,是应对网络谣言的方法之一。微博用户可参照上文所述的五点识别之术,学会识别谣言,不当"传播谣言中的一环"。而当网络谣言影响扩大到社会舆论当中后,普通民众也应当抱有质疑和求证的心态,不信谣、不传谣。

微博受众也不能因为"大V"发布或转发就信以为真。2013年4月30日,新浪微博认证用户@谢作诗(微博认证为"经济学博士、浙江财经大学教授、辽宁大学博士生导师")发布了一条图文微博(该微博末尾贴上了一个"转"字):郭美美登上了美国《时代周刊》封面。但是,该信息早在2011年就被证实为虚假新闻,美国《时代周刊》官方网站并无"郭美美出现在《时代周刊》封面"的讯息。

(二)及时回应

谣言的传播,可能很快,从而造成极坏的影响。为尽量减少谣言之害,有关方面(包括政府机关和司法机关)在应对网络谣言时首先应当做到"快速回应"。

第一,指出疑似谣言的微博在内容等方面的硬伤(如"系一面之词""并非中立第三方""传播者不在现场"等),并提醒公众"为避免造成不必要的伤害,请勿在判明真假之前轻信或转发"。

网络谣言被识别、被证实为不实信息需要一定时间。若所有的网络谣言都要在等到被证实后才进行回应,可能已经造成难以弥补的负面影响。因此,只要微博讯息可能是谣言,有关方面就应将这种可能性表达出来,有效控制有关讯息的负面影响和传播范围。

第二,表明"追惩造谣者"的态度。2013年9月9日《解释》的出台对于信息网络犯罪的量刑定罪有了明文规定,这一举措给相关部门处理和应对网络谣言提供了法律依据。有关部门在应对网络谣言时要善于利用法律武器表明对微博恶意造谣传谣者绝不姑息的态度,以法律震慑网络谣言制造者和传播者。

第三,尽快呈现事实真相。网络谣言能盛传,往往源于信息的不透明和不公开,在非涉及国家机密或个人隐私的公共事务中,政府有关部门应当做到信息的公开透明。微博受众越早接收到权威发布的真相,越能减少网络谣言的制造和不良传播后果。

(三) 重视核实

中国新闻出版总署2011年10月出台的《关于严防虚假新闻报道的若干规定》明文规定:"不得直接使用未经核实的网络信息和手机信息,……对于通过电话、邮件、微博客、博客等传播渠道获得的信息,如有新闻价值,新闻机构在刊播前必须派出自己的编辑记者逐一核实无误后方可使用。"

不可否认的是,一些网络谣言因种种原因走上了正式媒体的版面,正是媒体因其权威性导致网络谣言传播更为广泛,其造成的社会影响也会更大。

例如,2013年8月1日,有微博传出"小女孩为中暑晕倒的环卫工人撑伞"的讯息,很快这一讯息被许多媒体的官方微博加以编辑发布,引起广泛讨论,微博一片赞声。但第二天,这一讯息被证实为假新闻,只是一家公司策划的卖伞广告。

媒体在选取微博热点作为报道选题时应当多方核实,尽量避免二次传播网络谣言。前述事件中,媒体从业者若联系到当事人(环卫工人、小女孩或旁观者),便能发现"女孩为中暑晕倒的环卫工人撑伞"只是一次商业炒作。

(四) 依法究责

2013年9月9日下午,最高人民法院、最高人民检察院举办新闻发布会,发布《最高人民法院、最高人民检察院关于办理利用信息网络实施诽谤等刑事案件适用法律若干问题的解释》,这一法律文件为依法追究网络谣言传播者责任提供了法律依据。

2013年9月29日,最高人民法院召开《最高人民法院关于审理编造、故意传播虚假恐怖信息刑事案件适用法律若干问题的解释》新闻发布会,编造、故意传播虚假恐怖信息罪的入罪标准即是否"严重扰乱社会秩序"。

倘若发现造谣者,有关方面(司法机关和被谣言伤害的各类组织、个人)则可依照上述法律追究其法律责任。

值得一提的是,政府部门和司法部门要严格区别"造谣"与"误会""质疑"的区别,对"看似造谣的求证、质疑、举报、误会"应当多包涵、少追惩。

(五) 谨慎传播

在未知真假之前,公众和媒体对于涉嫌造谣的讯息,必须谨慎发布、转发或报道。

笔者定义的微博"大V"是以非购买的方式获得较多的具有相当活跃度粉丝关注的微博名人和机构组织,包括媒体的官方微博在内。绝大多数微博"大V"不会制造网络谣言,但一旦网络谣言被"大V"转发或评论,其影响力和传播后果便会达到质的变化。

因此,相较于普通微博用户,微博"大V"们更应该明确自己肩负的传播责任,谨慎传播。另一方面,微博"大V"因其粉丝而存在,在方便的时候,应当配合相关部门传播辟谣信息,避免误导公众做出扰乱社会秩序的举动。

(本文作者王卫明系南昌大学新闻与传播学院教授;张曼系国家税务总局莆田市税务局公务员。)

参考文献

[1] 袁舒婕.《新闻记者》评出2013年中国十大假新闻 网络媒体成重灾区 不少经由官微转载[N].中国新闻出版报,2014-01-06(2).

[2] 古斯塔夫·勒庞.乌合之众:大众心理研究[M].冯克利,译.北京:中央编译出版社,2005.

[3] 王婷婷.社科院:六成谣言与食品、政治、灾难有关[EB/OL].(2013-06-26).http://finance.china.com.cn/roll/20130626/1585063.shtml.

[4] 姚毅婧.吴仁宝曾登《时代周刊》封面报道被证实为"乌龙"[EB/OL].(2013-03-20).http://news.sina.com.cn/O/2013-03-20/105326586906.shtml.

影评写作的方向及其采写技术

王卫明　廖舒雯

摘要:纯个人观感、电影艺术专业评论、时事评论、财经评论、人生问题评论、推荐观看是影评写作的主要方向。就采写技术而言,影评作者要多找资料,必要时做些采访;既可对电影进行整体评论,又可就某些细节展开评论;既可单评一部电影,又可同时评多部电影;旁征博引,联系其他事;标题要让人眼前一亮,或者有点悬念;不要否定一切或肯定一切,不说绝对话。

关键词:影评;采写;方向;技术

影评,顾名思义,就是针对影片写的评论,是评论的一种,它和时评有着某些相通的地方,但又有它的独特之处。

一、影评的六种方向

在写影评前,首先要明确自己的采写方向,确定自己写出的影评大致是什么样的风格。一般而言,影评写作主要有以下六种方向。

(一)纯个人观感

这种写法和读后感一样,行文可以比较随意,较多地用感性元素抒发个人感受。可以就影片本身而谈,也可以由影片总结道理、联想其他。

纯个人观感类的影评,要写得有味道,或煽情,或俏皮,给读者以愉悦感,要像专栏作家写文章一样,有特色。此外,还要有一定的信息量,超越影片本身的影评才有附加值,才有可读性。

纯个人观感的影评容易步入意识流的误区——过于主观化,结构逻辑不够严谨,观点散漫,让读者读后不知所云。所以,写这种影评时,至少要有一两个主要观点,并自圆其说,让读者能够读懂。

（二）电影艺术专业评论

这种影评,是运用关于电影学的专业知识,如通过光、音响、特技、镜头运用、台词设计、叙事手法等方面对影片进行剖析。这种影评针对的不仅仅是追求视听享受的普通受众,更多的是对影片具有鉴赏能力的专业人士。专业影评一般发表在电影类、艺术类的报纸杂志上。

写这类影评对作者的影视艺术专业素质要求较高,作者要有专业知识、专业眼光,要理解并掌握、使用一些专业术语,在对影片仔细观摩后得出较准确的分析。相对于纯个人观感式的影片,此类影评偏理性,但写作时要注意避免枯燥乏味。

（三）时事评论

这种影评,是由影片引发对当下时事政治的评论。在这种影评中,影片常常作为一个由头,继而引出对政治问题、社会问题的思考,或者借影片来影射、探讨当下某个社会问题。

《文艺报》2012年2月22日第4版发表了薛晋文的一篇名为《新意迭现的儿童公益电影——〈爱心小天使〉观后》,影片从环保题材儿童公益电影《爱心小天使》为由头说开来,谈到当下的现代化和环保的问题。该文提道:"环保教育事关种族延续、民族生存和国家发展之大局,大而言之应将其与爱国主义教育放在同等位置一点都不为过,所以环保教育和爱国主义教育一样,应当从孩子抓起。"这样的影评,对社会建设有促进作用。

时下很火的影片《那些年,我们一起追的女孩》,也可以作为由头写一篇时事评论,联系安徽发生的少女毁容惨案,谈论当事人的爱情观,能给当今的年轻人很好的启示。

（四）财经评论

这种影评,是把影片当作一种商品来进行分析,通常是分析影片的票房收入、营销方法、盈利模式等相关经济问题,总结经验、教训、规律、方法,以资后来者借鉴。

影片以此作为分析对象,围绕影片商业运作的一个点或多个点进行分析,也可以小见大,从一部影片切入,上升到电影市场的宏观层面。写这类影评,需要具备一定的财经知识。

如北京电影学院教授俞剑红的影评《〈山楂树之恋〉:纯净的故事"干净"的营销》,分析了影片票房佳绩的原因,文章最后提到一个新鲜的理念——"干净"营销术。"出奇的低调姿态呈现在观众与媒体面前,其营销和宣传'干净'得出乎大家意料,正是这种干净和低调的营销宣传处理不仅切合了《山楂树之恋》纯净的影片风格,又给观众和媒体带来了悬念,达到了较为理想的悬念营销效果,起到了引起社会关注的宣传效果。"[1]

《〈2012〉灾难中的票房狂欢》[2]一文跳出了对电影《2012》本身的评论,而从影片如何吸金、赢得票房狂欢这一角度来探讨其作为一部商业影片的运作,这便跳出了常见的影评模式,使得这篇影评角度新颖、不落窠臼。

(五)人生问题评论

这种影评,是由影片或者影片中的一个桥段、一句台词、一个场景引发出对人生问题的思考,以小品文的形式表现出来。这种影评,影片元素一般放在开头引出话题,继而延伸出相关的思考、探讨、总结。行文短小精炼,寓意深刻。

例如,《文艺报》2012年2月17日刊登了彭扬的一篇名为《远方》的文章。文章以动画电影《龙子太郎》为由头,追忆了自己的童年,发表对遥远的梦想的感慨:生命的真实就在远方。

(六)推荐观看

一般而言,任何一部电影在拍摄完成之后,制片方都希望获得民众的青睐。2004年9月13日,《人民日报》刊登了胡果的评论《看看〈张思德〉吧!》[3],作者在用大量篇幅述说张思德的感人事迹后,在文章的开头和结尾分别发出呼吁:

"去看看电影《张思德》吧!"一声声热切的推荐,催人走向影院。没有曲折的情节、热闹的场面,黑白胶片牵出平实瞬间。穿越60载岁月,挟一种久违的纯粹,闯进心田。

······

走出影院,车水马龙。真想对匆匆前行的人们说一声:"请慢下脚步,去看看《张思德》吧!"花上90分钟,回望一段远去的往昔,端详一下平凡而光荣的前辈,相信你必有收获。

二、影评的采写技术

优秀的影评,可以使人身心愉悦,或使人想看电影,或使人看懂电影,或使人领悟人生哲理,或促进电影产业健康发展。那么,如何写出一篇高质量的影评呢?

(一)多找资料,必要时做些采访

《看电影》杂志做过一个关于电影《一次别离》的专题影评,其中有一个题为《伊朗女性报告》的小节,里面介绍和列举了一些相关的伊朗宗教信条、风俗习惯、法律条文,从伊朗的社会体制角度分析人物的性格形成和故事的情节,为读者提供了影片深层次的创作背景和新颖的解析角度。这样的影评,是需要整合大量资料的。

这里讲的资料,不仅限于二手得来的文字、图片、视频资料,还包括作者通过采访得来的一手资料。通过采访得来的资料更有可信度和说服力,让读者觉得作者不是在轻率地发表观点,而是给读者提供了更多的附加值。

例如,有时影评作者选择换个角度,从他人角度出发,采访其他观众,把他们的感受和观点表达出来。这里的"他人角度"可以是身边人的观点,也可以是作者通过各种渠道收集的他人对于影片的观点。有时候,某些话作者不方便直说也可以采用此法,借嘴说话——需要采访别人的观点。

(二) 可单评一部电影,也可同时评多部电影

影评并不仅限于对某一部电影进行评论,也可以同时对多部相关电影进行评论。选取某一类电影或者有内在联系的几部影片来探讨一个问题,阐释一个观点,影片之间互相类比,互相佐证,几部影片可以平均用力,也可以有所侧重。

例如,孟岩的《银幕弹泪录》[4]一文中列举评析了数部"含泪"的影片:《卡萨布兰卡》(心碎的泪)、《两个女人》(屈辱的泪)、《死囚之舞》(痛苦的泪)、《廊桥遗梦》(压抑的泪)、《我是山姆》(饮恨的泪)、《教父3》(绝望的泪)、《角斗士》(悲愤的泪)。在这篇影评中,作者表达了这样的论点:银幕上的泪,若处理得当,可以成为一颗颗璀璨的钻石,为整出戏留下不可磨灭的余韵。

(三) 旁征博引,联系其他事

写作影评时,如果能运用联想的思维方法,构思、写作时在脑海里搜罗相关的其他电影做类比,将亲历或听说的事情做论据或补充,若还能引用一些名人名言、成语典故、古诗词等,将会使影评更加独特而富有韵味。

例如,文艺评论家童道明的影评《复归平正——看〈山楂树之恋〉有感》中有一段精彩而富有古典韵味的引用:"今年是曹禺诞生一百周年,我在《北京晚报》上发表过一篇题为《曹禺的智慧》的文章,文中引用了曹禺1987年写给于是之的条幅。条幅是这样写的:初望殿堂,但求平正……曹禺是在化用唐人孙过廷的《画谱》。《画谱》首句是:"初学分布,但求平正",曹禺把书法用语"分布"改为艺术家仰望的"殿堂",便把这段书法格言改造成了具有普遍意义的艺术箴言了。"[5]

在评论电影的时候也可以加入有关演员的故事、经历,这对认识影片也有一定的帮助。比如,香港艺人陈小春出生于困苦的家庭,13岁辍学,先后干过短工、泥水工、装潢工人、服务员、伴舞等,最后一步步成长为娱乐明星,这样的经历恰好能说明"梅花香自苦寒来",如果写入有关影评,就有了不一样的附加值、不一样的可读性。

当然,在运用联想的思维方式的时候,要注意联想的事实之间要有必然的联系。如果联系比较隐秘,要通过一些技巧巧妙过渡,不能胡乱联想,不能让人觉得牵强附会。

(四) 可对电影进行整体评论,也可就某些细节展开评论

从认识的范围来看,影评可以就整部片子进行总体评论,也可以抓住影片某些细节展开评论。从宏观角度写的评论较具有整体感,而以细节为切入点,则容易谈得深刻,以小见大。

例如,《文艺报》2012年3月14日发表了一篇名为《不刻意煽情的〈桃姐〉》的影评,文章通篇抓住影片《桃姐》在叙事、表现上不刻意煽情这个优点进行褒扬,指出了这部影片在人文关注上的独特性,表达了作者对导演许鞍华"平实而恬淡"风格的肯定。

（五）标题要让人眼前一亮，或者要有悬念

从影评的表达效率角度来说，标题要能吸引人眼球，让读者一看到标题就有阅读正文的欲望。在拟标题的时候，可以运用一些修辞手法，如反问、比喻、谐音、双关等，以达到创新的效果，还可以在标题上设置悬念，引导读者阅读正文，寻找答案。

《厦门商报》2005 年 12 月 25 日曾刊发一篇名为《被妖女感动》（评述电影《情癫大圣》）的影评。光看影评标题，就能让读者眼前一亮：妖女也能感人？为何感人？带着这些问题，读者会不自觉地扎进文中寻找答案。

类似这样的标题还有很多，如《〈唐山大地震〉何以如此煎熬人心？》《〈无人驾驶〉：有人叹息》《〈皆大欢喜〉看后皆不欢喜》《一个太阳，两种感受》《硬吞香蕉皮》《半场荒唐梦，一把辛酸泪》《"老演少"可以休矣！》《嘎劲与雅气》，等等。

（六）不要否定一切或肯定一切，不说绝对话

"一千个人眼中有一千个哈姆雷特"，同一部电影，不同的人的感受和看法难免不同，甚至大相径庭。所以，在评价一部电影的优劣时，标准不能太苛刻，用词不能太绝对化，判断要留有余地。

某作者在一篇批评电影《大魔术师》的影评中这样说道："这部电影呈现的就是混乱与无序，找不到一个主心骨，没有统领，一惊一乍，神经质般的拖拉，结果使得观者摸不着头脑，找不到头绪，看不到头，满眼都是突兀与不解，难以真正地进入剧情，付诸不了情感。为什么会出现这般情况？是因为编导过于抱着玩的心态来面对这个故事，对形式过度迷恋，把精力都放在了魔术的杂耍上，有要把这部电影拍成魔术剧的意思……善良的影迷的胃正在被这样的电影塞得满满当当，明星也不考虑自身的品牌价值，在旁边认真地帮衬着，'奉献'着一些不着调的作品。"

这个作者对 2012 年贺岁片《大魔术师》明显是不满的，文中充斥着负面的言语，批判不留一丝情面，并且，作者"代表"了众多"观者"，又对编导的心态加以揣测，最后为影迷贴上"善良"的标签，而把编导、明星统统贴上负面的标签。这样的影评，未免太过绝对。事实上，也有不少人喜欢这部电影，在这类喜欢的人看来，自然是另外一种评价。

金无足赤，人无完人，分析作品当然可以讲它的缺点，但必须掌握好一个度，尽量不要用大半或者全部篇幅来讲负面的东西。正确态度应该是肯定优点，附带言其不足，在措辞上、提法上也要谨慎，如用"美中不足""瑕不掩瑜""令人叹惋"之类。当作者本人对影片并没有多少好感时，思考一下：是不是因为"萝卜青菜各有所爱"？哪类观众会喜欢看这部影片，哪类又不喜欢看呢？作者可以在影评中给出相应的意见。

（本文作者王卫明系南昌大学新闻与传播学院教授；廖舒雯系中国人寿保险股份有限公司职员。）

参考文献

[1] 俞剑红.《山楂树之恋》：纯净的故事"干净"的营销[J].大众电影,2010(20).

[2] 周欢.《2012》灾难中的票房狂欢[J].课堂内外·创新作文(高中版),2010(2).

[3] 胡果.看看《张思德》吧![EB/OL].(2004-09-13).http://www.people.com.cn/GB/guandian/1034/2779523.html.

[4] 孟岩.银幕弹泪录[J].大众电影,2010(21).

[5] 童道明.复归平正——看《山楂树之恋》有感[J].大众电影,2010(21).

从《王者荣耀》看手游类数字出版的盈利模式①

王卫明　陈熠锦

（南昌大学新闻与传播学院,南昌,330031）

摘要：《王者荣耀》是一款现象级手机游戏。与其他游戏相比,《王者荣耀》有其独特之处：新增LBS玩法,建立玩家之间的师徒关系,构建公平游戏环境。该游戏的盈利模式还包括：依托腾讯庞大的用户群和良好口碑；及时更新游戏版本信息；多平台推广；多品牌合作共赢；开展线下品牌活动；可以免费获取金币、钻石；有偿出售点券；加强国际合作。《王者荣耀》的盈利模式可供数字出版业者借鉴,但这一模式还有待改进。

关键词：王者荣耀；盈利模式；数字出版

中图分类号：G237.6　　　　　　**文献标识码**：A

Profit Model of Digital Publishing in Mobile Games from *the King of Glory*

Weiming Wang　Yijin Chen

(Institute of Journalism and Communication, Nanchang University, Nanchang, 330031)

Abstract: *King of Glory* is a phenomenon level of mobile games. Compared with other games, *King of Glory* has its own unique features, such as new LBS gameplay, establishment of mentoring relationship among players, building on fair game environment. The game's profit model also includes: relying on Tencent's huge social media user group and good reputation, timely update on game versions, multi-platform of releasing information, conducting offline brand activities through live broadcast platform promotion, getting Gold coins and diamonds for free and game coupons for sale through integrate of marketing with other game brands, strengthening international cooperation through combine with public welfare, etc. The profit model of *King of Glory* has great reference for digital publishing industry, but need to be improved in further.

Key words: *King of Glory*; Profit model; Digital publishing

---

① 本文为江西省高校人文社会科学研究规划项目"网络传播的数据权利与数据义务研究"(编号：XW18101)阶段性研究成果。

进入 21 世纪,移动互联网和智能终端的飞速发展让手机网络游戏充斥着中国几近半数网民的生活,成为其日常的休闲娱乐与社交方式。在此环境下,传统出版产品的营销逻辑已经不适用于新兴的数字出版产品。在数字出版领域,网络游戏的盈利模式也有别于图书类数字出版的盈利模式。关于网络游戏领域数字出版的盈利模式,有关研究并不多,专著《数字出版商业模式研究》(陈洁,2017)也未做专门论述。在这方面,《王者荣耀》的成功可以提供相应的参考。

《王者荣耀》是由腾讯天美游戏开发并运营的一款运行在 Android(安卓)、iOS 平台上的 MOBA 类手游[①],于 2015 年 11 月 26 日在 Android、iOS 平台上正式公测,游戏是 Dota 类手游[②],游戏中的玩法以竞技对战为主,玩家之间进行 1V1、3V3、5V5 等多种方式的 PVP[③] 对战,还可以参加游戏的冒险模式,进行 PVE[④] 的闯关模式,在满足条件后可以参加游戏排位赛等。

App Annie 发布的 2017 年 3 月全球手游指数榜显示,《王者荣耀》于 3 月首次获得 iOS 手游全球月收入榜冠军,随后在 5 月,《王者荣耀》在全球 iOS & Google Play 综合收入榜单上夺得第一宝座,成为全球最赚钱的手机游戏(以下简称手游)。《王者荣耀》是手游中的佼佼者,它的成功意味着中国游戏主战场开始从 PC 端转向移动客户端[⑤],其产品模式、盈利模式以及盈利策略对手游的数字出版发展道路具有重要的借鉴意义。

一、《王者荣耀》的产品模式介绍

(一)新增 LBS 玩法

《王者荣耀》推出全新的 LBS 基于位置的服务玩法,在确定移动设备或者用户所在的地理位置的基础上,为玩家提供相应的服务系统。LBS 玩法的出现意味着玩家们可以与自己同学校、同公司、同小区等范围内的玩家一较高下。玩家还将在所在地进行评比,之后获得相应区域范围内的称号,例如"南昌市红谷滩新区第一妲己""江西省第一武则天"等。称号的评比不仅能够让玩家在游戏中得到荣誉感和满足感,还在一定程度上增添了玩家对游戏的兴趣与斗志。陌生的玩家之间也可以相互加好友,共同游戏,这在一定程度上扩大了玩家的社交范围。

---

① MOBA 类手游:多人在线战术竞技游戏。这类游戏的玩法是,在战斗中一般需要购买装备,玩家通常被分为两队,两队在分散的游戏地图中互相竞争,每个玩家都通过一个 RTS(即时战略游戏)风格的界面控制所选的角色。但不同于《星际争霸》等传统的硬核 RTS 游戏,这类游戏通常无须操作 RTS 游戏中常见的建筑群、资源、训练兵种等组织单位,玩家只控制自己所选的角色。
② Dota 类手游:多人在线竞技游戏。游戏分为两个阵营,玩家需要操作英雄,通过摧毁对方的遗迹建筑来获取最终胜利。
③ PVP:在游戏中被泛指为玩家 VS 玩家(Player VS Player)。
④ PVE:在游戏中被泛指为玩家 VS 环境(Player VS Environment)。
⑤ 腾讯控股(00700.HK)2017 年第二季度财报显示,腾讯智能手机游戏收入同比增长 54%至约人民币 148 亿元(包括归属于社交网络业务的智能手机游戏收入)。这是腾讯手游第一次超过 PC 游戏收入。腾讯控股 2017 年第三季度财报显示,该公司网络游戏收入增长 48%,达到人民币 268.44 亿元(该项增长主要反映腾讯的智能手机游戏);智能手机游戏收入同比增长 84%,达到约人民币 182 亿元。

（二）建立玩家师徒关系

《王者荣耀》在游戏中推出建立玩家师徒关系，师徒关系的建立只对玩家的等级有所限制，7～20级的玩家可以接取徒弟任务，21级以上、已出师或者没有师父的玩家可以接受师父任务。师徒共同完成任务能为玩家带来丰厚奖励，同时通过师徒任务的引导，召唤师们可以和自己的师父、徒弟建立起亲密的关系，并获得宝贵的经验和技巧。这样的模式一方面满足了玩家的社交需求，另一方面可锻炼玩家的游戏技能，无形中拉近了游戏用户之间的距离，有效增强了玩家对游戏的黏度。

（三）构建公平的游戏环境

《王者荣耀》在PVP玩法中，游戏玩家所投入的时间和金钱对游戏本身的竞技公平产生的影响较小，它取胜的关键在于玩家的个人操作、英雄的阵容搭配以及团队的合作意识。因此，即使部分玩家以付费方式获得高级铭文、英雄皮肤等，使得战斗力得到些许提高，也并不足以直接影响竞技结果，从而成功打破了网络游戏"砸钱买技能"的不公平竞争规则，让金钱成为游戏的装饰，为所有玩家维护了相对公平的游戏环境，增强了所有玩家的游戏乐趣，保证了玩家的参与度和忠诚度。

二、《王者荣耀》的盈利模式分析

（一）依托腾讯的庞大用户群和良好口碑

QQ、微信是腾讯公司推出的两大通信社交平台，截至2017年第一季度，QQ的活跃账户数达8.61亿，最高同时在线账户达到2.66亿；"微信和WeChat"的合并月活跃账户数达到9.38亿。作为腾讯游戏旗下的《王者荣耀》，其大量用户群体仅需用QQ号或微信号即可登录游戏，这种登陆方式不仅省去了注册步骤，还可在盈余时间邀请亲朋好友一同进行赛事。《王者荣耀》还通过微信每周向玩家推送《王者荣耀》战报，战报上显示出玩家的一周战绩以及和谁搭档取得更多胜利的信息，使玩家的现实关系在虚拟关系中得到不断加强。

从2010年12月起，腾讯游戏以全新的品牌形象登场，以"用心创造快乐"的理念，通过细分产品领域，打造多元化平台，为玩家提供"值得信赖的""快乐的"和"专业的"互动娱乐体验。由于《英雄联盟》《穿越火线》《NBA2K Online》等系列游戏的成功，腾讯游戏已然在玩家心中形成了良好的口碑，为后续开发的游戏奠定了基础。《王者荣耀》在进行游戏开发时，依据腾讯游戏理念，加入更多的中国特色，让玩家在看到人物名称时产生一种亲切感，进一步加快了游戏在中国的发展。

（二）及时更新游戏版本信息

《王者荣耀》版本更新速度较快，根据其2017年版本更新情况来看，通常1至2个月便会更新优化版本，游戏团队根据玩家使用情况不断调整英雄技能的强弱，以保证游戏的相对公平性；优化游戏画面的呈现，为玩家营造出更精良的视觉效果。除此之外，每次版本更新都会推出一个新的英雄,让所有玩家能够对《王者荣耀》保持新鲜感。

门户网站作为游戏推广的一个主要平台,是游戏玩家较为关注的网站,每日用户浏览人数的力度不容小觑。腾讯专门开设的《王者荣耀》游戏频道,让游戏信息更集中,推广更便捷。在网站页面中,设有官方首页、游戏资料、攻略中心、赛事中心、商场/合作、社区互动、玩家支持等多个专栏。许多玩家都会自发进行关注,在发布游戏新进程的相关信息时总能激起千层浪。

(三)免费获取金币、钻石等奖励

《王者荣耀》在获取免费金币、钻石环节中提供了多种渠道,玩家可以通过每日的游戏登录、游戏活动取得相应的金币、钻石,同样也可通过王者荣耀助手 App、腾讯新闻 App、腾讯视频 App、QQ 浏览器、心悦俱乐部、腾讯手游宝以及 QQ、微信和企鹅电竞的专属礼包获得金币、钻石,用以购买游戏英雄、铭文等。

通过登录《王者荣耀》,每天赠送金币或钻石,之后通过完成游戏任务,再获得其他的游戏奖励,这种方式吸引了大批用户。在游戏页面设置中,玩家在进入游戏画面后,如有奖励未领取,按键的右上角还会有醒目的小红点进行提示。这样的日常设置安排让玩家对每日的游戏奖励念念不忘,可谓略施小计便提升了游戏的整体热度。

(四)有偿购买点券

《王者荣耀》可供玩家选择的充值数额也是多样的,从少到多,有 1 元、6 元、45 元、68 元、118 元、198 元、348 元、648 元等可供选择,且随着充值和消费点券数额的增加,会获得并提高贵族等级,贵族 8 级则为满级。另外,如果一个月未消费点券,则会降低一级。这样的充值模式吸引着玩家不断投入金钱。

在游戏充值中,《王者荣耀》官方也会推出一系列的活动,例如:首冲 6 元可免费获得赵云、虞姬、蔡文姬三者中的任意一个英雄。在这一充值活动下,玩家中也出现了"我用我家 6 块钱的赵云"的热议话题。

同样,在《王者荣耀》系统中,为玩家准备的支付方式也十分多样、便利。《王者荣耀》iOS 用户可通过苹果 App Store 进行充值,在进入支付页面后,用户可以选择银行卡、信用卡、微信支付、App 账户直接付款等方式进行充值;《王者荣耀》安卓用户可通过 Q 币、微信、财付通、QQ 卡、手机话费(话费支付并非所有玩家都可使用)等方式进行充值。

(五)多平台推广

媒体融合、"互联网+"大数据、粉丝经济、内容直播、虚拟现实等全新的技术手段和商业模式不断涌现,这些既是整个传媒产业未来发展的重要特征,也是出版产品营销策略的创新趋势。

在火热的直播平台上,《王者荣耀》的身影出现在热门分类排行的前列,直播平台上也涌现出一大批高级游戏玩家。2017 年 8 月,《王者荣耀》顶级主播张大仙在斗鱼平台直播,开播前仅播放了一段《大仙指法秀》的教学小视频,就引得百万粉丝前来观看。正式开播后瞬间引来270万粉丝围观,全场大秀游戏操作,在仅一小时的直播时间里,最高在线人数将近300万,进一步推动了全民参与的游戏热潮。

官方围绕游戏本身及游戏所衍生的话题,组建微博、论坛的热议话题,为玩家、网友提供分享和互动平台,高级玩家通过视频、截图等方式在微博、论坛上发放游戏攻略,不断提升《王者荣耀》的热度,扩大《王者荣耀》游戏的参与人群。不仅仅是高级玩家,更有知名明星分享游戏乐趣,使得不同身份、不同年龄的受众更加关注《王者荣耀》。

(六)多品牌合作共赢

在《王者荣耀》火爆之时,腾讯与其他多个领域、不同平台加强了合作。腾讯与联通共同推出"大王卡",让玩家在游戏中享受流量全免的优惠;2017年2月,《王者荣耀》与百年汽车品牌BMW(宝马)达成一系列深度合作,《王者荣耀》推出与BMW品牌合作的限定版纪念皮肤,五位KPL①职业选手也被特别聘请拍摄BMW最新车系广告;2017年4月,在"与时·聚竞"腾讯电竞2017年度品牌发布会上,vivo宣布与KPL达成战略合作布局,共同建设立体化电竞生态。除了赛事内容合作、线上线下互动营销、战队建设等全面合作外,vivo还将与KPL联合研发KPL荣耀职业联赛定制机;2017年6月,雪碧与《王者荣耀》联合举办了趣味发布会,正式宣布双方达成深度合作。腾讯通过与多品牌合作,打造了共赢局面。

2017年5月19日,腾讯开始限量发售《王者荣耀》iPhone 7/7 Plus定制机专属包装盒,内置《王者荣耀》动态壁纸,为玩家提供了3D视角模式。这样的技术创新无疑让手游上升到一个更高水平的发展空间。

(七)开展线下品牌活动

将《王者荣耀》打造成一个竞技场,推进建立一个赛事体系。赛场上不是一个人的战斗,而是五个人的团体赛,其中有输出、防守、控制、团战,每个人在团队中发挥的作用都很大,决定着最后的胜利或失败。在2016年1月,《王者荣耀》在四川大学外开展了一个线下赛,作为城市赛的试点。此后,在2016年上半年,天美团队进行了一系列《王者荣耀》赛事探索,不断梳理职业联赛体系,通过城市赛在各个城市拓展《王者荣耀》的线下品牌。在2016年下半年,《王者荣耀》的城市赛还只有12座城市,而到2017年下半年,《王者荣耀》的城市赛有望拓展到80个城市。《王者荣耀》的电竞在不断下沉,不断地扩大粉丝赛、校园赛、授权赛的范围,相信线下化的全面铺展会成为中国电竞产业的一个新的发展阶段,成为电竞产业千亿级规模的起点。

(八)加强国际合作

如今,中国的网络游戏企业在稳定国内市场的基础上不断向国外市场拓展,在引进游戏上也不再是单纯的游戏代理,而是不断增加与国外公司的战略合作,致力于共同合作开发更大型的手游。

---

① KPL:指《王者荣耀》职业联赛。

目前,《王者荣耀》海外版本已在韩国、东南亚、欧洲等多个国家/地区上线,根据苹果 App Store 显示,海外版《王者荣耀》在韩国排名第 41 位,在德国排名第 86 位,在西班牙排名第 16 位,在印度尼西亚排名第 29 位。从当前成绩来看,虽与在国内火爆的情况尚存差距,却已迈出开拓海外市场的重要一步。

随后,《王者荣耀》以"Arena of Valor"为名称在美国开启预约,登陆 iOS 与安卓平台。为将这款游戏推向美国,《王者荣耀》根据美国国情,重新设计了部分角色,且加入了超人、蝙蝠侠等英雄形象。不论此次的"走出去"成果如何,都值得庆贺。此次表现意味着中国将不再单纯向国外购买游戏版权,被动接受他们的文化洗礼,我们也有机会把中国文化、游戏等输出到世界各地。

三、《王者荣耀》盈利模式的公益性

网络游戏作为数字出版产业的一部分,其运营者无疑是要追求商业利润的,但又不能片面追求商业利润,必须承担一定的公益责任。否则,网络游戏的负面舆情难免会涌现,负面形象也会形成,可持续性也难以得到保证。在这方面,《王者荣耀》做出了一些有益的探索。

(一)推出健康游戏防沉迷系统

2017 年 7 月 4 日,腾讯推出健康游戏防沉迷系统,通过强化实名认证体系来限制未成年人每天的登录时间以免影响生活和学习。利用问卷星平台,我们随机对 1000 名《王者荣耀》玩家进行了问卷调查,结果显示,未成年人占此次调查人数的比例为 23.42%,根据每周游戏次数来看,1~5 次/周的玩家占 46.57%,6~10 次/周的玩家占 22.99%,10 次/周以上的玩家占 30.45%。而每次游戏时间在 60 分钟以内的玩家约占 56.12%,在 60 分钟以上的玩家约占 19.1%,其余玩家表示游戏时间不固定。从问卷调查结果可以看出,将近一半的游戏玩家每周游戏的次数在 5 次以内(含 5 次)。更有过半的玩家表示,每次游戏时间并未超过一小时。由此得出结论,健康游戏防沉迷系统在一定程度上规避了大部分未成年人陷入游戏无法自拔的风险。

(二)推出成长守护平台

随着未成年人玩家的增多,腾讯官方推出了一个成长守护平台,致力于绿色健康的游戏体验,为家长提供一系列实用工具,如提醒查询,家长可以同步掌控孩子的游戏登录和消费信息,对孩子近期的腾讯游戏清单、游戏进度及消费信息一目了然。这个平台上还可以进行充值限额设置,比如每天不超过多少元,每月不超过多少元,以防造成家长金钱损失;游戏设置,使家长和孩子可以共同协商,自由制订娱乐计划,不仅是游戏时间的规划,也兼顾消费习惯的养成;在某些特殊时刻,家长还可尝试一键禁玩,在目前平台已支持的游戏范围中自由选择允许或禁止;成长资讯,平台上为家长提供亲子间相处的方法和技巧等查阅资料,有专家建议,有行为报告,也有一些经验之谈,辅助家长为孩子树立安全网络意识。

（三）推出《王者历史课》《荣耀诗会》栏目

《王者荣耀》进一步挖掘游戏角色背后的内涵,请来蔡康永、马东、窦文涛等文化名人做客《王者历史课》,化身历史老师向玩家科普历史常识;开设了诗词朗诵节目《荣耀诗会》,让游戏的配音员来朗读《将进酒》《观沧海》《木兰辞》等著名诗篇,引发数百名玩家跟读投稿。有人认为,继《朗读者》等栏目以后,游戏也将成为历史的传播载体。传统文化是美好的,但大多数人却忌惮它的晦涩难懂,而借助游戏的形式,有望让传统文化更多的出现在我们的视线中。《王者荣耀》手游通过对历史上的真实人物进行再创作,这已经不仅仅是对游戏质量的一个考验,更是承担了传播中国文化的一份责任。借助《王者荣耀》巨大的市场和影响力,游戏与传统文化相结合,做到好玩的同时又寓教于乐,这是一个游戏在占领市场的时候,理应承担的社会责任。

（本文作者王卫明系南昌大学新闻与传播学院教授;陈熠锦,南昌大学新闻与传播学院硕士生。）

参考文献

[1] 刘锦宏.数字出版案例研究[M].北京:电子工业出版社,2013.

[2] 梁建飞.数字出版产品营销模式创新研究[J].出版科学,2017(3).

[3] 吴琼,于欧洋,刘云飞.客户端网络游戏品牌塑造方法研究——以《王者荣耀》为例[J].新媒体研究,2017(11).

[4] 刘云峰.浅谈"王者荣耀"手游的营销策略与借鉴[J].现代经济信息,2017(18).

[5] 张燕.王者荣耀背后的电竞江湖[J].中国经济周刊,2017(28).

[6] 张莹莹.传播游戏理论视域下的手机网络游戏爆红现象研究——以《王者荣耀》为例[J].新闻传播,2017(18).

[7] 姜文浩.浅析传播学视野下的《王者荣耀》[J].新闻研究导刊,2017(17).

提升中国国际传播能力对策探析①

王卫明　马晓纯

摘要:尽管这些年中国综合国力大幅增长,但是中国的国际话语权还未能与之相匹配,国际传播能力不足已成为中国亟待解决的问题。本文从内外两方面出发,以破除传播障碍、提升国际话语权、讲好中国故事为目标,为中国国际传播能力建设提出可行性建议。

关键词:国际传播能力;话语权;刻板印象;他者叙事

国际传播是在国际行为主体之间进行的、由政治所规定的、跨文化的信息交流与沟

---

① 本文由王卫明、马晓纯的《提升中国国际传播能力对策探析》(原文载《国际传播》,2019年第1期)改写而成,系国家社科基金一般项目"党报在媒介新格局中的角色研究"(编号14BXW001)阶段性研究成果。

通。[1]国际传播能力的好坏直接关系到国家形象和国家利益,各个国家主体在进行信息交流时带有明显的政治倾向性和意识形态色彩,以自身国家利益为优先进行传播。西方国家主导下的"国际传播中所建构的他国形象,并不是对一个国家的真实反映,而是国际传播中掌握话语权的少数国家构建的'拟态环境'"[2]。

在国际网络社交媒体中,由于传者的意识形态、政治倾向存在差异,其对中国文化的认知也会出现差异。由于欧美等少数发达国家长期掌控着国际传播话语权,在一定程度上抹黑中国和其他发展中国家的国际形象,又因发展中国家早前在经济、政治上与发达国家实力悬殊,对国际传播能力建设薄弱,导致中国等亚非拉发展中国家的国家形象在国际上一直处于劣势地位并于无形之中国家利益受损。因此,推进国际传播能力建设,传播中国声音,成为中国主流媒体的重任。

党的十八大以来,习近平总书记就推进国际传播能力建设提出了一系列新理念、新思想、新战略,其中包括:让世界认识一个立体多彩的中国,世界需要更好地了解中国,"有理说不出,说了传不开"的局面必须扭转,展现真实、立体、全面的中国;讲好中国故事,以中国梦为引领,传播好当代中国价值观念,用好丰富的资源和素材,坚持讲事实、讲形象、讲情感、讲道理;争夺国际话语权,加强对外传播话语体系建设,打造融通中外的新概念、新范畴、新表述,主动设置议题,抢占舆论先机;优化国际传播战略布局,加快建设国际一流媒体,发挥新兴媒体作用,借力国外媒体平台。[3]这些观点为加强和改进国际传播工作提供了理论指导和行动指南。

一、提升国际传播能力的必要性和可行性

(一)国际传播能力提升的必要性

1. "软实力"尚未匹配"硬实力"

全球化飞速发展的今天,做好国际化的信息交流已经成为中国媒体的重要任务。随着中国经济高速增长、综合国力稳步发展、国际地位逐渐提升,中国的"硬实力"在国际上已居领先地位,但中国在国际上的话语权还未能与之相匹配。尽管近些年中国国际传播能力有所提升,但国际舆论总体上仍处于"西强我弱"态势,国际话语权被少数西方国家所垄断,"中国威胁论"仍在国际上流传,中国在舆论格局中的弱势地位仍未改变,"有理难说,说了难传"的局面仍未摆脱。鉴于加强对外传播是增强国家软实力的重要方式,我国政府十分重视国际传播能力建设,以塑造良好国家形象、扩大中国文化影响力。

2. 一些国家对中国仍持负面态度

近年来,随着中国政治经济不断发展,对世界的影响力不断增加,受到世界媒体的广泛关注。皮尤研究中心发布的 2017 年报告 *Opinion of China: Do you have a favorable or unfavorable view of China?* 指出,部分国家的民众对中国的正面态度处于逐渐上升的趋势并超过平均值,足以证明中国的国际形象在不断地改善。[4]不可忽视的是,一些国家对中国仍持负面态度,德国、法国、意大利等西欧国家民众对中国的负面态

度比重仍超过平均值,越南、韩国、日本等周边国家民众对中国的负面态度更甚。因此,提升国际传播能力,向世界民众传达中国声音,讲好中国故事,改善中国的国际形象,是非常必要的。

(二)国际传播能力提升的可行性

1. 党和政府加强国际话语权建设

在全球传播时代,信息与国家主权密不可分。而欧美少数发达国家却支配着世界信息的生产和流通,经济弱国、传播弱国所承受的不只是国家形象的损害,甚至面临国家主权受到他国干涉的危险。

提升国际传播能力,掌握国际话语权,争取与经济地位相匹配的文化影响力,是中国目前亟待解决的问题。2009年以来,中国全面加强国际传播能力建设,致力于提升中国国际话语权。党的十九大报告对加强对外传播做出重要部署,强调推进国际传播能力建设,讲好中国故事,展现真实、立体、全面的中国,提高国家文化软实力。

2. 以西方为主导的国际传播环境正在出现转变

2016年是"黑天鹅事件"频出的一年,从英国脱欧公投、特朗普当选美国总统到意大利修宪公投失败,全球化开始遭遇"逆全球化"趋势,美国等西方国家为主导的意识形态领域出现重大转折,世界进入一个具有高度不稳定性的历史转折点,国际传播环境正在出现重大转折,传播主体此消彼长。中国若能够抓住时机,在相对宽松的国际传播环境之中,迅速提升国际传播能力,争取更多国际话语权是有可能的。

3. 中国"一带一路"建设促进国际传播发展

2013年,中国提出"一带一路"倡议。与沿线国家经济上的合作,能够在一定程度上延伸至文化上的交流,相关国家对中国的态度也在不断转向正面,中国的国家形象在"一带一路"沿线国家有所提升。[5]2015年3月,国家发展改革委、外交部、商务部联合发布《推动共建丝绸之路经济带和21世纪海上丝绸之路的愿景与行动》,各国展开媒体联动,促进了包括中国在内的各国国际传播能力的发展。

二、从内部提升国际传播能力

近几年,尽管中国在提升国际传播能力方面做了诸多尝试,取得了一定成效,但在国际上的话语权仍处于相对薄弱的地位,仍然有较大的提升空间。讲好中国故事,要注重对主流媒体自身国际传播能力的探索。[6]

(一)做好"他者叙事",减少"传播障碍"

习近平总书记强调,要加强话语体系建设,着力打造融通中外的新概念、新范畴、新表述。[7]想要建构良好的国家形象,自说自话难以获得他国民众的认同。中国在传播言论、塑造形象的过程中,由于国家之间的风俗习惯、语言文化等传播情境存在差异,若一味地以本国语言进行传播,不可避免地会产生传播隔阂和传播障碍,不能准确地传达意义,容易遭受一些"有心人士"的恶意曲解和利用。要讲好中国故事,建构中国形象,做好国际传播,需要做好"他者叙事",多从他国民众角度进行语言组织和信息传播。

新闻叙事作为一种特殊的叙事方式,尽管一直在寻求公正地述说事实真相,但由于新闻主体、背景等内在或外在的环境都具有差异性,新闻叙事同样与文学叙事具有"自我"倾向性,这种倾向性保持在一定"度"内是合理的。国际传播中多用"他者叙事"——"他者"是一个相对于"自我"之外的身份概念,用"他者"的形象来反映"自我",建构国家形象。将"他者"应用于殖民理论中,殖民者是拥有主体性的"自我",遭受奴役的殖民地人民则是"他者"。[8]而在今天,用于中国对外传播体系当中的"他者叙事"则是在反对"文化帝国主义"的基础上进行的。

从2007年开始,《人民日报(海外版)》陆续与海外华文媒体合作创办了《英国周刊》《意大利周刊》《韩国周刊》《日本周刊》等海外周刊,其中《韩国周刊》以韩文、《日本周刊》以日文在当地发行。2018年7月19日,习近平总书记为推动海湾地区"一带一路"建设首次访非,《中国日报》(CHINA DAILY)用英文推出多篇新闻来报道总书记访非过程中的合作,其中一篇新闻就以"President Xi unveils plans to increase imports from South Africa"(《习近平主席宣布中国计划从南非增加进口》)这种话语为题,增强新闻与受众的接近性。在遵守国外新闻传播制度、反对"文化帝国主义"的基础上,凸显"自我"形象,既能减少传播障碍与传播隔阂,也能自然、平等地与外国受众进行交流,获得受众关注,提高受众接受程度。

(二)做好现场报道,破除外国群体的"刻板印象"

刻板印象是在文化、语言、个人经历等影响下,人们头脑中形成的对外界事物的固定看法。[9]世界信息传播秩序主要是由欧美发达国家制定的,国际上的话语权也由其牢牢掌控,全球传播中提及第三世界和发展中国家的报道,以负面为主,外国民众在本国媒体日积月累的负面报道中对中国及中国人民形成了刻板印象。

要做好现场报道,在镜头前直接、准确、快速地让受众了解事件的来龙去脉。深入事件发生的最前线,更能吸引受众的关注,视频画面、语言文字等直观的象征符号能够作用于民众的刻板印象,唤起情感。[10]中国对构建良好的世界秩序的努力,中国经济、政治及文化的繁荣,可以通过现场报道传向世界,让全球民众看到中国的正面形象,感受到中国的正能量,破除外国民众的刻板印象。例如,2018年6月9日—10日,上海合作组织成员国元首理事会第十八次会议在青岛举办,"直播+录像"的报道模式呈现了外国领导人体验中国高铁,通过各国领导人对高铁的直观感受,又一次让外国民众体会到了"中国速度"。2018年6月21日,新华社海外平台(New China)直播了中铁十七局集团承建的冬奥会重点项目"大张高铁"①的铺轨现场,该直播视频在YouTube、Twitter、Facebook等海外社交网络平台引起关注,仅在Facebook平台,24小时内就获得160万浏览量,互动量约24万,视频直观清晰地展示了中国高铁铺轨速度,引得外媒和外国民众对中国速度赞叹不已。[11]而这些直观的现场报道再经国外媒体的二次传播,在一定程度上有利于破除历史积淀下的外国民众对中国的刻板印象。

---

① 大张高铁,即张家口至大同铁路客运专线(张大高铁),又名大张高铁。

（三）主动设置议题，抢占舆论先机

近些年，中国在国际上的地位不断提高。一些境外媒体刻意设置议题，在国际上营造"中国威胁论"的氛围。国内媒体在国际上需要发掘出西方媒体故意回避的事实，主动设置相关议题，紧跟国际热点，获得国际民众关注；同时在国际上发出与西方不同的声音，尤其是涉华报道方面，需要发出中国声音，抢占国际舆论先机。

主动设置议题，是抢占舆论先机的必要方式，将主动权掌握在自己手中，避免因其他境外媒体恶意中伤、损毁中国国际形象而陷入被动之地，同时这也是中国媒体针对境外媒体不实报道进行反击的有效武器。2018年6月，美国特朗普政府公布加征关税的商品清单，掀起中美贸易争端，美媒及其他部分境外媒体集中炒作，发表不实言论，将美国故意的经济报复之举刻画成正当、合法的贸易防御，企图误导国际舆论。《人民日报》、新华社等主流媒体主动设置议题，阐释中国的主张，对美媒所持的错误言论进行驳斥，对国际上出现的对中美贸易争端的模糊认识做了澄清说明。2018年7月6日—15日，《人民日报》刊出10篇评论员文章，对由美国主动挑起的贸易争端发表系列评论，准确鲜明地阐述中方立场，驳斥美方不当言论。此"十评"文章随后被路透社、华盛顿邮报等纷纷转载。

（四）用好"两面提示"，保证报道平衡

传播者是情感个体，在进行信息传递的过程中，不可避免地会带有一定倾向性。传者为了确保自己的观点能够顺利传达，会采用一定的传播技巧，对受众进行观点提示。在国际传播中，运用"一面提示"和"两面提示"的技巧向受众传达观点。"一面提示"是指仅向说服的对象提示于己有利的观点，该传播技巧能够集中阐述自己的观点，同时也会给人"咄咄逼人"的强势印象，使说服对象产生逆反心理。"两面提示"是在提示己方观点的同时，也提示对立一方的观点，该传播技巧因给对方表明观点的机会，给受众一种"公平感"，在一定程度上可以消除受众的反感心理。

中国致力于建立公正、平等的信息传播新秩序，想要讲好中国故事、树立大国形象，这就需要给传受双方以"公平感"，在国际传播上少用带有强势感的"一面提示"，用好"两面提示"，保证报道尽可能平衡，真实性显于倾向性。2018年7月24日，习近平主席访问卢旺达，新华社发表《习近平的基加利时间：中卢共"舞"迎未来》，文章中运用"两面提示"将中卢两国放在平等地位，不仅对习总书记访问基加利进行描述，同时也描述了卢旺达的民风民情及中非合作的前景，报道更加平衡。[12]

（五）多用"暗示结论"，增强客观真实性

在报道中"明示结论"能使观点鲜明，受众易于理解作者的意图和立场，但会使报道显得生硬，宣传意图过于明显，降低报道在受众心中的真实性；同时在国际传播中，"明示结论"也容易受到一些境外媒体的恶意揣测。"暗示结论"即"寓观点与材料之中"，虽然增加了受众的理解困难，但能够让受众在潜移默化中接受传者的观点，增强客观真实性。

国际传播中,信息的影响力是全球性的,其真实性必须要得到保证。由于意识形态的差异性,过于直观地表明观点、进行宣传、突出个人的主观色彩,轻则降低报道的真实性、传播效果弱,重则导致国外受众对中国媒体的公信力产生怀疑,效果适得其反。在复杂的国际传播环境中,要提升国际传播能力,信息传达一定要力求客观,多用并用好"暗示结论",增强信息的真实性。2018年7月30日,在马航MH370失联4年后,探寻事故原因的报告发布。7月31日,中新网发表文章《英媒:马航MH370新报告出炉 最关键问题仍无答案》对MH370事故调查进行了客观描述,文章中虽对MH370事故原因未做出明确结论,但文中引用事故调查负责人的话暗示事故原因可能存在第三方非法干预,减少主观色彩。

(六)要"诉诸理性",也要"诉诸感性"

在报道中"诉诸理性",通过冷静公正的事实叙述、减少个人主观色彩,能够显现报道的真实性。"诉诸感性"通过营造某种气氛或使用感情色彩强烈的言辞来感染对方,能够达到某种特定的说服效果。对于中国在国际会议上提出的一些主张以及在一些严肃的国际问题中所要表达的观点进行报道,均需要用到"诉诸理性"传播技巧。此外,为了提升国际传播能力,中国媒体还需要讲好中国故事,弘扬中华文化,亦可以适当带点感性色彩。

习近平同志指出,讲故事是国际传播的最佳方式。讲故事就是讲事实、讲形象、讲情感、讲道理,讲事实才能说服人,讲形象才能打动人,讲情感才能感染人,讲道理才能影响人。[13]讲好中国故事,要融通话语表述,既要运用中外典故,传达大和大美之情,也要掌握幽默、有趣的中外流行语,传递潮流文化,在文化上激起受众的共鸣和好感;同时还需要秉持新闻的真实性,诉诸理性,展现真实中国。《人民日报(海外版)》从2017年年初开始,每周定期推出"中国故事",一系列"中国故事"将"诉诸感性"与"诉诸理性"相结合,从中国优秀传统文化出发,展现中国历久弥新的独特魅力,强化中国"文化古国"的国家形象。

三、从外部提升国际传播能力

(一)用好外国媒体,掌握国际"话语权"

媒体有自身的宗旨和目标人群,各媒体所报道的新闻都是与其目标人群所关心的话题相符。由于大部分国内媒体的语言单一、内容过于细化,在国际上的渗透率较低,影响力较小。外媒发布一些抹黑中国国家形象的言论,国内媒体也难以做出及时有力的反击来扳正国际民众对中国的误解,从而导致国际民众对中国的负面情绪依旧较高。在这种负面影响下,除了国内媒体需要就事论事,安抚民众情绪,还需要用好外国媒体,借用国外渠道与一切污蔑、抹黑中国形象的不当言论进行反击,向国外民众传播正确思想和理念,在国际上掌握话语权,反被动为主动。

2018年7月31日,中国驻墨西哥大使邱小琪在墨西哥主流媒体《千年报》上发表署名文章《金砖合作开启第二个"黄金十年"》。[14]同日,中国驻立陶宛大使申知非在当地主流媒体《立陶宛晨报》上发表题为《风好正扬帆 合作恰逢时》的文章。[15]这两篇文章都是中国驻外大使根据中国与其他国家进行国际友好合作所进行的良好宣传,通过驻外大使在国外主流媒体上发文,对外界关于国际合作的质疑做出正式答复,向当地民众展示了合作的美好愿景,向海外民众树立中国大国形象。2018年11月26日,《华尔街日报》发表了中国驻美国大使崔天凯的专访,崔天凯大使就中美关系、中美贸易摩擦问题传达了中方对于中美关系的合理分析以及对中美贸易摩擦问题的立场、态度,合理利用《华尔街日报》这一国际主流媒体,让中国声音传得更广。

要在短时间内提升国内媒体的国际影响力依旧存在较大难度,借用国外渠道虽存在一定风险,但其在传达信息过程中畅通无损,其内容价值能够得以广泛传播。借用国外主流媒体发表言论,其可操作性和影响力更强。

(二)用好外国新媒体意见领袖,发挥"光环效应"

2016年2月19日,习近平总书记视察人民日报社、新华社、中央电视台三家中央新闻单位并主持召开党的新闻舆论工作座谈会。他在"2·19"讲话中强调:"要推动融合发展,主动借助新媒体传播优势。要抓住时机、把握节奏、讲究策略,从时度效着力,体现时度效要求。"[16]

网络新媒体平台不断发展,网络媒体已拥有数以亿万计的用户基数,网络平台的影响力可见一斑。传统主流媒体的用户不断转移到新的网络平台上,"讲好中国故事,树立大国形象"不仅要通过微博大V等拥有众多粉丝的网络红人进行传播,向广大人民群众传递正能量,增强人民凝聚力,也要借用国外网络平台如YouTube、Twitter、Instagram、Facebook、LinkedIn等社交网络平台,及时将中国的方方面面传递到全世界,让更多国外民众了解真实的中国,而非欧美部分媒体塑造的拟态环境中的"中国"。网络红人依托庞大的粉丝基础,传播范围广泛、层次多样,能够产生"光环效应"。

在YouTube网站上,有大量关于外国友人"中国行"的信息,关于中国的高铁、移动支付、电子商务、共享单车等方方面面,其同样也具有两面性,当其对中国抱有正面印象的情况下必然有助于提高中国的国家形象,但其在传播一些关于中国的负面不实报道时,所产生的负面影响也是不言而喻的。中国建构国家形象,不能忽视国外意见领袖,要用好国外意见领袖,引导其公正、真实地传播有关中国的信息。

(三)借势国际热点,增强"曝光度"

"国际热点"本身就具备受全球民众关注的特点,影响范围和力度广泛深刻。在国际热点问题上中国的观察与思考、中国所发出的声音、表达的立场,以及在国际社会中扮演的重要角色,都能够彰显中国的大国责任,提升中国的国家形象。2018年4月,美国对叙利亚发起大规模导弹袭击,这一事件引起全球关注,《人民日报》、新华社、《参考消息》等主流媒体随后发出多篇文章对局势进行全面、客观的分析,并针对美方的不当言论及行为进行驳斥,表明中方对于世界和平的期盼,向世界传达中国声音。国际热点同样具有正负之分,中国媒体在借势国际热点时,需要加以区分,以免言辞不当,成为众矢之的。

(本文作者王卫明系南昌大学新闻与传播学院教授；马晓纯系南昌大学新闻与传播学院硕士生。)

参考文献

[1] 宫玉萍,赵刚.国际传播中的"软权力"与信息控制权[J].当代世界,2007(10).

[2] 郭庆光.传播学教程[M].2版.北京:中国人民大学出版社,2011.

[3] 习近平新闻思想讲义编写组.习近平新闻思想讲义[M].北京:人民出版社,2018.

[4] "Opinion of China: Do you have a favorable or unfavorable view of China?" [EB/OL]. http://www.pewglobal.org/database/indicator/24/survey/all/response/Unfavorable/.

[5] 王卫明,杨雅婷."一带一路"沿线国家媒体概况及合作潜力分析[J].国际传播,2017(1).

[6] 黄先蓉,马兰.中国出版国际传播能力建设策略研究——兼论政府如何助力出版界"讲好中国故事"[J].中国编辑,2018(5).

[7] 程宏毅,常雪梅.构建中国特色话语体系 增强国际影响力话语权——深入学习习近平总书记系列重要讲话精神笔谈[N].光明日报,2015-11-14(08).

[8] 爱德华·W.萨义德.东方学[M].王宇根,译.北京:生活·读书·新知三联书店,2007.

[9] 佐斌.刻板印象内容与形态[M].武汉:华中师范大学出版社,2015.

[10] 刘海龙.宣传:观念、话语及其正当化[M].北京:中国大百科全书出版社,2011.

[11] 崔鹏,杨翘楚.看了这条铁路,外国网友纷纷表示:给我们也修条一样的吧![EB/OL].(2008-06-25).https://mp.weixin.qq.com/s/m2aAFwfduliamqMDDC_aRg.

[12] 韩墨,魏建华,吴志强.习近平的基加利时间:中卢共"舞"迎未来[EB/OL].(2018-07-24).http://www.chinanews.com/gn/2018/07-24/8577493.shtml.

[13] 文建.把握国际话语权 有效传播中国声音——习近平外宣工作思路理念探析[J].中国记者,2016(4).

[14] 王露露.中国驻墨大使投书外媒:金砖合作开启第二个"黄金十年"[EB/OL].(2018-08-02).http://www.cankaoxiaoxi.com/china/20180802/2303718.shtml.

[15] 欧阳啸鸿.中国驻立陶宛大使投书外媒:中国与中东欧国家合作开辟新时代[EB/OL].(2018-08-03).http://www.cankaoxiaoxi.com/china/20180803/2304332.shtml.

[16] 高雷,常雪梅.习近平十八大以来关于"新闻舆论工作"精彩论述摘编[EB/OL].(2016-02-25).http://cpc.people.com.cn/xuexi/n1/2016/0225/c385474-28147905.html.

从洗涤用品广告看家庭传播中的价值观

王卫明　顾馨月

摘要：本文选取中国洗涤用品领域的三大品牌，结合具体的广告实例，从广告主题、画面、音频、文案、媒介等角度，分析家庭传播与洗涤用品广告间的相互关系，并以此为基础，对洗涤用品广告进行反思，提出四条建议。

关键词：洗涤用品；广告；家庭；传播

家庭、传播、广告，这三个概念之间存在着密切的联系。广告的运作与家庭的构建、变迁都离不开传播，而广告又通过传播，影响着一个个家庭或其中的成员，家庭成员之间的信息交换、观念变化，家庭与家庭间的信息互动，又会对广告效果以及新一轮的广告设计、媒介发布等产生影响。

从家庭传播的角度来考量洗涤用品广告，有别于以前从一般的传播学角度或营销角度进行分析，对于洗涤用品广告的设计、媒介选择等可能得出不一样的启示。

本文选取中国洗涤用品领域的三大品牌（立白、雕牌、奥妙），结合具体的广告实例，分析家庭传播与洗涤用品广告间的相互关系，并以此为基础，对洗涤用品广告进行反思，提出建议。

一、家庭传播是洗涤用品广告的重要内容

不同产品的广告，面向的受众类型存在差异。作为一种重要的家居日用品，洗涤用品几乎是每个家庭都会接触和使用的生活产品，其广告与家庭的联系也因此更为紧密，家庭传播（即家庭成员之间的交流沟通）也成为洗涤用品广告的重要内容。

（一）家庭元素主导广告

洗涤用品作为家居日用物，其目标消费对象从大范围看是家庭成员，从小范围看，尤其是在过去，则以家庭妇女为主。因此，洗涤用品的广告受众以家庭成员为主，家庭元素也因此成为广告内容的主导。

洗涤用品的广告画面，无论是视频还是平面，人物设定多为家庭成员：一家三口或五口，或母子或母女等，以小孩居多；广告场景常置于家居环境，如厨房、客厅、家中晾衣阳台等（见图1）；画面色彩以家居色彩为主，颜色多为黄色、粉色、红色、白色、蓝色等生活色，以暖色调居多，暖黄光常出现于画面中；画面中常出现阳光、笑脸这两大常见的生活元素；而对于广告音频，背景音常采用轻松欢快的曲调，有时也使用抒情曲调，以渲染广告中的家庭氛围，人物音中多出现孩童稚幼声。

对于广告文案，视频类广告常常采用故事情节的线路，故事内容常取自家庭生活，以温情和幽默两种风格为主，用词多生活化用语，以人物日常对话为主。

（二）广告关注家庭传播问题

洗涤用品广告常常将社会中普遍存在的一些家庭传播问题作为关注重点，在给产

图 1 立白洗洁精广告截图

品做广告的同时,也借助广告传达受众关心的一些家庭传播问题,以引起社会关注,希望问题能够得到解决,从而实现广告的社会价值。

如雕牌洗衣粉的某则中秋节广告①,以中秋节时女儿因为工作忙无法回家和父母吃团圆饭的故事情节,反映了当下许多家庭中子女外出工作忙,难以回家与父母团聚、很少花时间陪伴父母的家庭传播问题,表达了当下人们关心和渴望解决的家庭传播问题,引发社会深思。

又如雕牌的某则母亲节广告②(见图2),以卡通的形式,讲述了一位母亲养育自己的孩子,从婴儿到结婚,到为人母的过程。其中孩子对母亲有过依赖、有过叛逆、有过矛盾,

图 2 雕牌母亲节广告截图

到最后对母亲充满理解与感激,反映了母亲养育孩子的不易,传达了当下子女与父母间相处的多种问题,但最终均归于一点"你永远亏欠的人只有你的父母",鼓励人们应立即行动,表达对父母的爱。

---

① 广告参见网址:https://v.qq.com/x/page/w0110r9mw1q.html.
② 广告参见网址:https://www.iqiyi.com/v_19rrg43blg.html.

(三) 广告反映不同的家庭观

洗涤用品广告对家庭的关注使其常常融入时下相关的家庭观念元素,有的广告根据当今时代、家庭的特点,寻找挖掘新兴家庭观念。

如关于夫妻相处的话题,传统家庭观念中,"夫妻和美"常是妇女温柔体贴、洗衣做饭、照顾好家人,丈夫努力工作、赚钱打拼。因此无论是立白、奥妙还是雕牌,其主题在凸显"夫妻恩爱"时,都多以妻子为丈夫孩子准备饭菜、洗涤衣物,出门前为丈夫整理衣领,丈夫努力工作等情节表达。但随着时代发展,家庭观念的变化,开始流行宠妻丈夫形象和男女平等的价值理念逐渐深入人心,这些洗涤产品的广告中又开始运用丈夫做菜洗衣、为妻子按摩捶背等情节凸显夫妻和美的主题,倡导新兴夫妻平等和恩爱的相处模式。

又如2016年的"雕牌新家观"(见图3)活动,①雕牌根据当下年轻人的家庭互动模式,结合年轻人的思想习惯特性,将家文化融入其中,挖掘符合新时代年轻人的家庭观念,以幽默可爱的卡通平面绘图和网络流行语,传递家庭新观念,如"和家人一起吃团圆饭,在哪都一样赞""婆媳关系要融洽,常和婆婆去广场咚恰恰"等。

图3 "雕牌新家观"海报

二、洗涤用品广告对家庭传播的影响

中国的洗涤用品广告常常含有多种家庭元素,或显性或隐性地传达着不同的家庭观念,它们或多或少会对家庭成员思想观念产生影响,促使家庭传播机制的微调,引起家庭关系的变动。[1]

(一) 影响受众的家庭传播心理观念

洗涤用品广告为与受众心理形成共鸣,其广告的设计元素多取自受众家庭事件,并借鉴吸收受众的家庭观念、家庭传播机制等,因此,其画面、音频、文案、主题等元素所共同呈现的家庭景象、家庭氛围、家风文化等多是受众内心所接受、熟悉和渴望的,这使得广告与受众心理更加接近,广告更易引发受众心理共鸣,从而影响受众的家庭传播心理和观念。

---

① 活动采访视频网址:https://v.qq.com/x/page/z0315qhumfh.html。

如雕牌某则洗衣粉广告(见图4)①,母亲失业后努力找工作,孩子看母亲十分辛苦,主动做起了家务,并帮母亲洗好衣物。故事素材取自普通家庭事件,人物对话朴实而温馨,与受众心理贴近,而广告中传达的孩子对母亲的爱与孝顺,母女间的温情,是许多受众渴望和接受的家庭关系,从而影响受众的家庭传播心理观念。

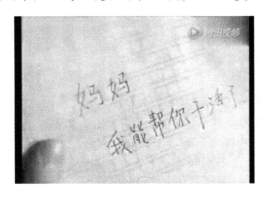

图 4　雕牌洗衣粉广告截图

（二）影响受众的家庭传播行为模式

观念的转变促使行为的变化,洗涤用品广告对受众家庭传播心理观念的影响促使受众的家庭传播行为模式也随之发生改变。

许多洗涤用品广告常常暗含一种教育意义,这种教育意义或是通过生动的故事情节、人物形象和行为互动来展现,或是通过直击内心的文案来传达,与受众心理形成共鸣,从而促使受众的家庭传播观念发生转变,家庭传播行为模式随之变化。如奥妙某则魔力去渍洗衣液广告(见图5)②,广告以小男孩在一个派对中帮小女孩倒番茄酱弄脏衣物的故事情节展开,其中,小男孩主动帮助小女孩的行为、母亲看见孩子因帮助他人而弄脏衣物但并未责骂小孩的行为反应,对孩子的社交相处模式、父母与孩子的相处模式具有教育意义,促使受众模仿或是转变家庭传播行为模式。

三、对洗涤用品广告的建议

（一）尽量传播家庭正能量

洗涤用品广告中出现的价值理念对受众的家庭观念、家庭互动模式、家庭关系等有着潜移默化的影响,因此,广告应积极传播家庭正能量,为受众的家庭互动带来良性影响。

如洗涤用品广告中出现的夫妻相爱互助、父母陪伴孩子、工作再忙仍顾家、孩子顽皮而父母用爱教育等价值观念无一不对广告受众的家庭观念、与家人相处交流模式、关

---

① 广告参见网址:https://www.iqiyi.com/w_19s3boduh9.html
② 广告参见网址:http://www.iqiyi.com/w_19rs5ch70x.html

图 5　奥妙魔力去渍洗衣液广告截图

系维系方式等产生较为积极的影响。典型的例子是"小孩调皮玩耍,弄脏衣服,父母应该如何对待"的话题,为宣传一种"放手让孩子成长""让孩子尽情发挥创造力和天性"的价值理念,这些洗涤用品的广告中常常以孩子顽皮弄脏衣物,母亲看见后并没有打骂孩子,而是微笑着用产品快速洗涤孩子衣物的情节,很好地传达了这种价值观念(见图6)。①

图 6　奥妙洗衣液广告《足球篇》截图

(二) 注意规避负面效应

洗涤用品广告中的价值观念、文案用词等如果把握不清,也容易对受众形成潜在的负面影响,尤其是有关儿童的广告。

---

① 广告参见网址:http://www.iqiyi.com/w_19rrzey5k5.html.

如奥妙某则全自动洗衣粉广告(见图7)①,其中有一段情节是:一位小女孩不小心将颜料倒在别人衣服上,第一反应并不是道歉,而是很得意地说:"你不是有奥妙全自动洗衣粉吗?"紧接着小女孩不小心撞倒了母亲手中的菜,母亲也是以同样的口吻说:"咱们不是有奥妙全自动洗衣粉吗?"这则广告有个别名叫《幸灾乐祸篇》,虽然其目的是为凸显奥妙全自动洗衣粉的功能性,但是否也会在潜移默化中对小孩的价值观念造成一些不良影响?他与父母、与他人的沟通相处模式是否也会发生改变?这是一个值得深思的问题。

图7 奥妙全自动洗衣粉广告《幸灾乐祸篇》截图

(三) 坚持"以人为本"

关注人是广告传播永远不变的真理。从家庭传播视角看,广告设计更要重视"人",不仅仅是个体,还有人与人、群体与群体间的互动模式、关系变化。一切在于人,有关人的要素如思想、情感、关系等都是永远值得被挖掘和表现的元素。

媒介选择要与受众特性相符合,家庭传播对人以及人与人的强调,让媒介选择更加关注"人"以及"人与人的互动关系"。为受众做画像,深入挖掘受众特性如年龄、性别、性格、爱好、职业、生活方式等,关注受众的人际网络和交往方式,针对不同的受众群体,选择符合其个性的媒介,并且有效利用受众人际网络,实现二次传播,最大限度实现广告的有效传播。

此外,并非只有洗涤用品广告,所有的广告都应在重视经济利益的同时不忘社会价值,遵守社会的基本规范,自觉关注、挖掘社会问题。家庭作为社会的最基本的组成单位,家庭传播为广告带来的第一个视角便是社会价值、社会责任,广告效果包含的不仅仅是经济利益,还应有社会价值。

(四) 提升新意与引导力

洗涤用品广告应积极挖掘广告素材,寻找别有趣味的家庭传播事件,跳出"弄脏—洗涤"的单一情节模式。从家庭成员出发,观察和挖掘他们的家庭事件、家居习惯、家庭

---

① 广告参见网址:https://v.youku.com/v_show/id_XMjczNzM2MTc4MA%3D%3D.html.

关系、家庭价值理念、成员间互动方式和互动内容、家庭与家庭的价值文化差异等,以此为基础,寻找广告素材,丰富广告内容。

此外,洗涤用品广告还应不断挖掘家庭深层次元素,丰富广告的主题内涵,从过去单纯表现爱与温情到引导人们的家庭新观念,做到"引导"而非"单纯表现",进而引发人们思考,拓展广告的理念深度,提升广告影响力。

值得学习的是泰国的洗涤用品广告①,泰国洗涤用品的广告题材运用大胆、丰富多样、别具新意,不因洗涤产品的功能性而局限洗涤情节,吸血鬼爱情、情侣拌嘴、小孩考试作弊等题材也被运用于广告中;广告常常运用情感营销,讲述感人故事,传递深层次价值理念,直击人心,或是通过幽默创意情节,将反转、设置悬念等技巧加以巧妙运用,使人印象深刻。

(本文作者王卫明系南昌大学新闻与传播学院教授;顾馨月系南昌大学新闻与传播学院2017级本科生。)

参考文献

[1] 杨席珍.家庭传播刍议[J].新闻传播,2015(12).

浅析校园慈善募捐的技巧②

王卫明　程咪

摘要:校园慈善募捐活动包含一系列的工作。募捐文书必须充分展现受捐者的优秀风貌、募捐原因、尽可能多的捐款方式、各种证明材料及验证真实性的渠道。募捐过程中须运用若干技巧,如利用多媒体传播方式及时地报告进展,进一步答疑。此外,募捐活动收尾阶段必须发布感谢信、财务公开、发布终止募捐通知、报告当事人的近况等。

关键词:慈善募捐;流程;文书;技巧

校园里不乏慈善募捐,但其内在规律、常规技巧,却不为人知。熊华春,籍贯江西丰城,清华大学2011届博士毕业生,2011年7月初在其毕业后被发现患急性白血病。2011年7月12日,清华大学发布为熊华春募捐倡议书;2011年7月19日,已从海内外募得医疗所需的100万元,清华大学发布《关于暂停向熊华春同学募捐活动的通知》;2012年9月4日,清华大学发布《救助熊华春捐款使用情况说明》,做最后的信息报告。通过分析这次成功而专业的校园慈善募捐,我们发现其中暗含的一些规律和技巧。

一、写好募捐文书

募捐文书可以说是一切募捐行为的开始。募捐文书的优劣直接影响到募捐的成

---

① 广告参见网址:https://v.qq.com/x/page/z0366sfy4e2.html,https://v.qq.com/x/page/e0823u4e8zq.html,https://v.qq.com/x/page/c0820k7azgn.html,https://v.qq.com/x/page/n0772bgfo0u.html,https://video.tudou.com/v/XMjEyMjI2MjgwMA==.html.

② 本文由王卫明、程咪的《浅析校园慈善募捐的技巧》(原文载《老区建设》,2013年第2期)改写而成。

效。募捐文书不仅指倡议书,还包括各种宣传海报、各种证明材料等。

一般而言,信息公开得越多,信息的不确定性越低。这意味着事件的可信任度越高,募捐成功的可能性越大。在这里,我们提倡尽可能地"去隐私化"。事实上,募捐不成功的重要原因就是群众对于受捐者状况的不了解与不信任。因此,当生命健康面临严重威胁时,我们应暂且将个人隐私意识放在一边,尽可能多地争取捐款才是生存下去的王道。

那么,该如何准备募捐文书呢?

(一)充分展现受捐者的优秀风貌

以清华大学为熊华春组织的募捐为例,他们撰写的《你可以留住他的生命——为熊华春同学募捐倡议书》写了熊华春求学期间的一系列业绩,乐于助人的品质与事迹,及其独立、有责任感的一面。

(二)用真实而翔实的语言解释募捐理由

在考虑要不要捐款时,大家最先想到的是对方是否情况很紧急、是否需要得到迫切的帮助。因此,解释清楚募捐理由是非常关键的一点。但是在进行相关阐述时切忌煽情矫情、造假,尽量用最平实且有信服力的语言将原因陈述清楚。

(三)提供尽可能多的捐款方式

千万要记得标明包括邮局汇款在内的多种捐款方式,如户主姓名、开户银行、网银账号(海内外)等,以便捐赠。在募捐期间,关键联系人的电话必须保证每天24小时都能正常接通。此外,为了增加募捐对象的信任度、凸显此次募捐行为的公正透明,可以提供监督电话,供他们致电确认。

(四)通过照片的形式展示各种证明材料

在以往的一些募捐活动中,组织方往往忽略了一个要点。倡议书上几乎都只是文字说明,没有出现照片。事实上,通过展示一系列相关照片可以为此次募捐"添砖加瓦"。比如说,可以在倡议书旁附上受捐者照片,既能说明事件的真实性,也更容易激起捐助者的同情心。

当然,考虑到有些疾病导致患者面容憔悴恐怖等不便公开生病时的照片,我们可以考虑受捐者生病以前的照片,最好是阳光温馨的照片。这样容易使人产生联想对比,从而滋生同情心理。此外,还有院方诊断书、医疗文件、身份证明、贫困证明、学历证明、获奖证明、病历、药费单、病房照片等,都可以通过照片的形式向大家展示,增加大家的信任感。

(五)提供验证确认此次事件真实性的方式

在募捐过程中,提供监督确认电话或者官方信息佐证,让大家彻底相信该事件的真实性非常重要。

二、募捐过程中的若干技巧

（一）运用多种媒介渠道，增加广泛传播的可能性

1. 现场传播

现场设点答疑、宣传会是一个很不错的选择。

2. 网络传播

利用微信群、QQ群、论坛、微博、校内网等，通过转发等方式，可以发挥很多意见领袖在传播过程中的巨大作用，利用他们的能量增大募捐传播的强度，实现N级传播。

3. 传单、布告栏等纸质材料传播

相较网络传播，传单、布告栏等形式虽不够迅速，但是更能体现真实感。

4. 借助报纸、广播、电视等传统媒体

如果事件很重大，情况很紧急，可考虑借助媒体的力量。不少报纸设有慈善专版，电视节目中也会发布募捐消息，广播中也有类似内容。当然，在向这些媒体寻求帮助之前，组织方必须保证所提供信息的完整性和真实性，以免造成不必要的麻烦和误解。

（二）寻找有力的"代言人"

意见领袖常常是追随者心目中价值的化身。换句话说，这个有影响力的人是他的追随者所愿意追随和模仿的。在募捐传播行为中，我们可以将之称为"代言人"。正是因为他们是人们所了解、尊敬和信赖的人，所以他们的劝捐颇具说服力。

对于校园募捐，可以先从教授、领导、老师、班委、社团干部、校友入手，再逐级传播，使传播力度成指数级扩大。作为在学校比较有影响力的群体，他们的带动以及由此产生的二次甚至N次传播会使此次募捐获得意想不到的效果。

（三）及时报告进展

这里所指的进展既包括目前募捐活动的进展、款项的进展，还包括受捐者自身身体状况进展。考虑到捐助者的心理，及时地报告进展既能体现事件的真实性、公开透明度，也能帮助他人及时地了解事件目前的发展势态。

很多情况下，人们不愿意捐款的原因是怕有些人借募捐之名，行坑蒙拐骗之实。而且，有些时候，尽管募捐行为确有其事，人们也会担心善款的去向问题。因此，及时公布款项使用情况可消除人们疑惑心理。而且，出于人文关怀的考量，捐助者和关注这一事件的人也会想要知道受捐者目前的身体状况，是否好转、是否恶化、情况是否紧急等。

（四）进一步答疑

即时答疑对于募捐活动来说，也是极其重要的。有些时候，尽管组织方已经尽可能地将信息完整传播出去，但是往往出于各种原因，捐助者无法完全接收到这些信息，这种情况下就需要有人及时地为他们答疑解惑了，而且，答疑必须贯穿在募捐活动的每个

环节中。

那么该如何做好答疑工作呢?首先,现场可以安排专门的答疑人员,为有意向的捐助者解答问题;其次,充分利用网络良好的互动性,在线为网友解疑释惑。当然,组织方需要保证负责答疑工作的志愿者必须充分了解整个事件及其流程,以免产生错误信息,阻碍募捐行为。

三、做好募捐活动的收尾工作

这一部分常常被大家所忽视,很多人错误地以为筹到款项就意味着募捐活动已经结束了,之后便不了了之。其实不然,募捐收尾工作也是很重要的。从清华大学师生为熊华春博士募捐的收尾工作来看,募捐完毕之后,还必须做好以下几点。

(一)发布感谢信

为了感谢捐助者,募捐者应该向他们发布感谢信。既能借此表达受捐者及家属、募捐活动主办方的感激之情,也能让捐助者感到欣慰。

(二)财务公开

整个募捐过程必须充分遵循财务公开的原则。在筹款工作结束后,组织方有义务以各种形式发通告告知捐助者善款的去向,即募捐活动的组织方必须详细地展示每一笔捐助款项及其相关用途、目前已耗款项、是否还有余款、余款去向、是否有必要进行二次募捐等。这项工作能增加此次募捐活动的透明度,加强捐助者的信任感,也能最终确保善款确实为受捐者个人所用。

(三)终止通知

不少感谢信,仅仅是阐述对捐助者的谢意,但是却没有及时地发布终止通知。如果受捐者的情况已经摆脱困境,当前所筹集善款已能满足受捐者所需,组织方应该及时公开发布终止通知,以免不知情的善心人士继续向捐款账户上汇钱。这项工作看似简单,却能充分反映出组织方是否负责任的工作态度。

(四)报告当事人近况

此次募捐所筹集到的善款是否给受捐者提供了帮助,受捐者是否在这些款项的帮助下身体明显好转、目前身体恢复到哪一步、院方的诊断说明、何时能够脱离危险等,这些都是捐助者及社会上各界爱心人士迫切关注的问题。一般来说,捐助者都希望得到受捐者的好消息,从而为自己的善举感到欣慰。

当然,即便募捐活动已经结束,受捐者还是有必要通过一些方式,如微博、个人主页等持续地告知自己的近况,相信这是很多默默关注受捐者和主动给予他们帮助的人所乐于看到的。虽然有的时候,事情总是不尽如人意,如熊华春在接受治疗一段时间后,还是病亡了。但这样的情况,同样有必要及时告知,至少让这些关心他的人知道:虽然结果不尽如人意,但是他们提供的帮助也让他生前得到了充分的治疗。

(本文作者王卫明系南昌大学新闻与传播学院教授、博士生导师,研究方向为传播实务;程咪系南昌大学新闻与传播学系硕士,研究方向为传播实务。)

参考文献

[1] 新浪微博@清华大学熊华春,详见 http://weibo.com/helpxionghuachun.

[2] 清华大学数学科学系"为熊华春同学募捐"管理委员会.你可以留住他的生命——为熊华春同学募捐倡议书[EB/OL].(2012-07-13)[2012-12-15].http://www.douban.com/group/topic/21076799/.

[3] 清华大学数学科学系"救助熊华春捐款管理小组".救助熊华春捐款使用情况说明[EB/OL].(2012-09-19)[2012-12-15].http:// www.tsinghua.org.cn/alumni/ infoSingleArticle.do? articleId=10082014&columnId=10005594.

[4] 孙荣凯.清华博士毕业季查出白血病 北京红会募10万救急[EB/OL].(2011-07-19)[2012-12-15].http://www.chinanews.com/jk/2011/07-9/3191990.shtml.

新媒体平台慈善募捐:模式、效果、不足与改进

张宏莉　王卫明

摘要:当今时代,互联网的浪潮已经影响到各行各业。在慈善事业领域,新媒体的发展和成熟更是为慈善募捐提供了一个崭新的平台。本文从中国慈善事业和新媒体应用现状出发,以腾讯乐捐为例,运用 PEST、SWOT、5W、4P、4C 等传播学与营销学理论,对现有新媒体慈善募捐的模式、效果进行分析,并针对其存在的不足提出相关建议。

关键词:新媒体;慈善;募捐;腾讯乐捐

中图分类号:G209　　**文献标识码**:A

一、研究背景

改革开放以来,特别是近20年来,中国慈善事业蓬勃发展,社会捐赠总额从2006年的不足100亿元增长到目前的1000亿元左右①。各种慈善力量在扶贫济困、灾害救助、扶老救孤、恤病助残、发展教科文卫体事业、环境保护等领域发挥了积极作用,成为社会主义现代化建设的重要力量。其中,新媒体平台的慈善募捐,由于有互联网技术做支持,可将项目发起、宣传、筹款、信息发布与沟通等环节在线上完成实施,并与线下进行衔接,因此获得长足的发展。

从政治(politics)、经济(economy)、社会(society)、科技(technology)等方面来看,新媒体平台的慈善传播在中国已经具备了良好的发展环境。

---

① 引自2016年3月9日全国人民代表大会常务委员会副委员长李建国在第十二届全国人民代表大会第四次会议上关于《中华人民共和国慈善法(草案)》的说明。

政治方面,2016年3月16日,第十二届全国人大四次会议审议通过了《中华人民共和国慈善法》(以下简称《慈善法》),并决定于2016年9月1日起施行。这不仅体现了国家对于慈善事业的重视,而且标志着中国慈善事业走向了更加规范的道路。《慈善法》对媒体平台的慈善募捐做出了一些强制性规定。

《慈善法》第二十三条规定:"开展公开募捐,可以……通过广播、电视、报刊、互联网等媒体发布募捐信息……慈善组织通过互联网开展公开募捐的,应当在国务院民政部门统一或者指定的慈善信息平台发布募捐信息,并可以同时在其网站发布募捐信息。"

《慈善法》第二十五条规定:"开展公开募捐,应当在募捐活动现场或者募捐活动载体的显著位置,公布募捐组织名称、公开募捐资格证书、募捐方案、联系方式、募捐信息查询方法等。"

《慈善法》第二十七条规定:"广播、电视、报刊以及网络服务提供者、电信运营商,应当对利用其平台开展公开募捐的慈善组织的登记证书、公开募捐资格证书进行验证。"

经济方面,改革开放以来,中国迅速崛起为全球第二大经济体,国民可支配收入不断攀升,广大国民的慈善捐助能力因此不断增强。但也存在发展不平衡的情况,新媒体平台慈善募捐通过资源再分配,缩小这种差距,帮助落后地区或需要帮助的人提高生活水平。

社会方面,中国幅员广阔,地质条件复杂,自然灾害较多。在灾难面前,更激发了民众的团结、爱心和奉献精神。新媒体平台本身就具有传播载体功能,网络影响力大,易获得更多的媒体支持。

科技方面,中央网络安全和信息化领导小组办公室、国家互联网信息办公室、中国互联网信息中心于2017年1月发布的《第39次中国互联网络发展状况统计报告》数据显示,截至2016年12月,中国网民规模达7.31亿,互联网普及率达到53.2%,超过半数中国人已接入互联网,95.1%的网民使用手机上网,手机网上支付用户规模达4.69亿。

随着互联网的飞速发展、新媒体平台传播的日渐成熟,新媒体平台已成为慈善募捐的重要渠道,越来越多的组织和个人在这个新颖、多元的平台上发起募捐或协助募捐。

二、新媒体平台的慈善募捐概况

(一)类型与形式

新媒体平台的募捐类型有多种形式,第一种是慈善机构建立官方网站,在官方网站上为用户提供线上捐款通道。早在2002年,中国红十字会就搭建起募捐信息公开平台,可在线捐款,开具捐赠发票,查询捐款去向,如红十字会在线捐助平台(见图1)。

第二种是微博、微信朋友圈、QQ空间发布或转发,利用自媒体社交网络进行传播。慈善机构利用社交网络建立新媒体平台沟通渠道可以使机构形象更加人性化、亲民化,更容易被受众接受。如"轻松筹""水滴筹"等微信公众号在微信的传播(见图2和图3)。

图 1 红十字会在线捐助平台

图 2 "轻松筹"微信公众号的界面

图 3 "轻松筹"的筹款界面

第三种是开发 App,如人民日报 App,单独开设了《帮公益》栏目,为需要帮助的人募款(见图 4)。

(二)优势

1. 传播力强

新媒体平台具有传播范围广、影响力大、成本低、互动性强等优势。新媒体的这些

图4 人民日报《帮公益》栏目

优势极利于慈善募捐中的宣传推广工作。如今大数据技术可以较为精确地分析出一个人的收入水平、领域、喜好等,记录用户以往关注过的项目,根据不同的情况推送不同的信息。对于慈善事业来说,可以利用这一技术有针对性地进行募捐,提高项目完成效率,起到事半功倍的效果。

2. 募捐效率高

随着经济增长,网民收入也在逐步增长,通过新媒体平台进行慈善募捐提供了经济基础。新媒体平台赋予了平凡个体话语权,也帮助原本由大数额捐款为主的慈善事业逐渐转型成以"随时捐、个人捐、小额捐"为特点的新型慈善募捐。便捷的捐赠和沟通渠道、网络社交的关系网,提高了捐款的续捐比例。

3. 项目执行性好

在新媒体平台,一个慈善项目从开始到结束,都可以有网友参与其中,汇集民智,让慈善无边界。由于消费者的生活经历、受教育程度、工作性质、家庭结构、个人审美情趣各不相同,每个人对慈善需求的侧重点也大不相同,因此要了解并满足消费者的需求并非易事。且了解并满足消费者的需求不能仅表现在一时一处的热情,而应始终贯穿于产品开发的全过程。新媒体平台可以在项目开始前在网络上发布调查,观测网友对于这一项目的关注度,以择优决定要开展哪个项目。据此探究消费者真正的需求,并进行规划设计,确保项目的最终成功。

此外,传统慈善募捐程序烦琐,审批速度慢。新媒体平台募捐流程简单,进度可查询,透明度高,速度快。在项目的执行过程中,不仅有专业团队全程运作保证质量,用户和爱心人士等捐助者也可以申请成为志愿者一起参与到项目线下落实工作中去,项目外部参与度高。在新媒体平台募捐项目中,用户可自主选择捐助对象和款项用途,及时获知项目进展,并可与受捐者沟通,满足了捐赠人的需求。

4. 可互动"保温"

传统慈善募捐方式中,一个项目往往在募捐结束后影响力就迅速下降,缺乏与大众的互动"保温"能力。而在新媒体平台募捐方式中,如在腾讯乐捐募捐项目在募捐结束后,微信公众号"存在"以及腾讯新闻微信客户端相继推送了"捆绳上的失语兄妹"相关专题,使得该事件再次引起关注(见图5和图6)。

图5 "捆绳上的失语兄妹"相关专题(1)

图6 "捆绳上的失语兄妹"相关专题(2)

对新媒体平台的慈善募捐情况进行 SWOT 分析(见表1)。

表1 新媒体平台的慈善募捐情况的 SWOT 分析

Strength 优势	Weakness 劣势
新媒体平台传播力强、互动性好、透明度高,有利于慈善募捐的监督实行;专业团队运作执行便捷有效;"随时捐、个人捐、小额捐"的特点为捐款者创造了极大的便利性	受众的承受能力有限,募捐项目多了可能导致爱心疲劳,每个募捐项目分到的捐款会相对减少;对社会知名度的依赖性大
Opportunity 机会 国家对新媒体平台慈善募捐持有支持态度,政策法规的完善为新媒体平台慈善募捐营造了良好的环境;社会经济和互联网技术还在持续发展为新媒体募捐提供了希望	Threat 威胁 新媒体平台依赖民企和民间组织,可能随着它们的兴衰存在波动性

(三)成果

据 2015 年 9 月 19 日发布的《2014 年度中国慈善捐助报告》数据显示,在互联网技术迅速发展的背景下,在线捐赠发展迅速。据统计,2014 年新浪微公益、腾讯公益、支付宝 E 公益三大在线捐赠平台和淘宝公益网店共募集善款 4.28 亿元,相比 2013 年增长 42.7%,呈现大幅度增长的趋势。其中,通过微博和微信等移动客户端捐赠人数占总人数的 68%,捐赠金额占 61%,手机捐赠已超过传统的电脑捐赠成为主流。在线捐赠者以青年为主,以新浪微公益为例,参与捐赠的网友 95.7% 是 35 岁以下的年轻人。

2015 年 6 月 12 日发布的《慈善蓝皮书:中国慈善发展报告(2015)》谈到,从捐赠源头来看,民营企业继续领衔"慈善捐赠脊梁"称号,超大额捐赠数量相对降低,个人捐赠则受互联网时代技术变革的影响,众筹形态和直线对接受益人的愿望越来越强烈,而除了现金捐赠,物资捐赠比如旧衣物等随着物流技术的进步和受赠平台的完善,将在线下线上相结合的方式中形成崭新的捐赠形态。这一方面的捐赠统计也随着互联网技术的信息统计和慈善超市等实体平台的记录进一步得到体现。

三、腾讯乐捐的募捐模式

乐捐是腾讯公益推出的公益项目自助平台,包括发起、捐赠、互动与监督等功能。腾讯乐捐募捐示意图见图 7。

图 7 腾讯乐捐募捐示意图

求助者可通过两种方式进行求助。

模式一:求助者直接向腾讯乐捐求助(见图 8)。

模式二:求助者通过慈善机构向腾讯乐捐求助(见图 9)。

(一)5W 模式分析

1848 年,拉斯维尔在《传播在社会中的结构与功能》的论文中,首次提出了 5W 模式的雏形,其中包括传播者、讯息、媒介、受传者、效果五个要素。5W 模式对传播学的发展产生了极为深远的影响,利用 5W 模式对新媒体的慈善募捐进行分析可以帮助我

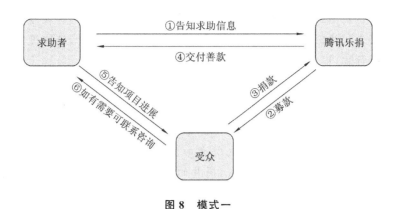

图 8　模式一

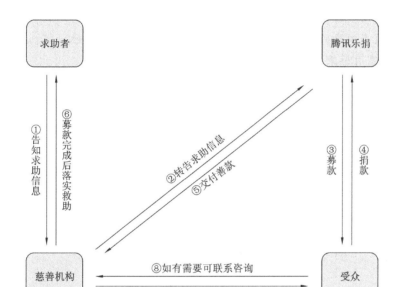

图 9　模式二

们更好地了解这一募捐模式。

1. Who

"谁"是指传播者,它在传播过程中担任着信息的收集、加工和传递的任务,是整个传播过程中非常关键的角色。腾讯乐捐募捐模式中最显而易见的传播者就是腾讯乐捐本身,以及求助信息的源头发布者如个人和募捐机构。腾讯乐捐从认证个人、公募机构和非公募机构等提交的申请中审核发布求助信息,并加工传递给广大受众。此外,腾讯乐捐上的求助信息多以故事叙述配以图片说明的形式向用户展现,而这些故事的主人公、文字的撰写者、图片的拍摄者等制造信息的人,也成为腾讯乐捐募捐模式中的传播者。

拉扎斯菲尔德在著作《人民的选择》中,提出了两级传播理论。该理论指出,讯息是由媒介传向意见领袖,再由意见领袖传给不那么活跃的受众。从这个视角来看,每一个在社交网络中转发募捐信息,或在腾讯乐捐发起"一起捐"的用户,都成为二级甚至多级传播中的传播者。他们数量庞大,是扩散信息的重要力量。同时,这些用户还会将信息反馈给项目执行方,形成信息的回流。

2. Say what

"说什么"是指传播的讯息内容。慈善传播的基本内容是:发布慈善信息,宣传慈善理念,传播慈善文化,鼓励慈善行为,监督慈善行为等。新媒体为传播的讯息内容提供了更方便和更灵活的载体,传播内容也就更加多元化。不同的传播者传播出不同的内容,就刚刚我们提到的众多传播者而言,图片的拍摄者向公众传播的是影像,文字的撰写者用文字语言描述求助者的具体情况,腾讯乐捐和公募机构提供的是求助的信息,用户转发评论的三言两语中则投入了个人的看法和感情。在此特别要强调的是,腾讯乐捐平台上的求助项目已经不仅仅是单纯的求助信息,而是通过故事性的详细叙述,让用户在更了解这个项目的同时,体会到这个项目的意义,以及它的独特性,这使得项目更加鲜活生动,富有感染力,能够吸引、感动更多的人。

3. In which channel

"渠道",即传播媒介,是信息传递所必须经过的中介或借助的物质载体。它可以是物质实体、工具,也可以是技术手段。随着科技的发展,新媒体募捐信息传播的渠道也更加多种多样。从物质实体来看,新媒体传播的媒介主要分为两种:电脑和移动终端。移动终端包括手机、平板电脑等设备,近年来移动设备升级和普及迅速,2014 年腾讯乐捐用户在移动终端支付的比率为 60%,到 2015 年,这个数字竟上升到了 95.32%(见图 10)。

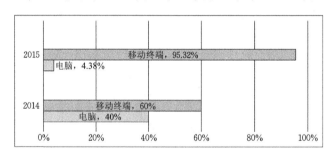

图 10　腾讯乐捐 2014 年和 2015 年用户支付终端的变化

从技术手段和网络平台角度来看,腾讯乐捐作为资源整合平台,为求助者、慈善机构和广大受众之间搭建了多个沟通的渠道。在信息宣传过程中,不仅充分利用腾讯公司固有的产品,如腾讯新闻等,更与其他平台合作,将传播范围扩大化。在多级传播中,微博、微信等社交平台,都成为信息传播流动的载体。

4. To whom

"对谁",就是指受传者或受众。受传者在传播过程中是非常重要的存在,没有对象的传播是毫无意义的。从前文的分析研究中,我们不难发现这样一个现象,即在募捐活动中,仅仅依靠项目发起方不断发出信息进行宣传是远远不够的,更多地要依靠广大的群众。公众的关注和关心是募捐的重要推动力。在腾讯乐捐募捐模式中,受传者主要为腾讯用户和爱心网民。腾讯作为中国互联网巨头之一，拥有 QQ 和微信两大即时社交工具上亿的用户群，用户可直接使用 QQ 账号登录腾讯公益官方网站，为募捐活动提供了庞大的受众基础。社会爱心人士、合作机构的受众群体等也会成为腾讯乐捐募捐模式中的受传者。另一方面，腾讯乐捐以及合作的慈善机构也成为受传者，他们接收用户的留言评论、用户捐款，根据这些反馈掌控项目执行情况。

5. With what effect

"效果"，是信息到达受众后在其认知、情感、行为各层面所引起的反应。它是检验传播活动是否成功的重要尺度。腾讯乐捐或慈善机构收到用户反馈的信息，从而对项目进行改进，就是传播效果的一种体现。新媒体的特点使项目影响力得以扩大，利用互联网庞大的用户做基础，慈善项目往往可以在较短时间内获得广泛呼应。《东南早报》记者潘登在腾讯乐捐平台上发起的"智障兄妹的捆绑童年"公益项目，在 2016 年 4 月 19 日至 22 日 11 点短短三天多时间就有 3302 位爱心网友帮助失语兄妹筹集了 100869.56 元善款（见图 11 和图 12）。

图 11　腾讯乐捐官网"智障兄妹的捆绑童年"项目完成情况

四、流程

（一）准备工作

慈善募捐有个前提：走投无路，别无他法。求助者一般为政府层面无救济、医保或新型农民合作医疗等救济不足，依靠自己的力量就算财力耗尽也难以克服困境的情况。所以，慈善募捐的第一步，须了解求助者是否已经穷尽他法。此外在项目发布前还需要做许多准备工作，如搜集求助者的照片和信息，整理能证明其真实情况的材料。

（二）发起项目

在腾讯乐捐发起一个项目需要经历三个步骤。

1. 注册

个人用户需要实名认证，即登录腾讯乐捐注册页面，填写自己的真实姓名和身份证

图 12 "存在"公众号上关于"智障兄妹的捆绑童年"事件的部分网友评论

号以供审核(见图 13)。公募机构可直接注册。

图 13 腾讯乐捐注册界面

2. 发起

完成注册后,求助者或者慈善机构向腾讯乐捐提供求助信息以及相关证明,根据提示填写公益项目资料发起项目申请,等待审核(见图 14)。

3. 审核

公募机构发布的项目,在确认图文无错误后,直接进入募款阶段;非公募机构或个人发布的项目,在经公募机构审核项目的真实性、项目设计和可执行性等后,确认是否

图 14 腾讯乐捐公益项目申请界面

支持此项目操作。

（三）募款

腾讯乐捐作为资源整合平台,发布求助信息,利用庞大的受众群扩散传播;募款期间,项目执行方如果开始执行项目,可以在腾讯乐捐网站更新项目进展。募款过程中,腾讯乐捐会采取多种方式激励回报用户捐款,其爱心回馈体系(见图15),包括爱心身份、爱心鼓励、专属活动等。通过与微博、网络游戏等其他平台的嫁接,给予用户网络虚拟奖励。

图 15 腾讯乐捐的爱心回馈体系界面

（四）接收信息与分享

腾讯用户以及社会爱心人士等接收到求助信息，视自身情况给予捐赠；用户还可以将项目分享至社交好友，邀请好友"一起捐"（见图16）。

图 16　腾讯乐捐项目捐款界面

（五）执行

腾讯乐捐项目完成募款目标后，将自动进入公益机构执行阶段，由项目执行方按照公示的项目方案进行执行落实捐助，并及时更新项目进展（见图17）。

（六）回馈

腾讯乐捐项目执行结束后，由发起方、执行方和公募机构负责提供项目结项报告，面对所有爱心用户反馈款项使用细节和执行结果，进行结项报告。此过程对所有爱心用户全程公开，接受爱心用户的监督（见图18）。

腾讯平台的慈善募捐效果是惊人的。2017年7月3日15时45分，腾讯公益频道历史善款总额达到1941297991元（超过19亿元），历史爱心总人次达到114097500人次（超过1亿人次）；腾讯乐捐平台的募款中项目有3252个，执行中项目有12445个，已结束项目有10706个，共计26403个。

五、技巧分析

（一）营销理论分析

如果我们从营销的视角来看待腾讯公益，那么我们又可以收获一些全新的观点。

图17 腾讯公益"为抗沙环卫工买口罩"部分项目进展情况

图18 腾讯乐捐"苦苦撑着的老父亲"项目结项报告节选

1. 4P 营销理论分析

4P 营销理论诞生于 20 世纪 60 年代的美国。杰罗姆·麦卡锡于 1960 年在其《基础营销》一书中第一次将企业的营销要素归结四个基本策略的组合,即著名的 4P 营销理论:产品(product)、价格(price)、渠道(place)、促销(promotion)。

产品(product):产品要注重功能诉求,具有独特的卖点。在腾讯乐捐慈善募捐中,它的"产品"是慈善项目。通过对求助信息的详尽叙述、具有冲击力的图像表现、有新意的互动活动等方式,使慈善项目更具个性,以满足受众诉求。产品生命周期是指从项目发起到淡出公众视线的时长,根据不同项目进度和影响力情况而改变。在产品"包装"上,会以与明星的合作吸引眼球,也会以真实故事和影像打动人心。此外,腾讯乐捐的主要受众以 90 后等年轻群体为主,是对传统募捐目标受众市场的补充完善,培养了新一代的爱心用户。

价格(price):根据不同的市场定位,制定不同的价格策略。在腾讯乐捐募捐模式中,所谓"价格",可以理解为用户为项目捐出的款项数额。腾讯乐捐的捐款页面为用户提供了 50 元、100 元、200 元选项,用户也可以自愿确定捐款数额,这样既尊重了用户的意愿,又为用户提供了灵活的自主空间。

渠道(place):渠道原意是指消费者获得商品的途径。传统募捐活动中,发起者要事先选取场地,准备募捐箱、传单等物资,不仅成本高,而且受众获取信息的渠道单一、狭窄。腾讯乐捐的募捐渠道主要是官网募捐,用户可在电脑或移动终端登录。互联网讲"粉丝经济",腾讯乐捐利用社交网络,开展"一起捐"等通道,以社交之力带动更多爱心受众,促进项目在用户与用户间实现二级传播甚至 N 级传播。这样企业既不需要投入太多成本又具有显著效益。一个人发起"一起捐",平均带来 5.6 个人的捐款,个人的力量在社交网络中被加强和放大。据腾讯乐捐数据统计,2015 年"一起捐"带来的筹款占所有捐款额的 34.23%。

促销(promotion):促销的本意是企业注重销售行为的改变来刺激消费者,以短期的行为(如让利、买一送一等)促成消费的增长,吸引其他品牌的消费者或进行提前消费来促进销售的增长。在腾讯乐捐募捐模式中,为鼓励受众捐款,设置了一整套爱心回馈体系。且鉴于成本考虑,一般捐款 100 元(含)以上的网友,还可根据需要要求项目执行方开具个人捐赠票据和捐赠证书。

2. 4C 营销理论分析

1990 年,美国学者罗伯特·劳朋特教授提出了与传统营销的 4P 营销理论相对应的 4C 营销理论。4C 包括顾客(customer)、成本(cost)、便利(convenience)、沟通(communication)。比较而言,4P 营销理论是以企业为核心制定的营销手段与组合,而 4C 营销理论则是一种以消费者为导向的营销理念,将消费者的需求作为考虑的中心与重点。

顾客(customer)主要指顾客的需求,卖消费者想要购买的产品。企业必须首先了解和研究顾客,根据顾客的需求来提供产品。腾讯乐捐深谙顾客需求,其主要的捐款额来自 90 后,在腾讯乐捐的网站,用户可以将项目介绍分享至微博、QQ 空间、人人网等多个平台,迎合了 90 后爱分享的特性。爱心徽章等展示效应满足了顾客追求个性的心理。

成本(cost)指的是企业不仅要了解自身的生产成本,还要知道消费者愿意支付的成本。相比于传统线下的募捐方式,新媒体平台依靠线上网络传播,不仅宣传效果好,减少了企业的开支,同时捐款数额不限,捐款方式便捷,大幅降低了捐助者的时间精力成本。

便利(convenience)指的是在产品推销过程中,企业首先应当考虑的是如何给消费者的交易带来便利,顺应消费者的消费行为习惯和偏好。腾讯乐捐募捐模式中,这种便利性主要体现在交易时间地点的灵活度、支付方式的便捷性上。据腾讯乐捐数据统计,2015 年,95.32% 的捐赠在移动终端上完成。用户可以随时随地浏览求助信息,奉献爱心。在捐款的支付页面,用户可选择微信支付、财付通以及银行卡等多种支付方式。

沟通(communication)强调企业与用户之间的双向沟通,力求建立一种互动关系。实时了解客户的需求动态,增进感情,培养忠诚客户。新媒体平台为参与募捐的各个角色之间提供了更多沟通的机会。尤其对于捐助者来说,不仅可以主动从网站获取项目进展相关信息,在腾讯开展的小额月捐长期活动中,腾讯每月还会通过邮件和 QQ 消息,向捐助者反馈项目最新进展。信息的公开透明在保障了用户知情权的同时,也增加了项目执行方与捐助者之间的互动沟通,增加了用户对于腾讯乐捐以及相关合作平台的信任度。

(二)不足与改进

首先,是新媒体平台慈善募捐的"爱心疲劳"问题。以腾讯乐捐为例,在它的项目列表里展示了 1000 条项目记录,总计募款中项目有 2169 个。新媒体募捐平台让更多需要帮助的人有了求助的平台,对于用户来讲,有了更多可选择的机会。但同时,大量的募捐项目涌现也容易使用户出现一定程度的爱心疲劳。人的经济承受能力往往是有限的,项目越多,每个项目分享到的捐款就会相对减少。缓解爱心疲劳问题,一是继续坚持捐款自愿原则,不给用户制造道德压力,保护用户的爱心和捐助积极性;二是适量宣传,不过分转发、推送求助信息,以防用户感到厌倦;三是讲究贴近性与个性化,利用大数据进行用户分析,针对不同的人群推送不同的信息。

其次,值得注意的是善款的捐助及使用。新媒体平台慈善募捐捐款主要面向大众,而不是企业或其他可以提供大额捐款的组织,个人捐款主力 90 后目前大多财力有限,小额捐款累计的模式减慢了目标的完成速度。如果增加企业捐赠板块,可以让急需帮助的人更快得到帮助。此外,这些公益平台往往在项目完成募款后(达到募款目标或募款时间结束)才会进入拨款环节。而对于求助者来说,尤其是疾病救治类求助,早日获得捐款才能早日解除痛苦。若发挥网络支付的便捷性,让求助者得以随时提现或允许爱心人士直接将善款打入受助者账号,则可更好地解决求助者的燃眉之急。

最后要提到的是募捐中的媒介传播。在国际基金会"瑞恩的井"建立之前,其核心人物瑞恩曾经只是一个影响力微弱的小学生。后来,他的事迹被媒体报道,才得以收到更多的支持,公益事业一步步发展壮大。事实证明,社会知名度往往在新媒体平台慈善募捐中起很大的作用,知名度高的项目会更容易达到目标。然而这种方式只兼顾到了个别案例,更多的求助者欠缺传媒相关知识,不懂得通过联系媒体报道或意见领袖发声,也缺少相关资源。如果可以搭建起明星、媒体或意见领袖与求助者对话的平台,则可帮助这一群体更好地发声并得到帮助。

(本文作者张宏莉系北京师范大学社会学院硕士生;王卫明系南昌大学新闻与传播学院教授。)

参考文献

[1] 王卫明.慈善传播:历史、理论与实务[M].北京:社会科学文献出版社,2014.

[2] 杨团.慈善蓝皮书:中国慈善发展报告(2012)[R].北京:社会科学文献出版社,2012.

[3] 杨团.慈善蓝皮书:中国慈善发展报告(2016)[R].北京:社会科学文献出版社,2016.

[4] 王俊秀,杨宜音.中国社会心态研究报告(2012~2013)[R].北京:社会科学文献出版社,2013.

[5] 上海市慈善基金会,上海慈善事业发展研究中心.慈善理念与社会责任[C].上海:上海社会科学院出版社,2008.

[6] 报告显示我国慈善捐赠总额再破千亿[EB/OL].(2015-09-20).http://www.chinanews.com/fortune/2015/09-20/7533674.shtml.

[7] 马海涛.关注:探索慈善事业健康发展之路[EB/OL].(2015-09-12).http://www.msweekly.com/show.html? id=40281.

[8] 杨道波,刘海江,庄玉发,等.国外慈善法译汇[M].北京:中国政法大学出版社,2011.

[9] Werner J. Severin, James W. Tankard.传播理论——起源、方法与应用[M].郭镇之,徐培喜,等译.北京:中国传媒大学出版社,2006.

[10] 彼得·什托姆普卡.信任:一种社会学理论[M].程胜利,译.北京:中华书局,2005.

[11] Pablo Eisenberg. The Nonprofit World Needs an Intellectual Push[J]. Chronicle of Philanthropy, 2009, 21(20).

[12] Caroline Preston, Nicole Wallace. Social Networks Produce Dismal Results, Report Says[J]. Chronicle of Philanthropy, 2009, 22(3).

[13] Greenberg Josh. Promoting Philanthropy? News Publicity and Voluntary Organizations in Canada[J]. Voluntas: International Journal of Voluntary & Nonprofit Organizations, 2004, 15(4).

[14] Patricia Mooney Nickel, Angela M Eikenberry. A Critique of the Discourse of Marketized Philanthropy[J]. American Behavioral Scientist, 2009, 52(7).

[15] Peter Frumkin, Lester M. Salamon. Global Civil Society: An Overvie, Global Civil Society[M]. Kumarian Press, 1999.

[16] Karen Wright. Voluntas, Generosity VS. Altruism: Philanthropy and Charity in the United States and United Kingdom[J]. International Journal of Voluntary & Nonprofit Organizations. 2001, 12(4).

[17] Fran Adloff. What encourages charitable giving and philanthropy?[J]. Ageing & Society, 2009, 29(8).

[18] Laura E. Tesler, Ruth E. Malone. Corporate Philanthropy, Lobbying, and Public Health Policy[J]. American Journal of Public Health, 2008, 1998(12).

[19] Jerry D. Marx. Corporate Strategic Philanthropy: Implications for Socia, Work[J]. Social Work, 1998, 43(1).

[20] Ida E. Berger. The Influence of Religion on Philanthropy in Canada[J]. Voluntas: International Journal of Voluntary and Nonprofit Organizations, 2006, 17(2).

新闻播音主持的亲和力之探微①

熊枫

摘要：近年来，在经济发展的推动之下，中国新闻行业得到飞速发展，对新闻播音主持也提出了更高的要求，传统的主持模式已经难以满足现代社会的需求，新闻播音主持模式的改革势在必行。其中以播音主持时的亲和力最为关键，能够拉近与听众之间的距离，发挥节目的作用，同时亲和力也是播音主持人的必备技能。本文针对新闻播音主持的亲和力进行研究，阐述如何应用亲和力提升节目质量。

关键词：新闻播音主持；亲和力；应用

中图分类号：G2　　　　**文献标识码**：A

随着生活水平的提高，人们的文化需求越来越多，新闻和媒体行业作为现代文化产业的重要组成部分，要随着人们的需求不断进行改革。播音主持是节目和听众的桥梁，其自身的亲和力不仅能够展现个人魅力，同时还能提升整个节目的层次，满足听众日益增长的文化需求，使播音行业更好地服务于人们的生活。

一、新闻播音主持的亲和力概述

（一）亲和力

亲和力除了外部环境因素的影响外，更多的是一种自身的综合素质，建立在知识层面上，以良好的文化修养为基础，包括优雅的谈吐以及大方的举止。当然，通过播音主持人的后天努力也能培养良好的亲和力，主要是一种交流沟通的能力。具备良好的亲和力，即便是与陌生人打交道，在亲和力的感染下，他人也会感觉非常舒心和愉悦，并拉近人与人之间的距离。

---

① 本文由熊枫的《新闻播音主持的亲和力之探微》（原文载《科技传播》，2016年第5期）改写而成。

(二)播音主持

播音主持作为一种职业,通过多种手段将信息传递给听众,对大众的世界观、人生观以及价值观有着非常重要的影响。除了亲和力以外,播音主持人还要具备良好的文化修养、丰富的生活经验以及独特的人格魅力,增添节目的感染力和吸引力。总之,亲和力是播音主持人各项必须具备的技能当中较为重要的一项。

二、亲和力在播音主持中的意义

在进行播音主持时的亲和力并不是简单地运用委婉的语句来套近乎,而是播音主持人发自内心地与听众沟通,认真聆听听众的意见并进行友好的反馈,以体现出播音主持人的亲和力。因此,在播音主持工作中,播音主持人需要关注听众的诉求,站在听众的角度思考问题,将真情实感表现在语言中。亲和力在播音主持中的意义主要体现在以下几个方面。

(一)拉近主持人与听众间的距离

播音主持工作的进程包括稿件理解、稿件感受、语言播音、听众收听四个环节。不同稿件的内容主题不同,其蕴含的感情有很大的差异。播音主持人若想在播报各类稿件时都富含亲和力,就必须对各类稿件充分理解。当前,新闻稿件的来源逐渐多元化,内容也更加广阔,涉及各种行业、各种人群和各种故事背景。播音主持人应当通过广泛的交际来接触各种行业,尽量去感受不同阶层人群的思想情感。通过广泛接触和深入交流,播音主持人才能积累更多的工作经验,在播音主持中与他人的沟通交流更加生动真实。通过对稿件的认真理解,播音主持人能在表达时更具亲和力,拉近与听众间的距离,获得广大听众的支持。

(二)激发听众热情,提高电台收听率

传统播音主持行业缺乏成熟的经验,很多主持人在播音时不够灵活,语言呆板,缺乏亲和力,很难吸引听众,降低了电台的收听率。网络的飞速发展对电台行业造成了冲击,播音主持人如果在播音时依旧缺乏情感、没有个人主持特点,将很难得到听众的认可。在实际工作中,将亲和力融入播音主持中能很好地展现出播音主持人对内容的理解,让听众感觉自己受到了电台的重视,增加观众与电台互动的热情。播音主持人增加亲和力能更充分地融入大众生活,了解大众的需求,根据不同群体的喜好,在播报不同类型的内容时营造恰当的氛围,激发听众的兴趣,从而提高电台的收听率。

(三)展现播音主持人的个人魅力

播音主持人只有突破传统模式化的播音风格,在播音中融入亲和力,才能拉近与听众的距离,只有留住听众,播音主持人才有更多的展示空间,才能充分展现出个人才华,在节目中表现出自己的风格。一些播音主持人在播报节目时喜欢用聊天式的主持方式

与观众互动,相对于传统的模式化播音风格,这种方式更具亲和力,在播音主持中能营造出亲切、自然的氛围,使观众有身临其境之感。通过这种方式,播音主持人能更好地展现自身魅力,突显电台节目的人性化。虽然亲和力能增加播音主持人的个人魅力,但播音主持人不应刻意营造亲和力,而应当结合个人的播音主持特点和节目内容适当加入个人感情,自由发挥。作为播音主持人要保持公正的立场,不必偏向或过于夸张,否则将会使听众感觉到虚伪、浮夸。

三、播音主持中融入亲和力的方法

(一)深入了解群众,感受大众生活

拥有亲和力的播音主持人更容易得到听众的信任,在节目中融入亲和力更能让听众感觉到亲切,让听众喜欢上播音主持人和电台节目,能增加电台的收听率。电台则可以借助这种优势向社会传播更多的正能量。亲和力的养成需要播音主持人与听众产生共鸣,站在听众的立场上,了解听众的喜好。这就需要播音主持人深入了解群众生活,丰富自己的生活经历,多与各行各业的人员接触,理解不同人群的诉求。在日常生活中,播音主持人应当注重生活经验的积累,结合身边小事思考所蕴含的社会问题,通过体验生活、探究社会现象等方式,在节目中自然流露出真情实感,增加节目的人情味和感染力。

(二)形成个人主持风格

作为一种媒体节目,播音主持工作富含艺术性,播音主持人只有形成个人主持风格,才能赢得听众喜爱。语言表达方式是主持风格的主要体现,播音主持人应当运用有个性的、通俗易懂的、用词准确的播音方式,达到雅俗共赏的效果。在日常交往中,亲和力是感情的催化剂,能让人们之间的交往更加融洽,构建和谐的沟通氛围。在播音主持中也是如此,如果播音主持人将个人魅力与亲和力相结合,形成听众喜闻乐见的主持风格,能增加听众对播音主持人的好评,提升电台节目的质量。

(三)提高专业素养

播音主持人的语言表达中的亲和力既与先天性格相关,也与后期形成的专业素养相关。亲和力体现在谈吐举止和个人修养中。播音主持人通过不断提高专业素养,可以使亲和力表现得更加自然得体。因此,通过后天培养同样能提高播音主持人的亲和力,使播音主持人与听众的沟通更加畅通。优秀的播音主持人必须要有专业的技能和修养,标准的语言、优雅的音色和饱含亲和力的表达方式能便于听众理解所沟通的事宜,这也是增加播音主持人亲和力的重要方式。

(四)参加专业技能培训

随着社会的不断发展,对播音主持行业的要求也在不断提高。播音主持人如果不提升自己的专业技能,就很极易被行业淘汰。因此,主持人应当顺应时代潮流,积极主动地参加多方面的专业技能培训活动,不断学习新知识、新技能,这既是适应行业发展的需要,也是广大听众的需要。播音主持人应当定期参加考核,并结合听众的反馈意见,针对自己的弱势参加培训,通过查漏补缺,不断完善自己的专业技能,才能得到听众更多的支持和喜爱,更好地在主持活动中展现自身的亲和力。

四、结论

播音主持是信息传递的重要媒介,节目质量与播音主持人的专业素养以及表达能力有重要关系,只有在专业技能和强大魅力的支撑下,节目的质量才能有所保证。播音主持的亲和力能够有效拉近听众与播音主持人之间的距离,让听众自然而然地融入节目中,实现提升节目质量以及收视率的目的。作为新时期的播音主持人,要高度重视自身的亲和力,秉承服务大众的根本原则,推动中国广播事业的快速发展。

(本文作者熊枫系江西省宜春市袁州区妇联工作人员。)

参考文献

[1] 张勇夫.新闻播音主持的亲和力分析[J].经济研究导刊,2015(12).

[2] 李春歌.新闻播音主持中亲和力的有效运用[J].科技传播,2015(19).

[3] 赵玉,王文.试论亲和力在播音主持中的作用[J].新闻研究导刊,2015(3).

如何打造和维护记者的信誉品牌

王卫明　胡飞军

信誉即信用和声誉。信用,是因为能够履行诺言而取得的信任,是过去履行承诺的正面记录,是长时间积累的信任和诚信度。声誉,则是从他人那里得到的评价。

对新闻记者而言,信誉、信用意味着什么?意味着在现实中采访对象对记者采取的态度是信任的还是防备的,意味着在现实中记者能否成功取得采访对象的信任而获得有效信息,意味着采访报道能否获得足够的广度和深度。

可惜的是,在当今中国,很多采访对象不相信记者、不信任媒体。不但名人害怕接受采访,一些普通人也害怕接受采访,更别提敏感人物了。

一、现象:名人不愿接受记者采访

现在,名人圈出现了"防火防盗防记者"现象。一些名人越来越害怕与记者打交道,害怕接受采访,害怕自己的一言一行经过媒体报道后带来难以预料的影响,害怕因记者所写的新闻而"臭名"远播。

在2010年的长春电影节上,著名主持人、演员倪萍的出现,吸引了很多记者的关注,但她却自始至终很低调,拒绝接受任何采访。当记者问她为何如此低调不愿接受采访时,她说:"我是被八卦记者伤了,我不说什么,记者也能写出花儿来,写得比我说得都好,所以我什么都不说,就是对我自己最好的保护。"

日本乒乓球运动员福原爱,也曾对记者摆出一副"就是不说"的架势。有一次,《羊城晚报》记者看到一个个同行"无功而返",问她:"中国有很多球迷喜欢你,你不想对他们说几句吗?为什么这么抗拒记者采访呢?"福原爱回答:"不是不是,我不是抗拒记者,我是害怕了。因为以前有记者采访我之后就乱写,根本不是那么回事,随便写,这样太……"

接受记者采访,原本可以增加名人的知名度,但有些名人宁愿放弃这些好处也不愿接受采访,这是为什么呢?

福州有家媒体曾经采访易中天,易中天跟记者说了一句话,说好了不对此进行报道,但在文章中还是写出来了。从此,易中天不再接受这家媒体的任何采访。

部分名人之所以害怕接受采访,与"记者写出的稿件与采访对象原意不符"不无关系,更与"采访对象对记者的个人信誉品牌不认可"有直接关系。

而"记者写出的稿件与采访对象原意不符"的原因,可能有以下三种:①记者知识水平有限,导致误解采访对象原意;②编辑误解稿件,后期加工失当,导致记者"背黑锅";③记者或编辑有意断章取义、歪曲采访对象原意。

二、对策:打造记者信誉品牌

新闻失实导致了部分采访对象对记者的不信任态度。反过来讲,新闻记者一旦建立个人信誉品牌,对于获得采访对象的信任,取得独家采访机会,也是极其有利的。

新闻记者的个人品牌,是新闻媒体品牌的组成部分,甚至是一个国家传媒领域软实力的构成要素。享誉全球的美国"主持人之父"沃尔特·克朗凯特,一生秉持公正、客观、准确的新闻从业操守,曾多次被全美民众票选为"最值得信任的人"。美国总统约翰逊曾对助手说过:"如果我失去了克朗凯特,我就会失去美国。"

新闻记者的信誉品牌如此重要,需要如何打造和维护呢?

(一)对策一:记者的心态要端正

现在新闻单位内部普遍采取打分计酬的做法,一些记者(特别是试用期的见习记者)面对每月的报道任务压力,为了使自己的稿件能及时刊出,或者在行业竞争中胜出,可能采取移花接木、断章取义的做法,将名人的话语按自己的意愿进行修改。

这种做法不仅有违新闻操作规律,而且是职业道德缺失的表现。另外,这种做法极其有害,容易形成恶性循环,一旦该记者靠编造、曲解采访对象原意的做法而大大增加了稿件刊播的可能性,那么,在下次遇到作品难以发表的情形时,便会再次采取编造、曲解的做法。

所以,记者仍要加强新闻专业修养和道德修养,端正心态,采取客观中立的态度,避免借名人效应炒作自己。

记者应该尊重采访对象,做忠实的记录者,具备"造假就是雷区"的安全意识,努力做到:不急功近利,不沽名钓誉,不哗众取宠,不麻痹大意,不自以为是,不贪图省事,不轻信盲信,不"先入为主",不捏造"事实",不添加"合理想象"的细节,不歪曲报道,不片面报道。

此外,如果记者随意编造对名人的采访,对所属新闻单位的公信力也会造成极坏的影响，名人可能会因为一个记者的做法而拒绝其供职媒体的一切采访。

（二）对策二：记者编辑的知识技能要过硬

记者所提的第一个问题，往往就能让名人、专家看出记者是否内行，并因此判断记者专业素质是否过硬、文化底蕴是否深厚。若记者的表现使采访对象觉得准备十分不充分、十分外行，记者采访被拒绝的概率就很大。

例如，2007年6月，著名学者易中天去新疆，刚下飞机，一个记者就冲过来采访："易老师，请问你第一次来新疆有什么感受？"易中天说："我拒绝回答你这个问题，回去做功课吧。我在新疆工作了13年，而且那么大的欢迎标语在那儿横着——'欢迎易中天先生常回家看看'。"

为避免因为无知而造成对采访对象的误解，记者首先需要在平时下工夫，要随时注意广泛积累资料和有关知识。

当然，临时"充电"也不为迟。若是记者采访某行业的专家，而恰巧对该行业生疏，就需要临时"充电"，及时了解该行业或被采访者的生平、研究成果等。若记者采访知名作家，就需要在采访前对作家的生平、爱好、著作情况有一个大致了解。

例如，易中天在接受杨澜采访讲到某一个问题的时候，杨澜有时拿起他的书说："嗯，这不就是你在书里讲到的观点吗？"然后随手就翻到那一页。这个细节让易中天印象深刻，让易中天感觉她是最用功、准备最充分的记者。

对专门采访某些专业领域（如财经）的记者而言，要么自己成为专家，要么自己找到专家。在采访开始前，记者可以请教有关专家，吸取专家智慧（请其参与设计采访问题）。此外，采访进行时和采访结束后，记者可以向采访对象当面核实，或将完成的稿件发给采访对象核实。

（三）对策三：要重视编辑、记者间的沟通和核实

记者轻易相信坊间传闻、小道消息、谣言，而不向权威信息源认真核实，或没能核实第一权威信源，是造成新闻失实、损害编辑、记者信誉的重要原因。要避免如此过错，编辑、记者就必须特别重视核实工作。

不认真核实消息来源是记者懒惰、缺乏耐心、麻痹大意的表现，是工作大忌。记者在采写过程中应该核实权威的信源，只有当事人、当事方亲口说出的言论才能让人信服，即使由于一些原因不能核实到权威的信源，也需要通过多方信源相互印证。

记者为避免编辑修改、加工稿件出错，特别是对一些比较敏感的稿件，记者可以留在办公室陪编辑一起修改，以防止编辑理解出错，编辑在签版前也可以打电话给记者，了解稿件的大小标题和主要内容是否与自己的原意有出入。编辑要按照记者和受访对象的原意修改稿件。有时编辑改错稿件可能是由于自己对某些专业知识不够了解，因此编辑要及时与记者沟通交流。

（四）对策四：媒体单位和主管部门要爱惜和维护旗下记者的信誉品牌

信誉是难得、易失的。费十年工夫积累的信誉，往往会由于一时一事的言行而

失掉。

对新闻记者个人而言,要想打造自己的信誉品牌,就要在职业生涯里,始终坚持职业操守、守信重诺,杜绝新闻失实情况的发生。但是,光靠记者个人的努力,还不足以打造、维护记者的信誉品牌。

新闻记者的信誉品牌,其实也是"所属新闻媒体的信誉品牌""新闻界整体的信誉品牌"的一部分,三者相互影响、荣辱与共。

因此,对旗下记者的信誉品牌,各家媒体和主管部门,不但应该督促旗下记者养成爱惜信誉品牌的意识,而且应该在新闻宣传体制、媒体运行考核机制、新闻法制、新闻职业道德建设等方面给记者打造和维护信誉品牌创造良好条件,而不是相反。

事实上,有些新闻单位为获得广告收入、提高发行量、讨好上级领导,不惜牺牲旗下记者的信誉品牌,发布有偿新闻,无正当理由毙稿,给记者强加创收任务等。类似不当行为,对新闻记者的信誉品牌的伤害,短期内并不是显而易见的,但从长远来看,其后果是严重的。

(本文作者王卫明系南昌大学新闻与传播学院教授;胡飞军系证券时报社记者。)

参考文献

[1] 王皓.倪萍:低调是因为被记者"伤"了[N].华商晨报,2010-8-31(C21).

[2] 安颖,吴广崖.日本的乒坛美少女大受欢迎 福原爱有话不敢说[N/OL].羊城晚报,2004-12-18.http://www.ycwb.com/gb/content/2004-12/18/content_815843.htm.

[3] 颜雪岭.易中天:我还是要"防火防盗防媒体"[EB/OL].(2007-09-16).http://news.sina.com.cn/c/cul/2007-09-06/110513831371.shtml.

第五章 部分学术刊物的投稿方式

一、新闻传播学 CSSCI 来源期刊和辑刊投稿方式

刊物名称	投稿方式	投稿地址
《新闻与传播研究》	在线投稿	http://www.xwycbyj.org
《编辑学报》	在线投稿	http://bjxb.soripan.net
《中国科技期刊研究》	在线投稿	http://cjstp.cn
《新闻大学》	Email 投稿	邮箱：xinwendaxue BJB@163.com
《新闻大学》	在线投稿	http://www.xinwendaxue.cn
《出版发行研究》	在线投稿	http://www.cbfxyjzz.cn
《国际新闻界》	在线投稿	http://cjjc.ruc.edu.cn
《现代传播》	Email 投稿	邮箱：xiandaicbbjb@163.com
《现代传播》	在线投稿	http://www.xiandaicb.cn
《出版科学》	在线投稿	http://www.cbkx.whu.edu.cn
《中国出版》	在线投稿	http://www.zgcbbjb.cn
《编辑之友》	Email 投稿	邮箱：bianjizhiyouzztg@163.com
《编辑之友》	在线投稿	http://www.bianjizhiyou.cn
《当代传播》	Email 投稿	邮箱：ddcbtg@163.com
《新闻界》	在线投稿	http://www.xwjbjb.cn

第五章 部分学术刊物的投稿方式

续表

刊物名称	投稿方式	投稿地址
《新闻记者》	Email投稿	邮箱：xinwenjizhebj@163.com
	在线投稿	http://www.xinwenjizhe.cn
《现代出版》	在线投稿	http://www.xdcbzzbjb.cn
《科技与出版》	在线投稿	http://www.kjycb.tsinghuajournals.com
《电影艺术》	在线投稿	http://dyys.soripan.net
	纸质投稿	地址：北京市北三环东路22号 邮编：100013
《当代电影》	在线投稿	http://www.dangdaidy.cn
《新闻与写作》	在线投稿	https://xwxz.cbpt.cnki.net
《中国编辑》	Email投稿	邮箱：zgbj@vip.sina.com
《北京电影学院学报》	Email投稿	邮箱：xuebaobfa@bfa.edu.cn
《戏剧艺术》	在线投稿	http://xjyx.chinajournal.net.cn
《戏曲艺术》	Email投稿	邮箱：xqys@nacta.edu.cn
《文艺研究》	在线投稿	http://wyyjzz.soripan.net
《民族艺术》	Email投稿	邮箱：mzysbjb@163.com
	在线投稿	http://www.mzysbjb.cn
《媒介批评》	Email投稿	邮箱：mjppmjpp@sina.com
《新媒体与社会》	Email投稿	邮箱：sjtuydsy@163.com
《符号与传媒》	Email投稿	邮箱：semiotics_media@163.com
《北大新闻与传播评论》	Email投稿	邮箱：pkuxwpl@sina.com
《中国文化产业评论》	Email投稿	邮箱：kanghua99@hotmaiL.com
《中外文化与文论》	Email投稿	邮箱：861911628@qq.com
《英语研究》	Email投稿	邮箱：yyyjbjb@163.com
《新闻与传播评论》	Email投稿	邮箱：xwycbpl@163.com
	纸质投稿	地址：湖北省武汉市武汉大学新闻与传播学院129、130室 邮编：430072
《中国网络传播研究》	Email投稿	邮箱：cmcrc@nju.edu.cn
	在线投稿	http://zwcy.cbpt.cnki.net
	纸质投稿	地址：中国江苏省南京市汉口路22号南京大学新闻传播学院《中国网络传播研究》编辑部收 邮编：210093

279

续表

刊物名称	投稿方式	投稿地址
《中国新闻传播研究》	Email 投稿	邮箱:zgxwcbyj@163.com
《中国传媒产业发展报告》	清华大学出版社发行,崔保国主编,投稿方式未公开	

二、新闻传播学 SSCI 来源期刊投稿方式

英文刊物名称	中文译名	投稿方式	投稿地址
ARGUMENTATION	《论证》	在线投稿	https://www.editorialmanager.com/argu/default.aspx
ASIAN JOURNAL OF COMMUNICATION	《亚洲传播学刊》	Email 投稿	邮箱:txmhao@ntu.edu.eg
CHINESE JOURNAL OF COMMUNICATION	《中华传播学刊》	在线投稿	http://cjc.nccu.edu.tw/member.asp
COMMUNICATION AND CRITICAL-CULTURAL STUDIES	《传播与批判/文化研究》	在线投稿	https://mc.manuscriptcentral.com/rccc
COMMUNICATION MONOGRAPHS	《传播论丛》	在线投稿	https://mc.manuscriptcentral.com/rcmm
COMMUNICATION RESEARCH	《传播研究》	Email 投稿	邮箱:communication_research@osu.edu
COMMUNICATION THEORY	《传播理论》	Email 投稿	邮箱:cs-journals@wiley.com
COMMUNICATIONS-EUROPEAN JOURNAL OF COMMUNICATION RESEARCH	《传播:欧洲传播研究学刊》	Email 投稿	邮箱:communications@uni-bremen.de
COMUNICAR	《通信》	在线投稿	http://www.revistacomunicar.com/index.php?&idioma=cn
CONTINUUM-JOURNAL OF MEDIA & CULTURAL STUDIES	《连续:媒体与文化研究》	在线投稿	https://mc.manuscriptcentral.com/ccon

续表

英文刊物名称	中文译名	投稿方式	投稿地址
CONVERGENCE-THE INTERNATIONAL JOURNAL OF RESEARCH INTO NEW MEDIA TECHNOLOGIES	《融合：国际新媒体技术研究学刊》	在线投稿	http://mc.manuscriptcentral.com/convergence
CRITICAL DISCOURSE STUDIES	《批判性话语研究》	在线投稿	https://mc.manuscriptcentral.com/rcds
CRITICAL STUDIES IN MEDIA COMMUNICATION	《媒体传播批评研究》	在线投稿	https://mc.manuscriptcentral.com/rcsm
DISCOURSE & COMMUNICATION	《话语与传播》	在线投稿	http://discourses.org/journals/dac
DISCOURSE & SOCIETY	《话语与社会》	在线投稿	http://discourses.org/journals/das
DISCOURSE STUDIES	《话语研究》	在线投稿	http://discourses.org/journals/dis
ECQUID NOVI-AFRICAN JOURNALISM STUDIES	《非洲新闻学研究》	在线投稿	https://mc.manuscriptcentral.com/recq
ENVIRONMENTAL COMMUNICATION-A JOURNAL OF NATURE AND CULTURE	《环境传播：自然与文化学刊》	在线投稿	https://mc.manuscriptcentral.com/renc
EUROPEAN JOURNAL OF COMMUNICATION	《欧洲传播学刊》	在线投稿	https://mc.manuscriptcentral.com/ejc
GAMES AND CULTURE	《游戏与文化》	在线投稿	https://mc.manuscriptcentral.com/games
HEALTH COMMUNICATION	《健康传播》	在线投稿	http://www.editorialmanager.com/hc/default.aspx
HARVARD INTERNATIONAL JOURNAL OF PRESS-POLITICS	《哈佛国际新闻与政治学刊》	在线投稿	http://mc.manuscriptcentral.com/ijpp
HUMAN COMMUNICATION RESEARCH	《人类传播研究》	在线投稿	https://mc.manuscriptcentral.com/hcr

续表

英文刊物名称	中文译名	投稿方式	投稿地址
IEEE TRANSACTIONS ON PROFESSIONAL COMMUNICATION	《IEEE专业传播汇刊》	E-mail投稿	邮箱:ieee-tpc@ieee.org
INFORMATION COMMUNICATION & SOCIETY	《信息、传播与社会》	在线投稿	https://mc.manuscriptcentral.com/rics
INTERACTION STUDIES	《交互作用研究》	在线投稿	http://www.editorialmanager.com/is/default.aspx
INTERNATIONAL JOURNAL OF ADVERTISING	《国际广告学刊》	在线投稿	http://www.edmgr.com/I-J-A/default.aspx
INTERNATIONAL JOURNAL OF COMMUNICATION	《国际传播学刊》	在线投稿	http://ijoc.org/index.php/ijoc
INTERNATIONAL JOURNAL OF CONFLICT MANAGEMENT	《国际冲突管理学刊》	在线投稿	http://www.emeraldgrouppublishing.com/products/journals/call_for_papers.htm?id=6964
INTERNATIONAL JOURNAL OF MOBILE COMMUNICATIONS	《国际移动通信学刊》	在线投稿	https://www.indersciencesubmissions.com
INTERNATIONAL JOURNAL OF PUBLIC OPINION RESEARCH	《国际公众舆论研究学刊》	在线投稿	https://mc.manuscriptcentral.com/ijpor
JAVNOST-THE PUBLIC	《JAVNOST-公共》	在线投稿	http://www.tandfonline.com/action/authorSubmission?journalCode=rjav20&page=instructions
JOURNAL OF ADVERTISING	《广告学刊》	在线投稿	https://mc.manuscriptcentral.com/ujoa
JOURNAL OF ADVERTISING RESEARCH	《广告研究学刊》	在线投稿	http://www.editorialmanager.com/jar/default.aspx
JOURNAL OF AFRICAN MEDIA STUDIES	《非洲媒介研究学刊》	E-mail投稿	邮箱:manow@wmin.ac.uk
JOURNAL OF APPLIED COMMUNICATION RESEARCH	《应用传播研究学刊》	在线投稿	https://mc.manuscriptcentral.com/rjac

续表

英文刊物名称	中文译名	投稿方式	投稿地址
JOURNAL OF BROADCASTING & ELECTRONIC MEDIA	《广播与电子媒介学刊》	在线投稿	https://mc.manuscriptcentral.com/hbem
JOURNAL OF BUSINESS AND TECHNICAL COMMUNICATION	《商业与科技传播学刊》	在线投稿	https://mc.manuscriptcentral.com/jbtc
JOURNAL OF COMMUNICATION	《传播学刊》	在线投稿	https://mc.manuscriptcentral.com/jcom
JOURNAL OF COMPUTER-MEDIATED COMMUNICATION	《计算机媒介传播学刊》	在线投稿	https://mc.manuscriptcentral.com/jcmc
JOURNAL OF HEALTH COMMUNICATION	《健康传播学刊》	在线投稿	https://mc.manuscriptcentral.com/uhcm
JOURNAL OF LANGUAGE AND SOCIAL PSYCHOLOGY	《语言与社会心理学刊》	在线投稿	https://mc.manuscriptcentral.com/jlsp
JOURNAL OF MASS MEDIA ETHICS	《大众传媒伦理学刊》	在线投稿	https://mc.manuscriptcentral.com/hmme
JOURNAL OF MEDIA ECONOMICS	《媒介经济学刊》	在线投稿	https://mc.manuscriptcentral.com/hmec
JOURNAL OF MEDIA PSYCHOLOGY-THEORIES METHODS AND APPLICATIONS	《媒介心理学刊：理论、方法与应用》	E-mail 投稿	邮箱：nicole.kraemer@uni-due.de
		在线投稿	http://www.editorialmanager.com/jmp.
JOURNAL OF PUBLIC RELATIONS RESEARCH	《公共关系研究学刊》	在线投稿	https://mc.manuscriptcentral.com/HPRR
JOURNAL OF SOCIAL AND PERSONALRELATIONSHIPS	《社会与人际关系学刊》	在线投稿	https://mc.manuscriptcentral.com/jspr
JOURNAL OF THE SMPTE-SOCIETY OF MOTION PICTURE AND TELEVISION ENGINEERS	《电影与电视工程师学会学刊》	E-mail 投稿	邮箱：membership@smpte.org

续表

英文刊物名称	中文译名	投稿方式	投稿地址
JOURNALISM	《新闻业》	在线投稿	https://mc.manuscriptcentral.com/journalism
JOURNALISM & MASS COMMUNICATION QUARTERLY	《新闻学与大众传播季刊》	在线投稿	https://mc.manuscriptcentral.com/jmcq
JOURNALISM STUDIES	《新闻学研究》	在线投稿	https://mc.manuscriptcentral.com/rjos
LANGUAGE & COMMUNICATION	《语言与传播》	在线投稿	https://www.evise.com/profile/#/LAC/login
MANAGEMENT COMMUNICATION QUARTERLY	《管理传播季刊》	在线投稿	https://mc.manuscriptcentral.com/mcq
MASS COMMUNICATION AND SOCIETY	《大众传播与社会》	在线投稿	https://mc.manuscriptcentral.com/mcas
MEDIA CULTURE & SOCIETY	《媒介、文化与社会》	在线投稿	https://mc.manuscriptcentral.com/MCS
MEDIA INTERNATIONAL AUSTRALIA	《澳大利亚国际媒体》	在线投稿	https://mc.manuscriptcentral.com/mia
MEDIA PSYCHOLOGY	《媒介心理学》	在线投稿	https://mc.manuscriptcentral.com/mep
NARRATIVE INQUIRY	《叙事探究》	在线投稿	http://www.editorialmanager.com/nain/default.aspx
NEW MEDIA & SOCIETY	《新媒体与社会》	在线投稿	https://mc.manuscriptcentral.com/nms
PERSONAL RELATIONSHIPS	《人际关系》	在线投稿	https://mc.manuscriptcentral.com/pere
POLITICAL COMMUNICATION	《政治传播》	在线投稿	https://mc.manuscriptcentral.com/upcp

续表

英文刊物名称	中文译名	投稿方式	投稿地址
PUBLIC OPINION QUARTERLY	《公共舆论季刊》	在线投稿	https://mc.manuscriptcentral.com/poq
PUBLIC RELATIONS REVIEW	《公共关系评论》	在线投稿	https://www.evise.com/profile/#/PUBREL/login
PUBLIC UNDERSTANDING OF SCIENCE	《公众理解科学》	E-mail 投稿	邮箱：Public.Understanding.Science.Journal.Editor@lse.ac.uk
QUARTERLY JOURNAL OF SPEECH	《演说季刊》	在线投稿	https://mc.manuscriptcentral.com/rqjs
RESEARCH ON LANGUAGE AND SOCIAL INTERACTION	《语言与社会应对研究》	在线投稿	http://www.tandfonline.com/action/authorSubmission?journalCode=hrls20&page=instructions
RHETORIC SOCIETY QUARTERLY	《修辞学会季刊》	在线投稿	https://mc.manuscriptcentral.com/rrsq
SCIENCE COMMUNICATION	《科学传播》	在线投稿	http://mc.manuscriptcentral.com/sc
SOCIAL SEMIOTICS	《社会符号学》	在线投稿	http://www.tandfonline.com/action/authorSubmission?journalCode=csos20&page=instructions
TECHNICAL COMMUNICATION QUARTERLY	《技术传播季刊》	在线投稿	https://mc.manuscriptcentral.com/tcq
TELECOMMUNICATIONS POLICY	《电信政策》	在线投稿	https://www.evise.com/profile/#/JTPO/login
TELEVISION & NEW MEDIA	《电视与新媒体》	在线投稿	http://mc.manuscriptcentral.com/tvnm
TEXT & TALK	《文章和谈话》	E-mail 投稿	邮箱：textandtalk@cardiff.ac.uk
TIJDSCHRIFT VOOR COMMUNICATIEWETENSCHAP	《传播科学学刊》	E-mail 投稿	邮箱：tvc@uva.nl

续表

英文刊物名称	中文译名	投稿方式	投稿地址
THE TRANSLATOR	《翻译者》	在线投稿	http://www.edmgr.com/rtrn/default.aspx
VISUAL COMMUNICATION	《视觉传播》	在线投稿	http://mc.manuscriptcentral.com/vcj
WRITTEN COMMUNICATION	《书面传播》	E-mail 投稿	邮箱：writtencomm@umn.edu

三、新闻传播学全国中文核心期刊投稿方式

刊物名称	投稿方式	投稿地址
《青年记者》	Email 投稿	邮箱：qnjzbj@qq.com
《出版广角》	Email 投稿	邮箱：cbgjzz@163.com
《电视研究》	Email 投稿	邮箱：dshyj@hotmail.com
《中国广播电视学刊》	Email 投稿	邮箱：zggbdsxkbj@163.com
《新闻爱好者》	Email 投稿	邮箱：xwahz@sina.com
《戏剧》	Email 投稿	邮箱：xuebao@chntheatre.edu.cn
《电影评介》	Email 投稿	邮箱：filmreview@163.com
《电影新作》	Email 投稿	邮箱：nfw52@sh163.net
《传媒》	Email 投稿	邮箱：chuanmeibjb1@163.com
《读书》	Email 投稿	邮箱：dushubjb@163.com
《世界电影》	在线投稿	http://www.sjdy.soripan.net
《中国电视》	Email 投稿	邮箱：zgdianshibjb@163.com
	在线投稿	http://www.zgdianshi.cn/
	纸质投稿	地址：北京复兴门外大街2号国家广播电影电视总局院内 邮编：100866
《艺术百家》	Email 投稿	邮箱：yishubaijia@126.com

四、新闻传播学非核心类学术期刊投稿方式

刊物名称	投稿方式	投稿地址
《中国记者》	Email 投稿	邮箱:zgjz@vip.sina.com
《新闻战线》	Email 投稿	邮箱:rmrbnewsfront@163.com
《国际传播》	Email 投稿	邮箱:gjcb@cri.com.cn
《网络传播》	Email 投稿	邮箱:wangluocb@vip.sina.com
《教育传媒研究》	Email 投稿	邮箱:jycmyj@163.com
《军事记者》	Email 投稿	邮箱:jfjbjsjz@163.com
《中国广播》	Email 投稿	邮箱:zggb@cnr.cn
《全球传媒学刊》	Email 投稿	邮箱:gmj2014@tsinghua.edu.cn
《国际广播影视》	Email 投稿	邮箱:gjgb@cri.com.cn
《中国广播影视》	Email 投稿	邮箱:gbys7166@sina.com
《新京报传媒研究》	Email 投稿	邮箱:xjbcmyj@163.com
《当代电视》	Email 投稿	邮箱:dangdaitv@vip.163.com
《中国传媒科技》	Email 投稿	邮箱:hengjialunwen@163.com
《声屏世界》	Email 投稿	邮箱:jxspsj@126.com
《传媒评论》	Email 投稿	邮箱:cmpl@8531.cn
《传媒观察》	Email 投稿	邮箱:cmgc@xhby.net
《现代视听》	Email 投稿	邮箱:xiandaishiting@163.com
《音乐传播》	Email 投稿	邮箱:mctougao@126.com
《未来传播》	Email 投稿	邮箱:zjcmxb@163.com
《新传播》	Email 投稿	邮箱:xcb0755@126.com
《新闻论坛》	Email 投稿	邮箱:xwlt0903@163.com
《北方传媒研究》	Email 投稿	邮箱:bfcm2016@163.com
《媒体融合新观察》	Email 投稿	邮箱:gzxwc@vip.sina.com
《南方电视学刊》	Email 投稿	邮箱:southtv@21cn.com
《城市党报研究》	Email 投稿	邮箱:csdb@wxrb.com

续表

刊物名称	投稿方式	投稿地址
《艺术生活》	Email 投稿	邮箱:artlife001@163.com
《西部广播电视》	Email 投稿	邮箱:xbgbdstg@163.com
《新闻传播》	Email 投稿	邮箱:xwcbe@163.net
《采写编》	Email 投稿	邮箱:cxbbjbgw@163.com
《新闻前哨》	Email 投稿	邮箱:xwqs@cnhubei.com
《广告大观》	在线投稿	http://www.chinaqkingbjb.com
《写作》	Email 投稿	邮箱:writing@whu.edu.cn
《湖南大众传媒职业技术学院学报》	Email 投稿	邮箱:dzcmxb8582@126.com
《东南传播》	Email 投稿	邮箱:dncbtougao@163.com
《现代交际》	Email 投稿	邮箱:xiandaijiaoji01@163.com
《新闻研究导刊》	Email 投稿	邮箱:xwyjdk@vip.163.com
《爱写作》	Email 投稿	邮箱:aixiezuo2023@163.com
《传媒论坛》	Email 投稿	邮箱:shq-803@163.com
《文化与传播》	Email 投稿	邮箱:wenhuayuchuanbo@126.com
《视听界》	Email 投稿	邮箱:shitingjie@sina.com
《新闻知识》	Email 投稿	邮箱:xinwenzhishi@126.com
《今传媒》	Email 投稿	邮箱:jcmxsb@126.com
《戏剧文学》	Email 投稿	邮箱:xjwxzzs@163.com
《海河传媒》	Email 投稿	邮箱:haihechuanmei@163.com

五、其他学术期刊和辑刊投稿方式

刊物名称	投稿方式	投稿地址
《国外社会科学》	Email 投稿	邮箱:ssaj@cass.org.cn
《江海学刊》	Email 投稿	邮箱:jhxk@jsass.org.cn
《英语研究》	Email 投稿	邮箱:yyyjbjb@163.com
《数字人文》	Email 投稿	邮箱:dh2020@tsinghua.edu.cn
《广东党史与文献研究》	Email 投稿	邮箱:gdds@163.com
《湖北美术学院学报》	Email 投稿	邮箱:hbmsxyxb@163.com

续表

刊物名称	投稿方式	投稿地址
《法律与社会科学》	Email 投稿	邮箱：lass@ideobook.com
《南宁师范大学学报（哲学社会科学版）》	Email 投稿	邮箱：xb@nnnu.edu.cn
《南昌航空大学学报（社会科学版）》	Email 投稿	邮箱：xbsk@nchu.edu.cn
《北京青年研究》	Email 投稿	邮箱：bjyouthr@bjypc.edu.cn
《天府新论》	Email 投稿	邮箱：tianfuxinlun@163.com
《广东技术师范学院学报》	Email 投稿	邮箱：gjsxbsk@163.com
《创造》	Email 投稿	邮箱：chuangzao1993@163.com
《南京邮电大学学报（社会科学版）》	Email 投稿	邮箱：xbskb@njupt.edu.cn
《昆明学院学报》	Email 投稿	邮箱：kmxyxb@vip.163.com
《天水行政学院学报》	Email 投稿	邮箱：TSXB@chinajournal.net.cn
《徐州工程学院学报》	Email 投稿	邮箱：bjb@xzit.edu.cn xzgcskbjb@126.com
《河南理工大学学报》	Email 投稿	邮箱：zkxb@hpu.edu.cn
《新疆大学学报》	Email 投稿	邮箱：xuebao@xju.edu.cn
《南昌大学学报（人文社会科学版）》	Email 投稿	邮箱：ncds@chinajournal.net.cn
《东北师大学报（哲学社会科学版）》	Email 投稿	邮箱：dswkxb@nenu.edu.cn
《中国社会科学院研究生院学报》	Email 投稿	邮箱：tsyzmzzs@163.com
《北京行政学院学报》	Email 投稿	邮箱：bacjournal@vip.163.com
《求是学刊》	Email 投稿	邮箱：qiushixuekan@163.com
《西北师大学报》	Email 投稿	邮箱：sdxbs@nwnu.edu.cn
《清华大学学报（哲学社会科学）》	Email 投稿	邮箱：skxb@tsinghua.edu.cn
《东北大学学报（社会科学版）》	Email 投稿	邮箱：xbsk@mail.neu.edu.cn
《西安交通大学学报》	Email 投稿	邮箱：xuebao@mail.xjtu.edu.cn
《首都师范大学学报（社会科学版）》	Email 投稿	邮箱：sdsfdxxbbj@163.com
《北京师范大学学报》	Email 投稿	邮箱：wkxb@bnu.edu.cn
《中国人民大学学报》	Email 投稿	邮箱：rdxb@263.net
《中央民族大学学报》	Email 投稿	邮箱：mdxb2013@163.com
《河北大学学报》	Email 投稿	邮箱：xbs@hu.edu.cn
《深圳大学学报（人文社会科学版）》	Email 投稿	邮箱：sdxb@szu.edu.cn
《艺术学研究》	Email 投稿	邮箱：JournalofArtstudies@gmail.com
《澳门理工学报》	Email 投稿	邮箱：xuebao@ipm.edu.mo

续表

刊物名称	投稿方式	投稿地址
《清华学报》	Email 投稿	邮箱：thjour@my.nthu.edu.tw
《管理研究》	Email 投稿	邮箱：guanliyanjiu@163.com
《东华理工大学学报（社会科学版）》	Email 投稿	邮箱：ecitxb@163.com
《世纪桥》	Email 投稿	邮箱：shijiqiao0451@163.com
《犹太研究》	Email 投稿	邮箱：jewishstudies@sdu.edu.cn
《兰州大学学报（社会科学版）》	Email 投稿	邮箱：jss@lzu.edu.cn
《山东社会科学》	Email 投稿	邮箱：sdshkxzzs@vip.sina.com
《吕梁学院学报》	Email 投稿	邮箱：llxyllxk@163.com
《江苏社会科学》	Email 投稿	邮箱：s83321531@163.com
《妇女研究论丛》	Email 投稿	邮箱：luncong@wsic.ac.cn
《妈祖文化研究》	Email 投稿	邮箱：mzwhyjbjb@163.com
《思想政治课教学》	Email 投稿	邮箱：nhyxlw@163.com
《中南法律评论》	Email 投稿	民法、刑法邮箱：znlawcc@163.com 法理、诉讼法、宪法与行政法、国际法、环境保护法、法律史邮箱：znlawzh@163.com 商法、经济法、知识产权法邮箱：znlawip@163.com
《法国研究》	Email 投稿	邮箱：fgyjbjb@aliyun.com
《公共精神》	Email 投稿	邮箱：cuplbjb@163.com
《江海学刊》	Email 投稿	邮箱：jhxk@jsass.org.cn
《北大法律评论》	Email 投稿	邮箱：pkulawrev@gmail.com
《辽宁师范大学学报（社会科学版）》	Email 投稿	邮箱：lsxbwk@lnnu.edu.cn
《西北民族大学学报（哲学社会科学版）》	在线投稿	http://xbmz.chinajournal.net.cn
《文化纵横》	Email 投稿	邮箱：wenhuazongheng@gmail.com
《历史地理研究》	Email 投稿	邮箱：lsdl@fudan.edu.cn
《新疆教育学院学报》	Email 投稿	邮箱：xue_bao8898544@163.com xuebao_8898544@126.com
《中共福建省委党校学报》	Email 投稿	邮箱：zgfjswdxxbbj@163.com
《沈阳大学学报》	Email 投稿	邮箱：sydxxb@163.com
《贺州学院学报》	Email 投稿	邮箱：hzxyxb20082008@163.com wzgz1008@163.com

第五章 部分学术刊物的投稿方式

续表

刊物名称	投稿方式	投稿地址
《丝路百科》	Email 投稿	邮箱：siluqingnianluntan@163.com
《西南林业大学学报(社会科学)》	Email 投稿	邮箱：swfcbjb@vip.163.com
《中国海洋大学学报(社会科学版)》	Email 投稿	邮箱：xbsk@ouc.edu.cn
《地方文化研究》	Email 投稿	邮箱：dfwhyj@126.com
《华人研究国际学报》	Email 投稿	邮箱：diasporicchinese@ntu.edu.sg
《蒙古学研究》	Email 投稿	邮箱：xbbjb@imnc.edu.cn
《近代中国》	Email 投稿	邮箱：jdzg2016@126.com
《中共合肥市委党校学报》	Email 投稿	邮箱：xb1233@126.com
《国家教育行政学院学报》	Email 投稿	邮箱：xuebao@naea.edu.cn
《石家庄学院学报》	Email 投稿	邮箱：sjzxyxb@163.com
《北京交通大学学报(社会科学版)》	Email 投稿	邮箱：bfxbsk@bjtu.edu.cn
《历史研究》	Email 投稿	邮箱：lsyjtg2019@126.com
《历史评论》	Email 投稿	邮箱：historicalreview@126.com
《中国历史研究院集刊》	Email 投稿	邮箱：lsyjyjk@126.com
《中共党史研究》	Email 投稿	邮箱：zszzs@vip.sina.com
《山西师大学报(社会科学版)》	Email 投稿	邮箱：skxb1973@126.com
《南开学报(哲学社会科学版)》	Email 投稿	邮箱：xbb@nankai.edu.cn
《鲁东大学学报(哲学社会科学版)》	Email 投稿	邮箱：ludongxuebaowk@vip.163.com
《广西大学学报(哲学社会科学版)》	Email 投稿	邮箱：xidaxbsh@gxu.edu.cn
《国外社会科学前沿》	Email 投稿	邮箱：gwskqy@sass.org.cn
《浙江师范大学学报(社会科学版)》	Email 投稿	邮箱：xbskb@zjnu.cn
《日本学刊》	Email 投稿	邮箱：rbxk@cass.org.cn
《日本研究集刊》	Email 投稿	邮箱：rbyjjk@126.com
《史原》	Email 投稿	邮箱：shiyuan1970@gmail.com
《江汉学术》	Email 投稿	邮箱：jhxswh@126.com
《上海交通大学学报(哲学社会科学版)》	Email 投稿	邮箱：skxb93@sjtu.edu.cn
《重庆理工大学学报(社会科学)》	Email 投稿	邮箱：cqlgxbsk@vip.cqut.edu.cn
《中国延安干部学院学报》	Email 投稿	邮箱：xuebao8226099@163.com
《渭南师范学院学报》	在线投稿	http://wolf.cbpt.cnki.net/EditorDN/index.aspx? t＝1
《中国社会科学院研究生院学报》	Email 投稿	邮箱：tsyzmzzs@163.com
《世界史研究》	Email 投稿	邮箱：whscass@163.com

第六章 部分学术刊物的投稿要求与格式

一、《中国社会科学》投稿须知

中国社会科学杂志社热诚欢迎海内外作者向《中国社会科学》《中国社会科学内部文稿》和《中国社会科学》(英文版)投稿。为保证学术研究成果的原创性和严谨性,倡导良好的学术风气,敬请作者投稿时注意如下事项。

1. 请登录"中国社会科学网"(http://www.cssn.cn)或"中国社会科学杂志社"(sscp.cssn.cn),点击"中国社会科学杂志社投稿系统"或"投稿系统"进行投稿。

(1) 投稿方法:注册→登录→填写稿件标题→选择稿件类别→点击"保存"→点击"添加WORD""添加图片"或"添加音视频"→点击"保存并投稿"→选择所投刊物及学科并保存。

(2) 注册信息必须真实有效,请按要求填写相关信息,以便联系。

(3) 请在文章正文后面附上作者姓名、学位、职称、工作单位、联系电话、电子邮箱、通信地址及邮政编码等基本信息。

(4) 投稿类别以学科划分为基础,共分为14类:①马克思主义;②哲学、宗教学;③文学、语言、艺术、新闻传播;④中国史、考古学;⑤世界史;⑥经济学;⑦管理学;⑧政治学;⑨国际问题;⑩社会学、民族学、人类学;⑪法学;⑫教育学;⑬英文稿;⑭其他。其中,英文原创性稿件请一律投至"英文稿"类别,供《中国社会科学》(英文版)使用;不包含在1—13类别的稿件,请投至"其他"类。

(5) 所投中文稿件本社默认可以为《中国社会科学》《中国社会科学内部文稿》两刊中的任一刊选用。作者如对所投刊物有特定要求,投稿时请予以说明。

(6) 稿件状态分为四种:"已投稿""审核中""退稿""拟刊用"。其中,稿件处于编审流程中时为"审核中","退稿""拟刊用"则为稿件最终处理结果。

2. 所投稿件须系作者独立研究完成之作品,对他人知识产权有充分尊重,无任何违法、违纪和违反学术道德的内容;文中引文、注释和其他资料,应逐一核对原文,确保准确无误;如使用了转引资料,应实事求是注明转引出处;如使用了外文资料,作者有责任将相关内容及版权页的纸质复印件或 PDF 等格式的电子文件提交给本刊编辑部备查。

3. 投给本社刊物的稿件,应确保未一稿两投或多投,包括未局部改动后投寄其他报刊,且稿件主要观点或基本内容,不得先于我社刊物在其他公开或内部出版物(包括期刊、报纸、专著、论文集、学术网站等)上发表。

4. 本社刊物实行双向匿名专家审稿制度。稿件正文中请勿出现作者个人资讯,行文亦请避免可能透露作者身份的信息。

5. 本社有权对来稿做文字表述及其他技术性修改,来稿审理期限一般不少于 90 个法定工作日。通过初审的稿件,本社将在此期限内向作者寄送"拟用稿通知"或通过电话、电子邮件等通知作者。逾期未接获通知者,可将稿件改投他刊。

6. 稿件一经采用,编辑部即会向作者支付稿酬,寄送样刊,《中国社会科学》《中国社会科学》(英文版)两刊出刊后还会将其编入《中国学术期刊网络出版总库》、CNKI 系列数据库及国家哲学社会科学学术期刊数据平台等数据库,编入数据库的著作权使用费包含在编辑部所付稿酬之中。

7. 本社对所刊登的稿件拥有长期专有使用权。作者如需将在本社刊物所发的文章收入其他公开出版物中发表,须事先征得本社同意,并详细注明该文在本社刊物的原载卷次。作者如就该文接受媒体采访,应事先告知本社,并保证对所发言论负责。作者对此如有异议或有其他特殊要求,请与本社协商。

8. 各刊相关要求

1)《中国社会科学》

(1)《中国社会科学》单篇稿件字数,研究论文、调研报告、学术述评等,一般以 1.5 万—2 万字为宜;专题研究一般以每组 3—5 篇,每篇 8000—10000 字为宜;笔谈文章一般以每组 3—5 篇,每篇 5000—6000 字为宜;讨论与评议等文章,一般以每篇 3000—4000 字为宜。

(2)请提供 300 字以内的中文摘要和 3—5 个关键词。有条件的作者请提供中文摘要和关键词的英文译稿,供编辑参考。

(3)稿件请用 A4 纸格式,正文简体横排,研究论文类稿件宋体小 4 号,36 字×35 行;学术述评、读者评议等稿件 5 号宋体双栏,38 字×40 行;注释请用页下注,注文排 5 号仿宋体,格式请遵照"中国社会科学杂志社关于引文注释的规定"(请见附件)。

2)《中国社会科学内部文稿》

(1)《中国社会科学内部文稿》单篇稿件字数,研究论文、调研报告、学术评论、问题研究、理论探讨、学者视野等,一般以 1.5 万—2 万字为宜。

(2)请提供 300 字以内的中文摘要和 3—5 个关键词。有条件的作者请提供中文摘要和关键词的英文译稿,供编辑参考。

(3)稿件请用 A4 纸格式,正文简体横排,研究论文类稿件宋体小 4 号,40 字×36 行;学术述评、读者评议等稿件 5 号宋体双栏,38 字×40 行;注释请用页下注,注文排小 5 号宋体,格式请遵照"中国社会科学杂志社关于引文注释的规定"(请见附件)。

3)《中国社会科学》(英文版)

(1)《中国社会科学》(英文版)投稿类别请选"英文稿"。部分英文投稿视稿件内容,可能会需要同时提交稿件的中译稿,以便编辑部审阅。

(2)《中国社会科学》(英文版)单篇稿件字数,请控制在 8000 单词(英文)左右。稿件请用 A4 纸格式,小四号字横排。

9. 本须知自 2014 年 9 月 1 日起生效,并由中国社会科学杂志社负责解释。

稿件查询电话:(010)85885165　　技术咨询电话:(010)85886562

附件:中国社会科学杂志社关于引文注释的规定

为便于学术交流和推进本社期刊编辑工作的规范化,在研究和借鉴其他人文社会科学学术期刊注释规定的基础上,我们对原有引文注释规范进行了补充和完善,特制定新的规定。本规定适用于《中国社会科学》《历史研究》和《中国社会科学内部文稿》。

一、注释体例及标注位置

文献引证方式采用注释体例。

注释放置于当页下(脚注)。注释序号用①,②……标识,每页单独排序。正文中的注释序号统一置于包含引文的句子(有时候也可能是词或词组)或段落标点符号之后。

二、注释的标注格式

(一)非连续出版物

1. 著作

标注顺序:责任者与责任方式/文献题名/出版地点/出版者/出版时间/页码。

责任方式为著时,"著"可省略,其他责任方式不可省略。

引用翻译著作时,将译者作为第二责任者置于文献题名之后。引用《马克思恩格斯全集》《列宁全集》等经典著作应使用最新版本。

示例。

赵景深:《文坛忆旧》,上海:北新书局,1948 年,第 43 页。

谢兴尧整理:《荣庆日记》,西安:西北大学出版社,1986 年,第 175 页。

蒋大兴:《公司法的展开与评判——方法・判例・制度》,北京:法律出版社,2001 年,第 3 页。

任继愈主编:《中国哲学发展史(先秦卷)》,北京:人民出版社,1983 年,第 25 页。

实藤惠秀:《中国人留学日本史》,谭汝谦、林启彦译,香港:中文大学出版社,1982 年,第 11—12 页。

金冲及主编:《周恩来传》,北京:人民出版社、中央文献出版社,1989 年,第 9 页。

佚名:《晚清洋务运动事类汇钞五十七种》上册,北京:全国图书馆文献缩微复制中心,1998 年,第 56 页。

狄葆贤:《平等阁笔记》,上海:有正书局,出版时间不详,第 8 页。

《马克思恩格斯全集》第 31 卷,北京:人民出版社,1998 年,第 46 页。

2. 析出文献

标注顺序:责任者/析出文献题名/文集责任者与责任方式/文集题名/出版地点/出版者/出版时间/页码。

文集责任者与析出文献责任者相同时,可省去文集责任者。

示例。

杜威·佛克马:《走向新世界主义》,王宁、薛晓源编:《全球化与后殖民批评》,北京:中央编译出版社,1999 年,第 247—266 页。

鲁迅:《中国小说的历史的变迁》,《鲁迅全集》第 9 册,北京:人民文学出版社,1981 年,第 325 页。

唐振常:《师承与变法》,《识史集》,上海:上海古籍出版社,1997 年,第 65 页。

3. 著作、文集的序言、引论、前言、后记

(1) 序言、前言作者与著作、文集责任者相同。

示例。

李鹏程:《当代文化哲学沉思》,北京:人民出版社,1994 年,"序言",第 1 页。

(2) 序言有单独的标题,可作为析出文献来标注。

示例。

楼适夷:《读家书,想傅雷(代序)》,傅敏编:《傅雷家书》(增补本),北京:三联书店,1988 年,第 2 页。

黄仁宇:《为什么称为"中国大历史"?——中文版自序》,《中国大历史》,北京:三联书店,1997 年,第 2 页。

(3) 责任者层次关系复杂时,可以通过叙述表明对序言的引证。为了表述紧凑和语气连贯,责任者与文献题名之间的冒号可省去,出版信息可括注起来。

示例:

见戴逸为北京市宣武区档案馆编、王灿炽纂《北京安徽会馆志稿》(北京:北京燕山出版社,2001 年)所作的序,第 2 页。

4. 古籍

1) 刻本

标注顺序:责任者与责任方式/文献题名/卷次、篇名、部类(选项)/版本、页码。部类名及篇名用书名号表示,其中不同层次可用中圆点隔开,原序号仍用汉字数字,下同。页码应注明 a、b 面。

示例。

姚际恒:《古今伪书考》卷 3,光绪三年苏州文学山房活字本,第 9 页 a。

2) 点校本、整理本

标注顺序:

责任者与责任方式/文献题名/卷次、篇名、部类(选项)/出版地点/出版者/出版时间/页码。可在出版时间后注明"标点本""整理本"等。

示例。

毛祥麟：《墨余录》，上海：上海古籍出版社，1985年，第35页。

3）影印本

标注顺序：

责任者与责任方式／文献题名／卷次、篇名、部类（选项）／出版地点／出版者／出版时间／（影印）页码。可在出版时间后注明"影印本"。为便于读者查找，缩印的古籍，引用页码还可标明上、中、下栏（选项）。

示例。

杨钟羲：《雪桥诗话续集》卷5，沈阳：辽沈书社，1991年影印本，上册，第461页下栏。

《太平御览》卷690《服章部七》引《魏台访议》，北京：中华书局，1985年影印本，第3册，第3080页下栏。

4）析出文献

标注顺序：责任者／析出文献题名／文集责任者与责任方式／文集题名／卷次／丛书项（选项，丛书名用书名号）／版本或出版信息／页码。

示例。

管志道：《答屠仪部赤水丈书》，《续问辨牍》卷2，《四库全书存目丛书》，济南：齐鲁书社，1997年影印本，子部，第88册，第73页。

5）地方志

唐宋时期的地方志多系私人著作，可标注作者；明清以后的地方志一般不标注作者，书名前冠以修纂成书时的年代（年号）；民国地方志，在书名前冠加"民国"二字。新影印（缩印）的地方志可采用新页码。

示例。

乾隆《嘉定县志》卷12《风俗》，第7页b。

民国《上海县续志》卷1《疆域》，第10页b。

万历《广东通志》卷15《郡县志二·广州府·城池》，《稀见中国地方志汇刊》，北京：中国书店，1992年影印本，第42册，第367页。

6）常用基本典籍

官修大型典籍以及书名中含有作者姓名的文集可不标注作者，如《论语》、二十四史、《资治通鉴》、《全唐文》、《册府元龟》、《清实录》、《四库全书总目提要》、《陶渊明集》等。

示例。

《旧唐书》卷9《玄宗纪下》，北京：中华书局，1975年标点本，第233页。

《方苞集》卷6《答程夔州书》，上海：上海古籍出版社，1983年标点本，上册，第166页。

7）编年体典籍

如需要，可注出文字所属之年月甲子（日）。

示例。

《清德宗实录》卷 435,光绪二十四年十二月上,北京:中华书局,1987 年影印本,第 6 册,第 727 页。

(二) 连续出版物

1. 期刊

标注顺序:责任者/文献题名/期刊名/年期(或卷期,出版年月)。

刊名与其他期刊相同,也可括注出版地点,附于刊名后,以示区别;同一种期刊有两个以上的版别时,引用时须注明版别。

示例。

何龄修:《读顾诚〈南明史〉》,《中国史研究》1998 年第 3 期。

汪疑今:《江苏的小农及其副业》,《中国经济》第 4 卷第 6 期,1936 年 6 月 15 日。

魏丽英:《论近代西北人口波动的主要原因》,《社会科学》(兰州)1990 年第 6 期。

费成康:《葡萄牙人如何进入澳门问题辨正》,《社会科学》(上海)1999 年第 9 期。

董一沙:《回忆父亲董希文》,《传记文学》(北京)2001 年第 3 期。

李济:《创办史语所与支持安阳考古工作的贡献》,《传记文学》(台北)第 28 卷第 1 期,1976 年 1 月。

黄义豪:《评黄龟年四劾秦桧》,《福建论坛》(文史哲版)1997 年第 3 期。

苏振芳:《新加坡推行儒家伦理道德教育的社会学思考》,《福建论坛》(经济社会版)1996 年第 3 期。

叶明勇:《英国议会圈地及其影响》,《武汉大学学报》(人文科学版)2001 年第 2 期。

倪素香:《德育学科的比较研究与理论探索》,《武汉大学学报》(社会科学版)2002 年第 4 期。

2. 报纸

标注顺序:责任者/篇名/报纸名称/出版年月日/版次。

早期中文报纸无版次,可标识卷册、时间或栏目及页码(选注项)。同名报纸应标示出版地点以示区别。

示例。

李眉:《李劼人轶事》,《四川工人日报》1986 年 8 月 22 日,第 2 版。

伤心人(麦孟华):《说奴隶》,《清议报》第 69 册,光绪二十六年十一月二十一日,第 1 页。

《四川会议厅暂行章程》,《广益丛报》第 8 年第 19 期,1910 年 9 月 3 日,"新章",第 1—2 页。

《上海各路商界总联合会致外交部电》,《民国日报》(上海)1925 年 8 月 14 日,第 4 版。

《西南中委反对在宁召开五全会》,《民国日报》(广州)1933 年 8 月 11 日,第 1 张第 4 版。

(三) 未刊文献

1. 学位论文、会议论文等

标注顺序:责任者/文献标题/论文性质/地点或学校/文献形成时间/页码。

示例。

方明东:《罗隆基政治思想研究(1913—1949)》,博士学位论文,北京师范大学历史系,2000年,第67页。

任东来:《对国际体制和国际制度的理解和翻译》,全球化与亚太区域化国际研讨会论文,天津,2000年6月,第9页。

2. 手稿、档案文献

标注顺序:文献标题/文献形成时间/卷宗号或其他编号/收藏机构或单位。

示例。

《傅良佐致国务院电》,1917年9月15日,北洋档案1011—5961,中国第二历史档案馆藏。

《党外人士座谈会记录》,1950年7月,李劼人档案,中共四川省委统战部档案室藏。

(四) 转引文献

无法直接引用的文献,转引自他人著作时,须标明。标注顺序:责任者/原文献题名/原文献版本信息/原页码(或卷期)/转引文献责任者/转引文献题名/版本信息/页码。

示例。

章太炎:《在长沙晨光学校演说》,1925年10月,转引自汤志钧:《章太炎年谱长编》下册,北京:中华书局,1979年,第823页。

(五) 电子文献

电子文献包括以数码方式记录的所有文献(含以胶片、磁带等介质记录的电影、录像、录音等音像文献)。

标注项目与顺序:责任者/电子文献题名/更新或修改日期/获取和访问路径/引用日期。

示例。

王明亮:《关于中国学术期刊标准化数据库系统工程的进展》,1998年8月16日,http://www.cajcd.cn/pub/wml.txt/980810-2.html,1998年10月4日。

扬之水:《两宋茶诗与茶事》,《文学遗产通讯》(网络版试刊)2006年第1期,http://www.literature.org.cn/Article.asp?ID=199,2007年9月13日。

(六) 外文文献

引证外文文献,原则上使用该语种通行的引证标注方式。

本规范仅列举英文文献的标注方式如下。

1. 专著

标注顺序：责任者与责任方式／文献题名／出版地点／出版者／出版时间／页码。文献题名用斜体，出版地点后用英文冒号，其余各标注项目之间，用英文逗点隔开，下同。

示例：

Peter Brooks，*Troubling Confessions：Speaking Guilt in Law and Literature*，Chicago：University of Chicago Press，2000，p.48.

Randolph Starn and Loren Partridge，*The Arts of Power：Three Halls of State in Italy，1300—1600*，Berkeley：California University Press，1992，pp.19-28.

2. 译著

标注顺序：责任者／文献题名／译者／出版地点／出版者／出版时间／页码。

示例：

M.Polo，*The Travels of Marco Polo*，trans. William Marsden，Hertfordshire：Cumberland House，1997，pp.55，88.

3. 期刊析出文献

标注顺序：责任者／析出文献题名／期刊名／卷册及出版时间／页码。析出文献题名用英文引号标识，期刊名用斜体，下同。

示例：

Heath B.Chamberlain，"On the Search for Civil Society in China," *Modern China*，vol.19，no.2（April 1993），pp.199-215.

4. 文集析出文献

标注顺序：责任者／析出文献题名／文集题名／编者／出版地点／出版者／出版时间／页码。

示例：

R.S.Schfield，"The Impact of Scarcity and Plenty on Population Change in England," in R.I.Rotberg and T.K.Rabb，eds.，*Hunger and History：The Impact of Changing Food Production and Consumption Pattern on Society*，Cambridge，Mass.：Cambridge University Press，1983，p.79.

5. 档案文献

标注顺序：文献标题／文献形成时间／卷宗号或其他编号／藏所。

Nixon to Kissinger，February 1，1969，Box 1032，NSC Files，Nixon Presidential Material Project（NPMP），National Archives II，College Park，MD.

三、其他

1. 再次引证时的项目简化

同一文献再次引证时只需标注责任者、题名、页码，出版信息可以省略。

示例。

赵景深:《文坛忆旧》,第 24 页。

鲁迅:《中国小说的历史的变迁》,《鲁迅全集》第 9 册,第 326 页。

2. 间接引文的标注

间接引文通常以"参见"或"详见"等引领词引导,反映出与正文行文的呼应,标注时应注出具体参考引证的起止页码或章节。标注项目、顺序与格式同直接引文。

示例。

参见邱陵编著:《书籍装帧艺术简史》,哈尔滨:黑龙江人民出版社,1984 年,第 28—29 页。

详见张树年主编:《张元济年谱》,北京:商务印书馆,1991 年,第 6 章。

3. 引用先秦诸子等常用经典古籍,可使用夹注,夹注应使用不同于正文的字体

示例。

庄子说惠子非常博学,"惠施多方,其书五车。"(《庄子·天下》)

天神所具有道德,也就是"保民""裕民"的道德;天神所具有的道德意志,代表的是人民的意志。这也就是所谓"天聪明自我民聪明,天明畏自我民明畏"(《尚书·皋陶谟》),"民之所欲,天必从之"(《尚书·泰誓》)。

二、《新闻与传播研究》投稿须知

（自 2019 年 1 月起施行）

附件:《新闻与传播研究》来稿格式及引文注释规范(修订版)

本刊系学术研究期刊,开设的主要栏目有"马克思主义新闻学""新闻传播史""新媒体""传媒经济""国际传播""媒介分析"等。热诚欢迎国内外专家学者赐稿。赐稿时,以下规则谨望知悉。

（1）本刊倡导原创,注重首发,拒绝一稿多投。凡赐稿本刊,请注明"专投《新闻与传播研究》"。如发现所赐稿件为一稿多投,本刊三年内将不再选用其作者的任何来稿。

（2）凡赐稿本刊,请遵循《本刊来稿格式及引文注释规范》,详见附件或本刊封三。稿件格式及引文注释是否合规将直接影响稿件的编审进度。

（3）在线投稿时最后一步上传 word 文档,命名格式为:投递日期-作者-文章标题,如:20150512-王某某-论毛泽东的新闻思想。

（4）文稿正文部分应包含以下信息:

①文章标题;②内容提要(不超过 300 字);③3—5 个关键词;④文章的主体内容;⑤注释;⑥英文标题和英文内容提要。注意:此部分不得出现与作者有关的任何信息。

（5）本刊为国家社科基金资助期刊,实行匿名评审制度,编辑流程较长,6 个月内未接到用稿通知,作者可对稿件自行处理。在此期间,如稿件拟作他用,请作者及时通知本刊,否则视同一稿多投。

（6）稿件刊发后，如被转载或获奖，请及时通知本刊责编，以备成果统计之用。

（7）凡经本刊采用的稿件，即视为作者同意授权本刊对其图文作品行使网络传播、图书出版等再使用的权利；本刊支付的稿酬已包含上述再使用的酬金。如不同意此项约定，请来稿时注明。

（8）本刊保留依著作权法获享的所有权利。未经本刊书面许可，任何机构和个人不得以任何形式对本刊进行翻印、网络转载或其他形式的传播，违者将依法究责。

（9）本刊不以任何形式收取版面费。如发现有违此项规定的行为，请向全国哲学社会科学规划办公室举报，举报电话：010-63094651。

一、来稿格式规范

（一）投稿要求

本刊实行网上投稿，在线投稿系统网址为：www.xwycbyj.org。

（二）正文部分注意事项

（1）Word 文件格式，正文按每行 36 字排版。
（2）文中图表原则上不跨页。
（3）文字如无特殊需要，不用繁体字。
（4）标点符号及数字的用法一律遵照国家标准。
（5）文中如出现外国人名，第一次出现时需译成汉语，用括号标注外文原名，以后出现时直接用汉译人名。
（6）文中一级标题、二级标题、三级标题、四级标题的序号用"一、……""（一）……""1.……""（1）……"标示。
（7）论文如系资助项目，在文末说明。多个资助来源的，只选一项。
（8）因匿名评审需要，正文部分不得出现与作者有关的任何信息。

二、引文注释规范

（一）注释体例及标注位置

本刊文献引证方式采用注释体例。注释放置于页下，即脚注。注释序号用[1]、[2]、[3]……标识，每页独立排序。正文中的注释序号统一置于包含引文的句子（有时候也可能是词或词组）或段落标点符号之后的右上角。

（二）注释的标注格式

1. 非连续出版物

（1）著作。
标注顺序及标点符号如下。
责任者与责任方式：《文献题名》，出版地点：出版者，出版时间，页码。

责任方式为著时,"著"可省略,其他责任方式(如"编""编著""主编""整理"等)不可省略。引用翻译著作时,将译者作为第二责任者置于文献题名之后,译者前用逗号,如有两个或以上译者,译者名字间用顿号隔开。

示例。

邹韬奋:《小言论》,北京:商务印书馆,2012年,第34页。

方汉奇主编:《中国新闻事业通史》第1卷,北京:中国人民大学出版社,1996年,第73-74页。

〔美〕威尔伯·施拉姆、威廉·波特:《传播学概论》,陈亮、周立方、李启译,北京:新华出版社,1984年,第135-136页。

(2)析出文献。

标注顺序及标点符号如下。

责任者:《析出文献题名》,文集责任者与责任方式:《文集题名》,出版地点:出版者,出版时间,页码。

文集责任者与析出文献责任者相同时,可省去文集责任者。

示例。

郝晓鸣:《新闻学理论》,鲁曙明、洪浚浩主编:《传播学》,北京:中国人民大学出版社,2007年,第1-29页。

范长江:《青年记者学会组织的必要和前途》,《范长江新闻文集》下卷,北京:新华出版社,2001年,第788页。

孙中山:《对粤报记者的演说》,《孙中山全集》第2卷,北京:中华书局,1982年,第348页。

(3)著作、文集的序言、引论、前言、后记、附录。

示例。

戈公振:《附录:英京读书记》,《中国报学史》,北京:生活·读书·新知三联书店,1955年,第365页。

蔡元培:《蔡序》,徐宝璜:《新闻学》,北京:中国人民大学出版社,1994年,第5-6页。

(4)古籍。

标注顺序及标点符号如下。

责任者与责任方式:《文献题名》(卷次、篇名、部类)(选项),版本,页码。

示例。

文秉:《烈皇小识》卷六,神州国光社1946年版,第90页。

陶宗仪:《辍耕录》,北京:中华书局,1959年,第425页。

常用基本典籍,官修大型典籍以及书名中含有作者姓名的文集可不标注作者,如《论语》、二十四史、《资治通鉴》、《全唐文》、《册府元龟》、《清实录》、《四库全书总目提要》、《陶渊明集》等。编年体典籍,如需要,可注出文字所属之年月甲子(日)。

2. 连续出版物

(1)期刊。

标注顺序及标点符号如下。

责任者:《文献题名》,《期刊名》年期(或卷期,出版年月),析出文献页码。

刊名与其他期刊相同,也可括注出版地点,附于刊名后,以示区别;同一种期刊有两个以上的版别时,引用时须注明版别;境外期刊须标注出版地点。

示例。

〔美〕马克·利维:《新闻与传播:走向网络空间的时代》,《新闻与传播研究》1997年第1期,第8-15页。

潘忠党:《架构分析:一个亟需理论澄清的领域》,《传播与社会学刊》(香港)2006年第1期,第17-46页。

(2) 报纸

标注顺序及标点符号如下。

责任者:《篇名》,《报纸名称》出版年月日,版次。

早期中文报纸无版次,可标识卷册、时间或栏目及页码(选注项)。同名报纸应标示出版地点以示区别。

示例。

梁启超:《论报馆有益于国事》,《时务报》1896年8月9日创刊号。

《上海各路商界总联合会致外交部电》,《民国日报》(上海)1925年8月14日,第4版。

3. 未刊文献

(1) 学位论文、会议论文等。

标注顺序及标点符号如下。

责任者:《文献标题》,论文性质,地点或学校,文献形成时间,页码。

示例。

张琪:《草根媒体:社会转型中的族群身份认同——对贵州西部方言苗语影像的案例研究》,博士学位论文,中国社会科学院研究生院,2012年,第67页。

(2) 手稿、档案文献。

标注顺序及标点符号如下。

《文献标题》,文献形成时间,卷宗号或其他编号,藏所。

示例。

《管理申报新闻报办法》,1945年9月19日,档号6.3/19.10—2,国民党党史会藏。

4. 转引文献

无法直接引用的文献,转引自他人著作时,须标明。

标注顺序及标点符号如下。

责任者:《原文献题名》,原文献版本信息,原页码(或卷期),转引文献责任者:《转引文献题名》,版本信息,页码。

示例。

王韬:《弢园述撰》,《循环日报》1874年4月12日,转引自〔新加坡〕卓南生:《中国近代报业发展史》(1815—1874)(增订版),北京:中国社会科学出版社,2002年,第197、

202页。

5. 电子文献

需标明文献原发表时间和引用的日期。

标注顺序及标点符号如下。

责任者:《电子文献题名》,文献原发表时间,获取和访问路径,引用的日期。

示例。

人民网舆情监测室:《2011年新浪政务微博报告》,2011年12月,http://yuqing.people.com.cn/mediafile/201112/13/P201112130915511972128634.pdf,2011年12月25日。

6. 外文文献

引证外文文献,原则上使用该语种通行的引证标注方式。

本规范仅列举英文文献的标注方式如下。

(1) 专著。

标注顺序:责任者与责任方式/文献题名/出版地点/出版者/出版时间/页码。文献题名用斜体,出版地点后用英文冒号,其余各标注项目之间,用英文逗点隔开,下同。

示例。

Joseph T. Klapper, *The Effects of Mass Communication*, New York: Free Press, 1960, p.8.

(2) 译著。

标注顺序:责任者/文献题名/译者/出版地点/出版者/出版时间/页码。

示例。

Bourdieu, Pierre, *Distinction: A social Critique of the Judgement of Taste*, trans. by Richard Nice, London: Routledge & Kegan Paul, 1984, pp.55, 88.

(3) 期刊析出文献。

标注顺序:责任者/析出文献题名/期刊名/卷册及出版时间/页码。析出文献题名用英文引号标识,期刊名用斜体,下同。

示例。

Jensen, K.B. & Rosengren, K.E., "Five traditions in Search of the Audience," *European Journal of Communication*, vol.5, no.2, 1990, pp.207-238.

(4) 文集析出文献。

标注顺序:责任者/析出文献题名/文集题名/编者/出版地点/出版者/出版时间/页码。

示例。

Harold Lasswell, "The Structure and Function of Communication in Society," in Lyman Bryson, eds., *The Communication of Ideas*, New York: reprinted by Cooper Square Publishers Inc., 1964, p.79.

三、《现代传播》投稿须知

（1）来稿要求论点明确、数据可靠、逻辑严密、文字精炼，每篇论文必须包括题目、作者姓名、作者单位、单位所在地及邮政编码、摘要和关键词、正文、参考文献和第一作者及通讯作者简介（包括姓名、性别、职称、出生年月、所获学位、目前主要从事的工作和研究方向），在文稿的首页地脚处注明论文属何项目、何基金（编号）资助，没有的不注明。

（2）论文摘要尽量写成报道性文摘，包括目的、方法、结果、结论4方面内容（200字左右），应具有独立性与自含性，关键词选择贴近文义的规范性单词或组合词（3~5个）。

（3）文稿篇幅（含图表）一般不超过12000字，一个版面1800—2000字内。文中量和单位的使用请参照中华人民共和国法定计量单位最新标准。外文字符必须分清大、小写，正、斜体，黑、白体，上下角标应区别明显。

（4）文中的图、表应有自明性。图片一般不超过5幅，图像要清晰，层次要分明。

（5）注释的著录格式采用顺序编码制，请按文中出现的先后顺序编号。所引文献必须是作者直接阅读参考过的、或直接引用的文献。

（6）来稿勿一稿多投。如果3个月内没有收到拟用稿通知（特别需要者可寄送纸质录用通知），则请与本部联系确认。

（7）来稿文责自负。所有作者应对稿件内容和署名无异议，稿件内容不得抄袭或重复发表。对来稿有权做技术性和文字性修改。

四、《国际新闻界》投稿须知与格式规范

《国际新闻界》(Chinese Journal of Journalism & Communication, CJJC)是由教育部主管、中国人民大学主办的新闻传播学综合性学术月刊，致力于学术的自由探讨与研究的创新，促进国际学术交流，是新闻传播学科唯一的国家社科基金首批资助期刊、全国中文核心期刊、全国新闻核心期刊、中文社会科学引文索引（CSSCI）来源期刊之一。本刊实行同行专家匿名评审制度，诚邀国内外作者登录本刊在线投稿系统（http://cjjc.ruc.edu.cn）投稿。

一、稿件类别

（1）研究论文：论文（含本刊公开征集的话题稿）以中文或英文写作，2万字以内（包括中英文摘要、关键词、注释、参考文献、表格、图片等）。

（2）译稿：译稿1万字以内。若原文篇幅较长，译者可经作者同意后摘译。译稿要

附上版权人的授权证明(如对方的电子邮件回复截图、授权书传真等)。

(3) 书评:书评6千字以内,限于对三年以内出版的中外文新闻传播学类书籍的评述。书评中要有书籍的出版信息,包括作者、书名、出版时间、地点、出版社、页数、价格、统一书号,此类信息若是中文,要译为英文。

(4) 访谈:针对国内外新闻传播领域的重要问题对知名学者的访谈,字数2万字以内。需要附上被访谈者的学术简介,以及被访谈者的知情证明(如对方的电子邮件回复截图、授权书等)。

二、审稿程序

(1) 投稿:作者按网站要求注册后,通过在线投稿系统投稿,请勿将稿件发给编委和编辑部任何个人或以其他方式投稿,以免耽误审稿。

(2) 为了保证匿名评审的公正,稿件正文word文档的文件名和内容中都不能出现任何表明作者身份的信息;否则将被直接退稿。

(3) 审稿:①来稿上传后,将由编辑部初审;若适合本刊,则以双匿名形式分发给两位审稿人进行同行评议。作者可以通过投稿系统查询审稿进度,发现退稿提示,请另投他刊。②若审稿人提出修改意见,请作者参照修改后上传修改稿及答辩说明。若两位审稿人意见相左,本刊将请第三位审稿专家评审,并由编委会决定评审意见。如若作者2个月内未上传修改稿,将被视为自行放弃投稿。

(4) 录用:来稿在审稿人"推荐刊用"后,将由栏目主持、责任编辑、编辑部主任、主编助理依次再度编审,执行主编终审,全部通过后,本刊将择期发表。

(5) 稿件在修改期间,请作者以word文档的修订模式进行修改,在上传的修改稿中保留修改痕迹,并另附修改说明。

(6) 由于审稿资源与版面空间有限,同时为了避免作者稿件在本刊积压无法按时发表,特对投稿须知做如下补充规定:没有稿件在评审之中的作者,一次只能投一篇稿件;作者在前一篇稿件审稿结束前不要再投新的稿件。如违反规定,该作者在投稿系统中所投稿件均将做退稿处理。

三、注意事项

(1) 投稿者须按照本刊的论文格式规范写作(见后),格式不符者做退稿处理。

(2) 无论审稿中还是刊发后,论文一旦被确认抄袭、剽窃,本刊将在五年内拒绝该文作者的投稿,并在本刊及网站发布公告,冻结其注册账号。发现一稿多投,则在三年内拒绝该文作者的投稿。

(3) 稿件发表后,版权即属于本刊编辑部所有(包括网络数字版权)。本刊注重原创首发,包括但不限于微信公众号、微博以及各网站等数字形式的首发权利。未经本刊书面许可,任何机构和个人不得以任何形式对本刊进行翻印、网络转载或其他形式的传播。此外,作者如果通过网络其他途径发布的文章与刊登在本刊的文章有所不同,须在显著位置注明在《国际新闻界》正式刊载文章基础上有修改。

(4) 本刊不收取任何形式的版面费。稿件发表后,作者将获赠当期刊物。

(5) 投稿内容及文中所使用的人物称谓须符合国家相关法律法规。
(6) 本刊原则上不接收翻译类稿件。

四、格式规范

本刊从 2018 年第 1 期开始使用以下新版格式规范,请作者投稿时予以参照。为了保证匿名评审的公正,稿件正文 word 文档的文件名和内容中都不能出现任何表明作者身份的信息;否则将被直接退稿。本刊在美国心理学会(APA)标准的基础上制定了关于正文、注释、引文和参考文献的格式规范。

第一部分 标题、摘要和关键词

中文标题:副标题(左对齐,主标题黑体小 3 号字,副标题黑体小 4 号字,之间用冒号或破折号相隔,不宜超过 20 字)

作者姓名(左对齐,黑体小 4 号字)

摘要("摘要"二字左对齐,黑体 5 号字)

　　□□□□□□□(宋体 5 号字,篇幅 200—300 字,**摘要质量直接影响论文的被引用率,请作者高度重视。**)

关键词("关键词"三字左对齐,黑体 5 号字)

　　□□□□、□□□□、□□、□□□(宋体 5 号字,3—5 个,之间用顿号分隔。**关键词尽量不要与标题重复**)

作者简介("作者简介"四字左对齐,黑体 5 号字)

　　□□□□(宋体 5 号字,注明作者的姓名、任职机构、职称、邮箱,比如:黄旦,复旦大学新闻学院教授,电子邮箱:□□□。)

English Title(左对齐,Times New Roman 小 3 号加粗;副标题 Times New Roman 小 4 号字,之间用冒号相隔。)

Author's name(左对齐,Times New Roman 小 4 号字,英文姓氏要全部大写,名字首字母大写,如:LIU Hailong。)

Abstract(左对齐,Times New Roman 5 号字加粗)

　　□□□□□□□□(Times New Roman 5 号字)

Keywords(左对齐,Times New Roman 5 号字加粗)

　　□□□□,□□,□□□(Times New Roman 5 号字,之间用半角逗号分隔;专有名词和第一个单词的首字母大写,其他均为小写)

Author(多位作者则为 **Authors**)(左对齐,Times New Roman 5 号字加粗)

　　□□(Times New Roman 5 号字,参考中文简介翻译,如:Huang Dan is a professor of School of Journalism and Communication, Fudan University of China. Email:□□□.

【说明 1】如稿件为英文论文,务必要有对应的中文标题、作者、摘要、关键词等信息;顺序为英文在前,中文在后。

【说明 2】如稿件为书评,在正文开头添加"书籍信息";如稿件为访谈,在正文开头

添加"被访谈者学术简介",如:

书籍信息(左对齐,黑体 5 号字)

《传播的观念》,陈卫星著。北京:人民出版社,2004 年,349 页,ISBN:9787010041421,29 元。

被访谈者学术简介(左对齐,黑体 5 号字)

克利福德·G.克里斯琴斯(Clifford G.Christians)是美国伊利诺伊大学香槟分校传播学研究教授、新闻学教授及媒介研究荣休教授。他长期担任香槟分校传播研究所(ICR)所长和传播学博士项目负责人。克里斯琴斯教授是国际知名媒介伦理学者,其研究专长为传播伦理、技术哲学等。他与几位学者合著的教材《媒介伦理:案例与道德推理》被广泛使用。他最近出版的著作还有《公共传播伦理》《媒介规范理论》和《跨文化世界中的传播理论》等。

第二部分 正文

一、标题与字体

(1) 标题一般为三级以内,一级小标题表示为"一、……",二级小标题为"(一)……",三级小标题为"1.……"(阿拉伯数字序号后标点为".",而非"、")。

(2) 一级小标题为黑体小 4 号字;注释和参考文献为宋体小 5 号字;一级小标题以外次级标题及正文均为宋体 5 号字,每段首行缩进 2 字符。英文字号同中文,字体为 Times New Roman。

二、内容

(1) 引用外国人名、外文书籍等材料时,可以直接使用外文姓名全称;如使用中文译名,需在首次引用时附括号注明其外文姓名全称。

(2) 正文中专业术语的中英文对照时括号中的英文为小写,如"要旨(gist)"。

(3) 稿件中的图示若是彩色,请务必转换为灰度,转换时以可清晰辨识为准。

三、标点

(1) 正文标点全部为中文全角输入;

(2) 带有引号、书名号的并列成分之间不需要顿号;

(3) 图表格式的标题位置:图表标题在表格上方,图片标题在图片下方,居中,用冒号标注,如"图 1:""表 1:";图表与图片标题黑体、五号字,表格与图片内文字宋体、小五号字。

四、引文

(1) 正文中的引文(直接引述与间接引述)采用文中夹注形式,基本格式为"(作者,出版年代:页码),如【……黄旦(2017)。或【……"黄旦(2017:45)】。

引文如为著作,夹注中务必交代具体的引用页码,但是文后的参考文献信息中不必交代页码;引文如为期刊,夹注中不必交代页码,但是文后的参考文献信息中务必交代发表期刊的页码范围。

(2) 若引文超过4行,则上下各空一行,独立成段,无需引号,悬挂缩进2字符,段首缩进两字符,五号楷体字。

(3) 同一作者同一年的多个文献用 a、b 等区分,如(陈卫星,2016a)(陈卫星,2016b)。

(4) 如引注为译作,夹注中需加上原出版年份,且原出版年份在前,译作年份在后,如【利奥塔尔(1979/1997)】。

(5) 如引文作者超过六位,可只标注第一作者,其姓名后标注"等"(英文用"et al.")。

第三部分 注释与参考文献

(一) 注释(Note / Notes)("注释"黑体五号字,"**Note/Notes**"Time News Roman,五号字,加粗。)

注释采用文后尾注形式,全部顶格,在文中需要说明的文字处插入尾注(依次上标阿拉伯数字序号[1]),文章末尾序号1对应的文字即为该处注释的内容。

(二) 参考文献(Reference / References)("参考文献"黑体五号字,"**Reference / References**"Times New Roman,五号字,加粗。)

(1) 参考文献如超过一行,从第二行开始悬挂缩进两字符。

(2) 参考文献指按顺序列出正文和注释曾引用的文献,不同语言文献排序为:中文文献(包含外文文献中文版)在前、外文文献在后。中文和外文文献作者均以姓氏拼音字母为序(作者不详或机构作者时,以其英译首字母排序)。

(3) 中文参考文献用中文全角,英文参考文献用英文半角,**中文参考文献无须译成英文**。

(4) 同一作者的文献,按出版年份先后顺序排列;若出自同一年代,在年代后加注 a、b、c 区分,如:陈卫星(2016a)、陈卫星(2016b)。

(5) 如果是报刊上的文章,没有具体作者,可以用报刊名称作为作者。

(6) 具体范例如下。

期刊论文
黄旦(2015)。新报刊(媒介)史书写:范式的变更。《新闻与传播研究》,(12),5-19。
杨国斌(2017)。情之殇:网络情感动员的文明进程。《传播与社会学刊》(香港),(40),
　　75-104。(境外中文期刊文章中附小括号注明出版地。)
McCombs,M.E.& Shaw,D.L.(1972).The agenda setting function of the mass media. *Public Opinion Quarterly*,36 (2),176-187.(英文期刊的卷号用斜体)

会议论文
黄旦(2014年7月)。在"书"与"刊"之间:发明中国现代报刊。"全球化时代中西方媒体文化比较研究"会议论文。北京。

Peters, J. D. (2011, March). *Two cheers for technological determinism*. Paper presented at Conference on Media Histories: Epistemology, Materiality, Temporality. New York.

书籍

陈卫星(2004)。《传播的观念》。北京：人民出版社。

Silverstone, R. (1994). Television and everyday life. London, UK: Routledge.（英文期刊文章中，美国出版地要列出城市与州名简称，美国以外的地区要注明国名）

奥平康弘(1997)。《ジャーナリズムと法》。东京：新世社。（非英文的外文著作样式，直接使用原文字。）

书籍章节

张咏，李金铨(2008)。密苏里新闻教育模式在现代中国的移植——兼论帝国使命：美国实用主义与中国现代化。载李金铨(主编)，《文人论政——知识分子与报刊》(第281-309页)。桂林：广西师范大学出版社。（引用书籍章节时，须析出文章页码）

Carey, J. W. (1999). Innis "in" Chicago: hope as the sire of discovery. In Acland, C. R. & Buxton, W. J. (Eds.). *Harold Innis in the new century: Reflections and refractions* (pp. 81-104). Montreal, CA: McGill-Queen's University Press.（引用书籍章节时，须析出文章页码）

Szablewicz, M. (2015). The "losers" of China's Internet: memes as "structure of feeling" for disillusioned young netizens. In Yang, G. (Ed.). *China Contested Internet*. Copenhagen K, DK: NIAS Pres.

编著

李金铨(主编)(2008)。《文人论政——知识分子与报刊》。桂林：广西师范大学出版社。

Acland, C. R. & Buxton, W. J. (Eds.). *Harold Innis in the new century: Reflections and refractions*. Montreal, CA: McGill-Queen's University Press.（六位以上作者的文献，只保留第一位作者姓名，后面标注"等"，英译为"et al."；六位及六位以下作者要标注全部作者姓名。）

译著

丹尼斯·麦奎尔，斯文·温德尔(1982/2008)。《大众传播模式论》(祝建华译)(第2版)。上海：上海译文出版社。

Nora, P. (1893/1996). *Realms of memory: Conflicts and divisions* (vol.1). (Goldhammer, A. Trans.). New York, NY: Columbia University Press.

学位论文

王维佳(2009)。《作为劳动的传播：我国新闻工作者的劳动状况研究》。北京大学新闻与传播学院博士论文。北京。

Peters, B. (2010). *From Cybernetics to Cyber Networks: Norbert Wiener, the Soviet Internet, and the Cold War Dawn of Information Universalism*. PhD dissertation, Columbia University, New York.

报纸

李松(2012年01月10日)。乌坎事件折射出什么?《人民日报》,A17。

南方周末(2008年3月8日)。公民新闻与新闻专业主义。《南方周末》,B17。(报纸文章样式。若无个人作者,可用报刊名称代替。)

Ronson, J. (2015). How one stupid tweet blew up Justine Sacco's life. *New York Times*, A12.

杂志

吕新雨(2006)。《仪式、电视与意识形态》。《读书》,(8),121-130。

The Economist (2017, Novermber). Traffcking women: Fear on the border. The Economist, (4), 29-30.

网络材料

Edelman(2015)。《中国企业信任度下滑,仍缺乏诚信和互动参与度》。检索于 http://www.edelmangro up.cn/newsDetail34.html。

中国的新闻业与社会转型(时间不详)。检索于 http://www.abcd.com.cn。(网络文献或资料无确切作者、时间时,正文夹注中用文献名第一个词汇"中国"表示作者,参考文献中用文献名表示作者;时间用"时间不详"表示。)

Roberts, M, E. (2014). Fear or friction? How censorship slows the spread of information in the digital age. Retrieved from http://scholar.harvard.edu/files/mroberts/files/fearfriction_0.pdf.

其他格式范例请参照《美国心理学会写作手册(第六版)》(Publication Mannual of the American Psychological Association, sixth edition)。

五、《新闻大学》投稿须知

(一) 基本要求

来稿要求题材新颖、内容真实、论点明确、层次清楚、数据可靠、文句通顺。文章一般不超过5000字。投稿请寄1份打印稿,同时推荐大家通过电子邮件形式投稿。

(二) 文题

文题要准确简明地反映文章内容,一般不宜超过20个字,作者姓名排在文题下。

(三) 作者与单位

文稿作者署名人数一般不超过5人,作者单位不超过3个。第一作者须附简介,包括工作单位、地址、邮编、年龄、性别、民族、学历、职称、职务;其他作者附作者单位、地址和邮编。

(四)摘要和关键词

所有论文均要求有中文摘要和关键词,摘要用第三人称撰写,分目的、方法、结果及结论四部分,完整准确概括文章的实质性内容,以 150 字左右为宜,关键词一般 3～6 个。

(五)标题层次

一级标题用"一、二、……"来标识,二级标题用"(一)、(二)、……"来标识,三级标题用"1.2."来标识,四级标题用"(1)、(2)"来标识。一般不宜超过 4 层。标题行和每段正文首行均空二格。各级标题末尾均不加标点。

(六)计量单位、数字、符号

文稿必须使用法定的计量单位符号。

(七)参考文献

限为作者亲自阅读、公开发表过的文献,只选主要的列入,采用顺序编码制著录,按其文中出现的先后顺序用阿拉伯数字编号,列于文末,并依次将各编号外加方括号置于文中引用处的右上角。书写格式为:作者.文题.刊名年份;年(期):起始页.网上参考材料序号.作者.文题 网址(至子——栏目).上传年月。

为保证本刊的权威性,杜绝任何形式的抄袭稿。稿件文责由作者自负,编辑部有权做必要的修改。文稿在 3 个月内未收到退修或录用通知,作者可自行处理,另投他刊。未被录用的稿件一般不退稿,请自留底稿。

六、《中国学术期刊(光盘版)检索与评价数据规范(修订版)》(节选)

普通图书(包括教材等)、会议论文集、资料汇编、学位论文、报告(包括科研报告、技术报告、调查报告、考察报告等)、参考工具书(包括手册、百科全书、字典、图集等)

[序号]主要责任者.文献题名(任选)[文献类型标识].其他责任者(任选).版本项(任选).出版地:出版者(有编号的知名系列报告可不注出版地和出版者),出版年:起止页码(当整体引用时不注).

[1] 刘国钧,陈绍业,王凤翥.图书馆目录[M].北京:高等教育出版社,1957:15-18.
[2] 辛希孟.信息技术与信息服务国际研讨会论文集:A 集[C].北京:中国社会科学出版社,1994.
[3] 张筑生.微分半动力系统的不变集[D].北京:北京大学数学系数学研究所,1983.

[4] 冯西桥.核反应堆压力管道与压力容器的 LBB 分析[R].北京:清华大学核能技术设计研究院,1997.

二、期刊文章

[序号]主要责任者.文献题名[J].刊名(建议外文刊后加 ISSN 号),年,卷(期):起止页码.

[5] 何龄修.读顾城《南明史》[J].中国史研究,1998,(3):167-173.

[6] 金显贺,王昌长,王忠东,等.一种用于在线检测局部放电的数字滤波技术[J].清华大学学报:自然科学版,1993,33(4):62－67.

三、报纸文章

[序号]主要责任者.文献题名[N].报纸名,出版日期(版次).

[7] 谢希德.创造学习的新思路[N].人民日报,1998-12-25(10).

四、标准(包括国际标准、国家标准、规范、法规等)

[序号] 主要责任者(任选).标准编号,标准名称[S].出版地(任选):出版者(任选),出版年(任选).

[8] GB/T 7714—2005,文后参考文献著录规则[S].

五、专利

[序号]专利申请者或所有者.专利题名:专利国别,专利编号[P].公告日期或公布日期.

[9] 姜锡洲.一种温热外敷药制备方案:中国,88105607.3[P].1989-07-26.

六、各种未定义类型的文献

[序号]主要责任者.文献题名[Z].出版地:出版者,出版年.

七、析出文献

[序号]析出文献主要责任者.析出文献题名[文献类型标志]//原文献主要责任者(任选).原文献题名.出版地:出版者,出版年:析出文献起止页码.

[10] 钟文发.非线性规划在可燃毒物配置中的应用[C]//赵玮.运筹学的理论与应用——中国运筹学会第五届大会论文集.西安:西安电子科技大学出版社,1996:468-471.

八、电子文献

对于载体为"DK""MT"和"CD"等的文献,将对应的印刷版的[文献类型标志]换成[文献类型标志/ 载体类型标志](包括[DB/MT]和[CP/DK]等);对于载体为"OL"的文献,除了将对应的印刷版的[文献类型标志]换成[文献类型标志/载体类型标志]以外,尚须在对应的印刷版著录项目后加上发表或更新日期(加圆括号,有出版年的文献可不选此项)、引用日期(加方括号)和电子文献的网址。建议在网址和相应的文献间建立起超链接。

[11] 方舟子.学术评价有新招[N/OL].中国青年报,2006-01-11(11)[2006-03-02]. http://scitech.people.com.cn/GB/1057/4017988.html.

附录　推荐阅读书目

[1] 毛泽东.毛泽东新闻工作文选[M].北京:新华出版社,1983.
[2] 新华通讯社.毛泽东论新闻宣传[M].北京:新华出版社,2000.
[3] 新华社新闻研究所.邓小平论新闻宣传[M].北京:新华出版社,1998.
[4] 本书编写组.习近平新闻思想讲义[M].北京:人民出版社、学习出版社,2018.
[5] 陈力丹.马克思主义新闻观教程[M].2版.北京:中国人民大学出版社,2015.
[6] 陈力丹.新闻理论十讲[M].修订版.上海:复旦大学出版社,2020.
[7] 陈力丹,陈俊妮.传播学纲要[M].2版.北京:中国人民大学出版社,2014.
[8] 郭庆光.传播学教程[M].2版.北京:中国人民大学出版社,2011.
[9] 童兵.马克思主义新闻思想史稿[M].北京:中国人民大学出版社,1989.
[10] 胡智锋.立论中国影视[M].北京:中华书局,2017.
[11] 胡智锋.电视节目策划学[M].2版.上海:复旦大学出版社,2014.
[12] 胡智锋.影视艺术导论[M].北京:高等教育出版社,2012.
[13] 文然.传播媒介娱乐史纲[M].沈阳:辽宁人民出版社,2020.
[14] 彭兰.新媒体用户研究:节点化、媒介化、赛博格化的人[M].北京:中国人民大学出版社,2020.
[15] 陈信凌.江西苏区报刊研究[M].北京:中国社会科学出版社,2012.
[16] 陈信凌.新闻作品评析[M].北京:北京师范大学出版社,2011.
[17] 邹振东.弱传播:舆论世界的哲学[M].北京:国家行政学院出版社,2018.
[18] 隋岩.符号中国[M].北京:中国人民大学出版社,2014.
[19] 刘海龙.宣传:观念、话语及其正当化[M].北京:中国大百科全书出版社,2013.
[20] 龙小农.跨国危机管理:理论、方法及案例分析[M].北京:中国传媒大学出版社,2005.
[21] 任孟山.国际传播与国家主权:传播全球化研究[M].上海:上海交通大学出版社,2011.
[22] E.M.罗杰斯.传播学史:一种传记式的方法[M].上海:上海译文出版社,2010.
[23] 古斯塔夫·勒庞.乌合之众[M].万琳,译.南京:译林出版社,2016.
[24] 卡斯珀·约斯特.新闻学原理[M].王海,译.北京:中国传媒大学出版社,2013.
[25] 沃尔特·李普曼.舆论学[M].林珊,译.北京:华夏出版社,1989.
[26] 王卫明.慈善传播:历史、理论与实务[M].北京:社会科学文献出版社,2014.
[27] 王卫明,倪江红.通讯员新闻采写一本通[M].2版.北京:人民日报出版社,2018.
[28] 王卫明,邓年生.中外新闻事业史[M].2版.北京:北京师范大学出版社,2015.
[29] 王卫明.高级新闻采编实务[M].合肥:合肥工业大学出版社,2017.
[30] 王卫明,黄晓军.新闻作品赏析[M].武汉:华中科技大学出版社,2017.
[31] 隋岩.媒介文化与传播[M].北京:中国广播影视出版社,2015.

后　　记

这是一本写给学生们的书。每一年,我都要指导数十名本科生和研究生撰写学术论文,有一些规律性的意见每年都要讲授,有一些常见的问题每年都有发现,有一些典型的论文每年都被当作范文推荐给学生们。久而久之,我就想,不如把这些内容收集起来汇编成书,以便减少重复性劳动,减少重复性错误。

这是一本写给自己的书。我在写论文的过程中,也会遇到不少问题,其中包括:不同期刊的稿件格式往往不同,有时今年的格式和去年的格式都存在差异,每次投稿都要去翻阅最新的样刊;有一些理论,自己并未掌握,需要搜集后自学,但这些理论散落在不同的文章中;自己的论文,在措辞、结构、方法等方面,需要借鉴优秀论文的写法或做法。我想,类似的问题,可能其他学者也会遇到。既然如此,那就编本书来解决吧。

于是,就有了这本书。

为了编写此书,我邀请南昌大学万莉博士帮我整理研究方法的资料,邀请中国人民大学陈力丹教授、中国传媒大学苏颖博士、《中国记者》杂志社梁益畅编辑、南昌大学硕士李宝华撰写论文写作方法或论文编辑体会,邀请北京大学刘新传教授提供两篇英语论文,邀请杜佳琦、王代栎、杨楠、原莎莎、林诗苑、尹晶晶、邝丽、胡倩、马雪纯、樊佳玲、沈雯、黄松、李晓丽、李淑娴、李洋、王娟、喻洋等研究生寻找学术论文常用的理论,邀请胡师瑾、李广宇、熊枫帮我整理获奖论文和其他论文案例,邀请华南农业大学珠江学院教师孛华龙帮我整理学术刊物的投稿方式。

此书仍有瑕疵,欢迎各位读者和同仁指正。此书收录了大量的论文和学科理论,但难免挂一漏万,欢迎各位读者和同仁另行补充。

本书系南昌大学校级教改课题"新闻传播学科的立体化教材建设研究"(项目编号:NCVJGLX-19-34)阶段性研究成果。本书的编写出版得到南昌大学"双一流"建设专项经费的资助。感谢南昌大学新闻与传播学院院长陈信凌教授、华中科技大学出版社陈培斌编审对本书的大力支持!

王卫明
写于南昌大学腾龙湖畔
2020年8月1日

与本书配套的二维码资源使用说明

本书部分课程及与纸质教材配套数字资源以二维码链接的形式呈现。利用手机微信扫码成功后提示微信登录,授权后进入注册页面,填写注册信息。按照提示输入手机号码,点击获取手机验证码,稍等片刻收到4位数的验证码短信,在提示位置输入验证码成功,再设置密码,选择相应专业,点击"立即注册",注册成功。(若手机已经注册,则在"注册"页面底部选择"已有账号? 立即注册",进入"账号绑定"页面,直接输入手机号和密码登录。),即可查看二维码数字资源。手机第一次登录查看资源成功以后,再次使用二维码资源时,只需在微信端扫码即可登录进入查看。